W0004354

MORITZ RINKE

Der längste Tag im Leben des Pedro Fernández García

MORITZ RINKE

Der längste Tag im Leben des Pedro Fernández García

ROMAN

Kiepenheuer
& Witsch

Aus Verantwortung für die Umwelt hat sich der *Verlag Kiepenheuer & Witsch* zu einer nachhaltigen Buchproduktion verpflichtet. Der bewusste Umgang mit unseren Ressourcen, der Schutz unseres Klimas und der Natur gehören zu unseren obersten Unternehmenszielen.

Gemeinsam mit unseren Partnern und Lieferanten setzen wir uns für eine klimaneutrale Buchproduktion ein, die den Erwerb von Klimazertifikaten zur Kompensation des CO_2-Ausstoßes einschließt.

Weitere Informationen finden Sie unter:
www.klimaneutralerverlag.de

Verlag Kiepenheuer & Witsch, FSC® N001512

1. Auflage 2021

Covergestaltung: Barbara Thoben, Köln
Covermotiv: © Joerg Hackemann / Alamy Stock Foto
Karten: Oliver Wetterauer
Gesetzt aus der Quadraat
Satz: Buch-Werkstatt GmbH, Bad Aibling
Druck und Bindung: CPI books GmbH, Leck
ISBN 978-3-462-05452-1

Für Miran
und meinen Vater

ERSTER TEIL

1

Die Café-con-leche-Route

Pedro Fernández García saß im Norden der Insel vor einem Café con leche. Es beruhigte ihn, die Nase über den heißen Kaffee zu halten, nur so dazusitzen und eine Weile auf das Famara-Massiv zu starren. Der Blick auf den Hafen und auf den Atlantik war verhangen von wehenden Bettlaken auf den Leinen, an denen die Fischer früher ihren Fang zum Trocknen aufgehängt hatten.

Pedro strich über die Tischplatte und betrachtete seine Handfläche. Er strich noch einmal an einer anderen Stelle kräftiger über den Tisch und überprüfte, ob die Innenseite seiner Hand von dem Feinstaub verfärbt war, den der Ostwind aus der Sahara über das Meer bis auf die Insel trug. Schon seit seiner Kindheit wischte Pedro über Tische, Stühle, Fensterläden, Türrahmen, Bänke, Böden, über aller Art Oberflächen. Er konnte ihn auch jetzt sehen, diesen ockerfarbenen bis rötlichen Staub, so als ob man Muskat und Chili zusammengemischt hätte. Er nahm einen Schluck aus seiner Tasse, die Temperatur war mittlerweile angenehm, seit ein paar Wochen servierte ihm Alberto, der Kellner der Hafenbar, den Café mit aufgeschäumter Milch, was ungewohnt war, dazu ein Glas stilles Wasser.

Pedro drückte einen Knopf des winzigen Weltempfängers an seiner Honda, die er immer genau neben dem Tisch parkte. Es kamen gerade die Nachrichten: globale Finanzkrise, spanische Bankenkrise, spanische Wirtschaftskrise, spanischer Korruptionsskandal. Fidel Castro tritt wieder im kubanischen Fernsehen auf. Elf Meter langer Stahlträger aus den Trümmern des World Trade Center wird Mittelpunkt einer neuen Gedenkstätte in New York. Eis auf dem Mars entdeckt ... Pedros Handy klingelte, es war Carlota, sie rief direkt von der Rezeption des Crystal Palace in Playa Blanca an.

»Was machst du?«, fragte sie.

»Ich arbeite«, antwortete Pedro, er starrte dabei auf seine gelbe Diensthonda, Viertaktmotor, luftgekühlt. Auf dem Tank stand mit blauer Schrift »Correos y Telégrafos«, die staatliche Post des Königreichs Spanien: »Gegründet 1519«. Auf seinem Dienstpullover war sogar eine goldene Krone ins Postemblem gestickt.

»Sitzt du wieder am Hafen in Orzola und trinkst Café con leche?« Carlotas Stimme klang besorgt.

»Ich muss das so machen«, sagte er.

»Hör mal, Pedro ... Wir könnten uns doch mal überlegen, was dich interessiert. ... Ich meine, für die Zukunft gedacht ... Beruflich.«

»Ich habe einen Beruf«, antwortete Pedro.

Carlota schwieg. Im Hintergrund hörte Pedro das Klingeln der Telefone und Klackern der Rollkoffer in der natursteingepflasterten Empfangshalle, das wie Gewehrsalven klang.

»Sie haben einen Stahlträger aus dem zerstörten World-Trade-Center zurückgebracht, der lag lange in einem Hangar auf dem John-F.-Kennedy-Flughafen, sieben Jahre ... Weißt du noch? Am 11. September haben wir uns kennengelernt«, sagte Pedro und drehte das Radio leiser.

»Bei mir wird es heute leider später«, sagte Carlota. »Da

kommen drei riesige Tui-Gruppen mit schlimmer Verspätung. Dazu noch zwei von Neckermann, es ist die Hölle. Stell dir mal vor, in Deutschland ...«

»Ja, ja, ich weiß schon, wie immer.« Pedro sah auf die Bettlaken an den Wäscheleinen, die immer heftiger im Wind hin und her schlugen.

»Aber diesmal ist in Deutschland sehr früh der Winter ausgebrochen, die haben schon Schnee, im Oktober, normalerweise schneit es im Oktober in Deutschland nicht, dort herrscht das absolute Chaos! An den Flughäfen sind die Enteisungsmittel ausgegangen und Flugzeuge können nicht fliegen, wenn ihre Flügel vereist sind.«

»Aha«, sagte Pedro.

»Condor-Maschinen mit Thomas-Cook- und Schauinsland-Gästen sind gar nicht erst gestartet«, fügte sie hinzu.

»Schön, dann kommen sie ja Gott sei Dank auch nicht!«, antwortete Pedro, er ließ seine Kaffeetasse mehrmals leicht auf die Untertasse scheppern.

»Dann habe ich hier aber die Stornierungshölle, diese Biester von den Reiseveranstaltern versuchen alles, die Stornierungsgebühren zu drücken.« Carlota blühte richtig auf, wenn es um die Belange des Crystal Palace Hotels ging. »Mein Chef sagt: *Was können wir dafür, wenn ein Land wie Deutschland keine Enteisungsmittel hat, wie ist das möglich, die haben doch sonst immer alles, dann sollen sie eben Flugzeuge bauen, die im Winter ohne Enteisungsmittel fliegen!* ... Was ist denn das für ein Klappern im Hintergrund?«

»Auf dem Mars gibt's jetzt auch Eis«, sagte Pedro, er ließ die Tasse los.

»Eigentlich wollte ich Miguel heute von der Schule abholen, aber ich schaffe es nicht«, sagte Carlota.

»Ich weiß. Ich hole ihn mit der Honda ab, das macht ihm Spaß.«

»Noch einen Café con leche?«, fragte Alberto.

»Psst«, zischte Pedro und hielt ihm die Tasse entgegen, sie war noch halb voll.

»Aber Miguel sitzt hinten, das ist ja klar. Und denkst du an den Gurt mit den seitlichen Halteschlaufen?«, vergewisserte sich Carlota.

»Ja, ja«, erwiderte Pedro. *Denkst du an den Gurt mit den seitlichen Halteschlaufen?*, sagte sie ungefähr so oft wie *Bei mir wird es heute leider später.* Pedro klappte sein Handy zusammen und griff mit der anderen Hand nach der Tasse, um sie auszutrinken, dabei schwappte der Café con leche auf seinen Dienstpullover. Das Post-Emblem und die goldene Krone des Königreichs waren jetzt braun und voller Schaum. »Verdammte Scheiße!«, fluchte er und rieb mit einer Serviette auf der Krone herum.

Vor der Erfindung des Internets hatte er in einer Woche sogar mehr Briefe gehabt als Carlota Neckermann- oder Tui-Touristen! Ja, mehr als 1000 Briefe und andere Poststücke wie Pakete, Grußkarten, Übergabe-Einschreiben, Nachnahmesendungen, selbst Blindensendungen hatte er auf seinen Inselrouten im Postabschnitt 2 ausgetragen. Die Zentrale in Puerto del Carmen hatte schon beim zuständigen kanarischen Ministerium in Las Palmas de Gran Canaria beantragt, Pedro einen zweiten Briefträger zur Seite zu stellen, aber dann war das Briefaufkommen von Jahr zu Jahr gesunken. Inzwischen war auch noch der Paketversand weggebrochen, den übernahmen nun private Dienste wie ASM Transporte Urgente oder Flex Delivery Service.

Pedro rieb mit der Serviette immer energischer auf seiner Uniform herum.

Sein Gehalt bekam er noch, trotz allem, obendrauf eine Pauschale für die Miete und Instandhaltung des Postamts sowie die Unterhaltskosten für die Diensthonda. Nach Berechnungen des Ministeriums benötigte man für das Postaufkommen in seinem Abschnitt 1200 dienstlich gefahrene Kilometer pro Kalendermonat, das waren 60 Kilometer pro Zustellungstag. Die Zahlen des Ministeriums stammten noch aus der Zeit vor der Erfindung des Internets. Nur die Tankbelege hatte er seit Anfang des Jahres bei der Postzentrale einzureichen, als Arbeitsnachweis, und Pedro musste mit seiner Diensthonda jeden Monat so viele Tankfüllungen leer fahren, wie er für 1200 Kilometer gebraucht hätte, um die staatliche Post des Königreichs Spanien von der Notwendigkeit seines Arbeitsplatzes zu überzeugen.

Meist raste er auf der ausgebauten Schnellstraße LZ-2 von Yaiza nach Tías und bog kurz vor Arrecife auf die LZ-1 ab, mit 96 km/h, so schnell fuhr seine Honda. Bis in den Norden der Insel nach Órzola waren es 58 Kilometer. Dort trank er am Hafen den Café con leche und fuhr wieder zurück, noch mal 58 Kilometer. Wenn er das dreimal die Woche machte, kam er schon damit hin.

Manchmal entschied er sich, die Dienstfahrt abzubrechen und nach Arrecife ins Kino zu fahren, er füllte dann das nicht verfahrene Benzin in Kanister und stellte sie ins Gartenhaus, neben einen Feldkochherd seines Großvaters, mit dem man angeblich genügend kanarischen Eintopf für eine Großfamilie vorkochen konnte, falls die Insel in eine Notlage geraten sollte. Zuletzt hatte Pedro gesehen: *James Bond – Ein Quantum Trost* mit Olga Kurylenko als Agentin Camille, dann *Mamma Mia* mit Meryl Streep und Hits von *Abba*, am nächsten Tag *Indiana Jones und das Königreich des Kristallschädels* sowie *Slumdog Millionaire*, alle Filme in einer Woche, er war schon so eine Art cineastischer Postbote.

Kollegen in anderen Postabschnitten hatten vorsichtshalber schon begonnen, in ihren Postämtern Sparbücher, Lottoscheine, Fahrscheine, Müllmarken, Batterien, Netzadapter, Mobilfunkverträge, Bildschirmreiniger und Laserdrucker anzubieten, man nannte das »Liberalisierung«, und manche Kollegen liberalisierten sich sogar so weit, dass sie Anlageberatung und Urlaubsreisen im Portfolio hatten, aber Pedro fand das unmöglich. Ein Briefträger von *Correos y Telégrafos* war kein Anlageberater. Sollte man etwa mitten im Gespräch seinen Dienstpullover ausziehen und sich stattdessen eine Krawatte umbinden, um eine Anlageberatung vorzunehmen? Enrico, sein Kollege in Playa Blanca, verkaufte jetzt Fidelity-Iberia-Fonds, wie das schon klang! Da konnte man sich ja bereits auf die nächste globale Krise gefasst machen, wenn jetzt schon Postboten bei so etwas mitmischten! Pedro bot in seinem Postamt nur Free-WLAN an, das war alles, er hatte sogar ein Schild auf den Empfangstisch gestellt: »Free-WLAN!« An seinem Platz stand noch ein anderes Schild, von dem hatte er in einem Bericht über Bill Clinton gehört. Man schreibt einfach »It's the economy, stupid!« auf ein Schild und dann wird man Präsident.

»It's the Postwurfsendung, du Idiot!«

Der Café con leche sickerte, wie Pedro bemerkte, immer mehr in das Postemblem der Krone ein. Er kippte das Glas Wasser darüber, vielleicht half es, wenn er jetzt mit der Serviette noch einmal kräftig rieb.

Früher hatte er Postwurfsendungen gehasst. Er hatte die unverlangten, in Klarsichtfolien eingeschweißten Werbepackungen mit Neuigkeiten von preisgünstigen Waschmaschinen, Hightechfritteusen, traumhaften Möbeln und flexiblen Krediten gleich in den Papierkorb geworfen. Doch jetzt hatte er angefangen, diese grellbunten Werbepackungen als existenziell zu betrachten und zusammen mit den nervigen Gratis-Wochenzeitungen in die Briefkästen zu stopfen. Dazu kamen die Mahnungen, die das Stromamt Gott sei Dank noch immer mit der Post verschickte. Es war wirklich wie bei Bill Clinton, es ging nur um das Geschäft. Ob Privatkunden Briefe verschickten, interessierte die Post schon lange nicht mehr. Nicht als Sender waren sie interessant, sondern als Empfänger von unzähligen Postwurfsendungen, für die große Geschäftskunden zahlten.

»Bevor du dich wegen des Flecks umbringst, kannst du deine Uniform auch schnell hier waschen«, sagte Alberto, er war jünger als Pedro und sah fesch aus in seiner langen weißen Schürze, auch schien er jede Woche seine Frisur zu verändern, mal hatte er einen Mittelscheitel, beim nächsten Mal trug er den Scheitel links, dann rechts. »Du nimmst einfach die Extrakurzschnell-Funktion. Wir haben die allerneueste Waschmaschine, die es gibt!«

»Ich weiß schon, welche das ist«, antwortete Pedro. Wenn man jeden Tag Postwurfsendungen in der Hand hatte, kannte man alle Waschmaschinen auf der Insel, auch die mit Extrakurzschnell-Funktion. »Danke für das Angebot, aber ich muss los.«

»Na, dann sicher bis übermorgen, oder?«, sagte Alberto. »Warum kommt ein Postbote aus dem Süden eigentlich ständig zum Café-con-leche-Trinken in den Norden?«

Pedro stand mit einem Ruck auf, Alberto sollte sich lieber mal um den Wüstenstaub auf seinen Tischen kümmern, statt ständig seine Haare umzufrisieren oder den Café unter Schaum zu setzen!

»Weil's im Norden grüner ist!«, sagte Pedro.

Der Süden war wirklich sehr trocken, es gab Vulkanberge, Vulkangeröll und Dörfer mit weißen Häusern. »Hier ist ja nichts! Eine Insel mit nichts!«, hatte Pedro manchmal erboste Touristen bei Carlota an der Rezeption im Crystal Palace sagen hören, aber das stimmte nicht. Sie hatten keine Ahnung von der Anmut der schwarzen Strände, der braunen, rotbraunen, feuerroten, gelbbraunen oder ockerroten und ockerbraunen Vulkane. Manchmal waren sie in der Abendsonne auch plötzlich hellbeige und gelb bis blau oder lila.

Pedro hatte den Hafen verlassen und befand sich wieder auf der LZ-1 Richtung Süden, um Miguel abzuholen.

Vielleicht konnte man das alles auch positiv betrachten, dachte er, nachdem er seine Reisegeschwindigkeit von 96 km/h erreicht hatte. Er verdiente Geld, während er einfach nur Honda fuhr und Café con leche trank, wer konnte das schon von sich sagen? Und je mehr es mit der großen Königlichen Post bergab ging, umso mehr gaben ihm die kleinen Dinge Halt: Miguel in die Schule bringen und wieder abholen, dazwischen einkaufen und Spaghetti kochen, dann Hausaufgaben, Fußballtraining, manchmal Zirkus. Gemeinsam am Meer Drachen steigen lassen, Steine sammeln und Flaschenpost verschicken. Eis essen und Seifenblasen machen. Auf dem Spielplatz schaukeln. Wettrennen, wandern, kämpfen und Nase putzen. Malen, Zaubertricks und Kissenschlacht und irgendwann aufräumen, streiten, weinen, langsam ruhiger werden, Abendbrot, Sterne gucken, Zähne putzen, Gute Nacht sagen und noch ein Glas mit Milch bringen.

War das kein sinnvolles Leben?, fragte sich Pedro, als er unter dem Schatten des Monte-Corona-Vulkans dahinraste. Wie erhaben er dalag, mit was für einer sanften Ruhe.

2

Lavafrauen und Penélope Cruz in der Bar Stop

Pedro sah ihn schon in seiner Schuluniform vor dem großen Tor warten. Miguel hatte seinen Ranzen auf dem Rücken und schaute in die entgegengesetzte Richtung.

»Miguel, ich bin hier«, rief Pedro.

»Kommt Mama nicht?«, fragte Miguel.

»In Deutschland ist schon der Winter ausgebrochen. Die Gäste kommen deshalb mit schlimmer Verspätung«, antwortete Pedro. »Wie war es in der Schule?«

»Gut«, antwortete Miguel und setzte sich vorne auf die Honda, den Gurt mit den seitlichen Halteschlaufen hatte Pedro jetzt nicht dabei. Sein Sohn stützte sich mit den Händen am Tank ab und sagte: »Los!«

Sie fuhren in die Bar Stop, sie befand sich gleich gegenüber der weißen Kirche und dem Dorfplatz mit den Geranien. Pedro liebte sein Yaiza. Es war ein kleiner Ort, aber es gab viel Platz und Licht, die Häuser lagen mit großzügiger Hand verstreut in einer Senke. Weiter hinten, inmitten der südlichen Ajaches-Bergzüge, die man die »Braunen« nannte, ragte der Vulkan Atalaya hervor, der »Wachturm«; im Westen erstreckten sich die Lavafelder und die Feuerberge von Timanfaya.

Pedro parkte hinter der Kirche und betrat mit Miguel die Bar Stop. Sein Sohn bestellte Huhn mit Mais, Pedro Eintopf mit Stockfisch und Süßkartoffeln. Sie saßen auf Hockern am Bartresen, der schräg von links nach rechts abfiel, angeblich weil der Maurer, der ihn vor hundert Jahren gemörtelt hatte, betrunken gewesen war.

»Was habt ihr heute in der Schule gelernt?«, fragte Pedro, Miguel besuchte dieselbe Schule, auf die schon er gegangen war.

»Die Vulkanausbrüche auf Lanzarote«, antwortete sein Sohn.

»Großartig, schon in der ersten Klasse! Die historischen Vulkanausbrüche dauerten sechs Jahre, von 1730 bis 1736. Habt ihr das auch gelernt?«, fragte er weiter.

»Ja.«

»Und Blocklava?«

»Ja.«

»Stricklava und Schildvulkane aber noch nicht, oder?«

»Nein.« Schulfragen beantwortete Miguel meist mit »Ja« oder »Nein«.

Ernesto, der Kellner, stellte das Huhn mit Mais und den Eintopf mit Stockfisch auf den Tisch, mit zusätzlichen Süßkartoffeln, gratis.

»Oh, danke!«, rief Pedro. »Sagst du auch Danke, Miguel?«

Ernesto winkte ab, klopfte dem Jungen zärtlich auf die Schulter und schlurfte zurück hinter den Tresen.

»Ich liebe die Bar Stop. Guten Appetit, mein Sohn.« Pedro löffelte das erste Stück Stockfisch aus dem Eintopf. »Weißt du, ich glaube, ich hatte die historischen Vulkanausbrüche erst in der zweiten Klasse. Die unterschiedlichen Formen von Lava konnte ich mir nur merken, weil mein Vater mir damit die Frauen erklärt hat.«

»Hä?«, sagte Miguel.

»Bei Menschen gibt es manchmal auch einen Vulkanausbruch. Ist das Huhn noch zu heiß?«

»Stirbt dann jemand, wenn bei Menschen ein Vulkan ausbricht?«, fragte Miguel.

»Das kommt darauf an, ob man mit einem Blocklavamenschen oder einem Stricklavamenschen zusammenlebt«, antwortete Pedro und wischte sich den Mund ab. Sein Vater hatte eigentlich immer nur von Lavaehen und Lavafrauen gesprochen. Bei Blocklavafrauen strömten nach dem Ausbruch die Worte und Vorwürfe, die Drohungen und Anklagen angeblich wie etwas Dick- und Zähflüssiges heraus und erstarrten zu rauen, scharfkantigen Brocken. Wenn bei den Explosionen Leidenschaften wie riesige Lavafetzen durch die Luft flogen und sich beim Flug verformten, entstanden riesige Blockbomben. Sein Vater sprach von Blockbomben vor allem im Zusammenhang mit Trennungen und Scheidungen.

»Und welche Lava kommt bei mir raus?«, fragte Miguel, er umfasste die Gabel mit der geballten Faust und stach ins Huhn.

»Wahrscheinlich Stricklava«, antwortete Pedro und schnitt Miguels Huhn in kleine Stückchen. »Auf Stricklava kann man sogar barfuß laufen, sie hat keine scharfen Kanten und Spitzen, eher eine sanft gekräuselte oder fladenartige Oberfläche.«

»Und bei Mama?«, fragte Miguel.

»Auch, Mama ist bestimmt eine Stricklavafrau, wie meine Mutter«, antwortete Pedro, seine Eltern waren bis zum Schluss zusammengeblieben, der Tod hatte sie geschieden, kein großer Vulkanausbruch, natürlich hatte es kleinere gegeben wie in jeder kanarischen Ehe, aber eben keinen verheerenden, historischen. »Hat deine Lehrerin schon die Pyroklastenfelder erwähnt?«

»Nein«, antwortete Miguel.

»Das ist auch noch zu früh«, sagte Pedro. Pyroklastenfelder entstanden bei großen Ausbrüchen, wenn sich die feinkörnigen Fragmente, die beim Ausbruch vom Wind fortgetragen wurden, wieder auf die Erde herabsenkten. Man nannte sie hier Picón. In der Nähe von Blocklavaehen waren auch immer Picónfrauen, das waren Geliebte, Resultate der großen Unruhen und Ausbrüche. Pedro hatte das als Kind nie so richtig verstanden, aber sein Vater war selbst ganz angetan von seinen Lavafrauen-Theorien. Zwar konnte man auf Picón gut umherwandeln, er war weich, gab bei jedem Schritt etwas nach, aber manchmal waren die zarten Kanten so scharf, dass man blutete, weil auch die Picónfrauen irgendwann Forderungen stellten oder mehr wollten. Das war jedoch kein Vergleich zum Höllengang durch das Blocklavafeld, das schlimmste Verletzungen und Narben und sogar Tote verursachte. »Heirate nie eine Frau, aus der am Ende Blocklava fließen könnte!«, hatte sein Vater gesagt.

»Schmeckt dir das Huhn?«, fragte Pedro.

»Ja«, antwortete Miguel.

Pedro beobachtete ihn, wie er konzentriert die Gabel hielt und das Huhn aß, ohne aufzusehen. Wie schön er war, dachte Pedro. Die großen dunklen und glänzenden Augen, das offene, meist fröhliche Gesicht mit dem weichen, runden Lippenbogen, dazu die Stupsnase und die dichten braunen Haare.

»Haben wir nicht tolle Vulkane auf unserer Insel? Wir gehören in der Geschichte des Vulkanismus zum Bedeutendsten, was es auf der Welt gibt!«, sagte Pedro. »Und was für tolle Namen sie haben: der schöne Hans, der verspielte Berg, die Gipfelkrone ... Oder der schwarze Brüller und der

Mantel der Jungfrau, ich mag auch die Zauberin des Hinterlandes.«

»Mich nerven die Vulkane. In meinem Buch kommt das Feuer nicht aus Vulkanen, sondern aus dem Mund von Nepomuk, dem Halbdrachen, der so gerne ein Volldrachen wäre«, sagte Miguel.

»Das ist im Märchen so. In der Schule lernt man, dass das Feuer aus der Erde kommt und aus den Magmakammern«, sagte Pedro.

»Spielt Unión Sur Yaiza deshalb nicht so gut wie el Barça, weil es hier keine grünen Wiesen gibt?«, fragte Miguel.

»Dafür hat Barcelona keine Vulkane«, antwortete Pedro.

»Aber Barcelona hat Messi!«, erklärte Miguel.

Miguel liebte Messi, den Fußballspieler vom FC Barcelona, noch mehr als die Pinxo-Hefte, »Jim Knopf und Lukas der Lokomotivführer«, »Nico, das Rentier« oder »Geschichten vom Untergang der Titanic«, die Pedro jeden Abend vorlesen musste. Er sammelte Messi-Trikots, Messi-Poster, Messi-Schlüsselanhänger, schaute Messi-Tore auf YouTube. Er hatte auch eine DVD mit einem Film über Messis Leben, dessen schwierige Anfänge in Argentinien, die Wachstumsstörung, die Armut, die Messi-Großmutter, die an ihn geglaubt und der er später bei jedem Tor mit einem Gruß zum Himmel gedankt hatte. Pedro hatte Miguel sogar einen Messi-Briefbeschwerer geschenkt. Und es gab ein Barça-Spannbettlaken, das noch viel zu groß für Miguels Kinderbett war, aber Pedro wickelte einfach die gesamte Matratze damit ein.

Es klingelte. Pedro klappte sein Handy auf und sagte: »Hallo.«

»Hast du ihn abgeholt?«, fragte Carlota.

»Ja«, antwortete Pedro.

»Was hast du gekocht? Bitte kein Nutella-Biskuit vor dem Mittagessen, ja?«, vergewisserte sich Carlota.

»Keine Sorge. Wir sind in der Bar Stop. Huhn mit Mais«, antwortete Pedro. »Er hat heute in der Schule die historischen Vulkanausbrüche gelernt!«

»Schön«, sagte sie. »Aber bringe ihm nicht diese komischen Machismo-Theorien von den Blocklavafrauen oder Picónfrauen bei.«

»Okay«, sagte Pedro.

»Ich habe eine Überraschung für dich! Rate mal!« Carlota klang ganz aufgeregt.

»Keine Ahnung ... Ein paar freie Tage?«, fragte Pedro, er beobachtete, wie Miguel eine Grimasse schnitt.

»Leider nicht, aber ich habe ein neues Smartphone für dich, mit Internet!«, antwortete sie. »Dein altes Klappding, auf dem nicht mal das C funktioniert, kannst du ins Museum bringen.« Sie lachte.

»Okay, aber beim C steckt die Taste nur fest, weil ich sie so oft benutzt habe deinetwegen«, sagte Pedro, er lachte auch.

»Ich bringe es heute Nacht mit. Neue SIM-Karte, neue Nummer, neues Leben, dann brauchst du ab morgen nicht mehr zehn Minuten für eine SMS, sondern nur zehn Sekunden. Gibst du mir jetzt mal Miguel?«, fragte Carlota.

Pedro reichte Miguel sein Handy und hörte, wie sein Sohn etwas zum Winterausbruch in Deutschland fragte, dabei schnitt er wilde Grimassen, das fiel Pedro in letzter Zeit öfter auf, diese plötzlichen Grimassen im sonst so lieblichen Gesicht des Jungen. Mal zerrte er die eine Gesichtshälfte nach links, dann nach rechts, so als würde ein innerer Teufel die

Nasenlöcher und die Mundwinkel abwechselnd zu der einen oder anderen Seite pressen.

Pedro schaute nach draußen, während er Carlotas Stimme aus dem Telefon hörte. Er starrte auf die weiße Kirche gegenüber. Die Erinnerung war so klar und genau, fast wie eine Szene aus einem Film, den er gern zurückgespult hätte. Es war der 11. September 2001.

*

Er sitzt in seinem postgelben Dienstpullover draußen auf einem Hocker der Bar Stop, als eine Frau auf der anderen Straßenseite erscheint, mit einem Paket. Ihr langes dunkles Haar fliegt im Wind. Sie ist groß, spitze Nase, hohe Schuhe, rotes Kleid. Er will eigentlich gerade ein Aspirin einnehmen, leichte Kopfschmerzen. Doch jetzt steht er auf, wie von Sinnen, der Hocker fällt um. Es ist Penélope Cruz! Penélope Cruz macht Ferien auf der Vulkaninsel und schickt Pakete nach Hause, nach Madrid, kombiniert er. Er hat gerade einen Film mit ihr gesehen *(Ohne Nachricht von Gott)*, sie hat eine Kellnerin aus der Hölle gespielt, die auf die Erde entsandt wird, um die Seele eines Mannes zu holen. Pedro bückt sich nach dem Hocker und stößt sich den Kopf an dem schmalen, an der Hauswand befestigten Tresenbrett, auf dem sein Café con leche steht. Er stellt den Hocker wieder hin und setzt sich. Es ist nicht Penélope Cruz, die Nase ist anders, der Hintern größer, der Lippenstift etwas zu dick aufgetragen.

Die Frau schaut nach rechts, nach links, ob Autos kommen, und Pedro schaut mit: rechts, links, und als kein Auto mehr kommt, schaut er ihr direkt in die Augen, sie steuert mit dem Paket genau auf ihn zu, das Klackern ihrer Absätze wird immer lauter.

»Darf ich Sie um etwas bitten?«, sagt sie, außer Atem. »Ich muss dringend zur Arbeit, ich bin viel zu spät dran.«

»Ja, ja, alles, was Sie wollen«, sagt Pedro, er antwortet mit der Entspanntheit eines Mannes, der eine unerreichbare, garantiert vergebene, verheiratete, aber offenbar hilfsbedürftige Frau anlächelt. Vielleicht gibt ihm auch das Paket in ihren Händen Sicherheit, immerhin ist das sein Metier.

»Dieses Paket muss zur Post! ... Da sind seine Scheißklamotten drin, ich will sie nicht länger bei mir haben«, sagt sie. Sie nimmt Pedros Kaffeetasse und legt dafür das große Paket auf das viel zu schmale Tresenbrett. »Was kriegen Sie dafür, was kostet so ein Eilpaket nach Sevilla?« Sie weiß nicht, wohin mit Pedros Tasse, und trinkt schließlich selbst daraus, so aufgebracht ist sie. Diese Frau bemächtigt sich in 30 Sekunden aller sie umgebenden Dinge und Wesen, die zur Verfügung stehen: Pedros Tisch, seiner Tasse, mittlerweile mit rubinrotem Lippenstift versehen, Pedro selbst. Auch Ernesto, der gerade herausläuft, um ihm mitzuteilen, dass in Amerika Flugzeuge in riesige Türme geflogen sind und die Menschen aus den Fenstern springen, bleibt in der Tür stehen und starrt sie an.

»Gar nichts kostet das«, sagt Pedro. »Sie sprechen zufällig mit der Königlichen Post.« Dabei nimmt er das Paket in die Hände, um das Gewicht abzuschätzen.

»Ich dachte mir das schon, dieser schöne Pullover, Sie sehen auch wirklich wie ein königlicher Postbote aus«, sagt sie und lächelt.

Pedro bekommt Herzklopfen.

»Oh Gott, den habe ich vergessen!«, sagt sie, stellt die

Tasse wieder ab und zieht einen Ring von der linken Hand. Sie wirft ihn auf den Tisch. »Machen Sie irgendwo ein Loch in den Karton und werfen Sie den Ring noch rein! Danach für immer zukleben und am besten sofort weg damit nach Sevilla!«

Pedro spürt, dass er rot wird, während sich der Ring immer noch klirrend auf dem Holzbrett dreht. Das klingt nach Trennung, kombiniert er, der Ring, von der linken Hand abgezogen, bedeutet eindeutig das Ende der Verlobung, fasst er die Sachlage innerlich zusammen. Sie ist Single! »Per Express am besten«, sagt Pedro.

»Sie schickt der Himmel«, sagt sie.

Pedro weiß nicht, was er antworten soll. Er entscheidet aus lauter Verlegenheit, zur Tasse zu greifen und einen Schluck Café con leche zu trinken, er berührt die Tasse schon mit den Lippen, als ihm auffällt, dass sie leer ist.

»Ich heiße Carlota, und Sie? Sie wohnen hier auf der Insel, nicht wahr?«, fragt sie.

Pedro stellt die Tasse ab und antwortet: »Ja, ja, genau ... Yaiza ... Post.« Er kann keinen geraden Satz mehr sprechen, geschweige denn sagen, wie er heißt. Außerdem stellt er sich schon vor, wie er mit einem Rasiermesser ein Loch in den Karton schneidet, um den Ring für immer verschwinden zu lassen.

»Aha, Yaiza, gut«, sagt Carlota und lächelt. Ein paar Haarsträhnen fallen ihr ins Gesicht.

»Das Paket geht an die Stierkampfarena in Sevilla?«, fragt Pedro erstaunt, er weiß nicht, wie er ihr Lächeln mit Stierkampf in Sevilla zusammenbekommt, und schaut wieder irritiert auf die Versandadresse: *Pablo Moreno Rodríguez, Plaza de Toros de Sevilla*, sonst steht da nichts.

»Das kommt bestimmt an«, erklärt Carlota, sie ist schon im Aufbruch. »Ich muss noch in die Apotheke. Für meinen Job braucht man viel Aspirin. Adios.« Sie befeuchtet den Saum ihres Ärmels und wischt ihm damit über die Lippen, sie tut das ganz gewissenhaft. »Das ist mir wirklich noch nie passiert«, sagt sie, »der Lippenstift ist von meinem Mund über die Tasse auf Ihren Mund geraten, so eine schöne Wanderung.« Sie scheint kurz zu überlegen, den rubinroten Lippenstift auch von der Tasse abzuwischen, dann drückt sie sie Pedro in die Hand. »Würden Sie die einfach als Souvenir in Ihre Königliche Post mitnehmen wollen?«

Pedro nickt. Sein Herz rast, springt. Er greift in seine Hosentasche und reicht ihr sein Aspirin.

Dieses Lächeln, sie lächelt hinreißend, denkt Pedro. »Wenn Sie noch irgendwelche Fragen haben, also was das Paket betrifft, meine ich, gebe ich Ihnen vielleicht besser, für alle Fälle, falls Ihnen diesbezüglich noch etwas einfällt oder eine Expressbestätigung erwünscht ist, vielleicht eine, meine Nummer? ...«, fragt Pedro, außer Atem von der Konstruktion seines Satzes.

»Klar«, sagt Carlota und hält schon ihr Handy in der Hand.

Mit jeder Ziffer seiner Mobilfunknummer, die Pedro dieser Frau diktiert, sieht er sich einem Leben mit ihr näherkommen.

»DER PAKETMANN«, sagt Carlota. »Notiert, danke ...« Dann läuft sie nach rechts, um kurz darauf in ein Auto zu steigen und mit quietschenden Reifen viel zu schnell loszufahren – während Pedro auf dem Paket die Adresse der Absenderin betrachtet, die er sofort auswendig kann: *Carlota*

Medina Lopéz, Plaza General Franco, 35530 Teguise. Was für eine entschlossene, klare Handschrift, denkt er noch. Fast kämpferisch, an manchen Stellen ist der Stift sogar in die Beschichtung des Pakets eingedrungen.

3

Die lebendigen Briefe des 68er-Postboten

Nach dem Mittagessen in der Bar Stop fuhren Pedro und Miguel nach Hause. Pedro musste noch die Post sortieren, Miguel Hausaufgaben machen, er sollte das berühmte Tagebuch über die historischen Vulkanausbrüche von 1730 bis 1736 abschreiben. Die Aufzeichnungen stammten von Don Andrés Lorenzo Curbelo, dem früheren Pfarrer von Yaiza, und lagen in einem extra für Lanzarotes Schulkinder angefertigten Lernheft vor Miguel auf dem Tisch. Die Überschrift hatte er schon. *Als die Vulkane Feuer spien.* Jetzt kam der erste Satz, er malte die Buchstaben ab, Schreibschrift, es dauerte Ewigkeiten:

> *Am 1. September 1730, zwischen neun und zehn Uhr abends, brach bei Timanfaya, zwei Wegstunden von Yaiza entfernt, mit einem Mal die Erde auf und die Lava strömte über die Dörfer hinweg.*

Ihm gegenüber sortierte Pedro Wurfsendungen für Waschmaschinen, Fritteusen und sonst was und erinnerte sich: wie er hier mit seinem Vater gesessen, Hausaufgaben gemacht und mitgeholfen hatte, die zahlreichen Postkunden zu bedienen und den Wartenden einen Café solo nach draußen zu bringen, den sein Vater in seiner Espressomaschine zubereitet hatte.

Pedro war in der Post aufgewachsen. Sein Großvater war im Frühjahr 1945 aus dem spanischen Protektorat in Marokko mit einigem Geld zurückgekommen, hatte das große

Haus am Rande der Lavafelder gekauft und sich auf die erste Stelle bei der neuen Post in Yaiza beworben, die bald darauf hier eröffnet worden war. Das alte Haus war von einer Natursteinmauer aus mokkabraunen Steinen umschlossen und hatte sieben Zimmer, wenn man die Küche mitzählte. Das weiß gekalkte Gemäuer mit den grün gestrichenen Türen und Fensterläden hielt dem Wind aus Nordost und den Sandstürmen aus der Sahara stand. Der ganze Garten war mit Picón bedeckt, und Pedro hatte sich immer vorgestellt, das Haus wäre umgeben von Piconfrauen. Es kitzelte, wenn man barfuß darüberlief, es knirschte auch, und manchmal brannte und blutete der Fuß.

Das Postamt bestand aus einem Zimmer nach Süden, zur Straße hin, mit separatem Eingang und einer kleinen Hintertür, durch die man in die Privaträume des Hauses gelangte. Die Hälfte des Büros wurde ausgefüllt von einem kostbaren Empfangstisch aus marokkanischem Thujaholz, der auch als Sortiertisch diente, ein Geschenk vom Sultan, dessen elektrische Anlagen der Großvater im Palast gewartet hatte. Pedros Vater hatte den Tisch als »Imperatorengeschenk« bezeichnet und ihn nach dem Tod des Großvaters sofort ins Gartenhaus verbannt. Irgendwann hatte Pedro ihn wieder hervorgeholt und ins Postamt gestellt, er war immerhin vom Sultan.

Auf der einen Seite des Tischs stand ein Bürostuhl der Marke Saragossa, der war neu; auf der anderen ein großer antiker spanischer Stuhl mit Lederbezug und Schnitzarbeiten, in dem Miguel fast verschwand. Hinter ihm, in einem Regal, stand immer noch die alte Espressomaschine. Pedro hatte oft überlegt, sie gründlich zu reinigen und wieder in Betrieb zu nehmen, aber er war nicht sicher, ob sie überhaupt noch funktionierte. Daneben lag der alte Zeitungsstapel, den sein Vater für einen ganz besonderen Kunden aufgehoben hatte. Obenauf eine Ausgabe von »La Repubblica« vom 10. Dezember 1980 mit einem Foto von John Lennon, der in New York von einem Mann erschossen worden war, das Papier war schon fast zerbröselt. Neben der Landkarte, auf der Pedro seine Zustellungsrouten eingezeichnet hatte, waren die alten Postfächer in die Wand eingelassen, 36, Unterputz, mit Zylinderschloss, sogar mit Silber beschlagen, die Nummern in Messingschilder eingraviert, das sah sehr schön aus.

»Weißt du, wem das Postfach Nummer 4 gehört?«, fragte Pedro. »Ich habe es dir schon mal gesagt.«

»Weiß ich nicht mehr«, antwortete Miguel und legte den Stift beiseite.

»Alfredo Kraus!«

»Den kenn ich nicht.« Er bohrte in der Nase.

»Nimm den Finger da raus und schreib weiter! ... Alfredo Kraus war doch der weltberühmte Sänger. Der lebte hier auf der Insel und konnte als einziger Mann auf der Welt das hohe D singen!«, erklärte Pedro.

»So was kann ich mir nicht merken.« Miguel beugte sich wieder über das Lernheft mit den historischen Vulkanausbrüchen.

Pedro erinnerte sich an den Mann, der immer mittwochs in einem lässigen Freizeitanzug in die Post gekommen war. Er hatte sich auf den alten spanischen Stuhl mit den Schnitzarbeiten gesetzt und die aus Rom und Mailand gesendeten Wochenendausgaben von »La Repubblica« und »Corriere della Sera« durchgeblättert, in denen er manchmal sogar selbst abgebildet gewesen war. Ein Batzen Briefe, von Pedros Vater mit einer Spannschlaufe gebündelt, lag immer neben ihm. Dabei trank Alfredo Kraus einen »Barraquito«, Espresso mit Vanillelikör und Zimt, den der Vater in der alten Maschine zubereitet hatte. Der weltberühmte Tenor gestattete Pedros Vater auch, mit seinem Namen für die Postfächer zu werben, was ein sensationeller Erfolg war. Als Alfredo Kraus das Postfach gemietet hatte, wollte die halbe Insel ein Postfach haben. Besonders die älteren Engländerinnen, die waren verrückt nach Alfredo Kraus, Mrs Taylor zum Beispiel, sie mietete das Postfach Nr. 5 direkt neben ihm und zahlte das Doppelte. Alfredo Kraus war nun schon gestorben, aber sein Postfach gab es immer noch, die Erben hatten vergessen, es zu kündigen. Sogar die italienischen Zeitungen kamen noch, Pedro schmiss sie mittlerweile weg, nur die Ausgaben, die sein Vater für den Tenor aufgehoben hatte, lagen immer noch da. Der Schlüssel für das Postfach fehlte, er war verschwunden.

»Du kannst dich aber doch bestimmt noch an Mrs Taylor erinnern, die Engländerin aus Playa Blanca?«, fragte Pedro. »Die hat dir mal die englischen Flottenschiffe ihres Mannes gezeigt, der war General!«

»Ja, der war auf dem Zerstörer ›Sheffield‹ und ist untergegangen!«, antwortete Miguel.

»Richtig, so was merkst du dir also, dabei ist ein hohes D viel schöner ... Und weißt du, was Mrs Taylor miterlebt hat? Alfredo Kraus zusammen mit Maria Callas auf einer Bühne in Lissabon!« Pedro sah ihn feierlich an. »Maria Callas kannst du ruhig mit Messi vergleichen, die nannte man ›Die Göttliche‹.«

»Dann mag ich die. Muss ich noch weiter die historischen Vulkanausbrüche aufschreiben?«, fragte Miguel.

»Ja, bis ›die Lava strömte über die Dörfer hinweg‹, hat die Lehrerin doch gesagt«, antwortete Pedro. Er entdeckte eine Reklame für einen neuartigen wassergekühlten Aschesauger, der angeblich auch dem feinen Wüstenstaub den Kampf ansagte. Er riss die Anzeige aus der Broschüre und schob sie unter die Statue der Jungfrau von Los Dolores auf dem Tisch.

»Miguel, stell dir mal vor!«, sagte Pedro. »Die historische Lava aus den Vulkanen ist am 1. September 1730 sogar auf unser Haus zugeflossen! Kurz davor aber teilte sich der Fluss plötzlich in zwei glühende Lavaströme! Der eine floss rechts, der andere links am Haus vorbei!«

»Warum?«, fragte Miguel.

»Man sagt, diese Jungfrau von Los Dolores habe den Strom geteilt, die Menschen hielten die Statue der Lava entgegen und rammten ein Holzkreuz in die Erde, das war ein richtiges Wunder«, antwortete Pedro. »Ich weiß das von unserem Pfarrer. Rate mal, wer sein Ur-Ur-Ur-Urgroßvater war? Ta-ta-ta-taaaa! Don Andrés Lorenzo Curbelo! Der Mann, der *Als die Vulkane Feuer spien* geschrieben hat! Verrückt, was?«

»Mir tut die Hand weh vom Schreiben«, sagte Miguel.

»Allen tut heute die Hand weh vom Schreiben, weil wir keine Übung mehr darin haben«, antwortete Pedro.

»Wo ist mein blauer Ball?«, fragte Miguel.

»In deinem Zimmer«, antwortete Pedro.

»Nein!«, sagte Miguel.

»Dann ist er irgendwo draußen, es wird aber erst zu Ende abgeschrieben, bis ›die Lava strömte über die Dörfer hinweg‹«, bestimmte Pedro.

»Warum kann ich das nicht in Mamas Tablet machen?« Er schaute Pedro mit großen Augen fragend an.

»Wie bitte? Das verstehe ich nicht. In Mamas Tablet machen?«

»Anklicken«, erklärte Miguel, »die Buchstaben anklicken ... Touchscreen! Ich kriege vielleicht Mamas altes iPad, da gibt's Smileys mit Volldrachen!«

»Nein!«, brach es plötzlich aus Pedro heraus, »sag nie wieder TOUCHSCREEN! Was fällt dir ein!« Er schlug mit der Hand so heftig auf den Sortiertisch, dass die Heilige Jungfrau von Los Dolores herunterfiel und Miguel zusammenzuckte. Die Vorstellung, sein Sohn würde die Hausaufgaben über die historischen Naturereignisse in Carlotas Geräte mit Touchscreen schreiben, während er gegenüber am leeren Sortiertisch das digitale Zeitalter ausbaden und sich an die Postwurfsendungen klammern musste – diese Vorstellung machte ihn wütend.

»Miguel«, sagte Pedro, er versuchte, versöhnlich zu klingen: »Wenn wir etwas mit der Hand schreiben, dann kommt das wirklich von uns, dann sind wir sogar in den Buchstaben drin. Aber nicht, wenn wir die nur anklicken, dann sind wir eher tot.« Vielleicht war das jetzt auch zu hart und zu kompliziert ausgedrückt, dachte Pedro. Vielleicht war es auch nicht richtig, den Schulaufsatz seines Sohnes über die Vulkanausbrüche mit seinen beruflichen Sorgen zu vermischen, die mit dem Internet, neuartigen Smartphones, Tablets, iPads und diesem ganzen postfeindlichen Klickklickklick und Wischwischwisch gekommen waren.

Am liebsten hätte er gesagt: Pass mal auf, mein Junge, ab sofort wird hier alles verschwinden, was Touchscreens hat zum Anklicken oder Herumwischen! Seit Menschengedenken hat man alles mit der Hand geschrieben oder wenigstens mit der Schreibmaschine, und danach ist man zur Post gegangen, um es von einem Postboten persönlich zustellen zu lassen! Smileys, Doppelsmileys, Herzwinkhüpfmännchen, Volldrachen usw., das ist alles ab sofort verboten! Von deinem Urgroßvater liegen hier in irgendeiner Kiste immer noch Briefe aus Afrika herum, an deine Urgroßmutter, die müssen wir mal lesen, was da wohl alles drinsteht, mit einem Smiley oder Herzwinkhüpfmännchen hätte sich deine Urgroßmutter bestimmt nicht zufriedengegeben! Deine Mutter hat zwar ein neues Tablet, aber die Bilder, die sie von dir macht, lässt sie bei Royal Electronics in Playa Blanca entwickeln, sie fotografiert dich mit der alten Minolta-Kamera ihres Vaters, sie legt Fotoalben an, sie bewahrt dich zwischen Seidenpapieren auf! Und warum? Weil sie deine Einschulung und deinen sechsten Geburtstag für immer in ihrem Exhandy begraben hat, das Ding war von einem auf den anderen Tag kaputt, tot! Und alles Persönliche in diesem kleinen Gehäuse auch, nicht einmal Royal Electronics konnte deine Einschulung und deinen sechsten Geburtstag da wieder rausholen! Bald werden alle Leute in ihren Schubladen nach ihren alten Fotoapparaten suchen! Und nach Füllfederhaltern! ... Tinte!

Pedro atmete tief durch und stellte die heruntergefallene Jungfrau wieder auf den Tisch. Dann tippte er auf Miguels Schreibheft. »Da! Schau mal ... Ich liebe dein V bei ›Vulkane‹! ... Oder das L bei ›Lava‹!«, sagte Pedro. »Guck doch, wie schön dein L geworden ist!«

Miguel sah ihn befremdet an.

»Lass uns doch einen Brief an Mira aus deiner Klasse schreiben, die magst du doch. Oder an Lionel Messi! Mit genauso schönen Ls und Ms! Und dann macht Messi den Brief auf und sagt: Ah, das ist also Miguel! Sehr schön. In diesem Brief ist eindeutig Miguel Medina Lopéz drin!«

»Warum sagt Messi das dann?«, fragte Miguel. »Ich würde Messi so gern einmal sehen, in Wirklichkeit.«

»Das kannst du auch«, sagte Pedro. »Also, er kann dich sehen.«

»Wieso sieht er mich?« Miguel richtete sich in dem großen Stuhl auf.

»Weil Briefe und Buchstaben lebendig sind«, antwortete Pedro.

»Bin ich dann in Wirklichkeit in dem Brief?«

»Ja!«

Solche Dinge hatte sich Pedro als Kind auch anhören müssen. Sein Vater hatte immer behauptet, dass Briefe von Frauen sich anders anfühlen würden, wenn man sie in der Hand hielt. Sie bewegten sich, sie schwangen nach, pulsierten, rebellierten, brannten, gerade hier auf der Insel, in den Dörfern, in den kanarischen Ehen. Pedros Vater hatte es ihm sogar vorgeführt, nur wusste Pedro nie, ob sich die Briefe wirklich bewegten oder ob er nachgeholfen hatte. Wenn sein Vater den Brief einer Frau zustellte, dann stellte er, wie er behauptete, ihre Seele zu, kleine Flammen, sogar Vulkane. Was in den Postkästen los war, ganze aufeinandergestapelte Vulkane brachen da aus!

Er hatte Pedro auch die verschiedenen Schriften auf den Umschlägen gezeigt, wie die Hand von jemandem schrieb, der mit sich im Reinen war, frei und großzügig, im Gegensatz zur unruhigen, rastlosen, ängstlichen Hand eines verzweifelten Menschen, da liefen die Buchstaben gegeneinander, verhakten und behinderten sich, sie wirkten wie

Gefangene. Pedros Vater hatte auch Vorträge über die Farbe des Kuverts gehalten, das Format, gefüttert oder ungefüttert, Feuchtgummierung oder selbstklebend, der Zustand im Allgemeinen, die Flecken daran: Fett, Marmelade, Kaffee, Honig, Regen oder Tränen, manchmal Blut.

José Fernández Rivera war eher ein künstlerischer Postbote gewesen, den einige im Abschnitt 2 im Süden der Insel für eine Zumutung gehalten hatten, aber er hatte sich diesen Beruf auch nicht freiwillig ausgesucht. Geschichte an der Universität in Barcelona hatte er studieren wollen, Pedros Großvater hatte jedoch die Fortführung der Postgeschäfte angeordnet und »Geschichte in Barcelona studieren« für brotlos und anarchistisch erklärt. Er war ein strenger, ordnungsliebender und stets pünktlicher Postbote, der seinen Sohn täglich die Briefe sortieren und den Sultantisch aus marokkanischem Thujaholz polieren ließ. Auch die blaue Keramik aus der Königsstadt Fès, die der Großvater ebenfalls vom Sultan von Marokko überreicht bekommen hatte, musste Pedros Vater mit Polierpaste bearbeiten. Danach hatte er den Wüstenstaub wegzufegen, den die Calima aus der Sahara bis in die Dörfer der Insel getragen hatte. Überall war dieser Staub, auf den Terrassen, auf den Fensterläden, im Türspalt, er kam durch alle Ritzen. Pedros Vater hatte stundenlang fegen und wischen müssen, und wenn der Großvater doch noch die Wüste in seinem Haus entdeckte, gab es Prügel. Und dass sich Frauenbriefe in der Hand bewegten, dass sie pulsierten, nachschwangen, brannten und rebellierten, so einen Unfug hätte er nie geduldet.

Als der Großvater starb und sein Sohn die Geschäfte übernahm, kippte er die Post einfach auf einen Haufen im Wohnzimmer, der mit der Zeit immer größer wurde. Jeden

Tag griff er in den Posthaufen und zog ein paar Umschläge heraus, um sie zuzustellen, gegebenenfalls auch vorzulesen.

Mit einem ordentlichen Zustellungssystem hatte das nichts zu tun. Pedros Mutter behauptete auch irgendwann, dass sein Vater nur die Frauenbriefe im Wohnzimmer sammeln würde. Sein Freund Antonio, der Fischer in El Golfo war, sagte jedes Mal, wenn er sah, wie Pedros Vater in den Haufen griff: »Du Anarchist! Wenn ich das mit den Fischen machen würde, dann wären wir alle schon tot!« Doch Pedros Vater änderte sein System nie. Er griff stets mit schwungvoller Geste in den Haufen und dann kam sein Lieblingssatz: »Oh, was für ein Mensch!«

»FRAU!«, rief Pedros Mutter immer wütender. »Hier sind ja nur FRAUENBRIEFE!«

Vielleicht war sein Vater so eine Art 68er-Postbote gewesen, er lebte mit den Briefen zusammen wie in einer Kommune.

Das Erste, was Pedros Mutter nach dem schrecklichen Tod ihres Mannes machte: Sie stopfte alle angeblich lebendigen, pulsierenden, nachschwingenden, brennenden oder rebellierenden Frauenbriefe in eine Kiste und sperrte sie in der hintersten Ecke des Hauses weg, wo sie wahrscheinlich heute noch lagen.

»Ich bin fertig«, sagte Miguel.

»Zeig mal«, sagte Pedro und griff nach Miguels Heft:

Am 11. September erneuerte sich der Ausbruch mit noch größerer Gewalt und die Lava begann zu strömen, anfangs so schnell wie Wasser, doch bald verminderte sich ihre Geschwindigkeit und sie floss zähflüssig wie Honig …

»Sehr gut. Kannst du eins von deinen Wörtern auch selbst lesen?«, fragte Pedro.

»Ja. Lava«, antwortete Miguel.

»Wo steht denn Lava?«, fragte Pedro nach.

»Da!«, sagte Miguel und zeigte auf das Wort.

»Ja, fantastisch!«, rief Pedro. »Wenn du Lust hast, können wir gleich wieder in die Bar Stop fahren und zur Belohnung ein Eis essen. Aber malst du vorher noch ein Bild für Mrs Taylor? Das ist die mit dem Postfach Nummer 5, sie hat morgen Geburtstag«, sagte Pedro. »Du kannst malen, was du willst.«

Miguel lief zum Postfach Nummer 5. Er drehte den Schlüssel um und öffnete es.

»Es ist ganz leer«, sagte er.

4

Auf der Europaroute (Vaterherztod, Putsch und der Zauberer)

Diese verdammten Abschiede! Er hatte Miguel gerade zum Schultor gebracht, ihn von der Honda gehoben, nun stand er da in seiner Dienstuniform, sein Sohn in der Schuluniform und sie kamen nicht voneinander los. Was das immer für ein Ringen war.

»Herr Fernández García, fahren Sie! Es bringt nichts, wenn Sie hier jeden Morgen lange herumstehen, er schafft das. Kümmern Sie sich um die Post, wir kümmern uns um Ihren Sohn!«, sagte die pädagogische Fachkraft, die für die Übergabe der Kinder zuständig war.

Pedro zählte bis drei und fuhr los. Nach 100 Metern drehte er sich um und sah, wie Miguel dort immer noch stand, weinend, vermutlich fühlte er sich verloren, niemand hatte ihn an die Hand genommen. Pedro überlegte, wieder zurückzufahren, der Anblick brachte ihn fast um. Dann zählte er noch einmal bis drei und fuhr weiter.

In der Zustellbox der Honda lagen heute stapelweise Postwurfsendungen. Ein Mahnbrief für Señora Negra im Bergdorf Femés, eine Zeitschrift für den deutschen Forscher in La Degollada oberhalb von Yaiza. Und der Brief aus England für Mrs Taylor in Playa Blanca, die heute 75 Jahre alt wurde. Pedro hatte Miguels Bild für sie dabei, Mrs Taylor war immer eine der treuesten Kundinnen seines Vaters gewesen und hatte ihm sogar mal eine viktorianische Lupe geschenkt. Außerdem hatte sie, wie Alfredo Kraus, ihr Postfach bis heute nicht gekündigt.

Er fuhr am Friedhof vorbei, auf dem seine Eltern lagen. Seine Mutter war vor einigen Jahren gestorben, Herzstillstand. Auch seinem Vater war das Herz stehen geblieben, am 24. Februar 1981, einen Tag nachdem die Putschisten das spanische Parlament gestürmt hatten, Pedro war noch ein Kind gewesen.

*

»José!«, ruft Pedros Mutter. »Komm schnell, da passiert etwas!« Sie sitzt im Wohnzimmer und starrt auf den Bildschirm: Putschisten dringen mit Maschinenpistolen in das voll besetzte spanische Parlament ein. Alles rettet sich unter die Stühle. Nur der Ministerpräsident bleibt sitzen, leicht zurückgelehnt, bewegungslos. Pedros Vater holt das Gewehr des Großvaters aus dem Schlafzimmer. Er trägt seine graublaue Dienstuniform und setzt sich mit dem Gewehr vor den Fernseher, in dem das Land in Gefahr geraten ist. Es ist 12 Uhr 30, als der Putsch von Televisión Española übertragen wird. Oberstleutnant Tejero gibt den Guardia-Civil-Beamten ein Zeichen und sie beginnen zu schießen. Pedro ist zwölf und er wird diese Bilder nie vergessen: Die Hände des Vaters umklammern das Gewehr, der Blick ist starr und kämpferisch. Pedro sieht im Fernsehen, wie Kalkstücke von der Decke des Parlaments herunterfallen und der Präsident sich langsam zurücklehnt, umgeben von lauter leeren Stühlen. Der Kopf seines Vaters fällt plötzlich auf den Wohnzimmertisch, das Gewehr zu Boden. Dann hört er den Schrei seiner Mutter.

Später erfährt Pedros Mutter, dass der Putsch schon am Abend des 23. Februar stattgefunden hat. Doch Televisión Española wollte erst einmal abwarten, wie die Sache ausgeht, und strahlte die Bilder dann am 24. Februar zur Mittagszeit aus, in voller Länge, 34 Minuten, als würde der Putsch gerade stattfinden. Die Aufregung von Pedros Vater war also eine zeitversetzte. Sein Herz blieb zeitversetzt stehen. Wenn ihm jemand gesagt hätte, dass der Putsch schon am Vorabend abgewendet worden war, wäre sein Herz bestimmt nicht stehen geblieben.

Im Dorf selbst will niemand etwas vom Putsch gewusst haben, obwohl er am 23. Februar im Radio gemeldet worden ist. Die Dorfbewohner sind wie die Leute von Televisión Española, sie haben vermutlich insgeheim gehofft, dass der Putsch gelingen würde.

*

Seit diesem Tag, dem Todestag seines Vaters, hasste Pedro alle Menschen der Insel, die sich General Franco insgeheim zurückwünschten. Wenn sie alle gegen Franco und den Franquismus gewesen wären, dann wären sie noch am Abend des 23. Februar auf die Straße gegangen. Hätten gesungen. Die Demokratie gefeiert. Auf jeden Fall hätte es Pedros Familie mitbekommen, und sein Vater hätte nicht einen verfluchten Tag später zur Mittagszeit geglaubt, er würde einer Liveübertragung des Putsches beiwohnen! Televisión Española war schuld am Tod seines Vaters! Und die Dorfmenschen waren auch schuld! Die, die in ihren Häusern ausharrten und sich nichts anmerken ließen, als sie schon wussten, dass der Putsch in Madrid gescheitert war, weil der König irgendwann eingegriffen und die Demokratie gerettet hatte!

*

Kurz vor dem Putsch fährt Pedro auf dem Postmotorrad des Vaters mit. Er darf vorne sitzen, im Trikot von Quini. In der Zustellbox liegt ein Brief von ihm an den Fußballer, sein erster selbst geschriebener Brief. Die Wände in Pedros Kinderzimmer (das später einmal Miguels Zimmer wird) sind vollständig bedeckt von Quini-Postern. Quini, »der Zauberer« genannt, hat gerade mit el Barça 6:0 gegen Osasuna gewonnen und ist kurz davor, spanischer Torschützenkönig zu werden. In dem Brief steht, dass Pedro jedes seiner Spiele schaue, aber leider nicht bis zum Schluss, weil sie Strom sparen müssten. Und dass er den Brief selbst stempeln und zur Flughafenpost bringen würde, dann gehe es schneller. »AN QUINI, DEN ZAUBERER!«, steht in großen Buchstaben auf dem Umschlag, dazu noch: »EL BARÇA IN BARCELONA / CATALUÑA«, mehr brauche es nicht, sagt ihm sein Vater, das würde auch der dümmste Postbote finden. Als sie zum Flughafen kommen, ist die Post schon weggeflogen und der Schalter geschlossen. »Ich gebe den Brief morgen hier ab, wenn du in der Schule bist«, verspricht Pedros Vater. Drei Wochen später schießen die Putschisten, der Vater stirbt. Und eine weitere Woche darauf wird Quini nach dem Spiel gegen Hércules Alicante im Stadion Camp Nou entführt, das Land ist wieder in Aufruhr. Jeder spricht davon, in der Schule, auf der Straße, in den Geschäften, sogar auf dem Friedhof, wo Pedro mit seiner Mutter täglich am Grab sitzt. Vom Putsch spricht im Dorf keiner mehr. Einen Antwortbrief von Quini bekommt er nie, auch nicht, als der Zauberer irgendwann aus einem Keller in Saragossa befreit wird.

*

Pedro gab richtig Gas, um die Steigung der Straße nach La Degollada mit Schwung zu nehmen. Früher hatte er beim Friedhof jedes Mal angehalten und das Grab seiner Eltern besucht, danach war es ihm unmöglich erschienen, die Steigung nach La Degollada hinaufzukommen. Schließlich hatte er entschieden, auf Höhe des Friedhofes immer zu beschleunigen, er musste die Vergangenheit hinter sich lassen, das Leben ging weiter, er hatte jetzt selbst einen Sohn.

Oben, im letzten Haus der Straße, wohnte Claus Stamm aus der deutschen Stadt Oldenburg. Stamm kam zweimal im Jahr auf die Insel, um ungestört zu forschen. Umgeben von wilden, zerzausten Katzen, die auf dem Grundstück und in einer kleinen Baracke mit Werkzeug, alten Farbeimern und Gerümpel heimisch geworden waren.

»Ja, ja ...«, sagte er knapp, als Pedro geklopft hatte. Eine Klingel gab es nicht und in den Briefkasten passten die dicken Zeitschriften aus Deutschland nicht hinein. Einmal hatte Pedro eine Zeitschrift vor die Tür gelegt, aber dann war sie von den wilden Katzen zerfetzt worden. Stamm hatte Pedro später verärgert vorgehalten, dass er eine Studie zum »Staatsprojekt Europa« mühselig hatte zusammenpuzzeln müssen.

»Guten Tag, Herr Stamm«, sagte Pedro. »In Deutschland ist ja schon Winter! In Frankfurt Eis und Schnee, in Oldenburg auch?«

»Ja, ja, legen Sie's einfach auf den Zeitschriftentisch«, antwortete Stamm, sonst nichts.

Mit Herrn Stamm konnte man nicht mal über das Wetter reden. Er trug wie immer ein braunes Jackett und starrte auf seinen Computer. Neben ihm, auf einem Sessel, lag seine Katze, die er aus Deutschland mitgebracht hatte. Sie war schneeweiß, wesentlich gepflegter als die wilden Katzen draußen und lag da wie die Königin im Schloss und behielt die Tür im Auge, als wachte sie darüber, dass dieses wilde, Zeitschriften zerfetzende Volk blieb, wo es war.

Pedro hatte die Fachzeitschriften auf den Tisch gelegt und sah durch das Fenster, vor dem der Computer stand. Er fühlte sich der herrlichen Aussicht gegenüber irgendwie verpflichtet, weil sie ja offenbar sonst niemand würdigte, also sah er jedes Mal durchs Fenster über die Vulkanlandschaft. Danach warf er noch einen neugierigen Blick auf Stamms Bildschirm, auf dem immer drei Kreise zu erkennen waren. Diesmal sahen sie so aus:

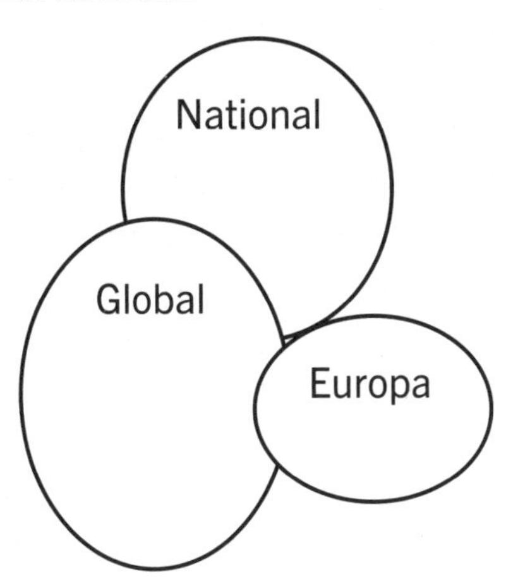

Immerhin war Europa wieder etwas größer geworden, dachte Pedro. Beim letzten Mal war Europa kaum noch zu sehen gewesen und hatte nur noch mit einem Zipfel hinter den beiden anderen Kreisen hervorgeguckt. Auf Pedro übte dieses Ineinanderschieben von Kreisen eine seltsame Faszination aus, Herr Gopar, sein alter Lehrer, hatte früher Kontinentalplatten auf ähnliche Weise an die Tafel gemalt: antarktische, eurasische oder afrikanische Kreise. Der afrikanische Kreis schob sich unter den eurasischen, irgendwas zerbrach, ein riesiger Sockel erhob sich, Vulkane brachen unter der Wasseroberfläche aus, extrem heiße Lava floss und türmte sich auf – und dann lag Lanzarote plötzlich da, ganz schwarz.

»Auf Wiedersehen, Herr Stamm, bis zum nächsten Mal. Einen guten Arbeitstag noch«, sagte Pedro.

»Hmm, ja, ja«, antwortete er.

Pedro hielt auf dem Weg nach Femés noch in Yaiza an der Bar Stop und bestellte bei Ernesto einen Café con leche, der hier viel einfacher und ohne Schaum serviert wurde und so irgendwie ehrlicher und bescheidener aussah als der von Alberto in der Hafenbar in Órzola. SMS von der Postzentrale:

> Die größten Verluste der Sendungsmengen im EU-Briefverkehr 2007: Bulgarien –33,5 %, Dänemark –30,2 %, Deutschland –38,6 %, Italien –37,5 %, Frankreich –40,4 % …

Spanien wurde gar nicht erst erwähnt. Nur in Lettland gab es Gewinne zu verzeichnen: +13,1 %. Was wollte die Postzentrale ihm damit sagen? Dass in Spanien noch alles in Ordnung sei? Dass er Postbote in Lettland werden solle?

Pedro schickte eine SMS an Carlota:

Mit Miguel alles so weit okay.

Carlota antwortete:

Hat er geweint?

Wir beide.

Ich habe in der Schule angerufen. Die Direktorin hat aus dem Fenster gesehen und da hat Miguel allein auf dem Pausenhof geschaukelt.

😊😉 Ok. Kuss.

Auf dem neuen Handy sind deine Küsse bunt.

Señora Negra aus Femés trug immer ein langes schwarzes Gewand, schwarze Strümpfe und ein schwarzes Kopftuch und hieß mit richtigem Namen Maria Lopéz Castillo. Manche hielten sie für eine Hexe, die nachts zur Dorfkirche lief, um dort auf ihren Mann zu warten, der nie aus dem Bürgerkrieg zurückgekehrt war.

Im Dorf erzählte man sich bis heute die Geschichte, wie Señora Negra und Pedros Großmutter einmal auf der Straße aneinandergeraten waren. Pedros Großmutter mit einem Tonkrug auf dem Kopf, Maria in einem ungewöhnlich kurzen Kleid, dazu offene, im Wind fliegende Haare, rotbraun wie die Farbe des Vulkans, neben dem sie lebte. Und dann schlug Pedros Großmutter ihr den Tonkrug ins Gesicht, das so schön war, dass kein Mann einfach so an Maria vorbeigehen konnte. Von rauer Schönheit, berichtete man im Dorf, von glühenden Augen und schmalem, hohem Wuchs, von einer Ausstrahlung, die wie die Insellandschaft gewesen war, aus der Señora Negra stammte. Ausgerechnet bei dieser Maria Lopéz Castillo hatte Pedros Großvater damit begonnen, Briefe nicht nur zuzustellen, sondern auch vorzulesen, er hatte das plötzlich für eine der wichtigsten Aufgaben der Postboten gehalten: Bei Kunden, die nicht lesen konnten, sollten Briefe an Ort und Stelle vorgelesen und die Antwortbriefe nach Diktat gleich mitgenommen werden. (Postgebühren nicht zu vergessen!) Offenbar hatte der Großvater aus der Sache mit Maria gleich eine Regel gemacht, eine neue Ordnung, wie es ihm entsprochen hatte.

Señora Negra hatte das Geräusch von Pedros Honda bereits gehört und stand schon da, die Kleider schwarz wie die Nacht, Augen wie Lavasteine, die Hand ausgestreckt.

Pedro überreichte ihr vorsichtig den Mahnbrief, es war schon der dritte vom Stromamt, diesmal musste der Empfang bestätigt werden.

»Es tut mir leid ... Schon wieder das Stromamt ...«, begann er. Einen kurzen Moment überlegte er, ob Señora Negra mehr Strom verbrauchte, weil alles an ihr so schwarz war und sie deshalb sehr viel Licht benötigte. Sogar die Hand war von der Sonne so versengt, dass sie ganz schwarz geworden war.

In Playa Blanca, im Süden, in der Nähe des Hafens, wohnte Mrs Taylor, die Frau mit dem Postfach Nr. 5.

»Happy Birthday! I have a letter ... It's a real letter!«, sagte Pedro und überreichte ihr den Brief.

»Thank you, thank you!«, sagte Mrs Taylor und dirigierte Pedro von der Tür ins Haus, das voller Antiquitäten, Porzellan und Skulpturen war. Überall im Haus lagen Lesebrillen, Schallplatten, Kataloge aus dem Pariser Louvre, dem Centre Pompidou oder dem Victoria and Albert Museum. Bücher über Churchill, über den Zweiten Weltkrieg und über die Patrouillenschiffe im Südatlantik. In den Regalen standen Hunderte von Bleisoldaten sorgfältig aufgereiht. Auf einem Tisch entdeckte Pedro ein Schwarz-Weiß-Foto, das eine Frau mit Rollkragenpullover, enger Schlaghose und einer langen Kette um den Hals zeigte. Das musste Mrs Taylor gewesen sein, dachte Pedro, sie sah aus wie diese Emma-Peel-Darstellerin von früher. An der Wand hingen riesige Ölgemälde von Schiffen in der Brandung, sie waren alle vor einem halben Jahrhundert aus Südengland hergebracht worden, so lange lebte Mrs Taylor schon auf der Insel. Ihr Mann, Admiral bei der Royal Navy, war schon gestorben, er hatte in seinen letzten Lebensjahren meist im Wohnzimmer gesessen und mit den Bleisoldaten den Falklandkrieg nachgespielt, an dem er noch teilgenommen hatte.

»How are you, Pedro?« Sie sah elegant aus, mit ihrem Hosenanzug, dem silbernen Haar und ihren ungefähr sieben Ketten.

»I am fine, Ma'am.«

»It was terribly windy yesterday, but today it's much better, isn't it, Pedro?«

»Yes, it is, Ma'am. But wind is always.«

»Your father was a good friend of Alfredo Kraus, wasn't he?«

»Yes, he was, Ma'am.« Meist gerieten die Postzustellungen bei Mrs Taylor zu Lektionen in englischer Konversation, deshalb nannte er die Route zu Mrs Taylor auch die »Small-Talk-Route«.

»I'll never forget the high D in the office of your father!« Einmal hatte es Mrs Taylor wirklich geschafft, Alfredo Kraus zu überreden, im Postamt zu singen, im ganzen Dorf war der Gesang zu hören gewesen. Erst neben Maria Callas in Lissabon und dann bei Pedros Vater im Postamt in Yaiza!

»Your father was a very elegant man in his uniform!«, sagte Mrs Taylor als Nächstes.

»Yes, he was ... He was tall, I am short.«

»Do you know that you look more like your mother than your father, Pedro?«

»Maybe ...«

»Remember that: The American president Abraham Lincoln started his career as a postman!«

Pedro wollte die Dialogführung von Mrs Taylor endlich unterbrechen und reichte ihr Miguels Bild: ein offenes, leeres Postfach, in das ein blauer Ball hineinflog. Davor steht ein kleiner Fußballspieler mit langen Haaren. »This is from my son!«, sagte er.

»Interesting«, sagte Mrs Taylor. »What does the picture represent?«

»Messi shoots a goal in your P.O.-Box Number five«, antwortete Pedro.

»Wonderful!«, sagte sie.

»Messi is a football player from FC Barcelona and a hero for Miguel«, fügte er hinzu.

»This is like Miró and Salvador Dalí in one! Give him a kiss from me!« Sie lehnte das Bild an einen antiken Kerzenständer.

Pedro betrachtete es nachdenklich. Hatte sein Sohn gespürt, wie traurig er auf die leeren Postfächer gesehen hatte? Wusste er, dass es mit den Briefen langsam zu Ende ging?

Und hatte er deshalb seinen geliebten blauen Ball gemalt, ins Postfach geschossen von Messi?

»Do you know the italian movie *Il postino*, in English: *The Postman?*«, fragte Mrs Taylor.

»No, sorry«, antwortete Pedro.

»Sit down and have your tea. This is my gift for you.«

Pedro musste sich auf ihr samtbezogenes Sofa setzen, umgeben von Seidenkissen. Dann reichte sie ihm eine dünnwandige Teetasse, sie hatte einen so schmalen Henkel, dass er drei Finger abspreizen musste, um sie halten zu können. Er schaute auf einen riesigen Fernseher. Die englische Version von *The Postman* verstand er nicht ganz, aber die Handlung war ungefähr so: Der Postbote Mario Ruoppolo lebte auf einer italienischen Insel und stellte einem berühmten Dichter aus Chile die Post zu. Und als sich der Postbote unglücklich in die schöne Kellnerin verliebte, die ein bisschen aussah wie Carlota und kalt und abweisend zu ihm war, ging der Dichter plötzlich mit dem Postboten ins Dorflokal und bestellte bei ihr zwei Gläser Rotwein. Später wurde er Trauzeuge.

»It's a masterpiece!«, sagte sie, als der Film vorbei war.

»Yes, it is, Ma'am.«

»The famous poet from Chile is Pablo Neruda!«

»Ah ... oho«, erwiderte Pedro, wie kam sie überhaupt auf die Idee, er könnte sich bei ihr einfach so zwei Stunden aufs Sofa setzen, sich die Finger an ihren seltsamen Teetassen verkrampfen und *The Postman* gucken während seiner Dienstzeit? »I have to go. Working«, sagte er.

»Yes. Work!«, sagte Mrs Taylor und klopfte ihm auf die Schultern.

5

Wiedersehen mit Tenaro

Pedro hatte noch viel Zeit, bevor er Miguel von der Schule abholen musste. Er parkte die Honda vor dem Marina-Hotel, setzte sich auf eine Steinmauer und zog sein neues Smartphone aus der Tasche, Miguel hatte ihm schon gezeigt, wie man damit ins Internet kam.

Zuerst googelte er Miró und Salvador Dalí; danach diesen Pablo Neruda, dann Postbote = Abraham Lincoln, er fand eine Website mit einer Liste weiterer berühmter Postboten: Walt Disney! Rock Hudson! Conrad Hilton. Ja, sogar Hilton war Postbote gewesen, bevor er überall Hotels mit insgesamt 215 623 Zimmern gebaut hatte.

Pedro suchte noch nach Informationen über das Trümmerteil des World-Trade-Centers, von dem er im Radio gehört hatte. Es war das Einzige, was vom 11. September, dem Tag, an dem er Carlota kennengelernt hatte, übrig geblieben war, und wurde als »letzte Säule« bezeichnet.

Pedro legte das Smartphone zur Seite und sah auf seinen kleinen Kurzwellen-Weltempfänger, den er an der Honda angebracht hatte. Schon als Kind hatte er abends mit einem kleinen Radio unter der Bettdecke gelegen und an dem Knopf gedreht, mit dem man die Sender suchen konnte. Das Rauschen und Knacksen und Fiepen, die fremden Sprachfetzen, die ineinander übergingen und sich mit Musik vermischten – es kam ihm vor, als würde er mit dem Drehknopf die Welt überfliegen: das Rauschen waren das Meer und die Ozeane, beim Knacksen und Fiepen überflog er Gebirge und Städte, und plötzlich, wenn er einen Sender traf, was oft eine Millimeterarbeit war, landete er in Kuba bei Radio Havanna oder bei Radio Afrique in den Tropengebieten Zentralafrikas.

»Pedro! Was sitzt du denn hier herum?!«, hörte er eine Stimme in seinem Rücken und sprang auf. »Hier bin ich ... Schau durchs Loch im Sichtschutz!«

»Mensch, Tenaro! Du bist es!«, rief Pedro, er kannte ihn schon fast sein ganzes Leben, seit der Schulzeit. »Wie lange haben wir uns nicht mehr gesehen?«

»Seitdem du einen auf Familie machst, da geht dann der alte Freund über Bord ...«, antwortete Tenaro, er stand am Pool des Marina-Hotels mit einem riesigen Kescher in der Hand.

Pedro trat dichter an das Loch heran.

»Ist das hier nicht das Postgebiet von deinem Kollegen Enrico?«, fragte Tenaro. »Lass uns mal ausgehen, wie früher, ja?«

»Ruf mich an, ich gebe dir meine neue Nummer.« Pedro reichte ihm einen Zettel durch das Loch.

»Nun haben wir uns so lange nicht mehr getroffen und dann sieht man sich durch so ein verficktes Loch im Sichtschutz!« Tenaro lachte und tippte die neue Nummer in sein Handy.

Der alte Freund hatte sich verändert, bemerkte Pedro. Tenaro trug zwar noch immer einen schmalen, fein rasierten Bart mit einem kleinen Abstand zur Oberlippe (so hatte schon sein berühmter Vater den Bart getragen), aber die fast schwarzen Augen hatten an Glanz und Schärfe verloren. Die Haut war gerötet, das Kinn hatte sich verdoppelt, dabei war er erst 39, ein Jahr jünger als Pedro.

»Was machst du eigentlich hier?«, fragte Pedro und sah auf den riesigen Kescher, den Tenaro hielt.

»Ich arbeite. Ich muss weitermachen, der Chef guckt schon«, sagte Tenaro. Er lief ein paarmal um den Pool, hielt den Kescher hinein und zog einen Badeschuh aus dem Wasser. Dann nahm er einen Eimer und lief von Sonnenliege zu Sonnenliege, klappte die Schirme hoch und wischte mit einem Lappen über die Kunststoffauflage.

Pedro kamen die Bilder von früher in den Kopf: Tenaro mit der Thunfischflotte draußen auf dem Meer. Er war in der Fangsaison jede Nacht mit einem der sechs Boote hinausgefahren und manchmal mit 20 dieser Roten Thunfische zurückgekommen. Und Pedro hatte seinem Freund manchmal zugesehen, wie er den ganzen Tag die silbrig weißen Schuppen abschabte, die bläulichen, gelben oder rotbraunen Flossen abschnitt und die Innereien entfernte, bis am Ende nur noch das Filet übrig blieb. Tenaro hatte ihm einmal stolz ein Stück entgegengehalten, bevor er es mit Eis ummantelt und in eine Box mit Kühlplatten gelegt hatte. »Meine Arbeit fliegt jetzt nach Tokio, das ist in Japan, Victor bringt sie direkt zum Flugzeug! Die Japaner bezahlen mich dafür!«, hatte er mit leuchtenden Augen erklärt.

Für die Fischer war ein großer Roter Thun so viel wert wie ein neues Auto. In Tokio auf dem Tsukiji-Markt war ein von der Lanzarote-Flotte gefangener Thun für 176 000 Dollar versteigert worden (das waren mindestens zehn Autos!), weil das Filet so rot und zart gewesen war und die Augen nach dem langen Flug nichts von ihrem Glanz verloren hatten. Und Tenaro hatte ein Gespür für den Roten Thun. Er wusste immer, wo genau sich die Schwärme im Kanarenstrom befanden, das hatte er von seinem Vater gelernt, »El

Capitán« wurde der von allen auf der Insel genannt, er war der Mann mit dem 176 000-Dollar-Fisch.

Pedro hatte El Capitán als Kind ein paarmal mit weißer Uniform über die Promenade in Playa Blanca laufen sehen. Ein stolzer, kleiner, tiefbraun gebrannter Mann, dem alle nachgeschaut hatten, sogar die Köche und Kellner waren aus den Restaurants gelaufen und hatten applaudiert. El Capitán hatte, wie fast alle auf der Insel, für General Franco im Bürgerkrieg gekämpft, und Tenaro erzählte immer voll Bewunderung von ihm, auch wenn er ohne den Vater aufgewachsen war. Nur auf dem Meer hatte er Zeit mit ihm verbracht. Und als El Capitán gestorben war, wurde Tenaro, keine zwei Wochen nach der Beisetzung, aus der Thunfischflotte entlassen. Man schenkte ihm zum Abschied 15 Kilo seines Roten Thuns.

Tenaro kam noch einmal näher an das Loch im Zaum heran. »Du bist ja immer noch da! Hast du nichts zu tun?«

»Doch, doch«, sagte Pedro. »Ich habe nur ein bisschen an die alte Zeit gedacht.«

»Ich habe noch die Nummer von früher. Warum hast du dich nie gemeldet?«, fragte Tenaro.

»Weil du gesagt hast, dass ich langweilig geworden bin. Einer, der zu nichts mehr zu gebrauchen ist ... Der nur noch über Babykram spricht. ›Pedro Fernández Kackamaus‹, hast du mich genannt.«

Tenaro warf den Lappen in den Eimer und reichte Pedro durch das Loch die Hand. »Das tut mir leid, Entschuldigung, das habe ich nicht so gemeint. Du warst halt mal mein lustigster, bester Freund, aber plötzlich wurdest du so ernst und bist unfassbar früh ins Bett gegangen.«

Ein Hotelgast lief im Bademantel vorbei und fragte Tenaro nach der Wassertemperatur des Pools. »Keine Ahnung!«, antwortete er. »Kalt!« Er wandte sich wieder Pedro zu. »Ich würde Miguel so gern mal wiedersehen. Wir können doch mit ihm zusammen die Galaktischen schauen! In der Caracas-Bar, wie wir beide früher! Ja? Das machen wir, oder?«

»Ich kann jetzt aber nicht mehr für Real Madrid sein, es tut mir leid. Mein Sohn ist verrückt nach Messi. Heute Abend gucken wir el Barça gegen Sevilla im Hotel, in der Empfangshalle, wo Carlota arbeitet.«

»El Barça?! Du machst Witze, oder? Dann sind wir in Zukunft Feinde! Aber trinken und die Galaktischen gucken können wir trotzdem zusammen, ja?«

»Ja, sehr gern«, antwortete Pedro. »Ich muss los.«

Als er vor dem Schultor auf Miguel wartete, kam eine SMS von Carlota:

> Arbeite heute die ganze Nacht durch. Warte nicht auf mich. Kuss aus der Hölle. 😘

6

Carlota und Pedro im Boxspringbett

An diesem Morgen gab Pedro sich vor dem großen Schultor selbst den Befehl, loszufahren, bevor ihn die pädagogische Fachkraft wieder zurechtweisen konnte. Er zählte bis drei und drehte den Gasgriff der Honda voll auf, ohne sich noch einmal nach dem Jungen umzuschauen. Nach 100 Metern drehte er um und fuhr etwas langsamer zurück, aber Miguel war nirgends zu sehen.

»Haben Sie eine Sekunde? Ich möchte Ihnen ein Kompliment machen«, sagte eine Frau, die gerade ihre Tochter umarmt und ihr einen Kuss gegeben hatte. »Vor diesem Holztor werden wir alle wieder zu Kindern, und Sie sind das Kind, das mich am meisten rührt.«

»Das ... das sind keine Tränen, ich hatte den Wind in den Augen«, antwortete Pedro.

»Ich habe Sie vorhin schon beobachtet, tut mir leid, das sind echte Tränen, ich sehe so etwas sofort«, entgegnete sie und reichte ihm ein Taschentuch. »Penélope, die Mutter von Mira, guten Morgen.«

Sie sieht auf jeden Fall anders aus als Penélope Cruz, dachte er als Erstes. Sie hatte ein schmales, offenes Gesicht und kurzes dunkles Haar mit ein paar wilden, in die Stirn fallenden Strähnen. »Pedro, der Vater von Miguel, guten Morgen«, erwiderte er.

»Ich glaube, die Tränen hier vor dem Schultor kommen aus einer früheren, zarten Zeit, sie sind feiner«, sagte sie und lächelte.

Mein Gott, dieses Lächeln, dachte Pedro, und diese weichen braunen Augen, aber was sie da redet: zarte Zeit, feine Tränen? Es ist 8 Uhr morgens, normalerweise sagte man sich hier vor dem Schultor hallo und das war's.

»Vielen Dank für das Taschentuch. Darf ich Ihnen im Gegenzug meine Telefonnummer geben, vielleicht trinken wir mal einen Kaffee?«, fragte Pedro.

»Ja, warum nicht?« Sie zog ihr Smartphone hervor, das viel kleiner war als das von Carlota.

Pedro diktierte ihr seine Nummer. Sie rief gleich an, ließ es einmal klingeln. »Da, schön«, sagte er und speicherte: PENÉLOPE.

»Wir können doch auch jetzt sofort einen Kaffee trinken? Hätten Sie Zeit?«, fragte sie.

Zwei Stunden später stand er in seinem Postamt und hielt das Schreiben des Ministeriums in der Hand. Der Tag hatte so schön und verrückt begonnen, und jetzt das! Der Brief richtete sich an alle Postfilialen des Landes, der autonomen Gemeinschaften und Städte (Ceuta und Melilla). Mit Beginn des neuen Kalendermonats sollte man das Formular zum »Realen Postaufkommen« ausfüllen. Das hatte bestimmt etwas mit dieser Info-SMS über die Verluste im EU-Briefverkehr zu tun, dachte Pedro sofort: Deutschland –38,6 %, Italien –37,5 %, nun begann auch das Königreich Spanien zu zählen!

Dem Schreiben des Ministeriums waren Erläuterungen angefügt:

Durch das zunehmende Cloud-Computing der Gesellschaft hat sich der Gesetzgeber eine sogenannte Anpassungsklausel (§ 11 PostESP) auferlegt, wonach die Universaldienstleistungen der technischen und gesellschaftlichen Entwicklung nachfragegerecht angepasst werden können. Neue Dienstleistungen können ergänzt, bisherige Dienstleistungen aus dem Universaldienst geprüft und gegebenenfalls herausgenommen werden.

»Das ist ja grauenhaft!«, sagte Pedro beim Lesen. Die zuständige Abteilung im Ministerium hieß nicht mehr »Postdienste«, sondern »Moderne Informations- und Kommunikationstechnologien sowie Postdienste«. Die Postdienste waren also zweitrangig geworden, sie wurden durch ein *sowie* noch gerade so hinten drangehängt!

Er starrte auf den Schriftzug auf seiner Uniform. Will die Staatliche Post des Königreichs Spanien sich jetzt auch umbenennen? In was denn? Staatliche moderne Informations- und Kommunikationstechnologien sowie Postdienste des Königreichs Spanien? Das passt gar nicht aufs Emblem, weder als Schriftzug auf den Honda-Tank noch auf seine Uniform, dachte Pedro, und das klang auch grauenhaft! Und dass das Ministerium jetzt schon Briefe versandte, in denen von CLOUD-COMPUTING die Rede war! Als ob sein älterer Kollege Hilario bei CLOUD-COMPUTING DER GESELLSCHAFT wie selbstverständlich wissen würde, was das bedeutete! Hilario sah immer zum Himmel, wenn er von Gott sprach. Sollte man ihm sagen, dass da jetzt Datenwolken waren, die sein künftiges Schicksal bestimmten?

Im Formular sollte die »benötigte Arbeitszeit für die Zustellung des realen Postaufkommens« vermerkt werden; ferner mussten nun Fahrtenbücher geführt und die Tachostände der Dienstfahrzeuge protokolliert werden, um das »reale Kilometeraufkommen noch gezielter zu ermitteln«, wie es hieß.

»Sind die wahnsinnig geworden?!«, schrie Pedro durch sein Postamt. »Die Tankbelege werden doch schon kontrolliert!« Der Garten und sogar die vorderen Räume des Hauses rochen wie eine Tankstelle wegen der Kanister, ein Wahnsinn, dieses ganze Benzin überhaupt im Gartenhaus aufbewahren zu müssen, nur weil man Tankbelege benötigte! Und jetzt sollten auch noch Fahrtenbücher geführt und die Tachostände protokolliert werden? Aber dass Postboten plötzlich mit Fidelity-Iberia-Fonds herummachten und sie ahnungslosen Postkunden andrehten, das protokollierte niemand!

Er hörte laute Bremsgeräusche draußen im Picón. So bremste nur Carlota, sie hatte immer zu viel Schwung.

Es war 11 Uhr.

»Warst du wirklich die ganze Nacht mit dem Wintereinbruch in Deutschland beschäftigt?«, fragte er, als Carlota die Tür hinter sich geschlossen hatte. »Ich meine: mit der Stornierungshölle, die sich daraus ergeben hat?« Er lief ihr mit seinen Fragen durch das Haus hinterher, sein Smartphone und das Schreiben des Ministeriums hielt er immer noch in der Hand.

»Liebster Pedro, ich habe nicht viel Zeit, ich hole nur ein paar Kleider«, antwortete sie, sie trug ihr knappes blaues Crystal-Palace-Kostüm und stand schon mit einer Tasche im Schlafzimmer vor dem Schrank.

»Was soll das heißen, du holst ein paar Kleider, du wohnst doch hier?«

»Ja, aber wir haben gerade so viel zu tun, dass mir Bruno die Suite im obersten Stockwerk gegeben hat.« Sie warf ein Nachthemd aus Seide in die Tasche, dazu das rote Kleid.

Dieser scheißdeutsche Winter, dachte Pedro, er fühlte

sich schon wie ein Untertan des deutschen Winters, alles wurde davon bestimmt. »Welcher Bruno eigentlich?«

»Bruno, mein Chef an der Rezeption ... Der ist doch der Sohn vom Besitzer des Crystal Palace. Wusstest du das nicht?«

»Ich höre den Namen Bruno zum ersten Mal«, antwortete Pedro.

»Jetzt sitzen wir auch noch an einer Auswertung der Bettenbelegungen«, stöhnte Carlota. »Auf den gesamten Kanaren! Letztes Jahr, vorletztes Jahr, das Jahr davor ... Bruno will wissen, welche Auswirkungen die Flüchtlingsboote auf das Buchungsverhalten hatten. Dazu noch die Auswirkungen der globalen Finanzkrise, des Klimawandels, die Probleme der Airlines, die Probleme mit den Urlaubern, die nicht mehr fliegen, weil sie das Klima nicht weiter schädigen oder keine Flüchtlingstragödien erleben wollen und so weiter.«

»Ich denke, du arbeitest an der Rezeption«, fragte Pedro. »Warum musst du dich jetzt noch mit dem Buchungsverhalten beschäftigen? Bist du jetzt plötzlich Hotelmanagerin oder was?«

»Neuerdings geht alles über meinen Tisch, sogar die Probleme mit dem Wetter und dem Golfstromsystem und der daraus folgenden Erkaltung des Nordatlantiks – das alles, sagt Bruno, könnte auf Dauer Investitionen auf Lanzarote beeinträchtigen. Mein Schreibtisch ist voll mit Tabellen vom Tourismusverband!« Carlota legte noch Blusen in die Tasche.

»Könnte man das mit dem Klimawandel nicht anderen überlassen?«, fragte Pedro. »Muss das auch noch auf deinem Schreibtisch landen, vielleicht würde ja Miguel auch gern mal etwas mit dir machen?«

»Ja, schrecklich, ich will das alles überhaupt gar nicht«, seufzte Carlota. »Bringst du mir bitte ein Aspirin aus dem Badezimmer, ich bräuchte jetzt einen ganz starken Espresso.«

»Außerdem könnte man doch ein bisschen Nachsicht mit den Menschen haben, wenn der Winter in Deutschland so verrückt ist und deshalb ihre Flugzeuge nicht ankommen«, sagte Pedro. »Jetzt müssen sie Hotelzimmer bezahlen, in denen sie gar nicht wohnen!«

»So einfach ist das doch nicht, Pedro. Soll ich's dir erklären?«, fragte sie.

»Nein, ja, meinetwegen«, antwortete er.

»Wir kommen den Reiseveranstaltern bei der Stornierung mit 40 Prozent entgegen«, begann Carlota, »aber wir können die Zimmer an Last-Minute-Anbieter weitergeben, damit gleichen wir den Verlust aus oder optimieren ihn sogar. Meist landen wir wieder bei 90 oder 100 Prozent für ein Zimmer, manchmal auch bei 120 oder 150, das ist dann natürlich sehr gut für das Crystal Palace.« Sie nahm ein paar Slips aus dem Schrank und warf sie auch noch in die Tasche.

»Dieser Bruno ist ja ganz schön raffgierig! Du würdest so etwas nicht machen, Touristen ausquetschen wie Zitronen! Was willst du eigentlich noch alles in den Koffer packen? Du brauchst doch im Hotel nur dieses blaue Kostüm?«, fragte Pedro, er wurde immer wütender und überlegte, das rote Kleid und das seidene Nachthemd einfach wieder aus der Tasche zu nehmen und stattdessen nach einem ihrer Pyjamas zu suchen.

»Und was, wenn der Nordatlantik im Januar schon wieder erkaltet?«, erwiderte Carlota. »Bruno kompensiert nur mögliche Leerstände. Und was kann er dafür, dass jetzt plötzlich auch noch der Golfstrom spinnt? Stell dir mal vor, es kommt ein Tsunami oder noch was Schlimmeres! Was ist dann? Was ist, wenn plötzlich gar nichts mehr fliegt? Und könntest du vielleicht mal dieses furchtbare Gewehr aus unserem Schlafzimmerschrank entfernen?«

»Und wie ist Brunos Meinung zu den Flüchtlingen? Was will er wohl mit denen machen?? Ich glaube, dein Chef ist ein Rassist! Das Gewehr stand übrigens schon immer da im Schrank!«

»Er ist kein Rassist, wieso soll er ein Rassist sein? Die Flüchtlinge sind nicht das Problem, sagt Bruno, die sieht man hier gar nicht. Das Problem sind die Medien, die zeigen sie ständig. Weißt du was? Ich hole mir das Aspirin am besten gleich selbst!« Sie zog den Reißverschluss der Tasche zu.

Sie schwiegen einen Moment.

»Wie geht's bei Miguel mit dem Lesen und Schreiben voran?«, fragte sie.

»Ganz gut. Er kann Lava lesen«, antwortete er.

»Lava? Wieso ausgerechnet Lava?«, fragte Carlota.

»Wegen der historischen Vulkanausbrüche, das habe ich doch erzählt.«

»Es tut mir leid, dass ich in letzter Zeit so gehetzt bin«, sagte Carlota und setzte sich auf die Bettkante. »Wir müssen mal zusammen Ferien machen. Miguel, du und ich.« Sie breitete die Arme aus und ließ sich rücklings auf die Matratze fallen.

»Wir könnten ein paar Tage nach Barcelona fahren, wenn wir beide irgendwann mal freihaben sollten«, schlug Pedro vor und setzte sich vorsichtig neben sie. »Miguel und ich wollen unbedingt ein Spiel sehen, mit Messi, in Wirklichkeit, er sagt jetzt immer ›in Wirklichkeit‹. Am besten einen

Clásico, el Barça gegen Real Madrid. Er will jetzt nur noch auf dem El-Barça-Bettlaken schlafen, ich darf das nie mehr waschen.«

»Weißt du, wer gestern im Crystal auf der großen Terrasse saß? Der berühmte Schriftsteller Saramago! Der hat den Nobelpreis gewonnen, den kriegen normalerweise Leute, die Laserstrahlen erfinden oder Viren entdecken!«, sagte Carlota und zog die hohen Schuhe aus. »Der lebt hier auf unserer Insel, in Tías, offenbar gleich beim Kreisel, neben dem Zahnarzt! Im November feiert er ein Familienfest und da haben er und seine Frau für die Gäste ein Hotel gesucht, mit Zugang zum Strand, und siehe da: Sie haben uns gebucht! 87 Zimmer für drei Tage, gleich bezahlt, 20 000, cash, in einem Paket rübergeschoben!«

»Oh, in einem Paket ...«, sagte Pedro, er starrte auf Carlotas gepackte Tasche.

»Er hat mir sogar was geschenkt! *Die Reise des Elefanten*, so heißt sein neuestes Buch, das könnten wir Miguel vorlesen!«

»Ist das denn altersgerecht?«

»Weiß ich nicht, bestimmt, er hat mir noch ein anderes geschenkt, warte mal!« Sie lief nur in Seidenstrümpfen zum Auto, um schnell die Bücher zu holen, und rief den anderen Titel schon in der Tür durch das ganze Haus: »*Die Stadt der Blinden!* ... Willst du wissen, wie es beginnt?«, fragte Carlota, sie kam zurück ins Schlafzimmer. »Ich habe gestern Nacht schon ein bisschen darin gelesen. Also, ein Mann sitzt im Auto an einer Ampel, sie schaltet auf Grün, aber er bleibt stehen, die anderen Autofahrer hupen, aber er ruft immer nur: ›Ich bin blind, blind‹«, sie war noch ganz atemlos vom Rennen. »Jemand steigt ein, bringt ihn nach Hause und stiehlt das Auto, und der Erblindete wird von seiner Frau zum

Augenarzt gebracht, der eine neuartige Blindheit diagnostiziert, eine weiße Blindheit, etwas ganz Neues. Und stell dir vor: Plötzlich ist der Augenarzt auch blind! Als der Dieb das Auto startet, fragt er sich, ob ihm das Gleiche passieren könnte, wenn er das Lenkrad anfasst, ups, schon zu spät: auch blind! Weiter bin ich noch nicht. Jetzt geht gerade eine Prostituierte zu einem Kunden, sie war aber am Vormittag noch beim Augenarzt. Spannend, oder?«

Sie legte die beiden Bücher feierlich auf den Nachttisch. »Wir überlegen, ob wir mit dem Stuhl, auf dem Saramago Espresso getrunken hat, irgendwas machen. Oder mit der Tasse. Am besten, sagt Bruno, wir stellen einen großen Kopf aus Marmor mitten auf die Terrasse! ... Darf ich denn mitkommen?«

»Mitkommen, wohin?«, fragte Pedro.

»Na, nach Barcelona zum Clásico!«, antwortete sie. »Hast du Lust, mit mir zu schlafen?«

»Jetzt?«, fragte er.

»Oder hast du keine Zeit? ... Du riechst heute so gut, so anders ...« Sie schob ihren blauen Rock hoch und legte sich wieder auf das riesige Boxspringbett, das den halben Raum ausfüllte. Pedro suchte einen Platz, wo er schnell das Schreiben des Ministeriums mit dem Formular ablegen konnte. Er schob es in die äußerste Ecke des Bettes, weit von Carlota entfernt, die sich bereits über den Slip streichelte und ihm dabei zusah, wie er versuchte, möglichst schnell aus den Hosenbeinen zu kommen.

Sie liegt da wie auf einem Altar, dachte Pedro. So ein Boxspringbett bestand aus einem hohen Bettkasten, der Stauraum schaffte, und darauf lag eine unfassbar dicke Tonnentaschenfederkernmatratze und ein Topper.

»Dieses massive Boxspringbett ist in Deutschland hergestellt worden, es ist der Renner unter den Ehebetten«, hatte der Verkäufer in Arrecife gesagt, als Carlota und Pedro irgendwann sicher gewesen waren, ein gemeinsames Bett kaufen zu wollen, um nach der Geburt von Miguel gemeinsam in dem großen Haus von Pedros Familie zu leben.

»Wir heiraten aber nicht«, hatte Carlota dem Verkäufer erklärt. »Man kann auch so wissen, dass man zusammengehört.«

»Vielleicht heiraten wir später«, hatte Pedro hinterhergeschoben.

»Wenn Sie erst das massive Boxspringbett haben, sind Sie schon so gut wie verheiratet«, hatte der Verkäufer geantwortet und ihm verschwörerisch zugezwinkert.

Pedro kniete vor Carlota, die ihren Slip zur Seite zog und ihn anlächelte. Er dachte daran, wie sie die ersten Male miteinander geschlafen hatten. Am schwarzen Strand nach einem Weinfest. Im Haus auf seiner alten Matratze, die auf dem Boden lag. Bei Carlota in Teguise, als ihre Mutter nicht zu Hause war, in ihrem alten Kinderzimmer unter einem Poster der Backstreet Boys.

Pedro sah Carlota an, die schon mit zwei Fingern in sich drang.

»Komm«, sagte sie.

»Gleich«, sagte Pedro.

Diese plötzliche Aufforderung, mit ihm zu schlafen, obwohl sie doch mit dem Kopf ganz woanders war, im Crystal Palace, bei den Stornierungen, beim Doppelverkauf an die Last-Minute-Flieger. Und als ob er einfach immer so zur Verfügung stehen würde, mitten in seiner Dienstzeit, dachte er, während er sich mit einer Hand abmühte, Carlota körperlich hinterherzukommen. Und überhaupt diese Tonnentaschenfederkernmatratze, die ganze deutsche Bettkonstruktion, das war ein himmelschreiender Widerspruch zum beiläufigen Sex von früher, ja, dieses Bett stand da wie ein Mahnmal, wie ein Vollzugsbett und es hatte sogar mehr gekostet als seine Honda!

Carlota begann sich heftig zu bewegen, sodass sich das Schreiben des Ministeriums in der Ecke des Boxspringbettes auch zu bewegen begann. Wieso sah er nicht in ihren Schoß? Auf ihre schönen Hände, glänzenden Nägel, auf ihre Lippen, auf die braunen Haarsträhnen in ihrem hingebungsvollen Gesicht – warum starrte er auf dieses Formular zum realen Postaufkommen, in dessen Erläuterungen stand, dass man bisherige Dienstleistungen aus dem Universaldienst prüfen und gegebenenfalls herausnehmen werde? Vielleicht sollte er ja wirklich nach Lettland auswandern. Er streichelte nachdenklich mit der einen Hand ihre Schenkel, während in der anderen Hand sein Schwanz lag, wie ein verletzter Vogel.

Carlota erhob sich, zog ihren Rock gerade und gab ihm einen Kuss.

»Alles gut«, sagte sie. »Wo ist mein Smartphone?«

»Weiß ich nicht, so ein riesiges Ding kann ja nicht einfach verschwinden.« Pedro sah sich gründlich um.

»Darf ich mal deins haben? Ich ruf mich selbst an.« Pedros Smartphone war aus der Hose gefallen und lag auf dem Boden. Carlota hob es auf und suchte nach ihrer Nummer. »Zuletzt hat dich eine PENÉLOPE angerufen, heute Morgen, wer ist denn das?« Sie drückte auf CARLOTA.

Es klingelte, es klang wie eine Sirene.

»Ah, da ist es!«, sagte sie und griff unter das Kissen, auf

ihrem Display leuchtete jetzt DER PAKETMANN auf, sie hatte es nie geändert.

Ein paar Minuten später saß sie in ihrem Crystal-Palace-Dienstauto.

»Wann kommst du wieder?«, fragte Pedro, der die Fahrertür noch aufhielt, damit sie nicht gleich losfahren konnte.

»In zwei, drei Tagen ist wieder Land in Sicht, ich werde wohl einfach durcharbeiten«, antwortete Carlota, sie hatte schon den Motor angestellt. »Hör mal, Pedro ... Du hast einen wunderbaren Beruf«, sie griff nach seiner Hand, »aber mir ist heute aufgefallen, dass bei uns im Hotel überhaupt niemand mehr eine Briefmarke will. Früher hat mich das verrückt gemacht, ständig kamen sie an die Rezeption und wollten Briefmarken. Aber nun haben wir nicht mal mehr Postkarten, das ist doch ein Zeichen?«

»Der Motor läuft schon die ganze Zeit«, sagte Pedro.

»Ich habe einen richtigen Schreck bekommen, als ich auf den leeren Ständer geschaut habe. Merkwürdigerweise steht der immer noch bei mir an der Rezeption, dieser leere Postkartenständer ... Und irgendwie denke ich jetzt, das wärst du.« Carlotas Stimme klang zart, tastend, vorsichtig.

»Mein Gott, das Aspirin haben wir vergessen! Ich hole es. Soll ich noch einen ganz starken Espresso machen?«, fragte Pedro.

»Ich muss wirklich los«, sagte sie.

»Fahr bitte so, dass ich nicht wieder so viel Picón von der Terrasse fegen muss.« Pedro wischte mit der Hand ein paar der kleinen Lavasteinchen von den Fliesen.

»Hattest du heute Morgen etwa schon Kundschaft? Es kommt doch kein Mensch mehr persönlich in die Post? Und schon gar nicht in den Garten?«, fragte Carlota.

»Wie meinst du das?«, fragte Pedro.

»Da vorne sind so zarte Spuren im Picón. Ich wette, das war eine Frau«, antwortete sie, so als hätte sie ein untrügliches Gefühl für den männlichen Betrug.

»Na, dann sind das wohl deine«, sagte er.

»Aber ich war doch heute früh gar nicht da«, sagte sie.

7

Die Nudistenroute (Bericht über die erotische Akademie)

Am nächsten Morgen weckte er Miguel, nachdem alle Hähne des Dorfes gekräht hatten, einen Wecker brauchte man hier nicht. Pedro suchte für seinen Sohn Kleidung heraus, machte ihm Frühstück und brachte ihn zum großen Schultor. Pedro hob seinen Sohn vom Sitz der Honda, dann standen sie sich stumm gegenüber, doch diesmal lief die Verabschiedung ohne Tränen ab. Miguel drehte sich um und ging einfach durchs Tor.

Mein Leben dreht sich nur noch um das Bringen und Abholen, dachte Pedro.

Er stieg auf seine Honda und schaltete sein neues Smartphone ein, Carlota hatte um 3 Uhr 34 eine SMS aus dem Crystal Palace geschickt:

> Gute Nacht 😘

Pedro tippte eine Antwort:

> Hoffe, du hast noch Schlaf gefunden. Miguel heute ohne Weinen! Bis später, dein Pedro.

Dann setzte er sich auf die Honda und raste wieder Richtung Órzola. Johanna hatte schon vor ein paar Tagen angerufen, er solle sie doch bitte in Charco del Palo abholen, das liege ja auf dem Weg, sie müsse in Órzola zu einem Orthopäden, wegen ihrer Knie. Er war auf der LZ-1 und hatte gerade Arrecife hinter sich gelassen, als er im Rückspiegel eine Welle sah, die immer näher zu kommen und mächtiger zu werden schien und die jeden Moment über ihm zusammenbrechen könnte, wenn er langsamer fahren würde. Er drehte sich kurz um, sah aber keine Welle. Er schaute wieder in den Rückspiegel, auch keine Welle, wie auch? Er befand sich mitten auf der Schnellstraße. Neben ihm tauchte ein riesiger Kaktus auf einem Lkw auf, der ihn auf der falschen Seite überholte. Der Kaktus war mit dicken Seilen gesichert und sah aus wie eine Rakete auf der Startrampe.

Pedro nahm die Ausfahrt nach Mala und fuhr weiter auf einer schmalen Straße mit 13 Kurven nach Charco del Palo. Das Schild am Ortseingang verblüffte ihn: »Official resort of nudists«.

Johanna hatte früher noch in einer »Colonia de artistas« im Süden der Insel gelebt, bis sie hierher in den Norden gezogen war und sich einer Gruppe von Deutschen, Holländern, Schweden, Österreichern und Schweizern aus dem Tessin angeschlossen hatte. Pedro kannte ein paar von ihnen, er hatte ihnen schon Post zugestellt. Helmut Stadler Mokka und Arzneimittel aus Wien, Edith Larsson schwedische Krimis aus Lund, Alphons Meier per Express Raclettekäse aus der Ostschweiz, Letzteres waren unerträgliche Sendungen gewesen, besonders, wenn sie beim Zoll in Las Palmas de Gran Canaria zu lange gelegen hatten, aber inzwischen gab es auch Schweizer Käse, Wiener Mokka und schwedische Krimis auf der Insel zu kaufen.

Kaum hatte er den Ortseingang passiert, kam ihm bereits Stadler entgegen, komplett nackt, wie sich das hier gehörte. Er ging mit wehender Tragetasche und Telefon in den Supermarkt, der gerade öffnete, irgendwie war das seltsam, dass jemand Nudist war, aber mit einem Smartphone herumlief. Edith Larsson stand vor einem Glascontainer und sortierte Flaschen, ebenfalls nackt. In der Calle el Chupadero reparierte jemand sein Fahrrad, der starke Wind blies es um. Die meisten Männer und Frauen des Dorfes lagen schon um 9 Uhr morgens auf den Felsvorsprüngen am Meer, sie lagen schon seit Ende der Sechziger auf diesen Felsvorsprüngen, und ihre Haut war mit der Zeit so knittrig geworden, dass sie aussah wie dunkles Pergamentpapier.

Pedro hatte sich mit Johanna im Café César verabredet, dessen Mitbegründerin sie war, es lag in erster Reihe bei den Felsen am Meer.

»Wie geht es dir, Pedro? Wie läuft es mit Carlota?«, fragte sie, sie beugte sich vor und sprach gegen den Wind und das Geräusch der Wellen an. An sehr windigen Tagen, besonders bei Passatwind aus Nordost, war die Brandung besonders stark.

»Wieso seid ihr jetzt eigentlich ›official‹? Ich meine das Ortsschild, da steht ›official‹, ist das neu, früher stand da doch nur ›nudists‹?«, fragte er und beugte sich ebenfalls zu Johanna vor, damit seine Worte nicht wegflogen.

»Wir haben jetzt eine offizielle Genehmigung der EU bekommen und sogar einen EU-Zuschuss. Prima, oder? Stadler hat sich da sehr engagiert, er war sogar in Brüssel, um Druck auszuüben«, rief Johanna.

Pedro sah wieder auf ihre Brüste, was er eigentlich zu vermeiden versuchte, aber heute schien es, als stünden die Brandung und die Bewegungen des Busens in einer magischen Verbindung, es hatte etwas Hypnotisches.

»Und wie geht es dir so?«, fragte Pedro.

»Blendend, total zentriert«, antwortete sie. »Bis auf die armen Knie. So ein gewisser Schmerz. Aber wir haben alle ein Stück dieser Welt zu tragen.«

Zum ersten Mal in all den Jahren hörte Pedro von Johanna, dass etwas nicht so gut sei. Bisher war immer alles blendend gelaufen. Ihre Seminare, das Zusammenleben mit den anderen Nudisten im Dorf und ihr Café angeblich auch, wobei Pedro dort nie normale Gäste gesehen hatte, immer nur Nudisten, die jedoch kaum etwas verzehrten und bei denen das Sitzkissen immer am Hintern festklebte, sodass Johanna ihren Kunden manchmal nachlaufen musste, um ihre Kissen beisammenzuhalten. Auch was sie über diesen Stadler gesagt hatte, klang blendend.

»Stadler kann ich mir in Brüssel gar nicht vorstellen«, rief Pedro gegen das Rauschen der Brandung an. »Da muss man doch bestimmt viel kommunizieren.« Meist saß Stadler an der windigsten Stelle im Ort und trank nackt und grußlos seinen Mokka, Pedro konnte sich gar nicht vorstellen, wie so einer in Brüssel Druck auf die EU ausüben sollte, und wieso verteilte die EU eigentlich mitten in der globalen Finanzkrise Zuschüsse an Nudisten? »Ich bringe dich aber nur zum Orthopäden, wenn du dir was anziehst!«, rief er.

Pedro hatte die »Nacktroute«, wie sie von den Postboten der Insel genannt wurde, schon vor Jahren von seinem Kollegen Hilario übernommen, es hatte sich kein anderer Kollege gefunden. Normalerweise hatten Postboten Angst vor Hunden, auf Lanzarote fürchteten sie sich vor Nudisten. Schließlich meldete sich Pedro freiwillig. Vielleicht war er nicht so übermäßig katholisch erzogen worden wie die anderen, vielleicht hatte es ihn auch gereizt.

Johanna hatte ihm gleich gefallen. Sie war deutlich älter als er, sie hatte sogar schon einen erwachsenen Sohn, er hieß Paul, lebte mal in Barcelona, mal in Berlin, so genau wusste sie das nicht, er hatte den Kontakt abgebrochen. Früher hatte sie ihn regelmäßig angerufen und sogar Salat nach Berlin geschickt, ihr Junge sollte guten Salat essen, der in vulkanischer Erde gewachsen war, nicht den aus deutschen Supermärkten, und Pedro hatte aus ihren Standard-Paketen immer heimlich und auf eigene Kosten Express-Pakete gemacht.

Er konnte es manchmal kaum glauben, dass sie einen erwachsenen Sohn hatte. Sie sah jung aus, mit ihren ungewöhnlich wachen blauen Augen, den goldblonden Haaren, dem Pagenschnitt, dazu diese großen, gerundeten und schönen Brüste, die mit einem sanften Geräusch vor ihm auf den Tisch des Café César fielen, wenn Johanna die Post entgegennahm und sich dabei vorbeugte.

Hilario hatte das irgendwann nicht mehr ausgehalten und sich geweigert, weiterhin die Post in Charco del Palo auszutragen, seine Frau hatte es ihm sogar verboten, auf der Nacktroute gebe es lauter böse Evas, die in den Apfel gebissen hätten.

Anfangs hatte Pedro die Post zwischen sich und die Brüste gehalten, um nicht darauf zu starren. Doch Johanna kannte diese halb schamvollen, halb gierigen Männerblicke. Sie hatte noch die Zeiten der »Erotischen Akademie La Massilia« erlebt. Die Akademie in Charco del Palo hatte als Thinktank gegolten, als Denkfabrik, in der über das neue Verhältnis zwischen den Geschlechtern diskutiert worden war. Ein »transformatorisches Bordell«, wurde sie im Internet genannt, das hatte Pedro gegoogelt, er hatte einfach »Sex in

Charco del Palo« eingegeben und eine ganze Menge gefunden (aber keine Informationen darüber, was ein »transformatorisches Bordell« war). In Workshops sei man auf einem Schiff namens »Kairos« gesegelt und habe das Meer mit der Unterstützung von Wissenschaftlern und Delphinforschern erkundet. Das Meer sei der »Uterus des Lebens«, hieß es auf einer Seite mit der Überschrift *Tempel der Liebe – Reise in ein Zeitalter der sinnlichen Erfüllung*. Man veranstaltete Yogakurse sowie Seminare über Reinkarnation, tanzte, wohnte und schlief in Liebeszimmern miteinander, wie es angeblich schon die Vorfahren auf der Insel getan hatten, die Majos. Aber irgendwann spürten die Frauen, dass sich ein neues Verhältnis der Geschlechter gar nicht einstellte und dass die Männer sie doch wieder unterdrückten, den weiblichen Körper ihren Normvorstellungen unterwarfen und das Ganze nur dazu diente, die alte Herrschaftsform zu verschleiern, woraufhin sie die Akademie verließen.

Pedro starrte in die Brandung. Johanna hatte sich etwas angezogen und kam mit einer Jeans zurück, die auf Höhe des Schritts abgeschnitten war, dazu Lederstiefel und ein blauer Pullover, die Ärmel viel zu lang.

»So willst du zum Orthopäden?«, fragte Pedro.

»Wie bitte? Du musst lauter sprechen, die Natur grollt und donnert heute, zu Recht, sie soll grollen und donnern!«, rief Johanna.

»So zum Orthopäden?«, wiederholte Pedro lauter.

»Du hast gesagt, ich soll mir etwas anziehen! So ist Brigitte Bardot auch immer zum Orthopäden gegangen, da freut der sich, endlich mal die Knie frei!«, antwortete sie und sah ihn vorwurfsvoll an.

Wie schön sie noch immer war, dachte Pedro. Er betrachtete Johanna zum ersten Mal halbwegs bekleidet, ohne diese ständige nudistische Botschaft. Er erinnerte sich daran, wie er Johanna kennengelernt hatte, da war er 29 gewesen und Johanna Mitte 40, vielleicht auch älter, so genau wusste man das bei ihr nicht. Bei der dritten Briefübergabe, Mahnungen, wie meistens, hatte er ein Heft mit der Überschrift *Bericht über die Erotische Akademie* auf ihrem Schreibtisch gesehen und gefragt, ob er es lesen dürfe. Nein, hatte Johanna gesagt, der Bericht sei noch nicht fertig, aber sie könne ihm gern ein Kapitel vorlesen. Er hatte eine Tarotkarte ziehen müssen (*Zehn der Schwerter*), danach waren sie an den kleinen weißen Strand gegangen, hatten sich zwischen die Felsen gesetzt und Johanna hatte mit lauter, klarer Stimme gelesen, wegen der Brandung.

»Wollen wir los?«, fragte sie jetzt.

»Ja, halt dich gut fest, heute ist es extrem windig«, sagte Pedro und startete die Honda.

Auf der sich schlängelnden Straße spürte Pedro, wie Johanna ihn mit ihren Armen umfing, fast schien es ihm, als hielte sie ihn fest. Er dachte an den Bericht, den Johanna ihm damals am Strand vorgelesen hatte: an das erste Kapitel, das von ihrer ersten Begegnung mit César Manrique gehandelt hatte, der hier geboren und in Madrid und New York ein berühmter Künstler geworden war. Und der sich dann entschieden hatte, wieder auf seine Heimatinsel zurückzukehren, um sie vor dem Massentourismus, den Bodenspekulanten und dem Kapitalismus zu retten, zusammen mit seinem Schulfreund, der unter Franco Karriere gemacht hatte und Inselpräsident geworden war. Keine mehrstöckigen Hotels, keine Hochhäuser, keine Pauschalreisen, kein Massenverkehr, keine Reklameschilder. Alle Fenster der Häuser hatten grün, an der Küste blau gestrichen werden müssen. »Was hat denn César Manrique mit der Erotischen Akademie zu tun?«, fragte Pedro zwischendurch ungeduldig. Er hatte gedacht, endlich etwas über das transformatorische Bordell zu erfahren, aber nicht schon wieder etwas über César Manrique, der war Schulstoff, sogar Aufsätze hatte er früher über ihn schreiben müssen. Man sagte in der Schule auch nicht einfach grün, sondern »césargrün«, nicht blau, sondern »césarküstenblau«, ein anderes Grün oder Blau gab es nicht. (Die Schulhemden waren césargrün, Röcke und Hosen césarküstenblau).

»Warte es ab. Nudismus und César Manrique sind im Prinzip dasselbe«, antwortete Johanna und las dann weiter, es kam in dem Bericht nun zu der Begegnung von ihr und dem Künstler. Dessen Kampf habe der Ursprünglichkeit der Insel gegolten, was Pedro schon tausendmal gehört hatte. César Manrique habe für das Unverbaute, das Ursprüngliche, Elementare gekämpft, für das Nackte, das Schöne. Und sie habe ihn nicht nur gekannt und geschätzt, sie sei auch mit ihm verschmolzen, in freier, höherer Liebe, mehrmals, so wie Simone de Beauvoir mit Jean-Paul Sartre (kannte Pedro nicht). Und zwar genau dort, wo sie sich gerade befänden, im weißen Sand, zwischen den Charco-Felsen. César Manrique sei im Gegensatz zu Jean-Paul Sartre muskulös gewesen, hieß es in dem Bericht, er sei jeden Tag geschwommen und habe olympisches Ringeturnen praktiziert. Sie hatte sogar noch, wie zum Beweis ihrer Verbindung, eine Jahreszahl dazugeschrieben: 1974. Johanna hatte 1974 bestimmt unwiderstehlich ausgesehen, das konnte Pedro sich schon vorstellen, aber freier, höherer Sex mit seinem Aufsatzthema, verschmolzen zwischen den Charco-Felsen? Er wusste nicht, ob er das glauben sollte. (Und war César Manrique nicht homosexuell gewesen?)

Nach dem transformatorischen Bordell fragte Pedro dann gar nicht mehr.

Irgendwann küssten sie sich. Nicht César Manrique und Johanna, sondern Pedro und Johanna. Sie legte das Heft in den Sand und berührte ihn, so wie Pedro noch nie berührt worden war. Und sie sah ihn dabei an, als ob sie ihn retten wollte, vor dem falschen Leben, den falschen Frauen, vor allem, was falsch war.

Jetzt auf der Honda erinnerte sich Pedro an alles: an den Wind in den Seiten des Heftes, an die Brandung. Als er damals mehr gewollt hatte, hatte sie ihm gesagt, er müsse, um mit ihr zu schlafen, anders atmen, er atme falsch. Sie atmete ihm vor und erklärte, dass der Atem tief in seinen Bauch gelangen und sich von dort als Energie in ihm ausbreiten würde. Der Atem müsse dann von seinem Genitalbereich aufsteigen und in sein Herz strömen, von dort aus weiter in ihr Herz, dann tief in ihren Genitalbereich und wieder hinüber in seinen Genitalbereich. Sie malte auch, wie der Europaforscher, Kreise in den Sand, sie nannte sie Pedrokreise und Johannakreise oder Energiekreise, die bei richtiger Atmung ineinanderglitten und im Wechselspiel der Abgabe von Kohlendioxid und der Aufnahme von Sauerstoff auch die Atmosphäre des Planeten berührten und von ihr berührt wurden. Der kleine weiße Strand zwischen den Felsen war irgendwann voller Kreise und Pedros Erektion verschwunden. Er war Johanna nie wieder so nah gekommen.

»Wo ist der Orthopäde?«, fragte Pedro, als sie schon fast beim Hafen in Órzola waren.

»Es gibt keinen Orthopäden in Órzola«, sagte Johanna.

Er hielt an und drehte sich zu ihr um.

»Pedro, es tut mir leid«, sagte sie. »Ich will nicht immer nur in diesem Charco del Palo sein ...« Sie sah dabei auf den Boden und nicht, wie sonst, ihm direkt in die Augen. »Gehen wir in dein Café am Hafen?«

Alberto brachte einen Café con leche, mit geschäumter Milch für Pedro, und einen Cognac für Johanna. Er blieb etwas zu lang stehen und zwinkerte ihm zu, seine Haare waren diesmal nach links gekämmt und mit Gel fixiert.

Johanna saß vorne auf der Kante des Stuhls und umschloss das Cognac-Glas mit beiden Händen, so als müsste sie es vor Pedro verbergen.

Der Wind hatte nachgelassen.

»Mein ganzes Leben ...«, fing sie an, dann brach sie ab, und die Tränen kamen.

Pedro wusste nicht, was er machen sollte. Er überlegte, Johanna einfach in den Arm zu nehmen, wischte dann stattdessen einmal über den Tisch und betrachtete wieder den ockerfarbenen bis rötlichen Feinstaub der Wüste in seiner Handfläche. Er wartete auf die Fortsetzung ihres Satzes, aber sie weinte immer mehr. Pedro saß hilflos da. Er roch an seiner Hand, sie roch nach Eisen, in prähistorischen Zeiten sollen riesige Seen die gesamte Zentralsahara bedeckt haben, erinnerte sich Pedro an einen Bericht im Radio. Johanna konnte nicht aufhören zu weinen. Pedro bestellte nun auch einen Cognac, vielleicht würde ja Alberto, der sich in alles einzumischen pflegte, die Tränen stoppen.

»Ist es wegen deines Sohnes?«, fragte er leise.

Johanna strich sich über die Wangen und sah ungläubig auf ihre nassen Hände – so wie Miguel einmal ungläubig ein paar Flocken betrachtet hatte, als nach vielen, vielen Jahren erstmals Schnee auf der Insel gefallen war.

»Kannst du mir etwas versprechen, Pedro?«, fragte sie.

»Ja«, antwortete er.

»Lass niemals das Kind in dir kaputtgehen«, sagte sie.

8

Auf der Straße für General Franco – Tenaro und die Lincoln-Würde

Auf dem Rückweg Richtung Süden, nachdem er Johanna wieder nach Charco del Palo gebracht hatte, fuhr er nach Arrecife und parkte seine Honda vor dem Kino. Er schaute sich den Film *Vicky Christina Barcelona* von Woody Allen an. Der kleine Kinosaal war leer, Pedro saß in der sechsten Reihe, mittig. Und als er wieder aufstand, glaubte er, er wäre dieser Juan Antonio, der Maler, der in einer Dreiecksbeziehung mit Vicky und Maria Elena lebte, gespielt von Penélope Cruz, die am Ende mit einem Revolver auf ihn schießt.

Er fuhr in die Altstadt und hielt vor einem kleinen Buchladen. Der Buchhändler hockte kaum sichtbar hinter seiner Kasse und packte Kartons, die Tür und das gegenüberliegende Fenster waren offen und der Passatwind blies durch den Laden.

»Ich brauche alle Bücher von José Saramago, bitte! Außer *Die Stadt der Blinden* und *Die Reise des Elefanten*, die haben wir schon«, sagte Pedro, als er eingetreten war.

»Wir haben keine Bücher mehr. Wir schließen morgen«, antwortete der Buchhändler und senkte den Blick in die Kisten, seine Haare waren vom Wind ganz zerzaust.

In einem Regal lag noch ein Tuschkasten mit verschiedenen Rottönen, Dunkelrot, Hellrot, sogar mit Ockerrot, Miguel könnte damit Lava malen, dachte Pedro und kaufte dem traurigen Buchhändler den Kasten ab. Dann stieg er auf seine Honda und fuhr Richtung Westen.

Bei der Ausfahrt nach San Bartolomé entschied er sich, von der LZ-2 abzufahren, um heute besonders viele Kilometer zu machen. Er raste nach Tinajo und von dort auf der Timanfayastraße durch den Nationalpark der Feuerberge, es war eine der berühmtesten Strecken der Insel.

Die Straße war für den Besuch von General Franco gebaut worden. Pedros Vater war noch ein Kind gewesen, als sich der General am 28. Oktober 1950 die Feuerberge von Timanfaya hatte zeigen lassen, und er hatte neben Pedros Großvater in einem offenen Militärjeep in der Kolonne mitfahren dürfen. Beim Vulkan mit dem Namen »Mantel der Jungfrau« stiegen sie alle aus, um dem General vorzuführen, wie leicht man Reisig an der glühenden Vulkanerde entzünden konnte. Dabei soll ein Rabe »Franco, Franco« gerufen haben.

»Nur damit Franco sich eine Stichflamme anschauen konnte, mussten die Arbeiter jahrelang schuften! Das ist eine Tyrannenstraße!«, hatte der Vater immer wieder gesagt. Einmal, als sie auf dieser Route fuhren, stoppte er mitten auf der Strecke das Motorrad: »Damit du etwas von unserer Geschichte verstehst, hör genau zu!«, sagte er zu Pedro, der vor ihm saß. »Hier, keine 20 Meter von mir entfernt, stand der General! Wenn ich kein Kind gewesen wäre, hätte ich ihn in den Krater gestoßen!«

Pedros Vater stieg vom Motorrad und lief wütend auf und ab. »Warum musste man Franco auf die Kanarischen Inseln abschieben?« Dass überhaupt das ganze Leid und Grauen hier seinen Anfang genommen habe, fluchte er. Dass hier der Hass des Generals auf die linke Republik erst so richtig gewachsen sei! »Hotel Madrid in Las Palmas de Gran Canaria, Zimmer drei, merk dir das!« Aus Zimmer drei hatte Franco das Telegramm an den General in Spanisch-

Marokko und an alle Divisionskommandos geschickt mit dem Aufruf, sich dem Aufstand gegen die Republik anzuschließen. »Mit blindem Glauben an den Sieg.« Danach hatte er in einem schwarzen Holzbett geschlafen. Es war die Nacht auf den 18. Juli 1936, da wütete eine heftige Calima über den Kanaren.

Pedros Vater klang bei seinen Vorträgen immer wie Herr Gopar in der Grundschule, auch wenn der niemals gesagt hatte, dass er Franco in einen Krater habe stoßen wollen. »Merk dir den 18. Juli 1936, das ist der Schicksalstag Spaniens, merk dir die 36, sie ist die Schicksalszahl Spaniens!«

Er sprach auch über das Dragon-Rapide-Passagierflugzeug, mit dem Franco vom Flughafen Gando-Telde in den Kampf nach Spanisch-Marokko geflogen sei. Zu seiner Spanischen Fremdenlegion, zur Afrika-Armee, zu den »Moros«, wie er die verhasste arabische Söldner-Truppe nannte. Der größte Held seines Vaters war Juan García Suárez, der berühmteste Flüchtling der Kanarischen Inseln, ein einfacher Arbeiter aus Telde. Er hatte versucht, Franco an jenem 18. Juli 1936 daran zu hindern, die Bucht von Telde mit einem Schlepperschiff zu erreichen, von dort aus war der General zum Flugzeug gebracht worden. 23 Jahre lang war Juan García Suárez auf der Flucht, bis er gefasst und zum Tode verurteilt wurde. Ein weiterer Held: Lluís Companys, Präsident der katalanischen Generalität, der Präsident, der die Freiheit gegen General Franco in Barcelona verteidigt hatte und auf der Flucht von den Deutschen ausgeliefert worden war. Und der am Ende ohne Augenbinde vor das Erschießungskommando des Generals getreten war.

In Pedros Kinderkopf wimmelte es irgendwann von Dragon-Rapide-Flugzeugen, von Helden und Generälen in der Bucht von Telde, von Schicksalszahlen und von Erschießungen ohne Augenbinden. Nach einer erneuten Säuberungswelle in Spanien beschloss Pedros Vater, die Straße nie wieder zu befahren.

Pedro kurvte über die Timanfayastraße auf die gleiche Art, wie Charlie Chaplin wahrscheinlich so eine Honda gefahren hätte. Er liebte es, auf geraden Strecken verspielte Bögen und sanfte Schleifen zu fahren (sie brauchten ja auch ein bisschen mehr Zeit und Kilometer), aber er missachtete dabei ständig die durchgezogenen Linien. Er musste an Carlotas durchorganisierte Tage denken. Wie sie den Reisegesellschaften bei den Stornierungen nicht mehr als 40 Prozent entgegenkommen durfte; wie sie ständig am Telefon hing und die fehlenden Prozente mit den Last-Minute-Veranstaltern ausgleichen musste, dazu noch die Tabellen vom Tourismusverband zu den Auswirkungen des Klimawandels, die auf ihrem Schreibtisch landeten; wie sie diese ganze Welt, die sie umgab, organisierte. Und er ging derweil ins Kino, verabredete sich mit Frauen oder fuhr in Charlie-Chaplin-Kurven über die Insel.

Sein neues Smartphone klingelte. Er hielt an, sah auf das Display und drückte auf eine weiße Sprechblase, aber es klingelte weiter. Er wischte nach rechts, doch nichts passierte. Klingeln lassen und danach selbst anrufen, sagte sich Pedro, das war einfacher. Er stand genau vor der Einfahrt des Parks mit den Kamelen, die früher die großen Pflüge über die Insel gezogen hatten und jetzt Touristen herumtrugen.

»Ah, Tenaro, du bist es! Du hast gerade angerufen? Was für eine Überraschung!«, sagte Pedro.

»Diese Schweine! Diese feigen Hunde, Hurensöhne!«, schrie Tenaro durchs Telefon. »Die haben mich rausgeschmissen!«

»So schnell?«, fragte Pedro, »du hast doch gerade dort angefangen? Guten Tag erst mal ...«

»Ich meine nicht das Marina-Hotel, das war nichts für mich, ich spreche von Rent Car, dieser Scheißautovermietung!«

Pedro hörte sogar auf der Honda, wie Tenaro tief Luft holte.

»Wenn es den Roten Thun noch geben würde! Die Japaner sind schuld, mit ihren verfickten Sushis! Und die Europäer mit ihren widerlichen Schiffen, die Netze haben, in die das Fußballstadion von Real Madrid reinpassen würde! Schuld ist auch der König von Marokko! Wenn ich dem begegnen würde, dann würde ich ihm in den Arsch treten, er hat unser Meer verkauft, meine Fischfanggründe!«

»Ich weiß, Tenaro, ich weiß das alles, aber was ist denn bei Rent Car passiert?«, versuchte Pedro dazwischenzukommen.

»Ich hasse diese Scheißkindersitze! Kein Mensch versteht diese Isofixösen und diese verfickte Gurtführung!«

»Aber nur wegen der Ösen fliegt man doch nicht raus?«

»Doch! Sogar schon am ersten Tag! Ich hab's einfach nicht ausgehalten, dieser Klugscheißer von Touri-Papa, der heute Morgen hinter mir stand: ›Es wackelt! Es wackelt immer noch!! Wenn der Sitz so wackelt, werde ich mich beschweren!!!‹« Tenaros Stimme wurde leiser. »Erst wollte ich weglaufen, dann habe ich den Sitz gegen das Auto geschlagen, eigentlich wollte ich den Mann schlagen ... Und dann bin ich in das Mietauto gesprungen und bin so lange drübergefahren, bis er ein Haufen Schrott war!«

»Oh Gott!«, rief Pedro. »Wer? Wer war ein Haufen Schrott?!«

»Der Kindersitz! Der Opel Corsa vorne auch!«

»Bist du verrückt, was machst du denn für Sachen?!« Pedro war irgendwie erleichtert, dass Tenaro nicht den Touristen über den Haufen gefahren hatte.

»Machst du morgen mit mir einen Ausflug?« fragte Tenaro. »Nach Fuerteventura! Wir setzen mit der Fähre über nach Corralejo. Von dort geht's mit dem Motorrad weiter.«

»Morgen ist es etwas schwierig.«

»Warum?«, fragte Tenaro. »Ich muss dir etwas Sensationelles zeigen. Das ist eine Überraschung, das ist der Hammer, das könnte für uns ein ganz großes Ding werden!«

»Was für ein ganz großes Ding?« Pedro betrachtete einige der Kamele, von denen gerade Touristen abgestiegen waren.

»Du wirst staunen, wie du zuletzt als Kind gestaunt hast!«, antwortete Tenaro. »Mehr sage ich nicht. Morgen um acht am Hafen? Wir nehmen die Fred-Olsen-Fähre um 8 Uhr 20. Am Nachmittag sind wir wieder zurück.«

»Das geht nicht. Ich muss meinen Sohn zur Schule bringen«, erklärte Pedro.

»Den kannst du mitnehmen. Scheißschule, ich biete ein Abenteuer! Außerdem möchte ich deinen Sohn wiedersehen. Hast du ihn Miguel genannt wegen Miguel Muñoz, der Trainerlegende von Real Madrid?«, fragte Tenaro. »Der hat den berühmten Argentinier Alfredo Di Stéfano aussortiert.«

»Nein, wegen Miguel de Cervantes. Der hat *Don Quijote* geschrieben«, antwortete Pedro.

»Merk dir schon mal Samstag, da gehen wir in die Caracas-Bar: die Galaktischen zu Hause gegen Valladolid. Mittwoch dann gegen AC Milan, Champions League!«

»Ich weiß nicht, ob ich Miguel ins Bett bringen muss. Wahrscheinlich kann ich nicht.«

»Dann kommt bitte wenigstens morgen mit, komm schon, du und Miguel, ich brauche nach diesem schrecklichen Tag etwas, worauf ich mich freuen kann. Dein Kollege aus Playa Blanca hat mir extra dafür seine Honda geliehen!«

»Enrico? Der leiht dir sein Dienstfahrzeug?« Pedro rieb sich die Stirn. Er ahnte schon, warum Enrico das getan hatte. »Wohin fahren wir denn?«

»Das ist nicht so weit ... Wir fahren nur ein bisschen geradeaus«, antwortete Tenaro.

Eines der Kamele kam bis zum Zaun gelaufen und sah Pedro mit leeren traurigen Augen an, als hätte es Fernweh nach einem anderen Leben. Pedro dachte an das zufällige Wiedersehen mit Tenaro. Wie er mit einem Eimer von Sonnenliege zu Sonnenliege gelaufen war und die Kunststoffauflagen abgewischt hatte. Einmal hatte er sich hingesetzt und bewegungslos auf den Pool gestarrt.

»Wahrscheinlich komme ich mit«, sagte Pedro. Absagen könnte er dann kurz vorher immer noch, dachte er. »Ich muss jetzt Schluss machen, ich muss Miguel abholen.«

Gleich nach der Schule setzte sich Miguel wieder an den Sortiertisch im Postamt und schrieb die Einträge zu den historischen Vulkanausbrüchen weiter ab. Er war in Curbelos berühmtem Tagebuch mittlerweile beim dritten Absatz angekommen, in dem der Pfarrer beschrieb, wie die Lava die Dörfer Santa Catalina und Mazo verschluckt hatte und weitergeflossen war, sechs Tage lang, mit entsetzlichem Lärm.

Pedro saß ihm gegenüber, er sortierte einen Stapel Postwurfsendungen, damit war er schnell fertig, dann googelte er wieder »Abraham Lincoln«:

> Amerikanischer Präsident und Postbote in New Salem,
> Pike County, Illinois.

Er betrachtete die Abbildung eines Holzhauses, das Abraham Lincolns Post-Office gewesen war.

Pedro druckte das Bild aus und legte es auf den Sortiertisch. Er nahm die viktorianische Lupe zur Hand, um sich alles genau anzusehen. Die Vorstellung, dass hinter dem Fenster dieser Holzhütte Abraham Lincoln die Post sortierte, berührte ihn. Das Bild hatte etwas Würdevolles.

9

Ausflug nach Fuerteventura (das Adolf-Hitler-Projekt)

Pedro wachte wie immer mit den Hähnen des Nachbarn auf, lief ins Kinderzimmer und weckte Miguel, der sofort nach seiner Mutter fragte, die auch in der dritten Nacht nicht nach Hause gekommen war. Pedro schob alles auf den deutschen Winter.

»Wie heißt die Mutter von Mira?« Miguel gähnte und richtete sich auf.

»Penélope ... Warum?« Pedro sah ihn verwundert an.

»Magst du die?«

»Ja, wieso?« Pedro hielt ihm nachdenklich die césarküstenblaue Hose der Schuluniform hin.

»Ich habe euch vor dem Tor gesehen ... Ich brauch doch erst eine Unterhose, Papa!«

»Oh«, sagte Pedro und suchte eine in der Schublade.

»Und warum war dein Vater eigentlich so groß?«, fragte Miguel als Nächstes. »Du bist viel kleiner. Werde ich dann in Wirklichkeit mittelgroß?«

»Miguel, woher soll ich das wissen? Du wirst genau richtig. Gehst du dann bitte Zähne putzen?« Pedro lief in die Küche, stellte Cornflakes auf den Tisch und erwärmte die Milch. Dann nahm er die Brotdose aus Miguels Schulranzen, säuberte sie mit Wasser und ließ sie abtropfen, während er einen Apfel schnitt, Wasser in die Trinkflasche füllte und die Milch vom Herd nahm.

»Müsst ihr heute in der Schule wieder Opfergaben für die

Jungfrau von Los Dolores basteln?«, fragte er, als Miguel aus dem Badezimmer gekommen war.

»Ja«, sagte sein Sohn.

»Freust du dich darauf?«

»Nein.«

Es ist auch Quatsch, dachte Pedro, wo doch die Prozession der Heiligen Jungfrau im letzten Monat war. »Ich verstehe überhaupt nicht, warum ihr ständig etwas für die Jungfrau von Los Dolores bastelt. Übermorgen ist Nationalfeiertag, der Kolumbus-Tag! Bastelt doch was für Kolumbus.«

»Wir basteln immer nur Holzkreuze für die Jungfrau«, antwortete Miguel. »Warum hat denn die Lava vor ihr gestoppt und nicht vor dem Hirtenmädchen, das bei den historischen Vulkanausbrüchen gestorben ist? «

»Woher willst du wissen, dass es ein Hirtenmädchen war?« Pedro erinnerte sich, dass er sich das früher auch schon gefragt hatte, warum es bei so einer gewaltigen Naturkatastrophe nur ein Opfer gegeben hatte. Und wer dieser Mensch gewesen war. »Vielleicht weiß es der Pfarrer, der ist ja der Ur-Ur-Ur-Urenkel von Don Andrés Lorenzo Curbelo.«

Carlota schickte eine SMS:

Die Nacht war die Hölle. 😓

Pedro antwortete:

Was bedeutet dieses Gesicht?

Vielarbeitschwitz. Komme vermutlich erst morgen. Bruno will noch alle Booking-Listen durchgehen.

Aha.

Falls du heute nicht über die Insel fährst, könntest du aufräumen. Miguel braucht Wechselkleidung für den Turnbeutel. Und die Küchentür quietscht.

Ich schwöre dir, dass ich irgendwann mit Miguel zum Clásico nach Barcelona reise. Notfalls mit ihm alleine, dann kannst du in Ruhe die Booking-Listen durchgehen!

»Sag mal, hast du Lust, mit der Fähre übers Meer nach Fuerteventura zu fahren?«, fragte Pedro. »Besser als in der Schule Holzkreuze für die Jungfrau zu basteln, oder?«

»Ja!«, sagte Miguel, er sah ihn mit großen, hellwachen Augen an.

Pedro schaute auf die Uhr. »In 35 Minuten startet die Fähre! Zieh schnell die Uniform wieder aus und normale Sachen an, wir brauchen auch die Windjacke mit der Kapuze! Cornflakes kannst du stehen lassen, Frühstück gibt's heute auf hoher See! Beeilung!« Er klatschte in die Hände.

Miguel raste in sein Kinderzimmer, Pedro suchte nach dem Helm und dem Gurt mit den Halteschlaufen, diesmal musste Miguel hinten sitzen. Warum nicht mal etwas Außergewöhnliches unternehmen?, dachte er. Die Honda auf die Fähre laden, übers Meer fahren, die Nachbarinsel erkunden, ein richtiges Vater-Sohn-Abenteuer, statt in der Schule immer Kreuze zu basteln und nach den Hausaufgaben auf dem iPad von Carlota herumzuklicken oder herumzuwischen. Vielleicht könnte es Miguel zudem von Carlotas Abwesenheit ablenken, die ja heute wahrscheinlich schon wieder nicht nach Hause kommen würde.

»Fertig!«, rief Miguel und stand umgezogen in seinem

Messi-Trikot in der Tür, sogar die Windjacke hatte er schon in der Hand.

»Das ging ja schnell.« Pedro band ihm nur noch die Schuhe zu. »Bereit für die Expedition? Wenn Mama fragt, warst du natürlich in der Schule, alles klar?«

»Klaro!« Miguel hüpfte aufgeregt auf der Stelle, sodass Pedro das Bein festhalten musste, um den Schnürsenkel zu Ende zu binden.

»Na, dann los!«, rief Pedro. »Ein Freund von früher kommt auch mit, der ist aber Real-Madrid-Fan.«

Auf der Fähre saßen Pedro und Miguel vorne auf dem Deck und schauten auf die Insel Fuerteventura, auf die Sanddünen, die immer näher kamen und wie Gold glänzten. Möwen kreisten über ihnen. Es roch nach Schiffsdiesel und Meer. Tenaro war in das Bordrestaurant gegangen, um etwas zum Frühstücken zu holen.

»Lanzarote und Fuerteventura waren einmal eine Insel. Sie haben sich dann irgendwann getrennt«, sagte Pedro.

»Warum?« Miguel drehte sich um und schaute auf Lanzarote.

Pedro überlegte, es hatte irgendetwas mit den Kontinentalplatten zu tun, aber wie das genau geschehen und welche der Erdplatten für die Trennung verantwortlich gewesen war, wusste er nicht. »Das ist mit der Zeit so passiert«, antwortete er. »Manchmal weiß man nicht, warum sich etwas trennt. Jetzt sind es zwei Hälften.«

»Und die eine Hälfte hat dann einfach den goldenen Strand mitgenommen.« Miguel wandte sich wieder nach vorn, sah in die Sonne und öffnete den Reißverschluss seiner Jacke.

Tenaro kam zurück, er trug zwei riesige Plastikbecher mit Bier in den Händen, in seiner Hosentasche steckte ein Wassereis in einer knallgrünen Tüte. »Auf unseren gemeinsamen Ausflug!«, sagte er, reichte Pedro eines der Biere und Miguel das Eis. »Heilige Jungfrau!«, rief er, nachdem er einen Schluck getrunken hatte. »Ein El-Barça-Trikot!«

Miguel klemmte das Eis zwischen die Zähne und zog die Jacke aus, um sein Messi-Trikot von hinten zu zeigen.

»Die Teufel aller Vulkane sollen ihn holen!«, sagte Tenaro und nahm ein paar kräftige Schlucke von seinem Bier.

»Wenn ich mich mit dem Trikot vor die Vulkane stelle, fliegt die Lava ins Tor von Real Madrid«, sagte Miguel.

»Würdest du bitte deine Jacke wieder anziehen, es ist hier sehr windig. Und Eis so früh morgens geht wirklich nicht«, sagte Pedro und nippte an seinem randvollen Becher.

Tenaro wischte sich mit der Hand den Mund ab, danach legte er sie auf Pedros Schulter. »Früher war dieser Verräter hier Fan der Galaktischen. Hast du ihn etwa umgestimmt, du Minimessi?«

»Ja!«, sagte Miguel stolz. »Die Galaktischen muss man mit Obst beschmeißen! Ronaldo auch!«

Sein Sohn mochte Tenaro, das merkte Pedro, er gab so mutige Antworten. Miguel lief nach vorne an den Bug der Fähre und hielt die Hand schützend vor die Sonne, um besser über das Meer sehen zu können.

»Toller Junge«, sagte Tenaro.

Pedro lächelte.

»Mein Vater stand immer so auf dem ersten Boot der Flotte, um nach den Verfärbungen des Meeres zu suchen. Da, wo es wärmer und das Wasser etwas blauer war, da waren sie, die Schwärme des Roten Thuns. Weißt du, dass die Japaner jetzt Flugzeuge und einen Radar einsetzen, um die Fische zu finden? Grauenhaft! Mein Vater stand einfach nur da, so als würde er Gespräche mit dem Meer führen.«

Sie schwiegen eine Weile, dann stürzte Tenaro plötzlich zur Reling und übergab sich. Miguel kam vom Bug zurück und schmiegte sich ganz nah an Pedro, er zitterte vor Kälte.

»Ist dir schlecht?«, fragte Pedro, als Tenaro wieder neben ihnen stand.

»Bisschen«, murmelte er, er war blass.

»Mir ist gar nicht schlecht!«, sagte Miguel.

»Vielleicht war es das Bier?«, fragte Pedro. »Schon seltsam, dass dir schlecht wird, du bist Fischer, du kennst doch den Atlantik?«

»Ich war Fischer!«, antwortete Tenaro gereizt. »Außerdem wackelt das hier anders! Wenn du auf deinem eigenen Boot stehst, hast du zu tun, dann merkst du das nicht ... Ich kann nicht auf dem Atlantik sein und nichts tun.«

Eine halbe Stunde später fuhren im Hafen von Corralejo zwei gelbe Honda-Postmotorräder mit blauem Emblem und Königlicher Krone von der Fähre. Miguel hatte sich, wie abgesprochen, nach hinten gesetzt, Pedro hatte den Gurt mit den Halteschlaufen angebracht und ihm den Helm aufgesetzt. Tenaro trug nur ein T-Shirt und eine riesige Sonnenbrille, eine schwarze Aktentasche hatte er sich umgehängt.

»Was ist dadrin?«, fragte Pedro.

»Geheime Akten. Die brauchen wir nachher«, antwortete er. Mit seiner Sonnenbrille sah er aus wie Tom Cruise in *Mission: Impossible.*

Nachdem sie 20 Kilometer Richtung Süden gefahren waren, erreichten sie La Oliva, auf der Avenida General Franco, wie Pedro bemerkte. Tenaro stoppte vor der größten Kirche. Er stieg von der Honda und wandte sich an Miguel und Pedro.

»Willkommen in der Hauptstadt der militärischen Oberbefehlshaber von Fuerteventura. Fuerteventura ist die zweitgrößte Insel der Kanaren ...« Tenaro hatte eine Art Vortragshaltung eingenommen und schaute verstohlen auf einen Spickzettel: »Die ersten Menschen, die diese Insel besuchten, waren die Seefahrer der Antike. Man aß Ziegenkäse und lebte vom Fischfang. Wenn ihr jetzt mal bitte schauen wollt: Diese dreischiffige Kirche hat einen Glockenturm, er bot Schutz vor den Angriffen der Piraten, ich erwähne nur Murat Reis, den Älteren. Ein schrecklicher Türke!«

Was redet der denn da, dachte Pedro, er war noch nicht einmal von der Honda gestiegen, um Miguel aus seinen Halteschlaufen zu heben, und Tenaro ratterte da bereits irgendwas herunter von Oberbefehlshabern, Seefahrern der Antike und einem schrecklichen Türken.

»Die Kirche wurde nach der Jungfrau von Candelaria benannt, das ist die Schutzpatronin der Kanarischen Inseln, besonders für die Seefahrer und Fischer.« Er nahm seinen Helm ab, drehte sich um und verbeugte sich vor der Kirche.

Pedro und Miguel blieb gar nichts anderes übrig, als auch die Helme abzunehmen und sich zu verbeugen.

»Vielen Dank für die Aufmerksamkeit!« Er steckte den Zettel ein, setzte seinen Helm wieder auf und stieg auf das Motorrad.

»Was war das denn?«, fragte Pedro. »Sind wir bis hierher gefahren, damit du uns eine Kirche zeigst?«

»Das war doch erst der Anfang, mein Freund.«

»Überall gibt es immer nur Jungfrauen. Ich möchte ein Spielzeuggeschäft!«, meldete sich Miguel zu Wort.

»Ich zeige dir noch etwas viel Spannenderes als Spielzeuggeschäfte und Jungfrauen«, sagte Tenaro.

Sie fuhren weiter nach Südwesten. Kurz vor La Matilla bogen sie ab und kamen durch kahle braune Gegenden mit vereinzelten Tomatenplantagen. Miguel ruckelte schon auf seinem Sitz und manchmal rutschten seine Hände an Pedros Schultern ab, als würde er einschlafen. Als sie gerade durch Tiscamanita fuhren, hupte Pedro und bedeutete Tenaro, anzuhalten.

»Sag mal, wo zum Teufel fahren wir hin?!«

»Ich habe doch gesagt, immer nur geradeaus.«

»Ja, aber wie lange, du Witzbold?! Mein Sohn ist ja schließlich auch dabei!« Pedro ahnte, dass es vielleicht falsch gewesen war, Tenaro die ganze Planung des Ausflugs zu überlassen. »Der Junge hat noch nicht mal gefrühstückt, du solltest auf der Fähre ein Sandwich mitbringen und einen Kakao, kein giftgrünes Eis!«

»Ich habe keinen Hunger, Papa«, erklärte Miguel. »Wir können ruhig weiterfahren. Die Häuser hier haben gar keine césargrünen Fenster wie bei uns.«

»Siehst du!«, sagte Tenaro. »Dein Sohn findet es interessant. Und weit über die Hälfte der Strecke haben wir schon.«

»Über die Hälfte?«, wiederholte Pedro, er schrie beinahe. »Es ist schon fast zwölf! Das kann ja heiter werden! Wir müssten unbedingt mal tanken!«

»Es gibt in Tiscamanita eine Bar, die einen hervorragenden Café solo macht, der wird deinen überflüssigen Wutanfall stoppen«, antwortete Tenaro. »Und dazu eine sensationelle Limonade für Minimessi. Nebenan kann man auch tanken!«

Ein Tresen, fünf Hocker, auf denen uralte, zahnlose Männer vor ihren Likörgläsern saßen und ab und zu ein Wort miteinander sprachen, um dann wieder in sich zusammenzusinken. Man hörte nur das Knattern des Generators, der die Bar mit Strom versorgte. Tenaro bestellte ein Bier und zwei Café solo, die so stark waren wie 20 Café con leche in der Bar Stop. Miguel kaute lustlos auf einem Sandwich herum, das Pedro aus einer Vitrine genommen hatte.

»Ist dein Smartphone Android oder Apple?«, fragte er und zeigte auf Tenaros Telefon.

»Android. Android hat nämlich viel mehr Apps.«

»Es gibt ein Spiel, da kann ich mit Messi spielen, das nennt man Avatar mit Playstation, das will ich haben!« Miguel sah seinen Vater bittend an.

»Iss lieber dein Sandwich! Und schneide keine Grimassen!« Pedro war immer noch aufgebracht.

»Ich will aber Nutella-Biskuits!«

»Hab ich nicht mit!«

Miguel schob das Sandwich mit vorwurfsvollem Blick beiseite und zog eine Coca-Cola-Flasche aus einer kleinen Vitrine, die auf dem Tresen stand.

»Warte! Nicht so hastig«, sagte Pedro und wischte den Wüstenstaub vom Glas, es war kein Zischen zu hören, als er den Kronkorken löste.

»Jungs, bitte keine schlechte Stimmung auf unserer Supertour! Unsere königliche Postflitzer-Flotte sieht doch spitze aus, findet ihr nicht?«, fragte Tenaro und zeigte auf die beiden Hondas, die nebeneinander vor der Bar standen. »Enrico meinte, ich solle so viel fahren, wie ich wolle, damit sie mal auf Touren kommt. Er zahlt mir sogar das Benzin.«

»Ach«, murmelte Pedro.

»Früher, als ich noch meine Kawasaki hatte, habe ich einfach den Tachostand manipuliert und sie dann teurer verkauft.« Tenaro trank den Café solo in einem Zug aus und griff gleich danach zum Bier.

»Das kannst du? Tenaro Caballero Fuentes kann Tachostände manipulieren?« Pedro sprang auf. »Auch vordrehen? Also, nicht nach hinten, sondern nach vorne? Ich will den nicht in die Vergangenheit zurückdrehen, ich will in die Zukunft, ausnahmsweise mal in die Zukunft! Könntest du meine Honda in die Zukunft vordrehen?«

»Aha, ungewöhnlich«, sagte Tenaro. »Normalerweise klemmt man den Tachogeber ab. Aber so kann ich nichts in die Zukunft vordrehen. Ich lasse mir etwas einfallen, versprochen! Noch einen Likör for the road?«

»Nein, danke. Aber dann klemmen wir bei Enrico auf jeden Fall alles ab, da freut er sich!« Pedro reichte Miguel den Helm. So wäre Enrico der Erste, bei dem das Ministerium ein abfallendes Kilometeraufkommen und damit ein abfallendes Briefaufkommen registriert, dachte er, das würde diesem Fidelity-Iberia-Postboten recht geschehen. Kollegen wie er waren schuld, dass nun alle dazu aufgefordert wurden, neue Dienstleistungen anzubieten. Es hatte in dem Schreiben gestanden, das heute Morgen noch immer in der Ecke des Boxspringbettes gelegen hatte. Die Zentrale in Puerto del Carmen hatte eine Liste mit »E-Postdiensten« geschickt, die Pedro von nun an bewerben sollte:

E-Postsafe als kostenlos angebotener Speicher von 5 GB zur elektrischen Ablage wichtiger Dokumente. E-Postscan-Travel als kostenpflichtiger Nachsendedienst: Eingehende Post wird geöffnet, gescannt und per E-Mail nachgesendet. Sowie E-Postzahlung, um Rechnungen als E-Postbrief direkt über das E-Postportal zu bezahlen.

Pedro hatte das mehrmals gelesen und gespürt, dass er von Worten wie E-Postsafe, E-Postscan oder E-Postportal Rückenschmerzen bekam, nicht nur das: Verdauungsstörungen, Übelkeit, Schwindel. Herzrasen, Herzstolpern, Atemnot. Er hatte das genau in dieser Reihenfolge in die Suchmaschine eingegeben und war nun sicher, auf ein »Burn-out« zuzusteuern, sollte er sich weiter mit diesen Themen beschäftigen müssen.

Tenaro kippte am Tresen noch schnell einen Likör herunter, Pedro kaufte ein Sprudelwasser für Miguel, falls er wieder Durst bekommen sollte. Dann fuhren sie weiter, vorbei an Aloe-vera-Feldern und Windmühlen. Irgendwann befanden sie sich auf der Halbinsel Jandía am Südwestzipfel Fuerteventuras. In Morro Jable endete die geteerte Straße. Nun ging es weiter auf Schotter. Tenaro verschwand in der Staubwolke, die er aufwirbelte. Miguel hustete in Pedros Rücken. Dann, als sie einen Bergpass hinter sich gelassen hatten, tat sich plötzlich vor ihnen der längste Strand auf, den Pedro je gesehen hatte. Er wirkte so, als wäre er mit Gold aufgeschüttet worden.

Sie stoppten an einer Weggabelung. Unter ihnen links lag Cofete. Ein paar Hütten, kein Mensch war zu sehen. Tenaro zeigte nach rechts in die Wolken, die über der schwarzen Bergkette hingen.

»Da!«, rief er. »Da müssen wir hin!«

Jetzt sah es Pedro auch. Ein großes Haus, wie eine Festung, mit einem runden weißen Turm, direkt vor eine Felswand gebaut. Der holprige Weg führte steil hinauf.

»Wir sind da ... der Palast von Cofete, die Villa Winter!«, sagte Tenaro feierlich, stieg von der Honda und öffnete seine Aktentasche.

Der Putz war schon an vielen Stellen abgebröckelt, die Außenfenster waren teilweise zugemauert. Am Ende einer Regenrinne hing ein hölzerner Krokodilkopf. Der Garten sah völlig verwildert aus. Finstere Schuppen und Verschläge, Schutt, Abfall, verblichene Kleidungsstücke zwischen Blechdosen und vereinzelten verbogenen Schienen. Ein Eisenwagen mit der Aufschrift »Krupp«. Ein verrosteter Jeep, aus dem Kakteen wuchsen.

Miguel hatte sich auf eine wuchtige Betonplatte gesetzt, er hielt sich den Bauch und wimmerte.

»Was hast du denn, ist dir schlecht?«, fragte Pedro und legte ihm die Hand auf die Stirn, dann nahm er die Flasche mit dem Sprudelwasser und löste den Kronkorken, es zischte schon wieder nicht. Bestimmt war ein Wasser, aus dem die Kohlensäure entwichen war, jetzt sowieso besser, dachte er. Miguel nahm einen kleinen Schluck.

»Er lebte da unten in einem unterirdischen System«, raunte Tenaro und versuchte die Papiere, die er seiner Aktentasche entnommen hatte, im Wind zu ordnen. »Es muss mehrere Zugänge zum unterirdischen System geben ...«

»Moment mal, gleich«, unterbrach ihn Pedro. »Ist es jetzt schon besser?«, fragte er seinen Sohn.

»Ja.« Miguel nahm noch einen Schluck und zeigte auf einen großen Vogel, der über der Villa kreiste.

»Ah, hier steht's!« Tenaro hielt eines der flatternden Papiere mit beiden Händen fest und las vor: »Durch ein Loch in Abbildung a) kann man einen langen Gang erkennen, zu dessen rechter Seite sich mehrere Türen befinden. Das mittlere Fenster in Abbildung b) ist verriegelt ...«

Pedros Blicke verfolgten den Vogel, er hatte riesige schwarze Schwungfedern. »Das ist ein kanarischer Schmutzgeier, ganz schön groß, oder?«, sagte er zu Miguel, sein Vater hatte ihm früher erzählt, dass solche Geier mit Steinen Straußeneier zertrümmerten, um sie an Ort und Stelle zu fressen. »Sag mal, Tenaro, was machen wir eigentlich hier? Wer lebte da unten in einem unterirdischen System?«

»Na, Hitler! ... Du hast wohl noch nie davon gehört?« Tenaro sah ihn an, so als wüsste jeder, dass Hitler in einer Villa am Westzipfel von Fuerteventura gelebt hatte.

Pedro streichelte Miguel über den Kopf und sah eine Ziege, die langsam, wie in Zeitlupe, über das Anwesen lief und hinter einem Verschlag verschwand. In seiner Tasche piepte es. Carlota schrieb:

Holst du ihn gleich aus der Schule ab? Was hast du gekocht?

»Schau dir alles in Ruhe an«, sagte Tenaro und hielt Pedro den Papierstapel hin.

»Du meinst Adolf Hitler, ja?«, fragte Pedro vorsichtig.

»Ja, ja, genau der! Aber alles begann mit Don Gustavo Winter, von allen hier nur ›der Hexer‹ genannt!«

»Wo hast du diese Geheimdokumente her?«

»Steht alles im Internet. Ich habe mir das bei Royal Electronics ausdrucken lassen.«

»Tenaro, im Internet gibt es keine Geheimdokumente.«

»Im Internet stehen neuerdings auch die geheimen Sachen, hier!« Tenaro tippte auf den Stapel.

Pedro blätterte hilflos darin herum. Ein deutscher Ingenieur namens Gustav Winter habe 1936 als Geheimagent der deutschen Wehrmacht eine riesige Landfläche an der Westküste von Fuerteventura gepachtet und von politischen Häftlingen eine Schotterstraße bis Cofete bauen lassen, um vor diesen Felsen eine herrschaftliche Villa zu errichten. Geologen, Höhlenspezialisten, Ingenieure, Funker, Taucher, Bauarbeiter und Wachtposten habe man aus Deutschland zur Villa Winter gebracht.

»Soso«, sagte Pedro. »Aber wie kommst du darauf, dass *er* hier gelebt hat? Das steht da gar nicht.«

Tenaro hatte sich irgendwas angezündet und blies den Rauch langsam und genießerisch in die Luft. »Geduld, mein Lieber, jetzt kommen die wahren Geheiminformationen ... von einem meiner früheren Kollegen aus der Thunfischflotte, er heißt Adul, der kommt aus Cofete. Aduls Vater kommt auch aus Cofete, also, er kam aus Cofete, er ist schon tot und liegt da unten am Strand begraben, du schaust von hier genau auf den Friedhof. Adul, musst du wissen, ist wirklich ein feiner Kerl, übrigens auch ein guter Thunfischfänger, der würde nie etwas erzählen, was nicht stimmt. Dieser Adul also, und jetzt hör genau zu, dieser Adul hat von dem Bruder seines Vaters ...«

»Geht's auch etwas kürzer?«, unterbrach ihn Pedro. »Was du da rauchst, riecht fürchterlich.«

»Okay, eines Tages lief der Bruder von Aduls Vater da unten durch den Sand. Und *wer* kam ihm entgegen, uralt, aber immer noch mit diesem Zahnbürstenschnurrbart?!« Tenaro sah ihn bedeutungsvoll an.

»Ach, und wann soll das gewesen sein?«, fragte Pedro unwirsch und verfolgte, in welche Richtung der Rauch von Tenaros Joint wehte.

»Anfang der Achtziger, sagt der Bruder von Aduls Vater!«, antwortete Tenaro.

»Auf gar keinen Fall, da war *der* längst tot! Der Bruder von Aduls Vater litt wahrscheinlich unter Halluzinationen ... Vielleicht war es Franco, vielleicht war der ja mal hier oder es war eine Fata Morgana?« Pedro wurde es langsam zu viel, er wandte sich wieder seinem Sohn zu und zeigte nach oben zum kreisenden Vogel. »Schau mal, Miguel, so ein Schmutzgeier kann einen Stein in den Schnabel nehmen und damit zu einem Straußenei fliegen, um es aufzuschlagen.«

»Ist der gefährlicher als der Raubwürger, der Eidechsen aufspießt?«, fragte Miguel.

»Ich würde sagen, ja. Manche von denen können sogar Drähte verbiegen und damit angeln, die Natur ist ein Wunder.«

»Das ist historisch unmöglich!«, erklärte Tenaro. »General Franco ist leider schon 1975 gestorben, das weißt du doch!« Er verschränkte die Hände hinter dem Rücken und lief vor den beiden auf und ab. »So kam er ihm entgegen, das war seine typische Spazierhaltung, so! ... Schau mal bei Youporn nach, das kann man sich doch nicht ausdenken!«

»Youporn?!«

»YouTube! Ich habe YouTube gesagt!«

»Hörst du bitte auf, vor uns wie Hitler herumzulaufen! Und was heißt hier: ›General Franco ist leider schon 1975 gestorben‹?« Pedro spürte, dass es ein Fehler gewesen war, General Franco ins Spiel zu bringen; dass es überhaupt ein riesiger Fehler gewesen war, diesen Ausflug zu machen.

»Das heißt, der Bruder von Aduls Vater kann unmöglich den nicht mehr lebenden General Franco getroffen haben, das ist ja logisch, sondern nur *den anderen!*« Tenaro tat schon so, als wäre er mitten in der Beweisführung.

»Das ist doch Irrsinn! General Franco hat schon viel zu lange gelebt! Wie alt soll denn bitte *der andere* geworden sein?«

»Das weiß man nicht so genau, auf jeden Fall steinalt.« Tenaro stellte seinen speziellen Spaziergang ein und blieb dicht vor Pedro stehen. »Hör zu, mein Lieber. Wenn du dich etwas mehr für Geschichte interessieren würdest als für so einen Scheißvogel, dann müsstest du jetzt folgende Frage stellen: Warum baut ein Deutscher mitten im Zweiten Weltkrieg in einer gottverdammten Gegend eine Villa mit unterirdischem Geheimsystem? Warum sagt der Deutsche, dass er in einem Gebiet, in dem es seit 70 Jahren nicht mehr geregnet hat, Tomaten anbauen will, um dann die gesamte Bevölkerung zu evakuieren und irgendwo dahinten eine Landepiste für Flugzeuge zu bauen? Na?«

»Mir ist jetzt ganz schlecht, Papa«, sagte Miguel und begann wieder zu wimmern.

»Ein Messi kennt keinen Schmerz, das wird gleich besser«, sagte Tenaro, »so ein Kinderbauchweh kommt immer in Schüben, einfach durchhalten, es dauert nie lange.« Er beugte sich über Miguel und strich und massierte in kreisenden Bewegungen im Uhrzeigersinn auf seinem Bauch herum.

»Würdest du vielleicht den Joint aus dem Mund nehmen, wenn du an meinem Sohn herumfummelst?«, fragte Pedro und schob ihn beiseite. »Ist das wieder el Kiff oder was? Er sollte das jetzt nicht auch noch einatmen müssen, verstehst du? Zuerst dieses Scheißsandwich in Tiscamanita und nun dein Kiffzeugs.«

»Ich will ja nur helfen ... Hitler litt ja auch unter Magenkrämpfen und wurde von einem finnischen Masseur behandelt, da siehst du mal, wie tief ich in die Materie eingearbeitet bin.« Tenaro hielt den Joint in eine andere Richtung und passte auf, dass der Rauch nicht zu Miguel zog.

Pedro verdrehte die Augen und flößte Miguel den Rest des Wassers ein.

»Du fragst dich ja sicherlich schon die ganze Zeit, was ich dir mit alldem sagen will, und nun pass mal auf, ich komme zum Punkt!« Tenaro baute sich wieder in dieser merkwürdigen Pose vor ihnen auf, die er schon vor der Kirche in La Oliva eingenommen hatte. »Wir organisieren professionelle Sightseeing-Ausflüge zu Adolf Hitlers Geheimversteck, du übernimmst Transport und Catering, am besten alles mit Safari-Jeeps! Oder wir fragen Victor, der hat noch seinen Lkw, den kann man umbauen, er hat früher die Thuns für Japan zum Flughafen gefahren. Ich übernehme die Akquise und historische Führung, zuerst die Kirche der Heiligen Jungfrau von Candelaria, danach die Geheimvilla von Adolf Hitler. Das ist eine Goldgrube, noch besser als Thunfische!«

»Ist es wieder besser, Miguel?«, fragte Pedro.

»Ja«, antwortete er.

»Das glaube ich nicht!«, rief Tenaro, er musterte die Betonplatte, auf der Miguel saß. »Minimessi sitzt genau auf dem Zugang zur unterirdischen U-Boot-Grotte!« Er hielt Pedro ein Blatt Papier hin.

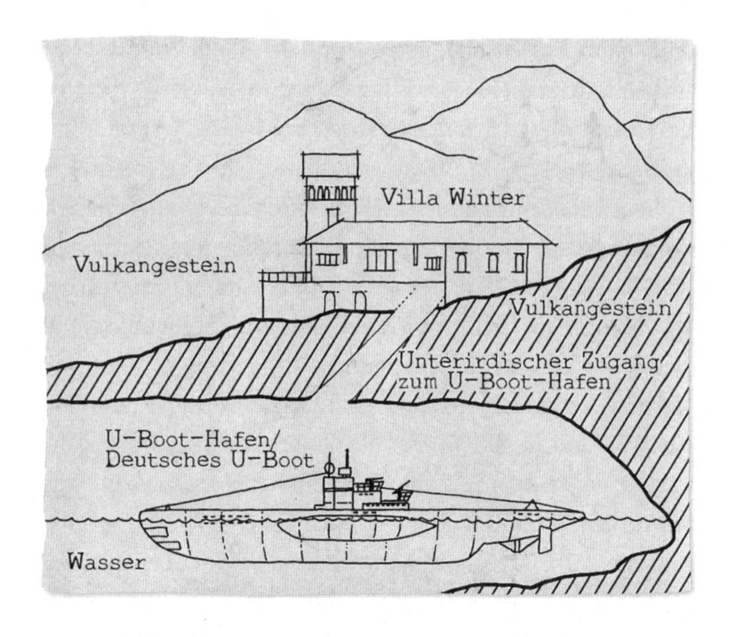

»Und was ist das jetzt?«, fragte Pedro.

» Bist du blind? Eine Zeichnung vom U-Boot-Hafen unter der Villa!« Tenaro tippte auf das Papier. »Das sollte hier ein Stützpunkt werden, für die Seeschlachten gegen Amerika und Großbritannien, vielleicht erklärt das seine Bauchschmerzen?«

»Stopp, stopp«, sagte Pedro, »es reicht! Und was heißt hier eigentlich: ›Wir organisieren diese Ausflüge?‹ Ich organisiere gar nichts, ich habe einen Job! Und außerdem wollen die Touristen zu den Vulkanen! In den Jardín de Cactus, aber nicht zu Hitlers Geheimvilla!«

»Scheiß auf den Jardín de Cactus, der kommt mir schon zu den Ohren raus, der Mensch will auch mal Abwechslung haben!«, sagte Tenaro. »Und was heißt, du hast einen Job? Du fährst den ganzen Tag sinnlos durch die Gegend und verteilst etwas, das es im Prinzip gar nicht mehr gibt! Es gibt keine Fische und keine Briefe mehr, begreif das doch! Bis jetzt sind wir beide halbwegs unbeschadet durch die größte Krise in der spanischen Geschichte gekommen, aber wie lange noch? Wenn wir unser Leben jetzt nicht selbst in die Hand nehmen, dann zieht die Karawane ohne uns weiter! Ich jedenfalls mach jetzt was! Gut, dass ich bei dieser Autovermietung rausgeflogen bin, Enrico, dein Kollege, verkauft ja nun Bungalows, Duplex-Bungalows, der braucht die Post gar nicht mehr, er hat eine Kooperation mit dem Immobilienbüro schräg gegenüber von Royal Electronics, das Know-how hat er aus dem Internet ...«

Miguel übergab sich.

»Gerade solche Monster- und Horrorgeschichten verkaufen sich immer gut!«, fuhr Tenaro fort. »Auch in der Tourismusbranche! Denk an das Haifischtauchen, mit dem El Capitán angeblich wie irre verdient hat, aber wo sind denn jetzt die Haifische? Auch weg! Wenn es keine Haifische mehr gibt, dann eben Hitler ...«

»Tenaro, mein Sohn kotzt! Hör jetzt mal auf, irgendwas stimmt mit deinem Kopf nicht, du hast sie nicht mehr alle!«, sagte Pedro.

»Ich hätte ihm ja nicht das Wasser gegeben, wenn es eigentlich ein Sprudelwasser war, es aber gar nicht mehr gezischt hat. Oder hast du es zischen gehört? Wer weiß, wie alt das war!«

»Danke für den Hinweis! Wer hat denn diese Scheißbar in diesem Tiscamanita ausgesucht? Das war garantiert das Sandwich!«

Sie schwiegen. Pedro wischte das Erbrochene von Miguels Trikot und streichelte ihm den Kopf. »Jetzt müsste es besser sein, mein Schatz?«

»Ja. Besser.« Miguel griff nach der Zeichnung mit dem U-Boot-Hafen, die Pedro auf den Boden gelegt hatte.

»Siehst du? Ihn interessiert das!« Tenaro zeigte auf den Jungen. »Dir und deiner Familie müssten nämlich solche Themen liegen, das wusste ich! Als dein Großvater in Afrika war, soll er ja wohl jemanden ganz gut gekannt haben, der Hitler gut kannte!«

Pedros Smartphone klingelte: CARLOTA.

»Und mit meinem Kopf stimmt alles«, fügte Tenaro hinzu. »Ich lass mich aber auf jeden Fall nicht mehr von Touristen erniedrigen und dreh an Isofixösen herum wie ein Idiot! Oder fische Badehosen aus dem Pool, nie wieder verpisste, verpupste Sonnenliegen!«

Pedro starrte auf das Display, er ließ es weiterklingeln.

»Oder was soll ich deiner Meinung nach als Nächstes machen? Soll ich Kameltreiber werden? Willst du, dass ich Kamele bürste? Oder soll ich mich in einen Souvenirladen stellen? Ins Gartencenter?«

»Leg bitte die Zeichnung zur Seite und schau hoch«, sagte Pedro zu Miguel und tupfte ihm mit seinem Ärmel den Mund ab, danach säuberte er ihm die Schuhe, auf die er auch gespuckt hatte.

Carlota rief wieder an.

Pedro bekam Schweißausbrüche und wischte mehrmals hektisch in alle Richtungen über das Display.

»Na endlich! ... Ist alles in Ordnung?«, fragte Carlota. Pedro hörte im Hintergrund das Klingeln der Telefone und das Klackern der Rollkoffer in der natursteingepflasterten Empfangshalle, das in seinem Ohr wieder wie Gewehrsalven klang. »Warum gehst du nie ans Telefon? Ich habe dir auch eine SMS geschickt! Ich dachte schon, du hättest Miguel vergessen!«

»Ich habe ihn noch nie vergessen«, sagte Pedro.

»Bist du schon auf dem Weg in die Schule?«

»Ja«, antwortete Pedro.

»Sag ihr, dass uns gerade der Atem der Geschichte umweht!«, rief Tenaro dazwischen. »Ihr Hotel sollte da auch mitmachen, beim Hitler-Projekt! Die kriegen Sonderrabatte, sag ihr das!«

»Psst! ...«, zischte Pedro und entfernte sich ein paar Schritte. »Wie läuft's denn? Alles gut im Crystal Palace?«

»Weißt du, was gerade bei mir auf dem Schreibtisch steht? Der Marmorkopf von José Saramago für die große Terrasse, den habe ich in einer Kunstgalerie in Teguise gefunden! Hat ein Schüler von César Manrique gemacht, es gab auch Köpfe von Cervantes und Fernando Alonso, dem Rennfahrer!« Carlota lachte hell, sie klang aufgedreht.

»Toll«, sagte Pedro.

»Du musst jetzt los, oder? Miguel abholen.«

»Ja, du hast recht.«

»Mama!«, rief Miguel.

»Ich höre ihn doch«, sagte Carlota. »Seid ihr gerade vor dem Schultor? Gib ihn mir!«

Pedro reichte Miguel das Telefon. Er dachte an die Schüsse im Fernsehen, damals, an die Stücke, die aus der Decke des Parlaments brachen und herunterfielen.

10

Die Nacht auf der Hafenbank

Tenaro war vorgefahren, um noch die letzte Fähre nach Playa Blanca zu bekommen, er musste das Motorrad am Abend zurückbringen. Pedro kam mit Miguel nur langsam voran, sie machten immer wieder große Pausen, mit Weinen und Kotzen. Eine Calima zog auf, die Luft wurde immer wärmer, der Himmel färbte sich rot. Riesige, schreiende Schwärme von Schwalben flogen über sie hinweg, Pedro musste noch langsamer fahren.

An der Küste von Tuineje hielten sie an, Miguel saß im Kies hinter der Promenade, Pedro stand bis zu den Knöcheln im Meer, um das bespuckte Trikot auszuwaschen, als sie etwas weiter weg einen Bagger sahen, der ein Holzboot zertrümmerte. Guardia-Civil-Polizisten standen neben großen schwarzen Plastiksäcken, sie rauchten und telefonierten, während die Luft immer stickiger wurde und es dunkelrot dämmerte. Pedro war erschrocken, verstört. Der Strand, die Promenade, der schöne Himmel, dazu diese schwarzen Plastiksäcke. Miguel fragte, was dahinten bei den Polizisten liege, und Pedro stockte, zögerte und antwortete schließlich, dass die Polizisten große Pakete mit Drogen gefunden hätten, welche nun Gott sei Dank entsorgt werden würden. Er schämte sich für seine Antwort.

Als sie endlich in Corralejo angekommen waren, schaute Pedro, ob es nicht doch noch eine Fähre gab, aber die nächste fuhr erst am nächsten Morgen um sieben. Miguel schlief schon im Sitzen auf dem Motorrad. Pedro hatte zu wenig Bargeld für ein Hotel, er wusste auch nicht, wo er jetzt noch ein billiges Zimmer finden würde. Er fluchte leise, hob Miguel aus den Halteschlaufen und legte ihn auf eine Holzbank am Hafen. Er lief eilig zu einer der Musikbars und fragte nach einer Decke. Der Mann hinter der Theke beugte sich weit vor, um Pedro zu verstehen. Eine Tänzerin bewegte sich zu den stampfenden Bässen mit nackten Brüsten auf einem Podest, aus dem Nebel aufstieg. Auf einem Bildschirm hoch über der Tanzfläche lief ein Fußballspiel in der Wiederholung. Der Mann warf Pedro eine Decke zu. »Ich leg sie später draußen auf die Stühle«, sagte Pedro, er drehte sich beim Gehen noch einmal zur Tänzerin um.

Als er zurückkam, war Miguel verschwunden. Die Honda stand noch da, doch die Bank war leer. Pedro erstarrte vor Entsetzen. Sein Herz raste. Dann fiel es ihm wieder ein – die nächste Bank, er hatte das Motorrad neben einer Bank geparkt, darauf den Unrat von Möwen gesehen und Miguel zur nächsten Bank getragen, dort lag er. Pedro setzte sich und zog Miguel auf seinen Schoß.

Sie würden diese Nacht hier zusammen überstehen, dachte Pedro. Er legte seinem Sohn die Decke über und wischte ihm den Schweiß aus dem Nacken, der sich unter dem Messi-Trikot angesammelt hatte. Dann hielt er ihn fest in seinen Armen.

Über das Meer hinweg war das Leuchten Lanzarotes zu sehen. Pedro sah sogar die roten Lichter der Antennen auf dem Atalaya-Vulkan. Er starrte eine Weile auf die Lichter seiner Kindheit in der Ferne, und die Bilder von damals stiegen wie Geister vor ihm auf.

*

Der Kopf des Vaters, der auf den Wohnzimmertisch fällt. Der Schrei der Mutter, nachdem sie den Vater angestoßen hat und dieser vom Stuhl auf den Boden gesunken ist. Der Fernseher, der immer noch läuft und in endloser Wiederholung die Stürmung des Parlaments zeigt, bis endlich ein Mann vom Rettungsdienst das Gerät ausschaltet. Der Arzt, der im Wohnzimmer steht und den Tod feststellt. »Tot«, sagt er, er klappt seinen Koffer zu und hebt das Gewehr mit einem Taschentuch auf und legt es vorsichtig auf den Tisch. Und Pedro selbst, der aus dem Wohnzimmer läuft und sich zitternd in sein Kinderbett legt, während er draußen das Wimmern seiner Mutter hört und die dunkle Stimme des Arztes. Später das Auto, das er durch das Fenster vorfahren sieht. Die Kiste, die ausgeladen wird und sich als zu klein herausstellt, wie seine Mutter ihm später erzählen wird. Eine zweite Kiste, die mit einem anderen Auto kommt. Der Vater, der schließlich in die zweite, größere Kiste passt und hinausgetragen wird. Die schweren Schritte im Picón. Das Zuschlagen von Türen. Das Abfahren des Autos, Pedro schaut ihm aus dem Fenster nach. In den Nächten danach sieht er das Gesicht des Vaters hinten durch die Scheibe des kastenförmigen Autos, doch von Nacht zu Nacht entfernt sich der Leichenwagen weiter und das Gesicht des Vaters wird immer kleiner.

*

Pedro zog Miguel noch näher zu sich heran. Konnte er sich noch an den Geruch seines Vaters erinnern? An den Geruch im Postamt, ja: das Papier, die Umschläge. Es roch ledrigwarm oder wie nasse Hunde, wenn die Post in den Regen geraten war; die Druckerschwärze der Zeitungen, die oft wochenlang zur Abholung bereitgelegen hatten; der Geruch von Muskat, wenn der Tenor da gewesen war. Aber der Geruch des Vaters? Wie es sich angefühlt hatte, wenn die kleine Hand in der großen gelegen hatte? Pedro erinnerte sich an einen Satz des Vaters, als er mit ihm weinend zum ersten Mal vor dem großen Holztor der Schule gestanden hatte. Er müsse nicht weinen, hatte er gesagt, das gesamte Leben sei eine Schule, und wie er dann im Klassenraum mit diesem Vatersatz gestanden und nicht gewusst hatte, auf welchen Stuhl er sich für das gesamte Leben setzen solle.

Aus den Bars war nur noch vereinzelt Musik zu hören. Die Kellner stellten die Stühle hoch. Nach und nach gingen die Lichter aus. Pedro hörte das leichte Schlagen der Wellen gegen die Boote im Hafen. Er richtete sich auf.

In der Ferne, über dem Vulkanberg, stieg langsam das Gesicht seines Vaters auf. Calima, dachte er, Calima führt auch zu Reizungen der Augen und trübt die Sinne. Ihm schien es, als würde es immer größer und größer werden. Wie ein Gebirge ragte der Vater plötzlich vor ihm auf.

DU BIST EIN ÄNGSTLICHER MENSCH GEWORDEN.

»Aber du bist doch gegangen, als ich noch ein Kind war?«, flüsterte Pedro.

DU BIST IMMER NOCH EIN KIND, DU MUSST ERWACHSEN WERDEN.

Pedro schloss die Augen und klammerte sich an seinen Sohn.

Als Miguel aufwachte und Pedro weckte, war die erste Fähre schon abgefahren.

11

Mit Miguel bei Dr. Sánchez (Pedros Rede am Nationalfeiertag)

Sie erreichten Lanzarote gegen halb zehn am Vormittag. Carlota wollte ihren Sohn sofort sehen, sie war im Crystal Palace, Pedro sollte ihn dorthin bringen. Miguel war müde, dreckig, von Wüstenstaub bedeckt, er roch nach Kotze und hustete. Auf der Hafentoilette hielt Pedro ihm den Kopf unter den Wasserhahn. Er wusch ihm die Arme, Beine, säuberte ihm die Ohren und zog aus einem Automaten Kaugummi gegen den Geruch aus dem Mund.

»Kann ich endlich wieder vorne sitzen?«, fragte Miguel.

Pedro zögerte, schließlich hob er ihn vorne auf den Sitz, das Crystal Palace lag ja nur sieben Minuten vom Hafen entfernt. Die Helme befestigte Pedro an der Halterung für die Zustellbox. Dann setzte er sich hinter seinen Sohn und fuhr los.

Im Verkehrskreisel, 200 Meter vor dem Hotel, passierte es. Pedro bog zu schnell in die Kurve, er versuchte noch im Sturz, Miguel festzuhalten ... Auf den schlimmsten Schotterstraßen war nichts passiert und jetzt, direkt vor dem Hotel – dieser Gedanke schoss Pedro im Fallen durch den Kopf.

Sein Sohn lag bewusstlos auf dem Asphalt. Pedro hockte hilflos neben ihm. Der Verkehr staute sich an allen Zufahrten des Kreisels, einige Autofahrer, die nicht sehen konnten, was passiert war, hupten.

Miguel schlug die Augen auf. »Wo bin ich?«, fragte er.

*

»Wenn er Gehirnblutungen hat, bringe ich dich um«, sagte Carlota, als sie in ihrem Dienstwagen dem Krankenwagen folgten, der Miguel mit Blaulicht ins Krankenhaus nach Arrecife brachte.

»Nicht nötig«, sagte Pedro leise. »Dann bringe ich mich selber um.«

Einmal griff Carlota nach seiner Hand, dann zog sie sie schnell wieder weg. Den Rest der Fahrt schwiegen sie.

»So, Miguel, bitte steh einmal vorsichtig auf, wenn es geht«, sagte der Arzt, als er das Untersuchungszimmer betrat.

Carlota und Pedro sprangen auf, sie in ihrem blauen Rezeptionskostüm, er in seiner verstaubten Hose und dem durchgeschwitzten Hemd.

»Sie nicht, Sie können sitzen bleiben«, sagte der Arzt. »Was hast du denn heute schon gemacht?«, fragte er Miguel, während er ihm in die Augen leuchtete.

»Im Hafen auf einer Bank geschlafen. Fähre gefahren. Motorrad gefahren«, antwortete der Junge.

»Na, das kam ja wie aus der Pistole geschossen. Und gestern?« Der Arzt tastete seinen Kopf ab.

»Motorrad gefahren. Gekotzt. Und nach deutschen U-Booten und Hitler auf Fuerteventura geforscht.«

»Bis hierhin schon mal alles in Ordnung«, sagte der Arzt und nickte Pedro und Carlota aufmunternd zu, dann bat er Miguel, sich wieder hinzulegen.

»Hast du dir das eigentlich mal auf der Karte angeschaut?«, sagte Carlota. »Von einem Zipfel der Insel zum anderen Zipfel, das glaubt man ja nicht, Fuerteventura ist doppelt so groß wie Lanzarote.« Sie malte die Umrisse der Inseln in die Luft. »Und das Ganze mit Kind, auf deiner Scheiß-

Posthonda, auf diesem Schrottding, bei deinem Fahrstil! Kannst du dir nicht wenigstens ein Auto organisieren?«

»Wir sollten etwas leiser sprechen«, flüsterte Pedro. »Motorräder sind im Zustellungsdienst sehr zuverlässig und erprobt, seit 1969 werden vom Königreich Postmotorräder eingesetzt.« Er fühlte sich sofort angegriffen, wenn es um berufliche Fragen ging.

»Sie haben aber kein Dach und sind ungeeignet, um ans verdammte andere Ende von Fuerteventura zu fahren! Mein Gott, in eine Nazivilla! Ich denke, mein Sohn wäre in der Schule, aber nein, er muss nach deutschen U-Booten forschen!« Sie wurde immer wütender, während der Arzt Miguel die Schürfwunden verband. »Ich habe dreimal am Telefon nachgefragt, weil ich es nicht glauben konnte, und immer habe ich *Hitler* gehört!?«

»Das war Tenaros Idee, ich dachte, das wird eine kleine Rundfahrt, außerdem sollten sie in der Schule schon wieder Holzkreuze für die Jungfrau basteln, Miguel hatte keine Lust, das verstehe ich auch, ständig müssen sie Holzkreuze basteln, als ob sich hier die historischen Vulkanausbrüche wiederholen könnten.« Pedros Stimme war nun auch lauter geworden.

»Und wenn er 1000 Holzkreuze für die Jungfrau basteln muss! Immer noch besser, als am allerletzten Zipfel der Kanaren eine Nazivilla zu besuchen, eine Mörderstätte!«

»Bitte beruhige dich, du bist auf der Plaza General Franco in Teguise groß geworden, von deinem Fenster aus hat man genau auf das Straßenschild geschaut, der Platz heißt heute noch so ... Ich meine, das Schlimme ist gar nicht so weit weg«, hielt Pedro dagegen.

»Lenk bloß nicht vom Thema ab! Ich weiß nicht, was die

Plaza General Franco in Teguise hier zu suchen hat.« Carlota erhob sich von ihrem Stuhl. »Mein Sohn ist heute Morgen auf einer Hafenbank aufgewacht! Am Nationalfeiertag! Mit Calima! Er sieht aus, als wäre er durch die Sahara gelaufen!«

»Calima war gar nicht angesagt worden, die war plötzlich da, es tut mir ja leid«, sagte Pedro.

»Ein Kind braucht Kontinuität, keine Anarchie! Man kann es nicht einfach aus der Schule nehmen, auf Hafenbänken übernachten lassen und ohne Helm und Halteschlaufen auf ein Motorrad setzen!«

»Wir haben immer den Helm und die Halteschlaufen benutzt.« Pedro versuchte, Carlota auf den Stuhl zu ziehen. »Es war nur dieses winzige Stück zum Hotel ...«

»Such dir endlich einen vernünftigen Job! Ohne dein blödes Postmotorrad wären wir jetzt nicht hier!«, unterbrach ihn Carlota, es schien ihr egal zu sein, dass der behandelnde Arzt alles mithörte. »Wenn du etwas Anständiges zu tun hättest, dann würdest du nicht auf die Idee kommen, solche wahnsinnigen Ausflüge zu machen! Oder in Órzola herumzusitzen und Kaffee zu trinken! Bei irgendwelchen englischen Tanten Postbotenfilme zu gucken! Den ganzen Tag sinnlos durch die Gegend zu fahren, Café-con-leche-Route ... Und wenn dir das selbst zu doof wird, dann tankst du wie ein Irrer und bringst Benzin nach Hause, unser Garten und das komplette Haus stinken nach Benzin, alles nur wegen der Tankbelege! Wie bescheuert seid ihr eigentlich bei der Post?!«

Eindeutig Blocklava, vor der ihn sein Vater gewarnt hatte, dachte Pedro, er sah sich in einem scharfkantigen Blocklavafeld stehen, er wäre am liebsten unter die Behandlungsliege gekrochen.

»Heute mailt man! Man scannt, man hängt Dokumente an, @ und fertig, aber du kannst noch nicht mal ein Smartphone bedienen! Weißt du, was eine App ist? Meine Schwester hat ihren tollen Olivenbauern aus Alicante über eine App kennengelernt, die wollen jetzt heiraten, sogar Olivenbauern benutzen Apps! Wir im Crystal Palace haben an der Rezeption alles, aber keine Postkarten und Briefmarken!«

Pedro sah zu Miguel, der mit geschlossenen Augen dalag. »Du wiederholst dich, ich weiß, dass ihr keine Briefmarken habt!« Er spürte wieder die Wut, die in ihm aufgestiegen war, als Miguel die Hand wehgetan hatte und er die Sätze über die historischen Vulkanausbrüche in Carlotas Tablet hatte eintippen wollen. »Jetzt hörst du mir mal zu, Carlota …«, begann Pedro. »Irgendwann wirst du in deinem Scheiß-Crystal-Palace sitzen, das Papier aus den Druckern reißen und nach deinem Füllfederhalter suchen, so wie du nach deiner Minolta-Kamera gesucht hast! Tinte ist übrigens bei uns in der Wohnzimmerkommode, unterstes Fach links! Und dann wirst du wieder anfangen, Briefe zu schreiben, Briefe, mit der Hand! Du wirst natürlich zum Physiotherapeuten gehen müssen, aber irgendwann werden die Schmerzen nachlassen. Die Letten haben's schon begriffen, in Lettland blüht der Briefverkehr wieder!«

»Oh, Pedro …«, sagte Carlota, fast mitleidig und erschöpft.

»Miguel, lass bitte die Augen ruhig zu. Dreht es sich im Kopf etwas?«, fragte der Arzt.

»Ein bisschen.« Miguel öffnete kurz die Augen und sah seine Eltern vorwurfsvoll an.

»Und nun erzähle ich dir noch was zu deinem @!«, sagte Pedro, er war mittlerweile auch aufgestanden. »Weißt du überhaupt, woher das kommt, das @? Aus Spanien, das steht schon auf den uralten Schreibmaschinen drauf, @ war eine Arroba, eine Gewichtseinheit, sie wurde vor allem für Öl, Wein und Honig verwendet, mein Großvater hat auch noch in Arroba das Gewicht der Pakete angegeben! Die Schreibmaschinenhersteller haben es alle übernommen, aber irgendwann wusste kein Mensch mehr, was dieses @ auf der Tastatur sollte! Du benutzt tausendmal am Tag etwas, von dem du keine Ahnung hast! Und ich warne dich, ich entziehe dir die Erziehungsberechtigung, wenn du mit einem siebenjährigen Kind über Android oder Apple diskutierst und ihm iPads mit Internet zur Verfügung stellst!«

»Wenn ich dir ernsthaft die Erziehung überlassen würde, dann würde mein Sohn aus der Zeit fallen wie du!« Carlota setzte sich wieder hin.

»*Ernsthaft die Erziehung überlassen?*« Pedro musste schlucken. »Wer erzieht ihn denn wohl den ganzen lieben langen Tag? Nerv mich nie wieder mit deinen Smileys, deinem schlechten Gewissen aus Tut-mir-leid-, Herzwinkhüpf- und Vielarbeitschwitz-Männchen! Diese Smileys sind sowieso ab sofort in der Erziehung meines Kindes verboten! Kapiert? Brauchst du ein Aspirin?«

»Bist du fertig?«, fragte sie.

»Nein«, antwortete Pedro. »Wir haben ja nie Zeit zum Reden, das holen wir jetzt nach, wir kommen nun zur Briefkultur, zum Postwesen und zu unserem Königreich, in dem auch du lebst, liebe Carlota Medina Lopéz! ... Philipp der Schöne, Stammvater der spanischen Könige, und Johanna von Kastilien, ›die Wahnsinnige‹ genannt, die haben sich erst Briefe geschrieben und dann haben sie sechs Kinder gezeugt, das war zwar eine katastrophale Ehe, aber ohne ihre Kinder gäbe es überhaupt kein Königreich, sein Sohn Karl war nämlich der erste spanische König! Na, da erfährst du mal was am spanischen Nationalfeiertag! Und wie hat es begonnen? Mit Briefen! Vorher hat Philipp der Schöne noch die Post erfunden, in den Burgundischen Niederlanden, und dann hat sein Sohn die spanische Post gegründet, Hauptpostmeister Franz von Taxis ist der Urvater meiner gesamten Familie, den gibt's auch als Briefmarke!«

»Hast du irgendwas genommen?«, fragte Carlota, sie wendete sich dem Arzt zu. »Es ist mir so peinlich, Herr Doktor.«

»Danke, mir geht's gut«, antwortete Pedro, er stand mittlerweile wie ein Vortragsredner im Behandlungszimmer, und selbst Miguel sah ihn von seiner Liege aus verwundert an.

»Die Briefe, die Franz von Taxis eigenhändig ausgetragen hat, die gibt es immer noch! Und warum? Weil man sie aufbewahrt hat! Wer macht das schon mit einer E-Mail? Oder SMS? Ich will den sehen, der eine E-Mail so lange aufbewahrt, wie man die Briefe von Johanna der Wahnsinnigen aufgehoben hat! Kennen Sie Alfredo Kraus?«, fragte er den Arzt. »Das war einer der weltbesten Tenöre, er trat auch mit Maria Callas in Lissabon auf, der hat noch heute ein Postfach bei mir, Alfredo Kraus war übrigens einer der wenigen Tenöre, der das hohe D singen konnte.«

»Spannend ...«, sagte der Arzt, er räusperte sich und tastete Miguel den Kiefer ab.

»Sie werden es nicht glauben«, fügte Pedro hinzu, »er hat es sogar einmal bei uns in Yaiza in der Post ...«

»Du kotzt mich an! Meinst du, der interessiert sich für dein scheißhohes D?«, stoppte ihn Carlota. »Er behandelt gerade meinen Sohn! ... Wie du mir auf die Nerven gehst, dieses weltfremde Briefmarken-Gequatsche, diese Lebensunfähigkeit! Wenn man bei deiner Post wenigstens richtig verdienen würde, stattdessen dieses Minigehalt und dieses nervige Postmotorrad …«

»Also, der Junge ist so weit in Ordnung, nur eine leichte Gehirnerschütterung«, sagte der Arzt. »Er bräuchte die nächsten Tage etwas Ruhe, wenn's möglich ist.«

Carlotas Smartphone klingelte.

Pedro sah auf ihrem Display den Namen BRUNO aufleuchten, es klingelte anders als sonst, melodischer.

Sie drückte den Anruf weg, strich ihr Kostüm glatt und trat an die Liege heran. »Wo hast du gesessen, vorne oder hinten?«, fragte sie ihren Sohn sanft.

Miguel sah seine Mutter an, dann Pedro, der auf und ab gelaufen war und nun innehielt. »Hinten, Mama. Wie immer bei Papa.« Er wurde rot im Gesicht.

*

Eine Woche nach dem Unfall fuhr Pedro zur Schule, um Miguel abzuholen, wie jeden Tag. Unterwegs kaufte er Rosen für Carlota, er dachte, er müsse irgendetwas tun, um sich zu entschuldigen, er nahm einen ganzen Strauß. Dann wartete er vor dem großen Holztor. Die Kinder liefen an ihm vorbei, tobend, singend, nur Miguel erschien nicht. Als Pedro niemanden mehr kommen sah, rannte er über den Hof und in die Schule. Das Klassenzimmer war leer. Die Stühle waren schon auf die Tische gestellt, damit gewischt werden konnte. Nur Miguels Turnbeutel hing noch im Flur am Kleiderhaken.

Pedro rannte wieder nach draußen und rief Carlota an, aber ihr Handy war ausgeschaltet. Er fuhr nach Hause und lief ins Kinderzimmer, in die Küche und in das Wohnzimmer, er öffnete auch die Türen der Räume, in denen er seit Ewigkeiten nicht mehr gewesen war.

Vor den Fenstern seines Postamts kam Wind auf und trieb Sand und Staub über den Picón. Die Rosen, die er die ganze Zeit in der Hand gehalten hatte, legte er auf dem Sortiertisch ab.

Dort fand er schließlich die Karte, schnell dahingeschrieben.

Ich kann mit dir nicht mehr leben.
Carlota

ZWEITER TEIL

12

Liebesschmerzen unter dem Tisch – beim Pfarrer Curbelo

Pedro starrte auf seine Handschrift auf dem Umschlag:

> *An den kleinen Fußballspieler Miguel Medina Lopéz, c/o Boutique-Hotel Bruno, Carrer del Rec Comtal 16, 08003 Barcelona.*

Die Anschrift hatte Carlota einfach durchgestrichen und Pedros Adresse in Yaiza danebengeschrieben. Wie lieblos sie ihre alte Heimat auf das Kuvert gekritzelt hatte. Der Stift war an manchen Stellen durch das Papier gestochen, der letzte Buchstabe seines Vornamens war eher ein Loch als ein o, der Akzent bei *García* eher ein Riss, so als ob sie ihr gemeinsames Leben mit einem Dolch bekämpft hätte.

Er legte den Brief zu den anderen Briefen, die in den letzten Wochen zurückgekommen waren. Er öffnete das große Weihnachtspaket, das er Miguel schon am 1. Dezember geschickt hatte. Darin lag Miguels blauer Ball, den Carlota bei ihrem fluchtartigen Auszug vergessen hatte, sowie eine DVD, es war die Aufzeichnung eines berühmten Clásicos (FC Barcelona gegen Real Madrid, das Ergebnis: 3:3), der erste Clásico, den Miguel im Fernsehen hatte sehen dürfen, mit drei Messi-Toren. Die DVD und der Ball waren eingewickelt in sein geliebtes El-Barça-Spannbettlaken, das er sicherlich schon vermisste.

»Ich schicke es noch mal«, sagte sich Pedro. Er wollte ein Stück Papier über das wütende Schriftbild Carlotas auf dem

Weihnachtspaket kleben, aber dann schlug er mit der Faust auf den Sortiertisch und vergrub das Gesicht in den Händen. Immer und überall kam ihm der Junge in den Sinn, bei jeder Fahrt mit der Honda, bei jedem Fußballspiel von Barcelona im Fernsehen, bei jedem Blick auf die Kinderzimmertür. (Den Raum zu betreten war undenkbar!) An der Schule konnte er auch nicht mehr vorbeifahren, er nahm lange Umwege in Kauf, schon der Gedanke an den Turnbeutel, der dort immer noch hing, stach ihm ins Herz. Er vermied auch jeden Supermarkt, in dem er mit Miguel Besorgungen gemacht hatte, jede kleine Bar, in der er für ihn ein Eis gekauft hatte. Je länger er an den Jungen dachte, umso mehr schien er ihm eine Art Engel zu sein. Manchmal, wenn der Schmerz zu groß wurde, zwang sich Pedro, an Momente zu denken, in denen er ihn am liebsten an die Wand geklatscht hätte. Wie damals, als Miguel Tequila und Flüssigkeiten für Seifenblasen in den Tank der Honda gegossen hatte, weil er gedacht hatte, sie könnte dann fliegen. Oder er stellte sich diese Tics von Miguel vor, dieses plötzliche, überfallartige Grimassieren, das seltsame Blinzeln. Ein Engel grimassierte nicht, sagte sich Pedro, er zwinkerte auch nicht ständig!

Carlota sitze nicht mehr an der Rezeption, hatten sie im Crystal Palace gesagt, sie sei jetzt Hotelmanagerin in Barcelona, Managerin des Boutique-Hotels Bruno. Der Gedanke, dass sie mit diesem Bruno schlief, schnürte ihm den Hals zu. Und dass Miguel morgens mit diesem Mann frühstückte! Fußball spielte! Von ihm zur Schule gebracht wurde!

Pedro griff zu den Postwurfsendungen und begann, sie für den nächsten Tag zu sortieren, Heiligabend. Kurze Zeit später hörte er damit wieder auf, öffnete Carlotas Facebookseite und suchte sie nach neuen Hinweisen ab. Der letzte

Eintrag stammte aus der Zeit, als sie noch zusammen gewesen waren. Wenn er auf Carlotas Seite weiterscrollte, fand er noch das alte Leben: Carlota und Pedro, beide an der wilden Westküste in Tenesar (sie schwimmend, er am Strand, er war wasserscheu); Carlota und Pedro bei den Weinbauern und auf den Vulkanen; Carlota und Pedro in Alicante auf den Olivenfeldern. Miguel war immer dabei. Und Pedros vierzigster Geburtstag im letzten Sommer, die Feier in der Bar Stop mit Sangría und Apfelsaft, er trug das schöne sandfarbene Sakko, das Carlota ihm geschenkt hatte.

Er dachte an das gerahmte Foto, das immer noch in Miguels Zimmer auf dem kleinen Maltisch stand: Pedro und Miguel mit blauem Ball vor der Kirche in Yaiza. Miguel im neuen Messi-Trikot, es war noch zu groß und reichte bis zum Boden. Pedro stand in der Kirchentür, die Kirchentür war das Tor von Real Madrid und er der Torwart. Der Ball war links durch die Tür geflogen und bis zum Altar gerollt, Pedro und Miguel waren hinterhergelaufen. »Ich habe es genau gesehen«, hatte Carlota gerufen, die in der Kirche gesessen hatte. »Ich habe sogar Beweisfotos gemacht. Schwört bei Gott, dass ihr nie wieder so tolle Tore in das Gotteshaus schießt.«

Pedro wusste nicht, wo sie jetzt wohnten. Er hatte seine zärtlichen Postsendungen einfach an das Hotel geschickt, die Adresse hatte er aus dem Internet. Ein paar Briefe hatte er auch an Miguels neue Schule adressiert, die John-Talabot-School in der *Carrer de les Escoles Pies*, das hatte er bei der Direktorin der alten Schule erfragt. »Ohne Sorgerecht kann ich die eigentlich nicht rausgeben«, hatte sie gesagt, aber Pedro hatte ihr erklärt, er wolle seinem Sohn doch nur etwas zu Weihnachten schicken, mehr nicht, aber auch aus der John-

Talabot-School waren die Briefe mit dem Vermerk »Empfänger unbekannt« zurückgekommen.

Manchmal wählte er Carlotas Handynummer, aber es klingelte ins Leere. Manchmal rief er in dem Boutique-Hotel Bruno an, aber er landete immer in der Warteschleife, es nahm nie jemand ab. Manchmal traute er sich auf die Facebookseite von Bruno. Am 20. November hatte er ein Foto von der Eröffnung des Boutique-Hotels gepostet: Carlota stand im Minirock und High Heels neben ihm auf einem roten Teppich und lächelte, er legte ihr dabei den Arm um die Taille. Pedro hatte sich das Foto noch dreimal angesehen, dann hatte er es gelassen.

Morgen war Weihnachten, und er war allein, umgeben von zurückgekommenen Briefen und Paketen.

Erst war es ein Weinen, das er noch kontrollieren konnte, so als würde ihm die Selbstrührung über den Schmerz hinweghelfen, dann aber brach es aus Pedro heraus, die Tränen flossen auf die Postwurfsendungen, die er zu zerreißen begann und mit einer wütenden Bewegung vom Tisch fegte. Als ihm in den Kopf schoss, dass er diese verfluchten Wurfsendungen brauchte, um über die Runden zu kommen, kniete er sich auf den Boden, kroch unter den Tisch, sammelte die Fetzen auf und setzte sie Stück für Stück wieder zusammen. Danach legte er sich flach auf den Rücken. Plötzlich dachte er an Johanna. Wie gern hätte *er* diesmal vor ihr geweint. Und sie hätte ihn auf ihre warme, etwas verrückte Art in den Arm genommen.

Er lag lange so da. Irgendwann fiel sein Blick auf ein Messingschild unter der Tischplatte:

Deutsche Eiche für Johannes Bernhardt in der
Fremde. Viva la Unternehmen Feuerzauber! Heil Hitler!
Mit deutschem Gruß, Hermann Göring.

Er starrte auf das Schild. Was in Gottes Namen war das? Heil Hitler? Unternehmen Feuerzauber, deutsche Eiche? Was hatte so ein Schild an dem Sultantisch zu suchen? Er kroch unter der Tischplatte hervor, rannte aus dem Haus und auf die Straße. Er lief an den Häusern des Dorfes vorbei und grüßte niemanden. Nachdem er eine Weile ziellos umhergewandert war, hielt er vor der Kirche an.

Der Ur-Ur-Ur-Urenkel von Don Andrés Lorenzo Curbelo war der Letzte der Curbelos. Er stand vor dem Altar und legte Stroh in die große Weihnachtskrippe. Danach wischte er mit einem Tuch über die Figuren.

Pedro räusperte sich.

»Lieber Pedro, guten Morgen, du siehst ja entsetzlich aus«, sagte er. »Und in die Kirche gehst du auch nie, wenn du nicht gerade mit deinem Sohn einen Ball hineingeschossen hast.«

»Jetzt bin ich ja da«, antwortete Pedro.

»Was gibt es? Macht dir, wie so vielen, die Weltfinanzkrise zu schaffen?«, fragte der Pfarrer und bat ihn, auf der Bank Platz zu nehmen.

»Nein, die Liebe!«

Als er sich gesetzt hatte, erzählte er alles: Von Carlota, von seiner Eifersucht, von der Sehnsucht nach Miguel und dass alles mit dem Wintereinbruch in Deutschland begonnen habe. Dass Carlota plötzlich nicht mehr aus dem Crystal Palace nach Hause gekommen war, angeblich wegen der

Stornierungswellen, aber dass der wahre Grund ihr Chef Bruno gewesen sei. Und dass er Bruno in Barcelona umbringen oder das Hotel von Brunos Vater in Playa Blanca in Brand setzen wolle.

»Um Gottes willen«, sagte der Pfarrer. Er nahm eine der Bienenwachskerzen, entzündete sie und übergab sie Pedro. »Damit du auf andere Gedanken kommst.«

»Aber auf welche?«, rief Pedro und hielt die Kerze in die Höhe.

»Gesegnet sind die, die in die Tiefen der Demut hinabsteigen«, antwortete der Pfarrer Curbelo seelenruhig, verteilte weitere Kerzen in der Krippe und entzündete jene, die nah beim Jesuskind und bei Maria standen.

Pedro überlegte kurz, die Kerze nach dem Pfarrer zu werfen, dann schloss er die Augen und atmete tief ein. Das heiße Wachs tropfte ihm auf die Haut, aber vielleicht half der brennende Schmerz mehr als die Demut, dachte er.

»Die Liebe ist langmütig, die Liebe ist gütig. Sie ereifert sich nicht, sie prahlt nicht, sie bläht sich nicht auf. Sie handelt nicht ungehörig, sucht nicht ihren Vorteil, lässt sich nicht zum Zorn reizen, trägt das Böse nicht nach.« Pfarrer Curbelo stand inzwischen vor den drei Weisen aus dem Morgenland und entzündete drei Kerzen neben Caspar, Melchior und Balthasar. »Gesegnet ist der Mann, der sich auf den HERRN verlässt und dessen Zuversicht der HERR ist. Der ist wie ein Baum, am Wasser gepflanzt, der seine Wurzeln zum Bach hinstreckt. Denn obgleich die Hitze kommt, fürchtet er sich doch nicht, sondern seine Blätter bleiben grün; und er sorgt sich nicht, wenn ein dürres Jahr kommt, sondern bringt ohne Aufhören Früchte.«

Pedro starrte ihn an, nickte und stand auf. »Danke«, sagte er. »Hier gibt es keinen Bach, zu dem man sich hinstrecken könnte. Jahrelang habe ich mich um den Jungen gekümmert und plötzlich ist das Kinderzimmer leer!«

»Hilf mir mit den Kerzen, Pedro, hilf einem alten Pfarrer bei seiner Arbeit ... Diesmal soll die Krippe leuchten! Gott allein weiß, wie viele Messen ich noch halte.«

Pedro stand einen Moment unschlüssig herum, dann griff er sich ein paar Kerzen und verteilte sie in der Krippe.

»So wie 1730 bei den historischen Vulkanausbrüchen die Lava wie durch ein Wunder um das Haus der heutigen Post von Yaiza herumgeflossen ist«, setzte Pfarrer Curbelo erneut an, »so wird auch eure Liebe vor dem Schlimmsten bewahrt bleiben.«

Pedro erinnerte sich, dass auch sein Vater die Liebe ständig mit Lava in Verbindung gebracht hatte, das war auf jeden Fall besser als dieses Gleichnis von dem Baum in der Dürre, der seine Wurzeln zum Bach hinstreckte ... Wenn Carlota und Miguel der Bach waren, dann gab es keinen Bach, dann war der Bach in Barcelona, außerdem war ein Gleichnis mit Bächen auf dieser Insel sowieso seltsam.

Der Pfarrer entzündete eine Kerze vor Josef, dem Vater Jesu. »Dies soll nun auch ein Licht für Carlota und Pedro sein«, sagte er.

Pedro starrte auf die Figur, die am Rand der Krippe stand.

»Miguel, dein Sohn, hat mich vor ein paar Monaten nach dem Menschenkind gefragt, das bei den Vulkanausbrüchen ums Leben gekommen ist. Er sprach von einem Hirtenmädchen. Hast du ihm gesagt, dass das tote Kind in Santa Catalina ein Hirtenmädchen gewesen ist?«

»Nein«, antwortete Pedro. »Ich danke Ihnen sehr für den

Beistand, Herr Pfarrer, das wird eine schöne Krippe. Frohe Weihnachten.«

»Ich habe Nachforschungen angestellt«, sprach der alte Mann weiter, er sah ihn nachdenklich an. »Im Archiv der Kathedrale Santa Ana von Las Palmas de Gran Canaria steht, dass es ein Hirtenmädchen war. Woher wusste dein Sohn das? Es war das Kind von Ziegenbauern. Am 7. September 1730 ist ein Vulkan ausgebrochen und die Lava ist nach Süden durch Santa Catalina geflossen. Fliehende sahen oberhalb des Dorfes ein Kind. Die Lava hatte den Kopf umschlossen, nur die Füße schauten noch heraus. Das Dorf gibt es seitdem nicht mehr, die Lava hat es verschluckt, nur der Vulkan Caldera Santa Catalina ist noch da.«

»Aber Sie haben Miguel doch nicht etwa diese schreckliche Geschichte erzählt?«, fragte Pedro.

»Nein, nein, ich habe die Kopie des Kapitels aus dem Archiv doch erst vor ein paar Tagen mit der Post bekommen.«

»Mit der Post?« Pedro konnte sich gar nicht erinnern, dem Pfarrer in Yaiza etwas zugestellt zu haben.

»Francisco, der Kollege aus Tías, brachte es. Es kam versehentlich in seiner Gemeinde an«, antwortete der Pfarrer.

»Aha«, sagte Pedro. »Steht in diesem Kapitel zufällig auch, was mein Großvater in Spanisch-Marokko gemacht hat?«

Der Pfarrer lachte kurz auf. »Nein, natürlich nicht ... Aber als dein Großvater wiederkam, da kaufte er das größte Haus, das es in Yaiza gab. Soweit ich weiß, hat er doch Eisen, Kupfer und Nickel verkauft, als Prokurist bei einem Deutschen, er trug später sogar dessen Anzüge, so einen Stoff konnte man hier gar nicht bekommen. Und Glühbirnen, wir hatten Öllampen, aber er kam mit Glühbirnen ...«

»Prokurist bei einem Bernhardt? Bei einem Hermann Göring?«, unterbrach ihn Pedro.

Plötzlich brannte die Krippe. Die Kerze für ihn und Carlota hatte das Stroh entzündet, das nun hell aufloderte.

Der Pfarrer sprang hinter den Altar, kippte das Weihwasser in die Krippe, während der Feueralarm aufheulte und Ernesto und die anderen Kellner aus der Bar Stop angelaufen kamen und mit ihren Küchenhandtüchern auf die Krippe schlugen.

Pedro sah, dass auch Josef in Flammen stand.

Sein Telefon klingelte. Miguel, dachte Pedro und stürzte aus der Kirche. Er riss das Telefon aus seiner Jackentasche und sah auf das Display: TENARO CABALLERO FUENTES. Pedro überlegte, nicht abzunehmen, dann wischte er die weiße Sprechblase nach oben.

»Kommst du Heiligabend zu mir?«, fragte Tenaro. »Ich koche für uns. Es ist das erste Weihnachten ohne Miguel und Carlota, denk daran.«

»Ich denke die ganze Zeit daran, danke für die Einladung, du Trampel!«, antwortete Pedro.

»Bist du okay?«, fragte Tenaro.

»Ich gehe gerade ins Büro zum Arbeiten.«

»Du kommst morgen, ja? Versprochen? Um sieben! Zum besten Fisch, den du je gegessen hast!«

»Ja, ja«, antwortete Pedro erschöpft. »Ich muss Schluss machen.«

Er lief an der Bar Stop vorbei. Ein Bild aus seinen Träumen der letzten Nacht war wieder da: Er sitzt an einem der Bartische, ihm gegenüber nicht Miguel, nicht Carlota, sondern die Säule aus dem Trümmerfeld des World Trade Center, die eigentlich in der Gedenkstätte in New York stehen sollte. Das Dach ist aufgebrochen, der Stahlträger schaut oben heraus, als wäre er ein Denkmal jenes Tages, als ihm Carlota mit dem Paket in die Arme lief.

13

Viva la Unternehmen Feuerzauber (die Verwandlung des Tischs)

Als Pedro nach Hause kam, ging er sofort in das alte Zimmer seiner Mutter, in dem sie meist allein geschlafen hatte, weil sein Vater kurz nach der Hochzeit in eines der anderen Zimmer gezogen war. Der ganze Raum war vollgestellt mit Sachen, die Pedro und Carlota im Laufe der Zeit ausrangiert hatten: Kommoden, Truhen, Schränkchen, Bänke, Tische, Tonkrüge, Teppiche, Decken, alte Lampen, Schirme, Geschirr, Waschbecken, Schüsseln. Pedro fand auch den Karton mit den alten Anzügen des Großvaters, Miguels erstes Kinderbettchen und die alte Liebesmatratze, auf der Pedro und Carlota das erste Mal miteinander geschlafen hatten.

Pedro zog die Matratze aus dem Zimmer in den Garten, er wollte sie auf der Stelle zerstören, vernichten, das ganze Benzin aus dem Gartenhaus darübergießen und sie abfackeln! Dann überlegte er, das Boxspringbett zu vernichten, aber wie sollte er es aus dem Haus schaffen, dieses Monument, dieses Mahnmal seiner alten Liebe, da bräuchte man mehrere Möbelpacker. Oder man müsste das ganze Schlafzimmer anstecken und ausräuchern!

Am Ende schob er die Matratze ins Gartenhaus, knallte die Tür zu und lief zurück ins Postamt. Er kroch wieder unter den Tisch und las erneut die Schrift auf dem Messingschild:

Deutsche Eiche für Johannes Bernhardt in der
Fremde. Viva la Unternehmen Feuerzauber! Heil Hitler!
Mit deutschem Gruß, Hermann Göring.

Er zog sein Smartphone hervor und googelte: »Hermann Göring«, immer noch unter der Tischplatte liegend.

> Hermann Wilhelm Göring: Oberbefehlshaber der deutschen Luftwaffe . (Wehrmacht) und Leiter des Reichswirtschaftsministeriums zur Rohstoffversorgung …

Pedro schaute wieder auf das Messingschild, da stand tatsächlich: »Hermann Göring«. Dann googelte er weiter:

> Johannes Bernhardt: Vertreter für deutsche Garnisonsküchen in Spanisch-Marokko. 1930 Aufstieg zum Generalvertreter von Mannesmann und Rheinmetall-Borsig / Staatsunternehmen Reichswerke Hermann Göring sowie Generaldirektor der Spanisch-Marokkanischen Transportgesellschaft (HISMA).

Weiterführender Link zu: »Unternehmen Feuerzauber«.

> Unternehmen Feuerzauber: Einsatz der deutschen Luftwaffe zur Unterstützung des Putschisten General Franco 1936 im Spanischen Bürgerkrieg. Siehe Spanischer Bürgerkrieg #Legion Condor.

Pedro tippte auf »Legion Condor« und las schon wieder den Namen Hermann Göring. Hermann Göring habe in seinem ostpreußischen Jagdhaus gesessen und da war ihm der Gedanke gekommen, ein deutsches Luftwaffengeschwader nach Spanien zu schicken, das dort die Munition testen sollte. Pedro las es noch einmal, da stand tatsächlich: »testen«. Unter strengster Geheimhaltung aufgebaut, flog die Legion Condor für General Franco die ersten Luftangriffe gegen die Zivilbevölkerung eines europäischen Landes, um die Bombenwirkung zu ermitteln. Spreng-, Splitter- und Brandbomben. Es gab noch zwei Links:

»Luftangriff auf Guernica (26. April 1937)« und »Guernica (Bild, Picasso)«.

Pedro schwirrte der Kopf. Wie kam sein Großvater zu einem Tisch mit so einem Messingschild? Und wieso war der Sultantisch nicht mehr aus marokkanischem Thujaholz – wie es seit seiner Kindheit immer geheißen hatte –, sondern plötzlich aus deutscher Eiche?

Ständig hatten der Vater und der Großvater gestritten. Mit lauten Stimmen und Fluchen, es war dabei oft um Spanisch-Marokko gegangen. In all den Jahren, in denen sein Großvater dort gewesen war, hatte er seine Heimat nur ein einziges Mal besucht. Er schwängerte seine Frau, verschwand und kam erst sechs Jahre später, im Frühjahr 1945, auf die Insel zurück. Mit viel Geld, einem neuartigen Jagdgewehr, das gar nicht aussah wie eine gewöhnliche Flinte, einer blauen Fès-Keramik vom Sultan und natürlich mit dem Tisch aus Thujaholz. Bis zu seinem Tod schenkte er diesem Tisch mehr Beachtung als seinem Sohn. Ständig polierte er an ihm herum und gab damit an, wenn Leute ins Postamt kamen.

»Das ist ein Ausbeutertisch, ein Imperatorentisch!«, brüllte Pedros Vater einmal während eines Streits im Garten. »Und was ist das für ein Gewehr, woher hast du es?«

»Damit schütze ich uns! Damit habe ich in Afrika Krokodile gejagt!«, entgegnete der Großvater.

»Du warst in Spanisch-Marokko, da gibt es keine Krokodile! Ich habe mich erkundigt, das ist eine deutsche MG 34, Rückstoßlader für Dauerfeuer und Einzelschüsse! Was hast du dort noch gemacht? Ganz bestimmt nicht harmlose Glühbirnen beim Sultan eingeschraubt!«

»Doch, doch! ... Bis 1945 gab es noch Krokodile!«

»Du lügst!«

»Dann verreck doch und dein Bastard gleich mit.«

Pedro reichte es. Es tat ihm offensichtlich nicht gut, unter diesem Tisch zu liegen. Er stand auf und stieß sich den Kopf an der Unterkante der Platte. Er setzte sich auf seinen Bürostuhl und sah eine Weile auf das Bild von diesem kleinen Holzhaus, das Abraham Lincolns Post-Office gewesen war. Er stellte sich vor, wie es irgendwo in Pike County, Illinois, an der Tür klopfte, und dann stand da Abraham Lincoln, der später die Sklaverei abschaffen sollte, und stellte die Post zu – das war ein schöner Gedanke. Und das kleine Post-Office von Lincoln hatte wirklich etwas Würdevolles, Hoffnungsvolles.

14

Nudistenroute gegen Nobelpreisroute (der Saramago-Plan)

Am Nachmittag saß Pedro immer noch in seinem Post-Office und arbeitete an seiner Liste mit den berühmten Postboten weiter. Man ahnte ja gar nicht, wer alles Postbote gewesen war, das war wirklich erstaunlich. Seine Nummer eins war natürlich:

> 1. Abraham Lincoln. Postmeister von 1833 bis 1836 in Pike County, Illinois, New Salem. Verwendete im Post-Office viel Zeit auf das Lesen der Dramen von William Shakespeare. Seine Belesenheit und Gewandtheit im Ausdruck wurden bald im näheren Umkreis bekannt, sodass Postkunden ihn baten, Briefe für sie aufzusetzen.

Wie sein Großvater, sagte sich Pedro, mal was Positives. Auch sein Großvater hatte für die Postkunden Briefe aufgesetzt, vor allem wohl für Señora Negra. Und immerhin war es schöner, von einer Verbindung seines Großvaters zu Abraham Lincoln zu lesen als von seiner Verbindung zum Unternehmen Feuerzauber und zu diesem Hermann Göring.

> 2. Walt Disney. Postbote in Chicago und in Kansas City. Erfinder von Micky Mouse!
> 3. Conrad Hilton. Postmeister im winzigen Postamt von San Antonio. Das Büro gehörte seinem Vater, der vier Dollar Miete im Monat vom eigenen Sohn kassierte.

4. Rock Hudson. Arbeitete als Briefträger, danach als Schauspieler mit Doris Day in »Bettgeflüster« oder James Dean und Elisabeth Taylor in »Giganten«.
5. Bing Crosby. Postbote in Spokane, Washington …

Pedro googelte und googelte und reihte Namen an Namen, die Liste machte ihm richtig Spaß. Prinzipiell hasste er zwar die Digitalisierung, aber er war inzwischen erstaunlich gut im Googeln, daran konnte doch Carlota sehen, dass er nicht »weltfremd« und »lebensunfähig« war. Er fand sogar noch:

6. Charles Lindbergh. Postflieger der Strecke St. Louis – Chicago. Alleinüberquerung des Atlantiks ohne Zwischenlandung.
7. William Faulkner …

Als sich Pedro gerade in das Leben des Postmeisters William Faulkner in Mississippi einzulesen begann, der später Schriftsteller geworden war und den Literaturnobelpreis erhalten hatte, schossen ihm Carlota und Bruno mit ihrer Nobelpreisträgerbüste aus Marmor durch den Kopf.

Postabschnitt Tías, ausgerechnet Francisco war für Tías zuständig, ausgerechnet Francisco stellte dem Nobelpreisträger die Post zu, der Dümmste von allen Kollegen! Er machte nun auf Anlageberatung und postete ständig bei Facebook Rechenbeispiele mit Bausparverträgen, vermischt mit Postings von seinem hässlichen Hund. Diesen Francisco konnte man unmöglich zu einem Nobelpreisträger schicken!

Ja, es stand auch im Onlineportal der Gastzentrale für die Routenbelegung: »José Saramago, *Calle los Topes* 1 = Francisco«. Die Route wurde sogar offiziell »Nobelpreisroute« genannt!

Pedro lief ins Schlafzimmer und nahm das Buch vom Nachttisch, *Die Reise des Elefanten*, Carlota hatte es nicht mitgenommen, *Die Stadt der Blinden* hatte sie auch vergessen. Er schlug das Buch mit dem Elefanten auf und las, dass es um einen Elefanten ging, der vom Hof des portugiesischen Königs weggeschickt wurde und die Ostalpen überqueren musste, inspiriert von historischen Quellen und der wahren Geschichte eines indischen Elefanten, den man im 16. Jahrhundert auf spektakuläre Weise nach Wien überführt hatte, wohin noch nie ein Elefant gebracht worden war. Das wäre doch wirklich etwas für Miguel, dachte Pedro, er war plötzlich aufgeregt, er hatte eine Idee (vielleicht sogar eine fantastische Idee!) und überlegte, was nun zu tun sei.

Erstens: Francisco anrufen und ihm die Nudistenroute anbieten! Die Nobelpreisroute gegen die Nudistenroute! Zweitens: Saramago das Buch geben und um eine persönliche Widmung bitten:

FÜR MIGUEL VON PEDRO, DEINEM VATER, UND
JOSÉ SARAMAGO, DEM NOBELPREISTRÄGER

Aber Carlota würde das Paket ja gar nicht aufmachen, sondern gleich zurückschicken, es sei denn ... Er lief schon zurück ins Büro, er hatte einen weiteren Geistesblitz: Saramago musste das Buch SELBST an Miguel schicken! Zusammen mit dem Clásico, eingewickelt in das el-Barça-Bettlaken! Gegen so ein persönliches Paket von Saramago war die blöde Marmorbüste auf der Crystal-Palace-Terrasse doch ein Witz! Ein Paket mit dem Absender José Saramago, *Calle los Topes* 1,

35572 *Tías*, mit Saramagos Handschrift, nobler ging's nicht, Carlota würde vom Stuhl fallen! Post vom Nobelpreisträger, Post vom Autor von *Die Stadt der Blinden!* Und ein Poet, der hier auf Lanzarote unter all den einfachen Menschen lebte, der würde so etwas bestimmt tun, sagte sich Pedro. Er würde Saramago natürlich auch die tragischen Umstände erklären, in Anlehnung an die berühmten Szenen aus dem Film *The Postman*. Pedro würde ihm auch kurz von Pablo Neruda erzählen, der mit dem Postboten zu der schönen, aber total kratzbürstigen Kellnerin ins Dorflokal gegangen war und einfach mal zwei Gläser Rotwein bestellt hatte ... Für die Geschichte eines Vaters, dessen sehnsüchtige Briefe und Pakete an seinen Sohn immer wieder zurückkamen, dessen Sohn sogar gewissermaßen von einer geradezu verbrecherischen Mutter entführt worden war, für so eine Geschichte interessierte sich ein Poet doch bestimmt. Das Porto würde Pedro übernehmen, die große Paketbox, ausreichend frankiert, schon mitbringen. Wenn Saramago das Paket gleich abschickte, dann wäre es spätestens in drei Tagen bei Miguel, pünktlich zur Bescherung am Dreikönigstag!

Pedro saß an seinem Sortiertisch und konnte sogar lächeln bei der Vorstellung: wie Carlota das Paket mit dem Absender JOSÉ SARAMAGO sofort aufreißt und reinguckt, um dann festzustellen, dass ihr verlassener Mann nun mit dem Nobelpreisträger verkehrte!

FÜR MIGUEL VON PEDRO, DEINEM VATER,
UND JOSÉ SARAMAGO, DEM MESSI DER BÜCHER!

Er hatte sich mittlerweile für diesen Wortlaut der Widmung entschieden, das klang für Miguel bestimmt viel besser als

»Nobelpreisträger«, und »Messi der Bücher« würde Saramago bestimmt für einen kleinen Jungen schreiben.

Am Morgen war Pedro noch verstört durch den Ort gelaufen, hatte Zuflucht in der Kirche gesucht, aber jetzt war er heiter, er spürte, wie Hoffnung in ihm aufkeimte.

Vor einigen Stunden hatte er noch überlegt, während er auf der Kirchenbank gesessen und die Kerze gehalten hatte, sich sofort nach der Kirche zu betrinken, viel Schlafmittel zu nehmen, vielleicht Penélope anzurufen, obwohl sie ihn gebeten hatte, sich nicht zu melden. Er hatte sogar daran gedacht, sich vom Famara-Kliff zu stürzen, von der Abbruchkante gleich hinter der Kapelle der Schneejungfrau, oder in El Golfo in die Brandung zu springen und es nicht dem Pfarrer, sondern der teuflischen Strömung zu überlassen, wie es mit ihm weitergehen sollte. Auf jeden Fall hatte er sich vorgenommen, so viel zu trinken, dass er vor dem Facebook-Foto von Carlota und Bruno onanieren konnte. (Ihm war schon in der Kirche eines seiner Traumbilder wieder eingefallen: Er läuft am Strand der Nudisten Carlota hinterher, sein Schwanz ist césargrün, ihre Brüste sind césarküstenblau, Pedro wusste nicht, wie er so einen Traum deuten sollte.) Aber jetzt? Nichts mehr von Selbstdemütigung vor dem Carlota-Bruno-Foto, keine Famara-Abbruchkante oder El-Golfo-Brandung – er lächelte immer noch.

Pedro öffnete eine Flasche Whiskey, die seit Ewigkeiten im Büro stand, und schenkte sich ein, viel zu viel, wie er bemerkte. Er versuchte, den Whiskey aus dem Glas in die Flasche zurückzuschütten, dachte dann aber, dass es kleinlich sei, eben noch darüber nachgedacht zu haben, in die Fluten zu steigen, und nun den Whiskey durch die kleine Öffnung in die Flasche zurückzugießen. Er trank aus dem vollen Glas.

Pedro stand auf und wählte die Nummer des Postamts in Tías.

»Hallo, Francisco, hier ist der Kollege Pedro aus Yaiza. Wie geht's?«

»Gut. Und selbst? Hattest du nicht einen Unfall?«, fragte Francisco gleich zur Begrüßung.

»Wer erzählt denn das? Ist schon länger her«, erwiderte Pedro.

»Du bist doch der, der immer über die durchgezogenen Linien fährt«, bemerkte Francisco. »Jetzt fällt's mir wieder ein. Ramón, mein Freund von der Guardia Civil, nannte dich den ›verbotenen Boten‹. Kannst du dir ja von Guardia Civil patentieren lassen: ›Der verbotene Bote‹, wie das klingt!«

Pedro hörte das Lachen aus seinem Telefon dröhnen und hielt den Hörer vom Ohr weg. Wieso wusste dieser Francisco davon? Diese verdammt kleine Insel, dachte Pedro, und was fiel diesem Ramón von der Guardia Civil überhaupt ein, sich mit anderen über seine Verkehrsdelikte zu unterhalten? Dieser Ramón sollte lieber selbst aufpassen, das letzte Mal hatte er ihn mit dem Polizeimotorrad verfolgt, ausgebremst und wie einen Schwerverbrecher fast von der Honda gerissen, weil er über eine durchgezogene Linie gefahren war. Dieser Verkehrsgeneral, dieser Möchtegern-Franco, so funktionierte das jetzt in Spanien nicht mehr, das nächste Mal würde Pedro Anzeige erstatten.

»Bist du fertig mit Lachen?«, fragte Pedro, er schenkte sich mit der anderen Hand noch einen Whiskey ein, wieder zu viel.

»Um was geht's?«, fragte Francisco.

»Können wir mal die Routen tauschen? Du fährst zu den Nudisten und ich zu Saramago?«

»Zu den Nudisten? Alle Kollegen, die bisher bei den Nudisten waren, wollten da nie wieder hin! Warum soll ich da also hin?«

»Weil morgen die Töchter der Nudisten aus aller Welt zum großen traditionellen Badetag kommen, das ist sogar von der EU bezuschusst, Spanner sind da nicht erlaubt, nur Postboten.« Pedro musste fast darüber lachen, was er sich soeben ausgedacht hatte. »Unsere Kollegen bitten mich jedes Mal am traditionellen Badetag, die Routen zu tauschen, was ich sehr ungern mache, aber ich habe das schließlich schon oft erleben dürfen, und nun will ich mir auch mal zu Weihnachten ein Buch signieren lassen, das ist zwar viel langweiliger, aber nun ja. Verstehst du?« Ihm war Francisco schon immer unsympathisch gewesen und für die Sache mit dem »verbotenen Boten« wollte er ihn nach Strich und Faden verarschen.

»Die baden dann alle nackt, ja?«, fragte Francisco.

»Ja, nackter geht's nicht, und wie der Name schon sagt, das sind Nudisten, mit einem nudistischen Familiengeist«, antwortete Pedro.

»Einmal ist okay«, sagte Francisco, »aber im Endeffekt gebe ich die Route nicht ab, das können wir auch nur so unter der Hand machen, offiziell ist das gar nicht erlaubt.«

Pedro spürte mit einem Mal so etwas wie Eifersucht und Neid auf den Kollegen.

»Was heißt hier: *Offiziell ist das nicht erlaubt?* Wenn man übrigens versehentlich Post für den Pfarrer in Yaiza bekommt, dann leitet man die offiziell an das zuständige Postamt weiter und trägt sie nicht einfach selbst aus. Das mal nur so nebenbei«, sagte er. »Kennst du den Film *The Postman?*«

»Noch nicht«, antwortete Francisco.

»Dacht ich's mir doch ... Der ist weltberühmt. Spielt auch auf einer Vulkaninsel.«

»Aha«, sagte Francisco.

»Der Postbote Mario Ruoppolo ist der Sohn eines Fischers, hat aber Angst vor dem Meer, deshalb ist er Postbote geworden. Schön, oder?«

»Hm«, sagte Francisco.

Pedro nahm das Whiskeyglas, trank einen kräftigen Schluck und stellte es mit einem Knall auf den Sortiertisch. »Der chilenische Dichter Pablo Neruda kämpfte in Spanien gegen General Franco! Aber ich glaube, davon verstehst du nichts, das hätte ich gar nicht erzählen sollen, ich ahne ja, dass du General Franco immer noch verehrst, wie alle hier ... Weißt du was, Francisco? Manchmal habe ich das Gefühl, dass mein Vater der Einzige war, der Franco gehasst hat. Und weißt du, warum? Weil er die Leichen gesehen hat, die hier angespült worden sind, von den Bajonetten der Gewehre verstümmelt. Weil er die Schuhe gesehen hat, die hier plötzlich an den Stränden gelegen haben, die Schuhe derer, die von den Klippen gestoßen worden sind, von den Schlächtern der Guardia Civil, die heute noch immer über die Insel patrouillieren und mich am liebsten erschießen würden, wenn ich über eine durchgezogene Linie fahre!«

»Soso. Kommt das auch in dem Film vor?«, fragte Francisco.

»Natürlich nicht!«, antwortete Pedro. »Der Postbote verliebt sich in eine schöne, aber spröde Kellnerin, das ist die Haupthandlung. Meine absolute Lieblingsszene ist, wie der Nobelpreisträger mit ihm ins Dorflokal geht und bei der Kellnerin zwei Gläser Rotwein bestellt, für ihn und für den Postboten. Schön, oder? Meinst du, Saramago würde so etwas auch machen? Du verehrst doch Saramago, oder?«

»Ich weiß nur, dass Saramago im Endeffekt Kommunist ist, der bestellt auch nix bei Amazon. Und er ist Portugiese! Schlimmer geht's nicht!«, erklärte Francisco.

»Pablo Neruda war auch ein Kommunist«, murmelte Pedro. Einen Postboten, der Anlageberatung machte, seinen hässlichen Hund bei Facebook postete und ständig »im Endeffekt« sagte, den konnte man unmöglich zu einem Nobelpreisträger schicken, worüber sollten sie denn bitte reden? Etwa über den Kommunismus, Franco und Amazon?

Pedro sah vor seinem inneren Auge schon den neuen Routenplan neben den alten Postfächern hängen, das klang wirklich gut: Europaroute, Café-con-leche-Route, Small-Talk-Route, Nudistenroute und nun auch noch die Nobelpreisroute!

»Ich mache dir jetzt mal einen netten Vorschlag«, sagte Pedro. »Leg dich im schönen Charco del Palo in den Sand zwischen die Felsen und schau dich ein bisschen unter den nackten Töchtern um, ich mache in der Zwischenzeit deine Arbeit in Tías. Wir treffen uns morgen um 9 Uhr 30 vor dem Kreisel und tauschen die Post, ist das okay?«, fragte Pedro.

»Morgen schon?«

»Ja, morgen ist doch der große Nacktbadetag!«

»Okay, ausnahmsweise«, antwortete Francisco.

Pedro drückte auf den roten Hörer. Dieser Volltrottel, dachte er. Er nahm sofort *Die Reise des Elefanten* zur Hand und schrieb den Wortlaut der Widmung für Miguel sowie die Adresse in Barcelona auf einen Briefbogen. Er steckte ihn in einem Umschlag zwischen die Seiten und legte das Buch in die große Paketbox, zusammen mit dem blauen Ball und der DVD, beides in das El-Barça-Bettlaken eingewickelt. Dann frankierte er den Karton, wählte die Sondermarke »Frau mit roter Rose am Strand, davor ein weißes galoppierendes Pferd«, klebte mit dieser Marke die ganze Frankierzone voll, der Zoll sollte gar nicht erst auf die Idee kommen, etwas zu beanstanden. (Er hatte noch überlegt, Miguel dieses Videospiel mit Messi als Avatar zu kaufen, aber dafür brauchte man eine Playstation, das war ihm zu kompliziert.) Er sortierte die restlichen Wurfsendungen für Charco del Palo und legte die Post für morgen in die Zustellbox, zusammen mit Miguels Paket und einem Mahnbrief für Johanna.

Er griff wieder nach dem Whiskeyglas, schloss die Augen und stellte sich Folgendes vor: Saramago sitzt mit ihm in der Küche. Sie trinken Espresso mit Likör und Pedro erzählt aus seinem Leben. Bei einer zweiten Tasse erzählt er auch noch aus dem Leben seines Vaters, des 68er-Postboten, der mit den Briefen wie in einer Wohngemeinschaft gelebt habe. Der ertasten konnte, wie Briefe von Frauen sich bewegten, pulsierten, rebellierten, brannten. Der alles über Lavaformen im Vulkanismus und in der Ehe wusste. Der ständig von der Erschießung von Lluís Companys ohne Augenbinde berichtete, von Juan García in der Bucht von Telde im Jahr 1936 und von Franco in Zimmer 3 im Hotel Madrid und im Dragon-Rapide-Passagierflugzeug. Und der selbst am 24. Februar 1981 mit einem MG 34 für Dauerfeuer und Einzelschüsse vor dem Fernseher die spanische Demokratie verteidigte und dabei zu Tode kam. Und der so groß war, dass er gar nicht in den Standardsarg passte! Saramago hält gebannt die dritte Tasse Espresso in der Hand, und Pedro erzählt jetzt auch vom Großvater, der aus Spanisch-Marokko einen mysteriösen deutschen Eichentisch mitgebracht hat, unter dem geheimnisvollerweise das Unternehmen Feuerzauber eingraviert worden ist, die erste Luftbrücke der Weltgeschichte, oberste Geheimhaltung, Legion Condor, Luftangriff auf Guernica, Picasso!

8. Pedro Fernández García. *Der Postmeister von Yaiza und seine Vorfahren*, ein Roman von José Saramago, inspiriert von historischen Quellen.

Pedro starrte beseelt in das Whiskeyglas. Ja, war das nicht auch Stoff für einen Roman? War das Leben seiner Vorväter nicht genauso interessant wie das Leben eines Elefanten? Und sein Leben, das sich gerade in den Clouds der modernen Gesellschaft nach und nach auflöste? Waren sich da Postboten und Buchmenschen am Ende nicht sogar ähnlich?

Er dachte an den Buchhändler in Arrecife, der hinter der Kasse gebückt sein Geschäft in Kisten verpackt hatte. Pedro leerte das Whiskeyglas und suchte im Internet nach ein paar Bildern, die Saramagos Seele berühren und ihn zu der kleinen Gefälligkeit bewegen könnten. Er druckte dieses Bild aus:

»Pablo Neruda und der Postbote mit Zustelltasche am Meer«, schrieb er unter das Bild und legte es ebenfalls in die Zustellbox.

Jetzt verstand er auch endlich den Traum von dem césargrünen Schwanz und den césarküstenblauen Brüsten! Jeder Mensch wollte doch irgendwie vorkommen in der Welt, ein kleiner Teil von etwas Großem sein, das ihm selbst auch ein bisschen Bedeutung gab. Und vielleicht könnte er ja eines Tages ein kleiner, pedrobunter Teil der großen Saramagowelt werden.

15

Die Vaterkiste

Am Abend im Boxspringbett nahm Pedro *Die Stadt der Blinden* vom Nachttisch und schlug die Seite auf, bei der Carlota zu lesen aufgehört hatte. Der Autodieb war also auch erblindet und gleich nach dem Eselsohr, das Carlota in das Buch gemacht hatte, war von einer jungen Prostituierten mit einer dunklen Brille die Rede. Sie war vormittags wegen einer Bindehautentzündung beim Augenarzt gewesen und klopfte nun an eine Hoteltür.

> Zehn Minuten später war sie nackt, nach fünfzehn stöhnte sie, nach achtzehn flüsterte sie Liebesworte, die sie nicht mehr vorzutäuschen brauchte, nach zwanzig geriet sie außer sich, nach einundzwanzig fühlte sie, wie ihr Körper zerbarst, nach zweiundzwanzig schrie sie: Jetzt, jetzt ...

Pedro war erregt und überlegte, ob das auf eine Prostituierte in der Wirklichkeit auch zutraf.

> Und als sie wieder zu Bewusstsein gelangte, sagte sie, erschöpft und glücklich: Ich sehe immer noch alles weiß.

Jetzt ist sie auch blind, dachte Pedro. Er legte das Buch beiseite und rief in seinem Smartphone die Seite der Singlebörse auf, auf die er gestoßen war, als er in die Suchmaschine »Lanzarote – Fuerteventura – Trennung der Inseln« eingegeben hatte.

Bei loveawake.com gab es sieben Frauen auf Lanzarote. Drei davon hatten ein Foto in ihrem Profil. Von den Frauen mit Fotos gefiel ihm keine. Die Belgierin war zu alt, ebenso die Engländerin. Eine Spanierin mit einer langen Löwenmähne sah interessant aus, sie hatte als Job »Zumba Instructor« angegeben, vermutlich war sie mit Johanna bekannt, dachte Pedro. Er klickte lieber die Profile mit den jüngeren, bildlosen Frauen an: »I am just looking for someone nice that makes me laugh«, stand bei einer mit dem Namen »timanfaya«. Bei der zweiten Bildlosen stand dasselbe, bei der dritten und vierten auch, sie waren alle 39 Jahre alt, irgendwas stimmte da nicht, vier 39-Jährige, die alle »I am just looking for someone nice that makes me laugh« angegeben hatten, konnte es auf einer so kleinen Insel gar nicht geben. Er legte das Smartphone beiseite, griff wieder zum Roman, und nachdem er ein paar Zeilen gelesen hatte, besah er sich erneut die Frauen bei loveawake.com, mit ihren dahingetippten, mit Smileys versehenen Sehnsüchten in dem kleinen dafür vorgesehenen Kästchen ...

Die Kiste! Ihm kam die Vaterkiste in den Sinn, die seine Mutter irgendwo im Haus versteckt hatte. Darin wimmelte es nur so von brennenden Frauenbriefen, eine große Kiste, vollgestopft mit glühenden, sich bewegenden, nachschwingenden, lebendigen Frauenbriefen – das war doch etwas für einen Dichter?

Er lief ins Wohnzimmer und sah in die alte Kommode neben dem Fernsehsessel. Dann öffnete er im Flur alle Wandschränke und fand den alten blauen Teller aus Fès-Keramik vom Sultan. Auf dem Teller lagen, in einer Schutzhülle, der Kaufvertrag des Hauses sowie der alte Vertrag zwischen seinem Großvater und der Behörde in Santa Cruz, der es ihm erlaubte, am 2. Mai 1945 die Poststelle zu eröffnen. Pedro strich mit der Hand feierlich über das Dokument, danach über die edle Keramik des Sultans, beides war von einer feinen Staubschicht überzogen. Er hustete und lief weiter durch das Haus.

Die Tür zum Zimmer seines Vaters klemmte, das Holz hatte sich in der feuchten Luft verzogen. Pedro hatte diesen Raum seit Jahren nicht mehr betreten, sein Vater hatte hier, soweit er sich erinnern konnte, immer allein geschlafen. Es war kalt und dunkel, die Fensterläden waren seit seinem Tod geschlossen.

Pedro fand den Lichtschalter, die Glühbirne funktionierte noch, überhaupt funktionierten die Lampen in diesem Haus seit Jahrzehnten einwandfrei, vermutlich hatte der Großvater als einstiger Elektriker des Sultans die besten Glühbirnen der Welt aus Marokko mitgebracht, dachte sich Pedro. Das Metallbett stand immer noch da wie früher, abgedeckt von einer verstaubten Tagesdecke, es sah aus, als läge dort ein Gespenst. Am Fenster stand ein Tisch mit großen Lavasteinen darauf, bestimmt Brocken von Blocklava und Stricklava. Im Schrank fand er die alte Dienstuniform seines Vaters, auf dem Haken baumelte sie wie ein Erhängter. Hose, Jacke, graublau, mit goldenen Knöpfen, dem Postemblem und der Krone. Pedro schnupperte daran – jetzt hatte er ihn: den Geruch des Vaters. Es roch nach Kaffee, die Mutter hatte die Uniform immer nachts in den Schrank gehängt, zusammen mit gemahlenen Kaffeebohnen, das half gegen den Schweißgeruch, sogar der Becher mit dem alten Pulver stand noch da. In der kleinen Vitrine mit sieben Büchern (drei waren über Franco, die anderen über Anarchismus, Vulkanismus und Cervantes) krochen Zitterspinnen und Weberknechte herum.

In der Ecke zwischen Bett und Schrank stand eine Kiste, sie war mit Klebeband umwickelt. Darauf erkannte er die Schrift seiner Mutter, die unruhige, ängstliche Hand eines verzweifelten Menschen, hätte sein Vater vermutlich gesagt. »24. Februar 1981«, hatte sie auf die Kiste geschrieben. Pedro holte sein Paketmesser und fuhr mit der Schneide so lange über das alte Klebeband, bis es sich löste. Dann riss er die Kiste auf. Er musste sich hinsetzen. Diese stickig-warme Ausdunstung, es roch nach nassem Hund, nach Katzenpisse, Schimmel und Moder. Es war, als hätte er das Grab seines Vaters geöffnet.

Obenauf lag eine alte Karte, die ganz schwarz war und auf der alle 100 Vulkane mit Namen eingetragen waren. Darunter befand sich etwas, das in Seidenpapier eingewickelt war. Pedro wischte die toten Silberfische und Käferleichen weg und faltete vorsichtig das Papier auseinander. Eine Kette fiel ihm in die Hände. Ein goldener Anhänger baumelte daran, der aussah wie ein Fischerhaken. Vielleicht war es ein Erinnerungsstück seiner Mutter. Ihr Vater war Fischer gewesen, er war eines Tages aufs Meer gefahren und nicht mehr zurückgekehrt. Und als kleines Mädchen war sie oft am »Strand der Ertrunkenen« gewesen, wo die Frauen und Kinder in schwarzen Gewändern und mit Fackeln gesessen hatten, um die Seelen ihrer Männer und Väter an Land zu leiten.

Er sah jetzt Briefe über Briefe und griff tief hinein, bis er den Boden berührte, er bekam plötzlich Angst, als könnte jemand nach seiner Hand greifen und ihn ins Grab ziehen oder in das Leben dieser alten Briefe.

Dolores Díaz Benavente an Tavio García Cabrera. Candelaria Fernández Díaz an José Morales Perdamo. Amanda

Gonzáles Hernández an Rita Sánchez Santana. Maria Balderas Medina an Carmen Fernández Martín. Juan Pérez Rodríguez an Nieves Betancort Díaz. Lucia Guanche Hernández an Hugo Hernández Balderas. Paula Tacoronte San Gregorio an Felipe Fabelo Castillo. Elsa Álvarez Cabrera an Carlos Jimenez Tavio. Ana Figuera Hernández an Isabel Betancort Rodríguez ... Es ging immer so weiter: Guiletta Cabrera Medina an Alvaro Armas Medina. Dolores Díaz Benavente an Hugo Hernández Balderas. Luís Medina Santana an Maria Lopéz Castillo. Rita Sánchez Perdomo an Amanda González Cabrera ... – Stopp, dachte Pedro. LUÍS MEDINA SANTANA AN MARIA LOPÉZ CASTILLO? Das war doch Señora Negra in Femés!

Der Brief war so fest wie ein Pappdeckel. Der ockerfarbene bis rötliche Saharastaub hatte den gewellten Umschlag gefärbt, Empfänger und Absender waren aber noch lesbar: »*Maria Lopéz Castillo, Calle a los Pozos 1, Femés/Lanzarote*«. Absender: »*Luís Medina Santana, Campo de concentración de* ...« (nicht lesbar). Der Poststempel begann mit »19...«, der Rest war auch nicht zu erkennen, nur General Franco auf der Briefmarke im Profil, ebenfalls vom roten Sand verfärbt. Es gab also auch Briefe von Männern in der Frauenkiste, dachte Pedro, vermutlich war seine Mutter hysterisch geworden, als sie die Kiste weggesperrt hatte. Pedro erinnerte sich an die geheimnisvollen Andeutungen seines Vaters, wenn sie am Haus von Señora Negra vorbeigefahren waren. Dass sein Großvater irgendwann damit begonnen habe, Maria Lopéz Castillo Briefe vorzulesen; dass sie wie die Insellandschaft gewesen sei und dass seine Großmutter ihr eines Tages das Gesicht mit einem Tonkrug zerschlagen habe.

Er dachte gar nicht darüber nach, dass er so etwas noch nie gemacht hatte. Er nahm eine Klinge aus dem alten Rasierbesteck seines Vaters, das er auf dem Tisch am Fenster gesehen hatte. Er setzte die Klinge an und trennte den Brief vom Umschlag, dort, wo beides miteinander verklebt war.

Meine geliebte Maria,
dies ist Brief Nummer 16. Ich weiß nicht, ob Nummer 15 bei dir angekommen ist. Ich wurde zwei Tage später aus Málaga weggebracht. Tagelang wussten wir nicht, wo sie uns hinbringen. Zuerst dachte ich, der Zug führe nach Süden, näher zu dir und alles wäre vorbei. Aber dann landeten wir im Norden. Ich habe auf dem Feld das erste Mal Schnee gesehen. Ich sammelte das Holz eines zerstörten Zirkus. Wir bauen mit unseren eigenen Händen die Lager, in die man uns steckt. Es kommen immer mehr. Wenn ich hier die Gesichter sehe, dann sehe ich wieder diese alleingelassenen Kinder, die mir im Krieg begegnet sind, mit ihren gefallenen Vätern, ihren getöteten Müttern, in ihren zerstörten Städten, auf den heißen Landstraßen, in den kalten Bergen.
Neben mir liegt ein Franzose, Jacques-Lucien, er hat in Frankreich gegen die Deutschen gekämpft. Er weiß, wie man Post abfängt und was man machen muss, damit die Briefe ankommen. Hast du jemanden gefunden, der meine Briefe vorlesen kann? Oder musst du mit diesem wieder zum Pfarrer nach Yaiza laufen?
Vergiss mich nicht, mir brennt die Seele, wenn ich daran denke, dass die Männer in unserem Dorf an dir vorbeigehen und sich was denken könnten.
Wenn ich bete, legt der Franzose seine Hand auf meine Schulter und sagt, dass wir alle aus einem Zufall hervorgegangen sind. Und dass sich so etwas wie diese Welt im weiten Universum nie wiederholen wird. Mir gibt das Kraft, weil ich mir denken kann, dass es nicht

Gott war, der mich auf diesen Weg geschickt hat, sondern dass alles ein schlimmer Zufall war.

Nur an dich glaube ich noch. Ich lebe nur noch für dich.

Luís, Miranda de Ebro, 21. November 1946

Es war nicht Pedros Vater gewesen, der diesen Brief nicht zugestellt hatte – es war schon sein Großvater gewesen. Pedro stand auf, nahm die alte Uniform seines Vaters aus dem Schrank und hängte sie draußen an die Wäscheleine. In den Wind und in die Nacht zum Auslüften.

16

Auf der Nobelpreisroute (Erinnerungen an Penélope)

Am nächsten Tag, Heiligabend, parkte Pedro pünktlich am Straßenrand vor dem Verkehrskreisel und wartete auf Francisco. Er nahm *Die Stadt der Blinden* aus seiner Jackentasche und las ein paar Seiten, es war bestimmt besser, dieses berühmte Buch zu kennen, wenn man dem Verfasser die Post zustellte. Francisco kam 20 Minuten zu spät, öffnete die Box auf seinem Gepäckträger und tauschte wortlos mit Pedro die Post. Wurfsendungen für Charco del Palo (plus Mahnung für Johanna) gegen die Saramago-Post und weitere Zustellungen für Kunden in Tías und Puerto del Carmen. Francisco war offenbar frisch rasiert, wie Pedro bemerkte, sein Aftershave roch penetrant. Und er sah rundlicher aus, als Pedro ihn in Erinnerung hatte.

»Ist das hier für ihn? Ist das immer so viel?«, fragte Pedro und sah auf das dicke Bündel mit Briefen.

»Ja, bitte mach keinen Unsinn, der ist wirklich ein überdurchschnittlicher Postkunde«, antwortete Francisco.

»Postkunde...«, murmelte Pedro, der die Bezeichnung für Saramago falsch und unangemessen fand. Ein überdurchschnittlicher Postkunde war das Stromamt in Tías, dem Francisco auch die Post zustellen durfte, er hatte überhaupt ein unverschämt hohes Postaufkommen auf dieser Route, dachte Pedro. Er nahm eine der Spannschlaufen aus der Zustellbox, mit denen sein Vater früher die Briefe für Alfredo Kraus gebündelt hatte, und schnürte die Saramago-Briefe zusammen, danach wog er sie ehrfürchtig in der Hand.

»Gib das Buch mit dem Signierwunsch ab, sag, es ist für einen Kunden, und dann wünsch frohe Weihnachten. Aber nerv ihn nicht mit überflüssigen Sachen«, sagte Francisco, während ein Autofahrer im Kreisel mehrmals hupte und ihm zuwinkte. »Ah, Alonzo, ein Kunde!«, rief er mit einem feisten Lachen und winkte ebenfalls.

»Ich nerve niemanden mit überflüssigen Sachen«, antwortete Pedro. Das musste gerade Francisco sagen mit seiner aufdringlichen, beknackten Hunde-Posterei, dachte er, während dieser Alonzo noch eine Runde im Kreisel drehte und noch mal hupte und »Frohe Weihnachten« aus dem Fenster brüllte, woraufhin Francisco wieder winkte und »Frohe Weihnachten« zurückbrüllte.

»Und fahr nach Tahiche, das gehört auch zur Route, da muss dieses Päckchen im Gefängnis abgegeben werden, Zustellung bis 13 Uhr!« Er sah Pedro mit bedeutungsvoller Miene an. »Das Päckchen ist für Carlos Gonzalo Rosso! Man sagt, er führt seine Geschäfte sogar mit dem Smartphone aus dem Gefängnis weiter, Teufelskerl!« Er schüttelte das mit Schneeflocken, Weihnachtsmännern und Sternen verzierte Paket, während er ein Ohr an die Verpackung hielt.

Jetzt macht er sich wichtig mit der Post für diesen kriminellen Bürgermeister, der die Insel ausgenommen hat wie eine Gans, dachte Pedro. Angeblich hat der doch sogar die illegale Baugenehmigung für das Crystal Palace erteilt, die Brunos Vater vor 30 Jahren plötzlich aus dem Hut gezaubert hat, um danach steinreich zu werden. Pedro wusste das von seinem Vater.

»Schokolade, ich tippe auf Pralinen«, sagte Francisco. »Denk daran, bis 13 Uhr musst du die abgeben!«

»Warum eigentlich?«, fragte Pedro. »Damit Carlos Gonzalo Rosso Heiligabend Pralinen essen kann?«

»Weil es eine Expresssendung ist, ganz einfach! Express ist Express!« Francisco schüttelte den Kopf.

»Und was ist, wenn ich mit Saramago noch bis 13 Uhr Espresso trinke? Espresso mit Saramago geht vor Express für Gonzalo, das reimt sich sogar! Ich lese übrigens gerade *Die Stadt der Blinden*!«

»Mach keinen Scheiß. Frohe Weihnachten«, sagte Francisco.

Pedro warf die Expresssendung in die Zustellbox. Dann setzte er sich auf die Honda und fuhr absichtlich über eine durchgezogene Linie. Dieser Idiot von Francisco, dachte er. »Frohe Weihnachten«, das sagt sich so einfach, aber wie sollte er Weihnachten feiern, wenn er nicht einmal die Lichterketten am Haus aufhängen konnte, weil keiner da war, um sie mit leuchtenden Augen zu bewundern? Er räumte das Haus nicht mehr auf, wischte und saugte den Staub nicht mehr weg, er schloss es auch nicht mehr ab, es war ihm alles egal.

Er hupte und sah im Rückspiegel, dass Francisco ihm misstrauisch nachschaute. Auf der Fahrt kam ihm dieser Brief an Señora Negra in den Sinn. Wie lange er im Haus seiner Familie gelegen hatte! Wie viele Jahre und Generationen dieser Luís Medina Santana nun schon in der Kiste war. Und sich sehnte und sehnte und noch Hoffnung hatte und dabei schon so verloren war.

Eine kleine SMS könnte er ihr jetzt schicken, dachte Pedro. Er fuhr rechts ran und holte sein Smartphone aus der Tasche. Auch wenn sie keinen Kontakt mehr wünschte, war Weihnachten doch eine Ausnahme? Er überlegte, was er schreiben sollte, und sah über die leicht abfallende Landschaft und die Meeresenge bis zu den Inseln Lobos und Fuerteventura. (Er hatte immer noch nicht weiter gegoogelt, warum Lanzarote und Fuerteventura in der Eiszeit getrennt worden waren, Miguel hatte es wissen wollen, aber der war nicht mehr da.)

»Liebe ...«, nein, er löschte das. »Hallo ...«, »Hey ...« oder »Hi«? »Hi Penélope ...«

Eigentlich kannten sie sich ja kaum. Sie hatte ihre Tochter zur Schule gebracht; Pedro, wie immer, seinen Sohn, sie hatten über diese schrecklichen Abschiede am Holztor gesprochen. Und dann hatte Pedro gefragt, ob man nicht mal irgendwann einen Kaffee trinken gehen könnte, und ihr seine Nummer diktiert. Und Penélope hatte sofort etwas vorgeschlagen ...

*

Sie fährt mit dem Auto vor, er folgt mit der Honda. In der Bar Stop wählt sie einen Tisch aus, an dem er noch nie mit Carlota gesessen hat.

»Miguel und Mira sitzen ja in der Schule nebeneinander, wie ungewöhnlich ... Sonst sitzen ja immer Jungs mit Jungs und Mädchen mit Mädchen«, sagt Penélope, als sie in der hintersten Ecke Platz genommen haben.

»Ja, sehr ungewöhnlich, aber schön«, antwortet Pedro. »Miguel spricht auch sehr viel von Mira.«

»Wirklich?« Sie bestellt ein Glas Wein. »Du bist mir schon auf dem ersten Elternabend aufgefallen, du saßt da wie ein stummer Engel, der in den Klassenraum gefallen ist. Ein Engel auf einem kleinen, kaugummibeklebten Holzstuhl. Obwohl wir so nervige Sachen diskutiert haben. Darf ein Hausmeister seinen Hund mitbringen? Muss ein Klettergerüst, von dem ein Kind heruntergefallen ist, verschrottet werden? Sollen die Kinder ihre Maus und ihre externen Tastaturen von zu Hause mitbringen, oder nimmt man eine Standardversion von der Schule? Unser gewählter Elternsprecher ist, glaube ich, ein Mensch, der lieber Ministerpräsident von Spanien geworden wäre.«

Pedro hört gar nicht richtig zu, er schaut sie beim Reden an und denkt, nein, nicht Penélope Cruz, sie sieht wie Juliette Binoche aus, die Ähnlichkeit ist verblüffend: dieses kurze verwuschelte Haar, das schmale, offene Gesicht. Er kennt Juliette Binoche aus den Filmen *Der englische Patient* und *Die Liebenden von Pont-Neuf*, er hat sie in Arrecife im Kino gesehen, Juliette Binoche fuhr Wasserski auf der Seine und schlief mit drei Männern: einem Cellisten, einem Obdachlosen und einem Augenarzt.

»Normalerweise trinke ich morgens keinen Wein, wir waren ja zum Kaffee verabredet, aber heute ist ein besonderer Tag«, sagt sie.

Pedro bemerkt diesen zarten Übermut, mit dem sie zum Glas greift, und ruft Ernesto, der hinter der Bar steht, zu: »Für mich bitte auch einen Wein, den gleichen!«

Ihr Handy klingelt, sie steht auf und läuft heraus, wahrscheinlich ist es der Vater von Mira. Pedro sieht eine Zeitung auf dem Tresen liegen und holt sie. »El País«. Er hat noch nie »El País« gelesen, aber wenn sie wiederkommt, soll sie sehen, wie er »El País« liest, beschließt Pedro und starrt auf die Seiten.

»Am schlimmsten fand ich ja die Abstimmung, ob ein Keks in der Pausenbrotbox liegen darf oder nicht«, sagt Penélope und setzt sich wieder zu ihm. »Der potenzielle Ministerpräsident hat sie doch nicht mehr alle! Wie fandest du denn sein Plädoyer vor der Abstimmung?«

»Na ja, also ...«, sagt Pedro und tut so, als würde er noch den letzten Satz aus »El País« zu Ende lesen, um dann die Zeitung entschlossen beiseite zu legen und sich wieder ganz ihr zuzuwenden. »Etwas nervig, oder?«

Sie verstellt ihre Stimme und setzt einen bedeutungsvollen Blick auf: »*Wenn es heute die Kekse sind, liebe Bürgerinnen und Bürger, dann ist es morgen eine Flut von Knabbereien, die wir nicht mehr beherrschen können ...* Oho, oho, so ein Wichtigtuer, aber die Wahl ist ja Gott sei Dank gut ausgegangen, Mira würde sich auf den Rücken legen und den ganzen Morgen schreien, wenn kein Keks in die Box kommt.«

»Ich habe auf jeden Fall für Miras Keks gestimmt«, sagt Pedro, er muss lachen.

»Danke.« Sie lacht auch. »Und wie ist denn nun bitte ganz genau deine Meinung zum Hund des Hausmeisters oder zu den Mäusen, eigene oder Schulmäuse? Ich finde, bei solchen Elternabenden lernt man die Menschheit erst richtig kennen.«

Fang jetzt bloß nicht mit den Mäusen und externen Tastaturen an, denkt er, bei dem Thema kannst du keine Witze machen, da explodierst du eher, lenk das Gespräch lieber wieder auf die feinen Tränen, über die sie vor dem Schultor gesprochen hatten. »Ja, es ist schon schlimm«, stimmt Pedro zu. »Ich wollte eigentlich noch etwas zu den Tränen sagen, ich glaube, die sind bei mir auch aus einer alten, zarten Zeit.«

»Ja?« Penélope lächelt.

Sie lächelt bezaubernd, diese unfassbar hinreißenden Grübchen, denkt Pedro. »Ja, mein Vater brachte mich manchmal zur Schule, aber plötzlich war er nicht mehr da, von einer zur nächsten Sekunde tot."

»Das tut mir leid«, sagt Penélope. »Ich habe schon viele Menschen weinen sehen, ich komme aus einer Kremationsfamilie.«

»Aus einer was?«, fragt Pedro.

»Kremationstechniker, Ofentechnik, Feuerbestattung, das Krematorium auf dem Weg nach Arrecife«, erklärt sie. »Mein Großvater war dort Feuerbestatter, mein Vater hat das Krematorium irgendwann gekauft und die Leichen der Insel gleich mit. Meine ganze Kindheit habe ich Menschen weinen sehen, 24 Stunden am Tag, sie saßen da und weinten, dann kam die nächste Familie und weinte und alle anderen, die kamen, um ihr Beileid zu bezeugen, weinten auch. Mein Mann wollte das Krematorium auf keinen Fall übernehmen, wir haben es verkauft. Wir leiten jetzt eine Bank, also, er leitet sie, ich finde es furchtbar. Mein Mann weint nie, nicht mal bei der globalen Finanzkrise, im Gegenteil, je schlimmer die Finanzkrise wird, umso reicher werden wir. Er hat darüber sogar gelacht, und ich habe mich so nach dem Krematorium gesehnt. Mein Vater hatte einen anständigen Beruf.«

»War dein Vater am 24. Februar 1981 im Dienst?«, unterbricht Pedro sie.

»Wieso?«, fragt sie.

»Habt ihr an diesem Tag, nachmittags, vielleicht einen sehr großen Sarg reinbekommen?«

»Das ist ja eine sehr ungewöhnliche Frage, ich war noch ein kleines Mädchen, da war jeder Sarg groß ... Sagtest du

1981? Natürlich hatte er Dienst, er hatte immer Dienst, zu der Zeit gab es nur uns auf der Insel, mein Vater hat alle toten Inselbewohner selbst ins Feuer geschoben.«

»Dann hat dein Vater meinen Vater ins Feuer geschoben!« Pedro ist plötzlich ganz aufgeregt. »Er starb mit einem Tag Verspätung beim Militärputsch, der Postmeister aus Yaiza! José Fernández Rivera!«

Penélope denkt einen kurzen Moment nach, dann trinkt sie das halbe Glas Wein. »Vielleicht hatte ich auch mit deinem Vater zu tun ... Wir haben die härteren Körperteile, also die, die übrig geblieben sind nach der Verbrennung, an eine Firma gegeben, die eine Knochenmühle hatte. Manchmal musste ich, ich war noch nicht mal zehn, mit den Urnen dorthin laufen. Hin mit der groben, zurück mit der feinen Asche ... Entschuldigung, dass ich das alles so erzähle, ich bin ein bisschen betrunken ...« Sie schiebt das Glas ein kleines Stück von sich weg. »Dann bist du also auch Postmeister geworden, wie dein Vater?«, fragt sie.

Pedro ist auch schon etwas betrunken und ergreift ihre Hand. Die Hand, die möglicherweise die grobe und die feine Asche seines Vaters getragen hat. Er streichelt sie und schaut dabei auf ihre Armbanduhr. Es ist neun Uhr morgens. Er rechnet: Zwischen 9 und 10 Uhr ist im Hotel die Hölle los, da kommen die Touristen nach dem Frühstück und wollen ihre Tagesausflüge buchen, da kommt Carlota garantiert nicht nach Hause. Vielleicht kommt sie um 11 Uhr, vielleicht kommt sie heute auch gar nicht mehr, schließlich ist sie letzte Nacht auch nicht nach Hause gekommen, weil sie bestimmt immer noch mit dem Wintereinbruch in Deutschland zu tun hat. Weil sie die Stornierungen für das Crystal Palace verwaltet hat. Weil die Tabellen vom Tourismusverband zu den

Auswirkungen des Klimawandels auf ihrem Schreibtisch gelandet sind. Weil Bruno sonst was von ihr wissen wollte.

Pedro schaut von der Armbanduhr auf, Penélope sieht ihm direkt in die Augen.

*

Am Rande von Tías, unweit des Zahnarztes, stoppte Pedro vor dem Haus von Saramago. Es war kein altes Haus, sondern ein weißer Würfel mit césargrünen Fenstern und einem großen Seitenflügel, davor ein riesiger Olivenbaum. Pedro nahm das dicke Bündel mit der Post aus der Zustellbox und blätterte es vorsichtig durch: ein Brief mit dem Absender eines Antiquariats in Lissabon, Broschüren von Greenpeace, vom Institut Cervantes und vom Prado-Museum in Madrid, die Telefonrechnung, die Rechnung des Optikers aus der Calle Libertad, ein edler Umschlag vom Verlag Rowohlt aus Deutschland, vielleicht ein Weihnachtsgruß, dazu Dutzende Briefe, mit der Hand beschriftet, vermutlich von Lesern. Und Postwurfsendungen! Ein Unding, eine Frechheit von Francisco, jemandem wie Saramago Postwurfsendungen zuzustellen, dachte Pedro und sortierte sie aus. Er machte ein Selfie vor dem césargrünen Eingangstor, dann klemmte er sich die persönliche Paketbox unter den Arm, er hatte sich doch für eine größere entschieden, 120 x 60 x 60 (XL), da er noch ein weiteres Geschenk für Miguel hatte hineinbekommen müssen. Er klingelte.

Eine etwas ältere Dame in einem schwarzen Rock und einer weißen faltenfreien Bluse öffnete schwungvoll das Holztor, vermutlich die Sekretärin, denn Saramagos Frau war jünger, sie hieß Pilar, eine Spanierin aus Sevilla, das hatte Pedro schon alles gegoogelt, Pilar hatte sich beim Lesen seiner Bücher in Saramago verliebt.

»Pedro, der neue Postbote«, sagte er aufgeregt. »Hier, die Post ... Und dann habe ich noch eine Frage, ich möchte Herrn Saramago gern ...«

Die Sekretärin nahm ihm mit einer energischen Bewegung das Bündel aus der Hand und schob das massive Holztor zu, sodass er von der Schwelle, auf die er bereits getreten war, zurückweichen musste. Dann war die Sekretärin weg. Pedro stand mit seinem persönlichen Paketanliegen da und schluckte. Sollte er noch mal klingeln? Das Tor war nicht ganz geschlossen, bemerkte er, sie hatte es nur angelehnt. Sollte er jetzt warten? Kam sie noch einmal zurück?

Nachdem er einige Zeit gewartet hatte, drückte er das Tor auf, lief durch den Garten und trat vorsichtig ins Innere des Hauses.

Wie hell es hier war, so lichtdurchflutet. Viele Bilder hingen im Flur. Auf einer Kommode standen Marienfiguren, kleine Pferdeskulpturen, Kerzenständer, alte Lampen. Auf einem antiken Tisch lag ein dickes Buch mit dem Titel *Die Emigranten*. Die goldene Standuhr zeigte 4 Uhr an, obwohl es erst vormittags war. Rechts, auf einer weiteren Kommode, stand ein Glaskasten voll mit Füllfederhaltern, schwarze, dunkelblaue, silberne, weinrote, dunkelgrüne, einige mit Holzschäften, andere mit vergoldeten Elementen und feinen Gravuren. Pedro überlegte kurz, ob er seine Paketbox abstellen und die Füllfederhalter mit seinem Smartphone fotografieren sollte, aber das kam ihm widersinnig vor. Eher schon müsste er einen der Füllfederhalter herausnehmen und damit die Schönheit der anderen auf einem weißen Blatt Papier beschreiben.

Er beugte sich vor und lauschte in der Hoffnung, Saramagos Stimme aus der Ferne zu hören, aber er vernahm nur das helle Bellen eines Hundes. Der Hund bellte mehrmals, und Pedro hatte die Schritte der zurückkehrenden Sekretärin nicht gehört.

»Was machen Sie hier?«, fragte sie streng, als sie wieder vor ihm stand. »Sie sollten doch vor dem Tor warten, wie jeder anständige Postbote! Ist Francisco etwa krank?«

»Entschuldigen Sie«, sagte Pedro, ihm brach der Schweiß aus. »Die ... die ... die Uhr da geht falsch ... Die steht auf vier Uhr, ich habe überlegt, sie richtig zu stellen ...«

»Die steht immer auf vier Uhr!«, erklärte die Sekretärin noch strenger und hob die Augenbrauen.

»Aber jetzt ist es ja erst 10 Uhr 30«, sagte Pedro eingeschüchtert.

»Herr Saramago will, dass es hier immer 4 Uhr ist!« Sie schob ihn wieder hinaus und durch den Garten.

»Und meine Bitte an Herrn Saramago?«

»Tut mir leid, Herr Saramago kann heute nicht.«

»Es ist nur eine Kleinigkeit, er soll nur dieses Buch hier vom Elefanten signieren.« Pedro stellte das große Paket vor den Olivenbaum auf den Boden, zog schnell das Buch für Miguel heraus und hielt es der Sekretärin entgegen. »Also, am besten mit: ›Von Saramago, dem Messi der Bücher‹ ... Meinen Sie, Herr Saramago weiß, welchen Messi ich meine? Nicht den, der so eine Unordnung macht, nein, nein, sondern der Fußballspieler von el Barça, Messi! Ist er Ihnen bekannt? Die genaue Formulierung habe ich dem Buch beigelegt. Ich lese auch gerade *Die Stadt der Blinden*, hier, schauen Sie mal, ich bin schon in der Mitte, gefällt mir gut ... Das signierte Buch mit dem Elefanten bitte zurück in dieses Paket und abschicken, ist alles schon frankiert. ›Frau mit roter Rose am Strand, davor ein weißes galoppierendes Pferd‹, sehr schöne Sondermarke, oder?«

Die Sekretärin hielt die Klinke des Tores schon in der Hand und räusperte sich.

»Sie müssen es nach der Signatur von Herrn Saramago nur zukleben, seinen Absender draufschreiben und ab damit nach Barcelona, Miguel und seine Mutter fallen um, wenn sie sehen, von wem das Paket kommt! Die Mutter von Miguel hat nämlich eine Büste von Saramago im Crystal Palace anfertigen lassen, Herr Saramago hat dort die Gäste für das Familienfest untergebracht, 87 Zimmer, die Büste ist übrigens von einem Schüler von César Manrique ... Bitte nicht wundern, das ist ein XL-Paket, da ist noch ein sehr schöner blauer Ball und eine tolle DVD von einem Clásico drin, alles eingewickelt in ein El-Barça-Spannbettlaken ... Ach so, und in das Laken ist auch noch Messi als Avatar eingewickelt, plus Spielkonsole mit allem Schnickschnack, tja, Kinder ...« (Pedro hatte doch noch am Morgen in einem Spielwarengeschäft an der LZ-2 Messi als Avatar gekauft, dazu eine Konsole mit Gamepad und Dualshock-Controller.) »Bitte mit ausreichender Pufferzeit vor dem Dreikönigstag abschicken. Ich habe hier auf das Paket extra draufgeschrieben: ›Von Saramago persönlich, mit Messi-Avatar! Paket bitte nicht werfen‹, Sie ahnen nicht, wie die beim Zoll manchmal arbeiten«, sagte er und hielt der Sekretärin mit einem freundlichen Lächeln das 120x60x60-Paket hin.

Sie sagte nur: »Tsss«, und knallte ihm das Tor vor der Nase zu.

17

Tenaros letzter Thun

Tenaros ganze Wohnung roch nach Thunfisch. Er hatte eine Flasche Wein und die Heilige Jungfrau von Candelaria auf den Küchentisch gestellt, Kerzen angezündet und das letzte große Stück eines Roten Thuns aufgetaut und in die Pfanne geworfen, er hatte den Fisch damals, als er noch bei der Flotte gewesen war, selbst gefangen.

»Dieser Kerl war über drei Meter lang, das war mein persönlicher Weltrekord«, sagte Tenaro, der sich eine Schürze umgebunden hatte und vor dem Herd stand. »Wir konnten ihn kaum tragen, so schwer war er. Victor musste ihn mit seinem Lkw direkt vom Boot zur Verarbeitung fahren.«

Das Olivenöl begann laut zu zischen, Pedro sah schweigend am Küchentisch sitzend zu, wie Tenaro mit seinen dunkelbraunen, rauen Händen Koriander zerrieb, Knoblauch, Tomaten und Zwiebeln schnitt und in die Pfanne gab.

An der Wand hing eine große Schleppangel seines Vaters mit einem besonderen Führungsarm für den Freilauf der Rolle, um die richtige Ablass- und Anzugsgeschwindigkeit der Schnur zu bestimmen, wenn der Kampf mit dem Raubfisch am Haken begonnen hatte. Darunter entdeckte Pedro einen gerahmten Zeitungsartikel über El Capitán, eine Urkunde des Vizerates der kanarischen Hochseefischerei sowie ein Dankesschreiben des kanarischen Ministeriums für Landwirtschaft, Viehzucht und Fischerei. An einem Nagel glitzerte eine Kette mit goldenem Haken und geschmiedetem Schaft.

»Damit hat El Capitán den riesigen Weißspitzenhai gefangen, der einen Engländer gefressen hatte. Da gab's auch Berichte im Fernsehen«, sagte Tenaro. »Du kennst doch die Geschichte? Der Engländer hatte die Flitterwochen an der Costa del Sol verbracht, und den Ehering hat dann mein Vater hier bei uns im Hafen aus dem Hai geholt, zusammen mit der Hand. Danach wurde er der Frau geschickt.«

»Das glaube ich nicht, das ist ja fürchterlich«, raunte Pedro, er stand auf, trät näher und berührte vorsichtig den Haken, der genauso schön aussah wie der, den er in der Vaterkiste gefunden hatte. »Wieso ist der aus Gold?«

»Der ist nachträglich vom Ministerium für Tourismus vergoldet worden«, antwortete Tenaro.

»Ich habe zu Hause auch so einen gefunden. Der hängt auch an einer Kette«, sagte Pedro.

»Ich habe mal gehört, dass man noch welche als Souvenir gemacht hat, das ist auf jeden Fall das Original«, erklärte Tenaro und goss Weißwein in die Pfanne.

»Hast du als Kind vom ›Strand der Ertrunkenen‹ gehört?«

»Ich weiß von meiner Mutter, dass El Capitán da oft gewesen ist, um die Frauen und Töchter der Fischer zu trösten.«

»Meine Mutter soll da früher gesessen und auf die Seele ihres ertrunkenen Vaters gewartet haben«, sagte Pedro. »Seitdem ich das weiß, schwimme ich nicht mehr so gern im Meer.«

Tenaro kam mit der Pfanne an den gedeckten Tisch. Er legte den Fisch mit einer Zärtlichkeit auf Pedros Teller, als trüge er eine Geliebte ins Bett.

»Guten Appetit«, sagte er.

»Du bist ein Meister des Roten Thuns!«, sagte Pedro und setzte sich.

»Wir essen heute Abend das vorletzte Stück, eines habe ich noch im Kühlfach. Wenn ich das aufgegessen habe, ist von meinem alten Leben nichts mehr übrig.«

»Wir müssen dir ein Boot kaufen und dann fährst du wieder aufs Meer«, sagte Pedro und berührte ihn am Arm.

»Von welchem Geld?«, fragte Tenaro, ohne ihn anzusehen. »Ich habe diese Wohnung von meiner Mutter, mehr nicht.« Er rieb sich die Augen. »Ach, der Weißweindampf«, sprach er vor sich hin. »In der Weihnachtslotterie bin ich natürlich auch leer ausgegangen. Und du? Hast du das große Los gezogen?«

»Ich habe diesmal vergessen, eines zu kaufen. Aber du könntest vielleicht ein Zimmer vermieten, du hast doch genug Platz«, sagte Pedro.

Das Zimmer, in dem Tenaros Mutter bis zu ihrem Tod geschlafen hatte, war seit vielen Jahren ungenutzt. Früher hatte man vom größten Fenster der Wohnung aus auf das Meer gesehen. Heute sah man ein chinesisches Geschäft und eine Spielhalle, deren Leuchtreklame hell blinkte und den Wohnraum bis in die Morgenstunden erleuchtete.

»An wen soll ich denn vermieten?«, fragte Tenaro und starrte auf seinen Teller. »Ich könnte nur mit einer Frau zusammenwohnen und schön müsste sie auch sein, und dann will ich mit ihr schlafen, und wenn ich mit ihr schlafen will, kann ich kein Geld verlangen, also kann ich nicht vermieten.«

»Wie bezahlst du eigentlich dein Drogenzeugs?«, fragte Pedro. »Der Vater von Conrad Hilton hat seinem Sohn sogar die Miete für das winzige Postamt berechnet, vier Dollar pro Monat. Und jetzt sind die Hiltons Multimilliardäre.«

»Ich gehe manchmal nachts an den Flamingo-Beach, zusammen mit einem anderen Fischer, der hat einen Metalldetektor. Ungefähr zweimal die Woche findet man einen Ring, ein paar Münzen eigentlich jeden Tag.« Tenaro griff nach der Gabel und aß stillversunken seinen Fisch.

Pedro lobte erneut die Zubereitung und schenkte Wein nach, dann aßen sie schweigend.

»Dass für Leute wie uns an Heiligabend keine Fußballspiele ausgetragen werden!«, sagte Tenaro nach einer Weile. »Wie gern würde ich jetzt ein Spiel sehen. Wie geht es Minimessi? Hast du etwas gehört? Ich gehe auf die 40 zu und habe noch nie ein großes Spiel in einem richtigen Stadion gesehen.«

»Der heißt Miguel, nicht Minimessi!« Es ärgerte Pedro, dass sein Freund nur über Fußball auf Miguel gekommen war. »Nein«, sagte er mit erstickter Stimme. »Ich habe nichts gehört, gar nichts.«

»Diese Schlange! Ich habe dir immer gesagt: Vorsicht vor dieser Frau!« Er fuchtelte mit dem Messer in der Luft herum. »Wenn die mir unter die Augen kommt! Die zerteile ich wie einen Fisch und schick sie nach Japan! Diesen Bruno auch!«

»Schon gut«, sagte Pedro.

»Und wie geht es dir sonst?«, fragte Tenaro. »Was ist denn mit dieser Johanna, die hat doch so viel Holz vor der Hütte?«

»Was soll mit der sein, die ist verrückt. Die trifft sich mit mir, um zu weinen.«

»Ich meine, gibt's auch irgendwas Positives?«

»Ich versuche gerade, Kontakt mit Saramago aufzunehmen.«

»Kenn ich nicht. Klingt nach Fruchtsäften, Mango. Ein Mangoprojekt?« Tenaro trank das halbe Glas Wein.

»SaraMAGO ist Nobelpreisträger für Literatur und Kommunist, du Idiot, der hat *Die Stadt der Blinden* geschrieben«, sagte Pedro und nippte am Glas. »Du kennst ja nicht mal Miguel Cervantes!«

»Wieso putzt du mich eigentlich an Heiligabend so runter, ich habe für dich gekocht! ... Natürlich kenne ich Miguel Cervantes! Der hat *Don Quijote* geschrieben, und Miguel Muñoz hat den blonden Pfeil, Alfredo Di Stéfano, bei Real Madrid aussortiert!« Tenaro schaute ihn gekränkt an.

»Es tut mir leid, ich meinte es nicht so«, murmelte Pedro. Vielleicht war sein Plan mit dem Nobelpreisträger auch zu hochgegriffen, vielleicht war da sogar Tenaros Projekt mit dieser Geheimvilla auf Fuerteventura realistischer, dachte er. Das Buch mit dem Elefanten hatte er, als er von der Nobelpreisroute zurückgekommen war, im hohen Bogen durch den Garten auf die Straße geworfen. Er war so wütend, dass er es nicht einmal geschafft hatte, das Buch signieren zu lassen. War er denn so wenig wert, dass der Dichter nicht mal eine halbe Minute für ihn erübrigen wollte?

»Weißt du, was ich glaube?«, sagte Tenaro. »Dass sie dir das antut, weil es nicht dein richtiger Sohn ist.«

Pedro starrte ihn an.

»Das stimmt doch, oder?«, fragte Tenaro. »Carlota lief dir schwanger in die Arme. Das Kind ist von einem Stierkämpfer aus Sevilla, das hast du mir damals erzählt, und dann hatten wir ja keinen Kontakt mehr. Jahrelang saß ich im Caracas und hab allein die Galaktischen geguckt, diese ganzen verkorksten Spiele ... Seit du nicht mehr dabei warst, ging es mit Madrid bergab!«

Pedro stürzte den Rest des Weines hinunter. Vielleicht hatte Tenaro recht mit seiner Vermutung. Was, wenn Carlota es Miguel sogar schon erzählt hatte? Aber es hatte zwischen ihnen doch nie eine Rolle gespielt? Und was hieß das schon: leiblicher Vater? Dass Tenaro sagte, er wäre nicht der richtige Vater, das war eine Unverschämtheit! Er war derjenige, der vom ersten Tag, von der ersten Stunde und vom ersten Augenblick an da gewesen war! Natürlich war er der richtige Vater!

Ja, anfangs war er zurückhaltend gewesen, er hatte heimlich Fotos im Internet vom Mann aus Sevilla gesucht, der behauptet hatte, Stierkämpfer zu sein. Carlota wusste ja nicht einmal seine Adresse. Er hatte sich auch die Homepage der Stierkampfarena in Sevilla angeschaut, auf der Suche nach einem Matador, der Pablo Moreno Rodríguez hieß, er hatte ihn nicht gefunden, auch nicht in Málaga, Córdoba oder Ronda. Pedro hatte die Suche auf ganz Andalusien und Katalonien ausgedehnt, aber nirgendwo ein Pablo Moreno Rodríguez. Überhaupt hatte keiner der Matadore oder Toreros wenigstens ein bisschen Ähnlichkeit mit Miguel, der davon abgesehen auch gar nicht wirkte wie der Sohn eines Stierkämpfers.

Es gab dieses eine Foto auf Carlotas altem Handy: sie und Pablo Moreno Rodríguez in der Bodega bei Uga, wo an dem Tag sogar der spanische König gegessen haben soll. »In der Nacht, als Miguel gezeugt wurde, war der König nicht weit«, pflegte Carlota zu sagen, wenn sie ausgelassen war und über ihre verrückten Männergeschichten sprach. Mit diesem Pablo hatte sie nur zwei Wochen hier auf der Insel verbracht, meist im Crystal Palace. Als ob ein gefeierter Matador aus Andalusien zu den Touristen ins Crystal Palace gehen und sich beim Büfett anstellen würde, lächerlich! Pedro war irgendwann aufgefallen, dass Bruno vom Typ her diesem Pablo ähnelte, diesem Möchtegern-Matador, der alles in allem nur seinen Samen dazugegeben und vielleicht ein

Abendessen in der Bodega investiert hatte, sonst nichts! Und später dann, als Miguel zu sprechen begonnen und plötzlich »Papa« gesagt hatte und nie, nie irgendein anderer Mann in Erscheinung getreten war – da hatte Pedro zu lieben, unendlich zu lieben begonnen, und zwar so, wie er es nie für möglich gehalten hatte.

Nachmittage und Wochen sprachen Miguel und Pedro mit Vulkanen und Volldrachen, sie sichteten auf dem alten Leuchtturm die Titanic, die einen riesigen Eisberg aus Zuckerwatte hinter sich herzog und deshalb gar nicht untergegangen war. Überhaupt passierte nie etwas Schlimmes: Tsunamimonsterwellen wurden von lieben durstigen Superriesen weggetrunken wie Apfelschorle. Tropische Zyklone in menschenleere Gegenden weggepustet, so wie die alten Männer in Yaiza den Rauch ihrer Zigarren an den spielenden Kindern vorbeipusteten. Wale trugen untergehende Schiffe und Ertrinkende zurück an die Küsten. Abstürzende Flugzeuge fielen sanft in die Handflächen spielender Engel. Sie spielten auch die Entdeckung Lanzarotes nach, Miguel war Lancelotto Malocello, der Seefahrer, Pedro der König Zonzamas, der auf Lanzarote herrschte, Carlota die Königin, die sich allerdings von einem gestrandeten baskischen Seefahrer hatte schwängern lassen, was Miguel aber nicht wusste. In Timanfaya waren sie amerikanische Astronauten, die aus Versehen auf Lanzarote gelandet waren und im amerikanischen Fernsehen Leben auf dem Mond verkündeten. Der amerikanische Präsident wendete sich an die Nation und sprach von Eidechsen im Weltall, von Weinanbau, von Touristen in Mietautos, sogar von einem Postboten auf einer Honda. Irgendwann kam Messi nach einem Spiel beim CD Teneriffa zu Besuch, um in der Bar Stop Huhn mit Mais zu essen. Er setzte sich natürlich zu Miguel, die halbe Insel sah ihnen dabei zu. Miguel hielt das wirklich für möglich. Er glaubte, dass er eines Tages Messi kennenlernen und sie beide Freunde werden würden, in Wirklichkeit. Seine Liebe zu Messi ließ nichts anderes zu, und Pedro fing an, es auch zu glauben. Überhaupt glaubte Pedro an Dinge, an die er früher nicht geglaubt hatte. Und er wurde immer kindlicher. Miguel wurde jeden Tag älter, Pedro jünger, jeden Tag mindestens ein paar Monate.

Sie hatten sich mehr und mehr einander angenähert. Aber nun war Miguel weg und er musste das Kind in sich wieder wegschicken oder absterben lassen.

Pedro war auf dem Stuhl in sich zusammengesunken.

»Schmeckt dir der Thunfisch etwa nicht?«, fragte Tenaro.

»Doch, doch«, antwortete Pedro, richtete sich auf und aß weiter.

»Scheiße, Mann!«, sagte Tenaro. »Ich sehe es dir an, dass du sie noch liebst. Am besten hole ich uns noch eine Flasche.« Er stand auf und nahm einen Rotwein aus dem Regal.

Ja, dachte Pedro, er liebte sie. Auf dem Weg zu Tenaro hatte er angehalten und auf Carlotas Facebookseite geschaut. Er hatte ein Bild gesehen, auf dem Bruno Miguel in einen riesigen schwarzen Land Rover setzte. Pedro war wie gelähmt gewesen. Er hatte Miguel ein Sparkonto eingerichtet, aber so einen Land Rover hatte er ihm nicht bieten können. Erst nach einer Weile hatte er weiterfahren können und daran gedacht, oben auf dem Famara-Kliff in der kleinen Kapelle zu beten und sich dann, wie es ein junger kanarischer Politiker getan hatte, von der Abbruchkante zu stürzen. In einer Sekunde diesen Mut aufbringen und dann konnte man es nie, nie wieder rückgängig machen, nur noch der Fall, eine schreckliche, kurze oder unendliche Angst, vielleicht auch Ohnmacht vor dem Aufprall. Doch in diesem Moment hatte er in Femés den Mann gesehen, der mit dem Strohbesen gegen den Wind angefegt hatte. Seit Jahren sah Pedro diesen weißhaarigen Mann mit Hut, der vor seinem Haus den feinen Sand der Sahara wegfegte, immer aufs Neue gegen den ewigen Wind kämpfend und immer umhüllt vom Wüstenstaub, der ihm entgegenflog.

»Wir trinken jetzt einen aus La Geria von hier. Sauteuer, aber was soll's«, sagte Tenaro, er hatte die Flasche schon entkorkt und eingeschenkt. Der Wein roch wie die Routen Pedros durch die Vulkanlandschaft. Er roch sogar ein bisschen wie Picón, dachte Pedro, vielleicht, weil die Weinbauern in der trockenen Vulkanlandschaft Picón verwendeten, der das Wasser aus den Passatwinden aufnahm und speicherte.

»Die Flasche ist noch von der Beerdigung meiner Mutter, damit spülen wir jetzt diese Carlota aus deinem Leben weg.«

Sie stießen an und tranken.

»Und?«, fragte Tenaro.

»Sehr gut«, sagte Pedro.

»Ist sie schon weg?«

»Ein bisschen.« Pedro stand auf und lief zur Garderobe an der Haustür, um aus seiner Jacke das Weihnachtsgeschenk zu holen.

»Hier, das ist für dich«, sagte er.

»Was ist es? Ist das etwa Geschenkpapier für Kinder?«, fragte Tenaro.

»Du bist auch wie ein Kind, nur noch etwas tollpatschiger«, sagte Pedro. »Nun pack es endlich aus.«

Tenaro öffnete die rote Schleife und riss das bunte Papier auf. »Ich glaub es nicht!« Er jubelte.

»Ich habe extra dieses Spiel besorgt, bei dem deine Mannschaft nicht verliert. Meine aber auch nicht.« Pedro versuchte zu lächeln.

»Ich weiß schon. Das wahnsinnige 3:3!« Tenaro war mit der DVD bereits auf dem Weg ins Wohnzimmer.

»Dreimal Messi!«, sagte Pedro, als sie auf dem Sofa saßen und die Sprechgesänge aus dem Stadion Camp Nou hörten. »Ich wollte Miguel und Carlota Eintrittskarten für den letzten Clásico schicken, der war im November, aber die Karten waren so teuer, dass ich mich frage, wie sich die Leute das leisten können in diesen Zeiten.«

Tenaro drehte die Lautstärke auf und schrie: »Clásico! Hammergeschenk! Für die Galaktischen zweimal Van Nistelrooy und einmal Ramos!« Er rannte in die Küche und kam mit Ziegenkäse zurück. »Oder willst du was Süßes?«, fragte er, den Käse schon im Mund.

»Nein, nein«, sagte Pedro, dem plötzlich die Expresssendung für das Gefängnis wieder einfiel, die Pralinen, die er vergessen hatte zuzustellen. Einen Moment war er beunruhigt, dann dachte er, dass ein Mann wie Carlos Gonzalo Rosso an Heiligabend bestimmt auch ohne Pralinen über die Runden kommen würde, die traditionelle Bescherung war sowieso erst am Dreikönigstag. Ich werde es gleich am nächsten Werktag zustellen, sagte sich Pedro.

»Du guckst ja gar nicht richtig!«, rief Tenaro, der sich schon sichtlich auf das erste Tor von Real Madrid freute.

»Doch, doch, ich gucke, Real spielt gut«, antwortete Pedro und lehnte sich nach vorn. Doch als Messi an den Ball kam, gefoult wurde, sich in Nahaufnahme wiederaufrichtete, die Stutzen hochzog und sich die langen Haare aus der Stirn strich – da hatte er plötzlich das Gesicht von Miguel.

Tenaro ballte die Faust. »Diablo, diablo!«, rief er. »Deinen Messi haben sie in einer katalanischen Hexenküche gebraut!« Dann, bei Van Nistelrooys Tor, Rechtsschuss in der fünften Spielminute, sprang er auf, als wäre das Tor gerade eben erst gefallen und nicht vor mehr als zwei Jahren. »Hammergeschenk«, schrie er erneut und schlug Pedro aufs Knie. »Falls irgendwann mal die Welt untergeht, sitzen wir hier auf meinem Sofa und gucken alle Clásicos! Jeden Tag!«

Pedro erinnerte sich: Die Clásicos in seiner Kindheit hatten immer nur 17 Minuten und 14 Sekunden gedauert. Sein Vater hatte die Aufständischen in Barcelona verehrt, die der Belagerung durch den spanischen König Felipe V. so lange getrotzt hatten, bis sie im Jahre 1714 geköpft worden waren. Pedro durfte damals die Clásicos im Fernsehen immer nur so lange anschauen, bis die Fans im Stadion die riesige gelb-rot gestreifte Unabhängigkeitsfahne ausbreiteten, dies geschah immer nach 17 Minuten und 14 Sekunden. Dann stand sein Vater auf und schaltete den Fernseher aus, um Strom zu sparen. Und so dauerten die Clásicos im Fernsehen für Pedro immer nur 17 Minuten und 14 Sekunden, sie endeten nicht mit dem Schlusspfiff, sondern mit den rollenden Köpfen von 1714, mit dem Tod für die Freiheit und mit dem Stromsparen.

»Bitte lass uns das ausmachen«, sagte Pedro. »Das war eigentlich das Geschenk für Miguel.«

»Jetzt?«, fragte Tenaro. »Aber es ist gerade so großartig, ich habe das Gefühl, Madrid gewinnt das. Vielleicht geht es nicht mehr 3:3 aus? Vielleicht verwandeln sich die alten

Ergebnisse, wenn man mit noch größerer Liebe für seine Mannschaft guckt?«

»Mach es aus!«, sagte Pedro. »Ich muss die DVD wieder mitnehmen, du kriegst etwas anderes.«

Tenaro schaltete den Fernseher aus, nahm die DVD aus dem Abspielgerät und gab sie Pedro zurück. »Nichts in der Lotterie und jetzt ist auch noch der Clásico weg.«

Nun war es still.

»Meinst du, sie hat es Miguel gesagt?«, fragte Pedro. »Dass ich nicht der leibliche Vater bin?«

Tenaro zuckte die Schultern. »Weißt du was? Ich habe eine großartige Idee. Das ist genau das, was du jetzt brauchst«, sagte er und zog sich seine beste Jeans an.

18

Heilige Nacht in Puerto del Carmen (im Priabon des Eozäns)

Den Anstieg auf dem Weg nach Femés kamen sie mit der Honda kaum hinauf.

»Gib Gas!«, rief Tenaro von hinten und pfiff vor sich hin.

»Mache ich doch!«, rief Pedro zurück. »Früher sind wir hier immer hochgekommen, du bist vom Saufen zu schwer geworden!«

Die Honda quälte sich die letzte steile Linkskurve hoch. An ihm konnte es nicht liegen, dachte Pedro, er war in den letzten Wochen immer dünner geworden. Er aß unregelmäßig, kochte nicht mehr, ließ den Kühlschrank leer, holte sich nur Käse-Schinken-Sandwiches in der Bar neben dem Supermarkt und ab und zu aß er ein paar Nüsse und Bananen unterwegs.

Als sie den Ort erreicht hatten und im Kreisel an einem leuchtenden Weihnachtsbaum vorbeifuhren, sah Pedro kurz nach unten auf die Hände, die seinen Bauch umklammerten – es waren plötzlich Kinderhände, zart und fein, er zuckte zusammen und befahl Tenaro, sich am Gepäckträger festzuhalten. »Ich sehe schon Gespenster«, sprach er leise in den Wind.

»Achtung!«, schrie Tenaro.

Vor ihnen tauchte ein großer Mann im Scheinwerferlicht auf. Er sprang zur Seite und schrie. Pedro riss den Lenker nach links und fuhr schräg über eine der erhöhten Bremsschwellen, sie kamen fast von der Straße ab. Schlingernd lenkte er die Honda in die Spur zurück.

»Pass doch auf, du fährst wie ein Idiot!«, schrie Tenaro, der hinten ein Stück in die Luft geflogen war und sich mit den Händen wieder an ihm festklammerte.

The Brendan Behan in Puerto del Carmen war früher immer die erste Station gewesen, wenn Tenaro mit Pedro losgezogen war. Meist sangen hier betrunkene Engländerinnen Karaoke und tranken Smirnoff-Wodka und Guinness.

Tenaro stürzte das erste Bier herunter. »Weißt du, was gut daran ist, dass Carlota dich verlassen hat?«, fragte er und rülpste.

»Nein«, antwortete Pedro.

»Dass wir endlich wieder hier sind, nach sieben Jahren! In PDC!« So nannte Tenaro die Touristenhochburg Puerto del Carmen. »Aber früher bist du besser Motorrad gefahren.«

»Hahaha«, sagte Pedro und tippte mit seinem Glas gegen das von Tenaro, das schon fast leer war.

»Frohe Weihnachten«, sagte Tenaro. »Wir suchen dir jetzt eine Frau für die Heilige Nacht. Und mir natürlich auch.« Er bestellte sein zweites Guinness.

Pedro sah sich zögerlich um.

»So wie du hier herumguckst, geht das nicht!«, sagte Tenaro. »Das sind nicht Pedros Angriffsaugen!« Er fasste ihn mit beiden Händen an der Schulter und schüttelte ihn.

Pedro wusste schon, was jetzt kam: die »Tenaroische Augentechnik«. Tenaro hatte darüber immer so feierlich gesprochen, als würde er jemandem die richtige Ablass- und Anzugsgeschwindigkeit für die Schnur der berühmten Schleppangel seines Vaters erklären. »Danke, ich weiß schon. Du bist eben der Sohn eines berühmten

Hochseeanglers, ich aber nicht, ich bin von der Post, ich mach das anders.« Er fühlte sich mit einem Mal noch einsamer.

»Für so etwas muss man hellwach sein«, erklärte Tenaro, der nun richtig aufgedreht war. »Ich zeig dir das jetzt noch mal.«

»Du bist etwas betrunken«, sagte Pedro. »Wir könnten am Hafen noch ein letztes Bier trinken und dann wieder nach Hause fahren.«

»Kommt gar nicht infrage! Wir rauchen erst mal was, ich habe heute Morgen Jamal al Din in Arrecife getroffen.« Tenaro drehte bereits an dem Joint, er rauchte alles, was dieser Jamal al Din aus Marokko mitbrachte: el Kiff, zero-zero, al-haschisch. »Er verkauft jetzt auch gefälschte Reisepässe, die machen wie irre Geld damit, Pässe klauen, neue Fotos rein, fertig! Die Türken und Bulgaren führen in diesem Business, dann kommen gleich die Marokkaner. Was meinst du, wie viele Pässe man hier auf der Insel zusammenkriegen würde?«

»Wie meinst du das?«, fragte Pedro.

»Jamal sagt: Hier gibt's jetzt mehr Pässe als Fische. Spanische, englische, deutsche, französische, scheißegal, für einen *echt echten falschen Pass*, so heißt das, kriegen die 6000 Euro! Dann gibt es noch den *normal echten falschen Pass*, der ist billiger, der kostet nur die Hälfte, den machen die in irgendeinem marokkanischen Copyshop, damit kommt man aber keine zehn Meter weit ... Jamal und seine Jungs verkaufen alles: el Kiff, al-haschisch, Cannabis-Indoor-Plantagen, Kräutermühlen, Longpapers, Führerscheine, Visakarten, Urkunden, SIM-Karten, Bypässe, neulich sogar eine menschliche Lunge!«

»Eine menschliche Lunge? Das sind Schwerverbrecher,

Tenaro! Rauchen in Bars ist übrigens verboten! Und was ist das da jetzt?«, fragte Pedro, es roch stärker als das Zeugs, was sein Freund früher geraucht hatte.

»Kongogras!« Tenaros Blick fixierte zwei Frauen in einer Sitzecke, die gerade gekommen waren. Die eine trug einen Pullover mit blinkenden Weihnachtskugeln, die andere einen, auf dem ein Rentier mit roter Mütze zu sehen war, das die Kerzen an einem Weihnachtsbaum anzündet. Und Pedro roch, trotz des Kongograses, den süßlichen Duft, den die Frauen verströmten.

»Wie kannst du dieses Kongogras von Jamal al Din rauchen, wenn du genau weißt, dass er auch Pässe verkauft, die nichts taugen?«, fragte Pedro.

»Ganz einfach, einen Pass kauft man nur einmal, aber wenn das Kongogras geil ist, kaufe ich es noch mal. Das ist doch logisch!«, antwortete Tenaro. »Kongo-Gras gilt als stimulierend, weil da drüben alles schneller wächst.«

»Du weißt doch nicht mal, wo der Kongo ist!«, sagte Pedro.

»Natürlich weiß ich das! ... So, jetzt pass mal auf.« Tenaro drehte sich um und sah die Frauen frontal an, so als ob er nun die berühmte Angel seines Vaters ins Meer halten würde.

Pedro zog vorsichtig an dem Joint und starrte auf den Tresen, er wollte die Tenaroische Augentechnik lieber nicht sehen. Er hatte es schon früher nicht ertragen, wenn Tenaro nächtelang Frauen angeglotzt hatte. Er dachte an Penélope. Sie hatte auf seine SMS nicht geantwortet. Vielleicht hatte durch diese Hallo-Hi-SMS seine ganze Verzweiflung und Verlorenheit geschienen. Sie hatten sich noch ein paarmal vor dem Schultor gesehen, aber Penélope war immer in Eile gewesen. Und zwei Wochen später war Carlota mit Miguel weggegangen und es hatte keinen Grund mehr gegeben, zur Schule zu fahren. Er hatte von Penélope noch Spuren im Picón gefunden, zarte, kleine Fußabdrücke.

»Ich glaube, das sind Engländerinnen«, sagte Tenaro. »Ich sehe so was mit einem Blick, die kommen aus Birmingham, auf keinen Fall aus Liverpool.«

Tenaro hatte keine Ahnung von Menschen, dachte Pedro. Er hatte sein halbes Leben auf einem Fischerboot verbracht. Als Kind hatte er mit den windhundähnlichen Podencos gespielt, die für die Kaninchenjagd gezüchtet worden waren. Er hatte Eidechsen gejagt und Atlantische Eidechsen von Mauergeckos unterscheiden können und Flohkrebse von Muschelkrebsen oder Spaltfußkrebsen. Aber keine Birminghamerinnen von Liverpoolerinnen. Früher hatte Tenaro ihm immer vorgerechnet, dass täglich 14 Flugzeuge aus England, also mindestens 2800 Engländer auf Lanzarote einträfen, davon die Hälfte Frauen, von denen rund ein Viertel für Tenaro infrage kämen. Das mache 350 Frauen pro Tag, er hatte für diese Rechnung einen Taschenrechner benutzt, 350 Mittel- oder Nordengländerinnen, alle mit Minirock und Glitzersachen im Gepäck für die Nächte in PDC. Er hatte sogar die Flugpläne studiert und alle englischen Städte mit Direktflügen nach Lanzarote gekannt: Bristol, Exeter, Doncaster, East Midlands, Newcastle oder Birmingham, Leeds Bradford, Liverpool und Manchester ... Überhaupt hatte er sich die Zeiten, in denen neue Frauen gelandet waren, genau eingeprägt, wie einen inneren Flugplan, ohne dass er je selbst die Insel verlassen hätte. Und zu den Städten, aus denen besonders viele Touristinnen angereist waren, hatte er sich Fakten eingeprägt und sich nach Sehenswürdigkeiten erkundigt, er hatte dann von der barocken Kathedrale in

Leeds gesprochen; von den Beatles aus Liverpool (*She loves you, yeah, yeah, yeah*); oder vom Mann, der *Lord of the Rings* in Birmingham geschrieben hatte.

Pedro berührte Tenaro am Arm. »Und? Willst du sie hypnotisieren?«

»Ich bin heute nicht so gut in Form.« Tenaro sah ihn mit verschleierten Augen an und bestellte sein fünftes Bier. »Gib mir noch genau zwei Minuten, dann sag ich dir, mit welcher Taktik wir vorgehen.«

»Die sind ungefähr in deinem Alter. Ist dir das nicht zu alt?«, fragte Pedro.

»Weihnachten sind alle älter. Die Jüngeren feiern mit ihren Eltern, weil die noch nicht tot sind«, antwortete Tenaro.

»Aha, verstehe. Ich habe aber noch nie so schreckliche Frauen in so schrecklichen Pullovern gesehen«, sagte Pedro vorsichtshalber schon vor Ablauf der zwei Minuten.

»Wieso? Ich finde, die eine hat was. Nicht die, bei der's blinkt, sondern die mit dem feurigen Hirsch auf der Brust.«

»Das ist kein Hirsch, sondern ein Rentier«, sagte Pedro.

»Natürlich ist das ein Hirsch, ich weiß doch, wie Hirsche aussehen! Außerdem sind Hirsche und Rentiere dasselbe.« Tenaro zog schwungvoll das frisch gefüllte Glas zu sich heran und bestellte gleich noch zwei Wodka.

»Mein Gott, das soll ein Weihnachtspullover sein, das Rentier ist ein Symbol für Weihnachten! In der Weihnachtsgeschichte wird der Schlitten von einem Rentier gezogen, ein Hirsch wird da gar nicht erwähnt!« Pedro war dieses Kinderbuch in den Sinn gekommen, *Niko, das Rentier*, es lag zu Hause in Miguels Zimmer. Warum konnte er keiner Frau auf den Pullover gucken, ohne dabei an seinen Sohn zu denken?

»Warum regst du dich denn so auf? Ich kannte mal eine aus Birmingham, die hatte so einen Hirsch auf dem Pullover. Vielleicht ist der Hirsch das Wahrzeichen von Birmingham. *Lord of the Rings* und Hirsche!«

»Nein, nein!«, rief Pedro energisch. »Und was ist das überhaupt für ein Quatsch, dass man an Weihnachten ältere Frauen trifft, weil die Eltern der Jüngeren noch nicht tot sind?« Er spürte, dass es alles noch schlimmer machte: mit Tenaro Heiligabend zu feiern, seine übertriebene Hingabe, mit der er an die alten Zeiten anknüpfen wollte, dieses Kongo-Zeugs auspackte und sich den Frauen und ihren gottverdammten Pullovern widmete, anstatt sich der verwundeten Seele seines Freundes oder seiner eigenen anzunehmen.

»Ich will nach Hause, ich habe Kopfschmerzen«, sagte Pedro. »Wieso traust du diesem Jamal al Din eigentlich so sehr? In dem Zeugs könnte alles Mögliche drin sein.«

»Jamal war Fischer wie ich, bis dieser Arsch von König von Marokko das Meer verkauft hat! Natürlich traue ich ihm, es gibt auch gute Marokkaner!«, antwortete Tenaro, er wendete sich abrupt von den Frauen ab. »Dann gehen wir eben. Ist ja ein schöner Abend!« Er zahlte.

»Ich wollte zahlen, du hast doch überhaupt kein Geld mehr«, sagte Pedro.

»Nein, ich mach das«, sagte Tenaro. »War ja meine blöde Idee, dich wieder ins Leben zurückbringen zu wollen.« Er lief aus der Brendan-Behan-Bar, ohne sich noch einmal umzuschauen.

Sie setzten sich auf das Motorrad. Pedro bemerkte, dass Tenaro sich gleich mit den rauen, zernarbten Händen am Gepäckträger festhielt und nicht, wie auf der Hinfahrt, seine

Arme um Pedros Bauch schlang. Wie ein trotziger Junge kam er ihm vor. Es tat ihm plötzlich leid, wie er ihn behandelt hatte. Und außerdem hatte Tenaro ja recht, vielleicht musste er sich wirklich ablenken lassen, notfalls sogar von diesen Frauen und ihren schrecklichen Pullovern. Auf jeden Fall durfte er nicht für den Rest seines Lebens die Vergangenheit immerzu gegen den Wind fegen wie dieser Mann mit dem Besen.

»Komm, lass uns noch ein Bier im Harley Rock Café trinken. Was meinst du?«

»Das ist die beste Idee, die du in den letzten 100 Jahren hattest!«, antwortete Tenaro und tätschelte mit beiden Händen Pedros Nacken. »Und weißt du was? Zwei Kanaren sollten sich nicht über Hirsche streiten, die es hier gar nicht gibt!«

»Früher hast du solche Frauen einfach angesprochen und den Satz gesagt, den wir tausendmal geübt haben, weißt du noch?«, fragte Pedro. »I am a member of the famous Canarian High Seas Fleet!«

Tenaro schwieg, Pedro tat die Bemerkung sofort leid.

Fünf Minuten später hatten sie die Honda geparkt und liefen über die Avenida de las Playas.

»Ich bin mir sicher, dass heute im Harley viel los ist«, sagte Tenaro.

»Wer weiß«, antwortete Pedro.

Vor einigen Jahren, vor Carlota, als sie ständig auf der Avenida de las Playas ausgegangen waren, war es immer unmöglich gewesen vorherzusagen, wo am meisten los sein könnte. In einer Woche strömten alle ins Harley Rock Café und in der nächsten ins American Indian oder ins Ruta 66. Die Betreiber kämpften mit allen Mitteln, um die vielen aufgetakelten oder halb nackten Touristen in die eigene Bar zu locken. Doch die Touristen waren wie Fischschwärme, die ohne einen sichtbaren Anführer mal hierhin oder dorthin schwammen und an deren Fortbewegungsverhalten Biologen forschten.

Das Harley Rock Café auf der Avenida de las Playas war mittelvoll.

»Lass uns gleich zu meinem Stammplatz gehen«, sagte Tenaro. Er setzte sich auf einen Barhocker an der Ecke der Theke, auf den sogenannten John-Deacon-Hocker, auf dem tatsächlich einmal John Deacon, der Bassist von *Queen*, gesessen haben soll und von dem aus die ankommenden und die tanzenden Frauen am besten zu sehen waren. »Jetzt ist noch nicht soooo viel los, bestimmt wegen der Krise, aber die kommen heute alle trotzdem noch her, das spüre ich«, sagte Tenaro, er bestellte Coronita-Biere.

»Mein Großvater hatte, glaube ich, was mit der Señora Negra aus Femés, als sie jung war«, sagte Pedro. »Ich habe einen Brief ihres Mannes gefunden. Mein Großvater hat ihn nie zugestellt. Ihr Mann ist in irgendeinem Gefängnis von Franco verschimmelt. Er hieß Luís. Kannte dein Großvater vielleicht einen Luís aus Femés?«

»Weiß ich nicht. Wie kommst du jetzt auf so was?«, fragte Tenaro.

»Mir kommt es vor, als hätte mein Großvater diesen Luís umgebracht. Ein Franzose, der mit ihm in der Zelle saß, hat ihn getröstet. Er sagte, dass es kein Schicksal gibt, sondern dass alles aus einem Zufall hervorgegangen ist, die ganze Welt. Wir auch.«

»Bist du schon stoned?«

»Nein. Ich frage mich nur, ob man einfacher leben kann, wenn man daran glaubt.«

Weiter vorne saß eine Gruppe Touristen, die Weihnachtsmützen trugen und auf Deutsch herumgrölten. Auf den Bildschirmen unter der Decke der Bars liefen Videoclips. Auf der Tanzfläche waren nur zwei Frauen, in langen Kleidern, barfuß und mit Steinketten um den Hals. Sie tanzten ruhig, mit geschlossenen Augen, gar nicht im Takt der Musik. Pedro überlegte, ob sie vielleicht Urlaub in Charco del Palo machten, in PDC wohnten sie sicher nicht, höchstens im anthroposophischen Zentrum, das es hier gab und das Pedro kannte, weil er dort einmal wegen einer Weißbrot-Verstopfung ein bestimmtes Leinengetreidebrot für Miguel gekauft hatte.

Pedro war in letzter Zeit oft sonntags auf den Basar nach Teguise gefahren. Er hatte sich unter den Balkon von Carlotas altem Zimmer gestellt und an die Nachmittage in ihrem Bett unter den Backstreet-Boys-Postern gedacht. Und irgendwann war die Balkontür aufgegangen und ein dicker Junge erschienen, der Wasser auf ihn geschüttet hatte. Pedro fuhr nie morgens auf den Basar, wie die Touristen, sondern erst am Nachmittag, wenn sich die Einheimischen in der kleinen Crêperie trafen und den Musikern lauschten, die Tamburin und Timple spielten. Frauen mit großen Hunden saßen auf Holzstühlen, drehten sich Joints, tranken Bier aus Flaschen, bis sie irgendwann zu tanzen begannen. Pedro ließ sich meist auf einer kleinen Steintreppe nieder, lehnte sich mit dem Rücken an die gekalkte Wand und sah dem Treiben auf dem kleinen Platz stundenlang zu, bis die Sonne hinter den weißen Häusern verschwand. Manchmal grüßte er Leute, die er vom Sehen kannte. Viele der Frauen und

Männer hier waren Dazugezogene vom Festland, Aussteiger, die kleine Läden betrieben, auf dem Basar jobbten oder die Tage auf Surfbrettern in der Famara-Bucht verbrachten. Oft beobachtete er einen alten stummen Cowboy, der seine Stimme, vielleicht durch eine Krankheit, verloren hatte und sich mit seinem großen gezwirbelten Bart und dem Cowboyhut unter die Menschen mischte und lautlos lachte. Er lachte und lachte, ohne dass man irgendetwas hörte. Sein Anblick hatte etwas Würdevolles, Tröstliches, dachte Pedro. Wie das kleine Holzhaus, in dem Abraham Lincoln die Post sortierte.

Tenaro stieß ihn an und riss ihn aus seinen Gedanken. Er wollte nun unbedingt noch schnell ins American Indian Café und ins Ruta 66, um zu schauen, ob dort mehr Engländerinnen feierten, aber Pedro wollte nicht mitkommen. Dieses irrsinnige Umherspringen zwischen dem Harley, dem American Indian und dem Ruta 66, zwischen dem Charlie's, dem La Ola und dem Big Apple, vorbei an den afrikanischen Huren, die an der Calle César Manrique und Calle Nicaragua standen – das alles hatte Pedro damals mitgemacht, aber jetzt war er zu müde dafür.

Tenaro leerte seine Flasche und verschwand. Pedro nahm sein Smartphone und öffnete loveawake.com. Auf Lanzarote war keine neue Frau dazugekommen, ihm wurden nur die Belgierin, die Engländerin, die spanische Zumba-Lehrerin und die vier bildlosen 39-Jährigen angezeigt. Plötzlich tauchte rechts auf dem Display ein neues Bild auf, Pedro fühlte, wie sein Herz einen Satz machte. Die Frau sah aus wie Olga Kurylenko als Agentin Camille in *James Bond: Ein Quantum Trost*! Er hatte ihn mit Johanna im Kino gesehen, sie hatte den Film furchtbar gefunden, nicht sinnstiftend.

Pedro klickte sofort auf das Profil von »ganminchaopan«, vermutlich hatte sie sich gerade angemeldet und war jetzt online. »Job: Investor, I love to laugh and meet my better half«, hatte sie angegeben. Pedro sah sich schon mit ihr in der Bar Stop sitzen: braune Augen, lange rotbraune Haare. Hongkong, Sha Tau Kok. Wieso Hongkong, er hatte doch im Suchfeld Lanzarote angegeben? Vielleicht war das Carlotas Schwester auch passiert und deshalb lebte sie jetzt in Alicante, nur wegen einer App. Er googelte erst »Sha Tau Kok«, dann schickte er eine Chatnachricht unter seinem Nicknamen »Postreiter«.

> Hi Ganminchaopan! We are both from islands! I read that the people from Sha Tau Kok came originally from the Hakka-Chinese. Very interesting and long long history. By the way your nose and lips are a little bit like Olga Kurylenko from James Bond. Hope you smile now! For a Postmaster of the Royal Post of Spain it is funny to send you this with loveawake.com.

Er steckte sein Smartphone zurück in die Jackentasche und schaute wieder auf die Tanzfläche. Die beiden barfüßigen Frauen mit den Steinketten umarmten und küssten sich. Pedro wandte sich ab und starrte auf die Bildschirme, auf denen Bob Marley sang und dabei mit einem Fußball spielte. Auf dem John-Deacon-Hocker, dicht neben ihm, saß plötzlich ein Mann, er faltete eine Landkarte zusammen und sah ihm direkt in die Augen.

»Guten Abend«, sagte Pedro verblüfft.

Der Mann lächelte und trank aus einem Glas Tee.

Pedro hatte ihn nicht kommen sehen und nicht bemerkt,

dass sich jemand neben ihn gesetzt und Tee bestellt hatte. Es roch seltsam, rauchig, auch etwas süß. So einen Geruch hatte er im Harley noch nie in der Nase gehabt.

»Interessanter Tee«, sagte Pedro.

Der Mann schwieg und sah ihn ruhig und unverwandt an, als ob sie hier allein wären. Er hielt mit großen, zarten Kinderhänden das Glas mit der dampfenden Flüssigkeit.

»Special tea?«, fragte Pedro.

»Sie müssen nichts sagen, nur, wenn Sie wollen«, antwortete der Mann.

»Sie haben da ja eine Karte von der Insel, richtig? Ich wohne hier.« Es war unmöglich zu schweigen, wenn einen jemand so ansah, wie dieser Mann es tat, dachte Pedro. »Machen Sie Ferien? Sind Sie aus Madrid? Ich tippe auf Madrid, ich selbst lebe im Süden der Insel, in Yaiza, sehr schöner, sehr alter Ort. Von dort können Sie auch nach Uga fahren, noch älter, Ort des Weins ... der Kamele und Ringkämpfer ... In der Nähe wohnt auch ein Europaforscher, was es hier alles gibt! ... Frohe Weihnachten!« Mein Gott, dachte Pedro, wie er auf einmal losplapperte. »Kennen Sie Uga? Soll ich Ihnen mal Uga auf der Karte zeigen? Da gibt es sonnabends einen kleinen Gemüsemarkt, besondere Pflanzen und Kräuter der Insel, vielleicht interessiert Sie das? Ich dachte mir, das könnte Sie interessieren, wenn Sie so einen Tee ...«

»Das ist eine Karte der Insel unter der Erde«, unterbrach ihn der Mann.

»Von der Insel unter der Erde?«, stammelte Pedro. »Dann ist ja der Gemüsemarkt in Uga für Sie nicht so interessant?«

»Doch, doch«, sagte der Mann. »An keinem Ort der Welt ist die Erde so offen wie hier. Es wäre unsinnig anzunehmen, dass Menschen durch die uralten Kräfte, die hier aus dem

Inneren der Erde aufsteigen, nicht berührt würden. Das betrifft alles, die Menschen, die Tiere, das Gemüse, auch Sie! Wenn Sie wollen, kann ich Ihnen Stellen zeigen, wo Sie tief ins Innere der Erde fallen, bis in die Zeit des Eozäns.«

»Zeit des was?«, fragte Pedro.

»Eozän«, wiederholte der Mann.

»Eozän«, wiederholte Pedro. Das Gesicht des Mannes wurde immer jünger, bemerkte er, überhaupt hörte er die Musik im Harley Rock Café gar nicht mehr, er hörte nur dieses Wort, das seltsam nachhallte, so als würde man in eine Schlucht hineinrufen.

»Vor 56 Millionen Jahren, lieber Pedro, im Priabon des Eozäns«, sprach der Mann weiter, aber Pedro konnte gar nicht zuhören, er war erschrocken, während weitere Worte wie »Gravimetrie«, »Magnetfeld« und »Ursprung« an ihm vorbeiflogen – woher in Gottes Namen wusste der Fremde, dass er Pedro hieß?

Der Fremde kannte auch alle Vulkane: den Feuerberg, den Dunklen Berg, den Weißen Berg, den Roten Berg, die Braunen und den Rotbraunen, den Turm, die Corona-Gipfelkrone, die Große Axt und die Zauberin des Hinterlandes, den Schwarzen Brüller, den Bauchigen, den Schönen Hans, den Ausgemergelten, den Tiefsinnigen und den Standhaften, den Mittleren, die Messerspitze, den Steinigen Kessel und den Gespaltenen. Pedro war sich plötzlich sicher, dass dieser Mann alle 100 Vulkane aufzuzählen imstande war. Er sprach über die Ausbrüche bei Timanfaya von 1730, so als hätte er damals neben dem Pfarrer Don Andrés Lorenzo Curbelo gestanden. Und als würden noch immer glühende Massen aus dem tiefen Erdinneren in die äußere, dünne Schicht dringen, direkt unter dieser Insel in einen gewaltigen Hohlraum. »Ein Magmadom aus flüssigem, glühendem Gestein«, hörte Pedro ihn noch sagen, »Caldera Santa Catalina! Genau hier wird sich das Herz der Erde sehr bald mitteilen!« Pedro spürte eine Erschütterung, schaute auf den Boden: Schwarze Landschaften stiegen auf, rückten ihm entgegen, sanken wieder in die Tiefe. Er hielt sich am Hocker fest. Die Bildschirme mit den Videoclips waren plötzlich alle schwarz.

»Was soll das Ganze? Wer sind Sie denn?«, fragte Pedro und griff nach seiner Bierflasche.

»Wir beobachten die Menschen, die so nah am Ursprung der Welt leben«, antwortete der Mann.

»Okay, dann sind Sie Geheimagent oder Dichter.« Pedro lachte angespannt und wippte auf seinem Hocker.

»Wir beobachten jemanden im Süden, der sich bald mit dem Gewehr erschießen wird. Wir beobachten auch diesen Deutschen, den Sie kennen und der an Blindheit sterben muss. Aber wir beobachten auch, wie die Liebe, die hier entstanden ist, über sich hinauswachsen und sogar die Welt verändern kann.«

Pedro starrte den Mann an.

»Wie erkläre ich Ihnen das, lieber Pedro? Die offene Erde verstärkt alles: Ort der Entzweiungen und des Niedergangs. Ort der wachsenden Liebe und schöpferischen Kraft. Fallen Sie hier immer mehr in dunkle Gedanken ab, müssen Sie aufpassen, dass er Sie nicht verschlingt.«

Pedro schluckte und betrachtete das Etikett der Bierflasche. Es war mit einer goldgelben spanischen Krone bedruckt, genau wie sein Dienstpullover und seine Diensthonda. Das waren die Fakten, eine Flasche Coronita, fest auf dem Tresen des Harley Rock Cafés stehend. Dann nahm er allen Mut zusammen, um dem Mann endlich Folgendes zu sagen: dass er ein Spinner sei, ein Irrer, ein Wahnsinniger, der hier mit einem seltsam schwefeligen Tee herumsitze (den es auf der Getränkekarte nicht gab!), und irgendwas über Menschen erzähle, die er gar nicht kennen könne.

Pedro straffte die Schultern, wandte sich um – und erblickte Tenaro, der auf dem Hocker saß und auf die Bildschirme mit den Videoclips starrte. Es lief gerade Queen, *I Want To Break Free*.

»Seit wann bist du hier?«, fragte Pedro verwirrt.

»Seit zehn Minuten, keine Ahnung«, antwortete Tenaro.

»Auf deinem Stuhl saß bis vor zehn Sekunden ein Mann!«, sagte Pedro und sah sich im Harley um.

»Ich habe niemanden gesehen. Aber ich schaue ja auch nicht nach Männern. Hast du das hier hingelegt oder war es John Deacon?«, fragte Tenaro und zeigte auf einen schwarzen Stein, der vor ihm auf dem Tresen lag.

Pedro nahm ihn in die Hand und ließ ihn mit einem kurzen Schrei wieder auf den Tresen fallen. Der Stein war brennend heiß.

»Heute ist ein Feiertag, ich will endlich Spaß haben«, sagte Tenaro. »Wir gehen ins La Curva!«

»Ich gehe nicht ins La Curva, außerdem bist du pleite«, antwortete Pedro und starrte auf den Stein.

»Ich weiß schon, warum mein Vater deinen Vater nicht mochte. Du bist der Sohn von einem Moralprediger, einem Rotspanier! Einem Demokraten! Demokrat ist meinetwegen okay, aber Moralprediger ist scheiße.«

»Du bist besoffen. Glaubst du, die Demokraten sind nie in den Puff gegangen?« Pedro stand auf und leerte sein Coronita, er sagte nichts mehr. Dieser Abend, die Sehnsucht nach Carlota, die Angst, er könnte sich selbst etwas antun, dann dieser seltsame Mann, das hatte er ja nicht geträumt! Dazu der Alkohol, das Gras, dieser glühende Stein, die Gespräche mit Tenaro, er hatte einfach keine Kraft mehr und sah keinen Sinn darin, Nein zu sagen.

Sie fuhren ins La Curva. Tenaro kam kaum noch die schmale Holztreppe hinauf, Pedro musste ihn festhalten und schieben.

19

Im Bordell La Curva – mit Luciana bei Dr. Sánchez

Die Frau mit den großen dunklen Augen war Pedro sofort aufgefallen. Sie saß ihm gegenüber auf einem Sofa und spielte mit ihrem Smartphone. Sie sah ihn kurz an, erhob sich und setzte sich ans äußerste Ende der Bar, so als suche sie die größtmögliche Entfernung zu ihm. Ihre Fingernägel waren so lang, dass es Pedro vorkam, als liefe sie mit Stelzen über das Display.

Es war stickig, heiß, sie waren die einzigen Gäste. Pedro zeigte Tenaro die Fotos von Brunos Land Rover auf Facebook. Tenaro bestellte zwei Whiskey. Eine andere Frau näherte sich schwerfällig und setzte sich neben ihn, in den Falten ihres Gesichts sammelten sich Schweiß und farbiger Puder.

»Margarita. Where you from?«, fragte sie.

»From here. You?«, fragte Tenaro.

»Bulgaria.«

Aus der Dunkelheit kam eine weitere Frau, die wie ein schlingerndes Schiff auf Pedro zusteuerte. Er sprang vom Barhocker auf und flüchtete auf die Toilette, die so klein war, dass er sich kaum bewegen konnte. Er sah in einen Spiegel und erinnerte sich an die erstaunten Kinderblicke von früher. Wie er sich als Kind im Spiegel betrachtet und gefragt hatte, ob das wirklich er sei und wie das Ich in den Körper hineingekommen sei. Er nahm sein Handy, wischte loveawake.com weg und googelte: »Priabon des Eozäns«:

Oberste geologische Stufe des Eozäns, benannt nach der griechischen Göttin der Morgenröte.

Als Pedro von der Toilette zurückkam, erhob sich die Frau mit den großen dunklen Augen und den unendlich langen Fingernägeln. Sie zog sich das Kleid zurecht und schritt langsam auf seinen Barhocker zu. Sie trug die Haare hochgesteckt, ihr Gesicht mit den schmalen Lippen, auf denen das Rot etwas verschmiert war, schien Pedro seltsam vertraut.

»I am Luciana.«

»Pe... Pedro.« Er war wirklich ein bisschen aufgeregt »Where do you come from?«, fragte er.

»Venezuela«, antwortete sie und setzte sich neben ihn. Sie nippte an ihrer Cola und schwieg.

»Do you know Bulgaria?«, fragte die andere Frau und legte eine Hand in Tenaros Schoß.

»No ... No Bulgaria«, sagte Tenaro, er sah Hilfe suchend zu Luciana, die wieder auf ihr Display starrte.

Was für eine verworrene Situation, dachte Pedro. Tenaro starrte auf die Frau aus Venezuela, während eine bulgarische Hand in seinem Schoß lag. Eine Weile betrachtete Pedro die Hand. Er dachte plötzlich an Fische aus kanarischen Gewässern, die sein Freund gefangen hatte und die bei irgendeinem Japaner als Sushi auf dem Teller gelandet waren. Er dachte an Fische, die hier auf kanarischen Tellern landeten, aber aus Thailand kamen. Das Kongogras, sagte sich Pedro, dazu der Whiskey, vorher noch Smirnoff-Wodka und dieses pechschwarze Guinness-Bier, zuletzt Coronita, er fing an, Dinge zu vermischen, aber trotzdem: Diese bulgarische Hand durfte da nicht liegen, auf einem kanarischen Schwanz, die bulgarische Hand, sagte sich Pedro, war ein Sinnbild für diese irrsinnige Welt: Postboten, die jetzt Fidelity-Fonds und Bungalows vertickten! Japaner, die in Tokio kanarische Fische aßen! Kanaren mit thailändischen Fischen oder bulgarischen Frauen!

Als er überlegte, wieder auf die Toilette zu gehen, um sich zu übergeben, stand Tenaro mit einem Ruck auf, drängte sich an Pedro vorbei und flüsterte Luciana etwas ins Ohr.

»Ihr müsst heute ausnahmsweise nach oben«, sagte die Bardame und gab Luciana einen Schlüssel, die dann mit Stöckelschuhen und vorsichtigen Schritten auf einer steilen Treppe nach oben verschwand. Tenaro folgte ihr schnell.

Pedros Herz raste. Er sah es plötzlich ganz deutlich vor sich: Bruno, der Carlota anspricht, die genau neben ihm sitzt. Und wie Bruno sie dann über eine Treppe nach oben in ein anderes Leben mitnimmt.

»Das macht 60 plus die Getränke, sind 75«, sagte die Bardame.

»Wofür die 60?«, fragte Pedro.

»Der Herr sagte, du zahlst. Für einmal Zimmer«, antwortete sie.

»Der Herr sagte, ich zahle ...«, murmelte Pedro und legte zögernd 75 Euro auf den Tresen. Dann schaute er auf sein Telefon. Keine SMS von Penélope.

Jetzt hörte er einen Schrei. Danach einen dumpfen Schlag. Die Bardame und die Bulgarin schreckten auf. Von draußen hörten sie Autohupen. Tenaro stürzte die schmale Treppe hinunter und fiel auf den Boden der Bar, das eine Bein steckte noch in der Hose, das andere war nackt. Er rappelte sich auf, sah Pedro mit aufgerissenen Augen an: »So eine Scheiße! ...

Mann, Scheiße!«, dann zog er sich hastig seine Jeans an und rannte zum Ausgang.

*

Pedro saß im Wartezimmer und starrte auf die Uhr. Es war fünf, draußen war es noch dunkel. Er versuchte Tenaro anzurufen, doch dessen Handy war ausgeschaltet.

Der Arzt kam und gab ihm die Stöckelschuhe und das Kleid der Frau. Pedro erkannte ihn sofort. Es war Dr. Sánchez, der Arzt, der Miguel nach dem Sturz vom Motorrad behandelt und diesen furchtbaren Streit zwischen ihm und Carlota mitbekommen hatte.

»Wir haben sie operieren müssen, beide Ellbogen. Sie hatte noch Glück, es sind einfache Frakturen«, erklärte er.

»Ich habe keine Ahnung, was da passiert ist«, sagte Pedro.

»Papiere hat sie keine. Wir müssten die Guardia Civil verständigen. Oder sind Sie vielleicht mit ihr verwandt?« Dr. Sánchez sah ihn mit einem flüchtigen Lächeln an. »Ein bisschen verwandt würde mir reichen ... Die Welt ist schon schlimm genug.«

Pedro nickte. Er dachte daran, wie er sie vorhin mit der Bardame und der Bulgarin auf der Straße gefunden hatte, unter dem Fenster des Zimmers, in das sie mit Tenaro gegangen war. Pedro hatte sie auf die Rückbank des Taxis gesetzt, und Luciana hatte geweint und mehrmals »No policía« gestammelt. Er hatte dem Fahrer die letzten Scheine gegeben, die er hatte, und ihn gebeten, sich zu beeilen. Dann war er dem Taxi mit seiner Honda gefolgt

»Sie schläft jetzt«, sagte der Arzt. »Wie geht es Ihrem Sohn?«

»Gut, gut«, antwortete Pedro, er rieb sich die müden Augen. »Wenn ich ehrlich bin, na ja, ich weiß es nicht …«

Der Arzt war schon weg. Pedro leerte auf der Toilette einen Müllbeutel und steckte die Stöckelschuhe und das Kleid hinein. Dann hielt er den Kopf unter den Wasserhahn, er war immer noch betrunken. Er wollte sich das Gesicht abtrocknen, doch die Papierhandtücher waren alle. Er öffnete wieder den Müllbeutel und trocknete sich mit dem Kleid die Haare. Es roch nach Rauch, Schweiß und Parfüm. Er verließ das Krankenhaus und fuhr zurück ins Harley Rock Café, um zu schauen, ob Tenaro wieder auf seinem Barhocker saß.

Pedro fand nur den Stein. Er lag noch auf dem Tresen, er war kalt. Pedro steckte ihn in die Tasche und fuhr nach Hause.

Am Horizont wurde es schon hell. Im Garten hing immer noch die alte Uniform seines Vaters im Wind. Pedro stieß die Tür auf, durchquerte das Wohnzimmer und lief ins Schlafzimmer. Dann nahm er den Rückstoßlader seiner Vorväter aus dem Schrank und zog sich das sandfarbene Sakko an, das ihm Carlota geschenkt hatte. Er stellte sich vor, wie Carlota vor Miguel steht und es ihm sagt. Dass er nicht der Vater ist … Dass der richtige Vater ein anderer ist … Er stellte sich Miguels Blick vor …

Das Gewehr war offenbar seit der Franco-Zeit, seit fast 70 Jahren, geladen. Er würde sich nicht hier erschießen, vor dem Boxspringbett, sondern im Zimmer seines Vaters.

Die Tür war angelehnt, er hatte sie nicht mehr schließen können, so sehr hatte sich das Holz verzogen. Pedro schaltete die Deckenlampe an und wischte den verstaubten Stuhl ab, dann setzte er sich. Er versuchte, sich den Lauf des

Gewehrs vor das Gesicht zu halten, aber seine Arme waren zu kurz, er kam nicht an den Abzug. Er ließ das Gewehr sinken und las die Gravur:

Sonderedition MG 34, Rheinmetall-Borsig.
Für J. B., Melilla, 1936.

Er nahm sein Smartphone und googelte: »Selbstmord mit MG 34, Sonderedition Rheinmetall-Borsig«. Das erste Ergebnis war die Wikipediaseite des »deutschen Rüstungskonzerns Rheinmetall-AG, ehemals Rheinmetall-Borsig AG / Staatsunternehmen Reichswerke Hermann Göring«. (Dieser Hermann Göring verfolgte ihn!) Er löschte die Suchanfrage und gab einfach nur »Selbstmord mit Gewehr« ein und stieß auf eine Abhandlung über »Suizidale Schussbeibringungen bei US-Soldaten in Afghanistan« sowie einen Bericht über die Selbstmordwaffe von Ernest Hemingway, ein Jagdgewehr von Webley & Scott. Er googelte: »Hemingways Selbstmord«, und fand einen Eintrag des kubanischen Autors Norberto Fuentes, demzufolge Hemingway sich auf einen Stuhl gesetzt habe, barfuß, den Gewehrkolben zwischen die Beine gestellt, sich vorgebeugt und die Mündung des Gewehres an seinen Gaumen gedrückt habe, um schließlich mit dem großen Zeh den Abzug zu betätigen.

Pedro zog Schuhe und Strümpfe aus, stellte das Gewehr auf den Boden und beugte sich über den Lauf. Dann berührte er mit dem Zeh den Abzug und öffnete den Mund. Sein Blick fiel dabei auf die Vitrine mit den Büchern, den Weberknechten und Zitterspinnen, er hatte das Gefühl, sie hielten inne und sahen ihm zu. Er konzentrierte sich wieder auf den Zeh am Abzug und stellte es sich erneut vor: Carlota steht vor Miguel und sagt es ihm, der Blick seines Sohnes, wenn er es erfährt, die zusammenbrechende Welt in seinen Augen. Jetzt den Zeh runterdrücken! ... Pedro spürte plötzlich etwas Kaltes in seiner Hosentasche. Er nahm den Fuß vom Abzug und steckte die Hand in die Tasche. Sie berührte den Stein aus dem Harley Rock Café, er war tatsächlich ungewöhnlich kalt.

Pedro verließ das alte Zimmer seines Vaters und lief mit dem seltsamen Stein durch das Haus. Er legte ihn in eine Schublade. Neben den roten Mützen und den Lichterketten für die Weihnachtszeit entdeckte er Miguels Kinderpass. Er öffnete ihn. Miguels fröhliches Gesicht, die Stupsnase, die großen, glänzenden Augen. Carlota hatte den Pass bei ihrem fluchtartigen Auszug vergessen, dachte er, aber Bruno hatte das bestimmt am Flughafen locker geregelt, der kannte dort wahrscheinlich jeden. Pedro schloss die Schublade mit einem Ruck und stellte nun einen Stuhl in den Flur, das war vielleicht ein besserer Ort für einen Selbstmord als das Zimmer seines Vaters, man würde ihn schneller finden. Er begab sich wieder in Position, stellte das Gewehr auf den Boden und öffnete den Mund. Wieder der Gedanke an Miguel, an die Lichterketten in der Schublade, er suchte mit dem Zeh den Abzug ...

Ihm kam diese seltsame Begegnung im Harley Rock Café in den Sinn. Hatte der Mann nicht gesagt, dass sich jemand im Süden erschießen würde? War das jetzt er?

Er richtete sich auf und lauschte. Irgendetwas stimmte nicht, irgendetwas war anders im Haus. Erst dachte er, es wäre der Geruch aus dem Zimmer seines Vaters, doch es roch anders, eher nach diesem Tee in der Bar. Er lief in die Küche und erstarrte.

Ein Mann, groß, schwarz, rotes T-Shirt, saß bewegungslos da. Der Kopf lag auf dem Küchentisch. Daneben ein Rucksack. Er schlief. Pedro wich langsam zurück, stürzte nach draußen und setzte sich auf die alte Bank im Garten. Er richtete das Gewehr auf das Haus. Etwa eine Stunde später schlief er ein.

20

Der schwarze Mann im Haus

Pedro dröhnte der Kopf, ihm war kalt. Er blinzelte, jede kleinste Bewegung der Augen tat ihm weh. Er hörte Schritte, der Picón knirschte, und hob den Kopf. Vor ihm stand der Mann aus der Küche, er war groß, riesig. Das Gewehr war auf den Boden gerutscht und lag im Picón. Pedro überlegte aufzuspringen, aber seine Beine waren eingeschlafen, er war gar nicht in der Lage, sein Leben zu retten. Sein Körper fühlte sich an wie ein Stück Eis, nur der Kopf war heiß. Er blinzelte: Der Mann trug seinen Dienstpullover! Was sollte das? Was wollte er noch, ihn ausrauben? Die Hausschlüssel abnehmen? Ihm kam dieses sozialistische Okupas-Gesetz in den Kopf, nach dem man Hausbesetzer nur schwer wieder rausbekam, wenn sie erst einmal eigene Schlüssel hatten. Pedro hatte nichts gegen die Sozialisten, er war ja selbst als Rotspanier erzogen worden, aber mussten sie den Leuten gleich die eigenen vier Wände wegnehmen?

Der Mann legte den Kopf schief und sah ihn aufmerksam an.

War es die Kälte oder immer noch dieses Kongogras, das ihn so gleichgültig dasitzen ließ?, dachte Pedro, es kam ihm vor, als schwebte er ein Stück über der Gartenbank. Der Mann, der vor ihm stand, hielt die Wolldecke aus dem Wohnzimmer in den Händen und legte sie ihm vorsichtig über die Beine. Das Gewehr hatte er bemerkt, Pedro war der kurze Blick nach unten aufgefallen, doch er ließ es liegen, er deckte es einfach mit zu. Dann ging er wieder ins Haus, leicht hinkend, wie Pedro feststellte, das Hinken beruhigte ihn.

Die Sonne war schon hinter den Vulkanen hervorgetreten. Pedro rieb sich die Augen und versuchte, den Kopf zu bewegen.

»Die Kaffeetassen habe ich nicht gefunden«, sagte der Mann, als er aus dem Haus zurückkam, er reichte ihm vorsichtig einen Becher, ausgerechnet den, der mit einem Foto von Carlota bedruckt war. »Amado ... Guten Morgen. Schönes Jackett. Es sieht aus wie die Wüste um 4 Uhr nachmittags.«

Pedro starrte auf den Becher.

»Mögen Sie Penélope Cruz nicht?«

»Das ist nicht Penélope Cruz, das ist eine andere Frau ...«, sagte Pedro. »Könnten wir vielleicht die Becher tauschen?«

Amado reichte ihm sofort den anderen Becher, auf dem Pedro selbst abgebildet war. Dann setzte er sich auf die Bank, etwas Abstand lassend.

»Ich habe Ihre alte Kaffeemaschine repariert, die Schläuche und le moulin ... Mahlmühle? ... Das war alles verstopft und verkalkt. Damit müssen Sie ja schon Kaffee gemacht haben, als John Lennon noch gelebt hat ... Ihre Zeitungen sind auch schon sehr alt.«

Pedro nickte und nippte an dem Kaffee, er konnte sich kaum konzentrieren, dieses Brummen in seinem Kopf, dazu der Anblick der alten Liebespaar-Becher. Hatte der Mann wirklich Kaffee in der alten Maschine seines Vaters gemacht? Sie war das letzte Mal benutzt worden, als die Putschisten das Parlament gestürmt hatten! »Sind Sie sicher, dass wir das trinken können?«

»Keine Panik, die Milch ist von Ihnen, stand im Frigo. Die Kaffee ist von mir, das ist die berühmte Toubakaffee, das Einzige, was ich aus Dakar noch habe.«

»Dakar ... ah«, sagte Pedro, mehr fiel ihm nicht ein. »Paris–Dakar«, hätte er noch sagen können, er erinnerte sich an diese berühmte Rallye.

»Ich kann gar nicht leben ohne diese Toubakaffee ... Ein bisschen stark, oder? Das sind die Nelken und der Guinea-Pfeffer. In Guinea sagt man, man soll das Bett der Liebe repousser ... verrücken!, wenn einen die Geliebte verlassen hat.« Amado sah auf den Carlota-Becher. »L'amour, l'amour, fantômes d'amour ... Ich habe das Gefühl, dass du ... Sie ... es verrücken müssen. Habe ich recht?«

»Ja, ja«, erwiderte Pedro, es war gerade alles zu viel. Halb Afrika breitete sich langsam in seinem Körper aus. Erst das Kongogras und jetzt kam auch noch Guinea-Pfeffer dazu. Bloß nicht weiter diesen Kaffee trinken, dachte Pedro. Er tastete unter der Decke mit dem Fuß nach dem Gewehr, es war noch da.

»Wissen Sie ein bisschen etwas über den Islam? Die Toubakaffee ist im Senegal sehr wichtig, man trinkt sie so, wie Ahmadou Bamba sie in Touba getrunken hat. Kennen Sie Touba? In Touba steht die schönste Moschee Afrikas ... Ahmadou Bamba ist bekannt? Das war ein Marabut, ein Erneuerer des Islam. Touba hat er auch gegründet ... Und die Bruderschaft der Muriden, die hatten früher riesige Felder mit Erdnüssen, heute handeln sie, sie handeln Tag und Nacht ... Muriden gibt es auch in Madrid, Paris, man sieht sie in den Küstenorten, in Südeuropa, sie verkaufen Handtaschen auf der Straße, Sonnenbrillen, Uhren ... Aimez-vous le goût?«

»Wie?«

»Schmeckt es? Die Toubakaffee? Hilft auch gegen Brummschädel ...«

»Der Kaffee, es heißt *der* Kaffee«, korrigierte Pedro.

»Ah, im Äquatorialguineischen sagt man *die* Kaffee, Femininum ...Austrinken bitte ... Als die Franzosen Bamba 1895 in einen Ofen geworfen haben, soll er seelenruhig in den Flammen gesessen und mit Mohammed diesen Kaffee getrunken haben. Hilft gegen alles, nur nicht gegen Heimweh ... An Ihrer Stelle würde ich übrigens kein Benzin so nah am Haus aufbewahren.«

»Soso ...« Im Gartenhaus ist er also auch schon gewesen, dachte Pedro. Er spürte einen Brechreiz, er war kurz davor, sich zu übergeben, und versuchte seine Gedanken zu ordnen: Er hatte hier die Nacht besoffen, bekifft und bewaffnet auf der alten Bank verbracht, weil in seinem Haus ein Besetzer war, den er wahrscheinlich nie wieder loswerden würde. Der sogar schon wusste, wo die Milch stand. Der ihn in eine Decke gehüllt und ihm dann in den Liebespaar-Bechern Bamba- oder Toubakaffee gebracht hatte, den schon Mohammed zu trinken pflegte, und der ihm jetzt etwas über Islam und l'amour erzählte – das war also die Sachlage.

»Der Pullover passt irgendwie nicht, oder? Sie sind viel zu groß für meine Dienstuniform, da ist die spanische Krone drauf, der darf nicht ausleiern«, sagte Pedro.

»Passt nicht, pardon, aber es war so kalt ...« Amado zog vorsichtig ein kleines Bild aus seiner Hosentasche. »Es ist nur eine Fotografie von Bamba überliefert, diese hier.« Er reichte sie Pedro. »Können Sie behalten. Ich glaube, wenn es nur eine Fotografie von jemandem gibt, dann erkennt man bei diesem Menschen mehr als bei anderen, von denen es Tausende Fotos gibt ... Pardon, ich rede und rede, ich habe mich lange nicht mehr unterhalten.«

Pedro sah auf das Bild.

Der Erneuerer des Islam in Sandalen vor einem Bretterverschlag. Die Augen leicht zusammengekniffen, vermutlich wurde er von der Sonne geblendet. Das Bild drückte Bescheidenheit aus, Zartheit, Ruhe. So wie das Bild von Abraham Lincolns schlichtem Posthaus. Pedros Brechreiz ließ nach.

»Noch eine Bamba-Geschichte?«, fragte Amado. »Als ihn die Franzosen töten wollten, ließen sie eines Abends einen ausgehungerten Löwen in seinen Kerker. Und am nächsten Morgen fand man die beiden côte à côte, ganz friedlich. Die Hand Bambas ruhte auf dem Kopf des Löwen.«

»Bist du Lehrer? ... Oder Espressomaschinen-Ingenieur?«, fragte Pedro, er musste plötzlich lächeln. Wie er hier saß, am ersten Weihnachtstag, in der einen Hand Toubakaffee, gekocht in der prähistorischen Putschmaschine seines Vaters; in der anderen das Foto von diesem Bamba. Und neben ihm dieser Mann, der so ein tanzendes Spanisch sprach, der vor manchen Wörtern eine Pause machte, um sie dann umso schwungvoller in die Luft zu werfen. Und warum konnte er überhaupt Spanisch, warum konnte so einer Spanisch sprechen?

»Rate mal, was ich hier vor dem Haus auf der Straße gefunden habe?«, fragte Amado. »Sonst wäre ich ja nie ... pardon ...«

Etwas klingelte. Amado griff in seine Hosentasche. »Du hast WLAN. Wie ist das Passwort?«

Pedro musste einen Augenblick überlegen. »Pedropost.«

»Das ist der Netzwerkname, den habe ich schon. Das Passwort??«

»Passwort? Ah, das lautet ›miguelmessi‹.«

»Zusammen, klein? Irgendwo ein Strich?«

»Zusammen, klein, ja, klein, ohne Strich!« Wie schnell dieser Mann den Ton wechselte, dachte Pedro, wie selbstbewusst er Forderungen stellte.

Plötzlich Stimmen, die durcheinanderschrien, vermischt mit scheppernder Musik.

»Hörst du mich? ... Kannst du mich sehen? Ich sehe dich nicht! Salut?!«, rief Amado.

Pedro beugte sich rüber und sah auf Amados Telefon. Das Ding war noch größer als das von Carlota. Und ungefähr fünfmal größer als seines. So ein Smartphone gab's im Schaufenster bei Royal Electronics in Playa Blanca, das wollte Tenaro haben, es kostete ein Vermögen. Woher hatte der Mann das? Und wo hatte dieser Typ überhaupt die Partnerbecher gefunden, dachte Pedro jetzt, die hatte er doch in die hinterste Ecke des Regals geschoben, um sie nicht mehr sehen zu müssen!

»Salut! Jetzt sehe ich dich!« Amado starrte auf das Display.

Ein Gesicht, schwarz, tauchte auf, Geschrei im Hintergrund.

»Was gibt's, Daouda?«, rief er ins Telefon, er stand auf und entfernte sich, den Becher mit Kaffee nahm er mit.

Pedro hörte den Lärm am anderen Ende der Leitung sogar noch, als der große Mann hinten im Garten an der Natursteinmauer lehnte und wild gestikulierend in das Telefon sprach. Plötzlich schlug er den Becher mit dem Kaffee gegen die Steinmauer. Danach war es still.

Eine Möwe, für diese Jahreszeit ungewöhnlich, setzte sich auf das Haus.

Amado starrte noch eine Weile auf das Display, bevor er das Telefon einsteckte und mit den Scherben der Tasse zurückkam. Er legte sie auf die Bank, auf der größten war noch das halbe Bild von Carlota zu sehen, ihr langes dunkles Haar, eines ihrer großen braunen Augen.

Pedro hatte sich auf seinem eigenen Grundstück noch nie so bedrängt gefühlt.

Die Glocken des kleinen Kirchenturms läuteten.

»Heute haben wir hier Weihnachten«, sagte Pedro. »Ich habe auch ein paar Dinge zu tun.« Er gab ihm das Bild von diesem Bamba, welches er noch in der Hand gehalten hatte, so schnell zurück, dass es herunterfiel.

Amado hob es auf, wischte vorsichtig den Staub ab und richtete sich auf. Er zog Pedros Dienstpullover aus und legte ihn auf die Bank. Dann schulterte er seinen Rucksack und nickte Pedro zu. »Danke für alles. Tut mir leid mit dem Becher. Das Bild ist für Sie.« Er drehte sich um und ging.

Pedro sah ihn auf der Straße zwischen den Häusern verschwinden.

21

Saharasand auf der Europaroute – Amado beim Messi der Bücher

Ein paar Tage später saß Pedro am Sortiertisch. Vor ihm lag eine Fachzeitschrift für den Deutschen in La Degollada. Wieder ein Anwaltsschreiben wegen nicht beachteter Mahnungen für Johanna. Insgesamt nur vier Postkarten mit Silvestermotiven und Neujahrsgrüßen, das war alles. Charco del Palo würde von der Entfernung fast die Café-con-leche-Route in den Norden ersetzen, überlegte Pedro. Er nahm sein Smartphone und öffnete loveawake.com:

> Postreiter: Hi Ganminchaopan,
> It's me. How is life in Sha Tau Kok?

Er sendete die Nachricht ab und wählte Tenaros Nummer, das Handy war noch immer ausgeschaltet. Er schaute auf seinen Routenplan. Zuerst könnte er Johanna die Anwaltspost bringen und danach dem Deutschen die Fachzeitschrift. Oder umgekehrt, erst die Europaroute, dann die Nudistenroute. Er wollte außerdem noch nach Tías fahren, um die Sache mit Saramago zu Ende zu bringen und um eine ganz gewöhnliche Signatur zu bitten, ohne diesen verrückten Versuch, sich ihm als Romanfigur anzudienen, nein, nur die Unterschrift, mehr nicht, er musste das Kind in sich sterben lassen, es war ihm egal, was er Johanna versprochen hatte. Es war naiv und idiotisch, zu glauben, ein Nobelpreisträger würde sich ernsthaft seines Problems annehmen, mit ihm

Espresso trinken, ihm Carlota zurückbringen und sich sogar von ihm und seinen Vorvätern zu einem Meisterwerk inspirieren lassen.

Er nahm das Buch mit dem Elefanten, das seltsamerweise auf dem Küchentisch lag, obwohl er es doch auf die Straße geworfen hatte, als er von der Nobelpreisroute zurückgekehrt war. Gleich auf der ersten Seite war ein Fleck, er roch nach Kaffee, Pedro konnte sich nicht erinnern, in dem Buch gelesen und dabei Kaffee getrunken zu haben.

Er blätterte darin herum und überlegte sich dabei eine Strategie für die Begegnung mit der Saramago-Sekratärin. Er würde wieder mutig am Tor klingeln und dann der Sekretärin das Buch freundlich, aber bestimmt zur Signierung übergeben. Dann würde er sagen: Nur die Unterschrift bitte, ohne den Zusatz »vom Messi der Bücher«. Auf die zweite Seite, wenn's geht, nicht auf die erste Seite mit dem Kaffeefleck. Bitte »Für Miguel von Pedro« unter der Unterschrift, ganz schlicht, danke! Danach würde er das Paket selbst abschicken, wie immer.

Vor dem Haus des Deutschen in La Degollada war es still. Die wilden Katzen wirkten unruhig. Einige scharrten mit ihren Krallen an der Tür, andere sprangen auf die Fensterbänke und starrten ins Innere. Pedro beobachtete sie einen Moment, dann klopfte er und erhielt keine Antwort. Er drückte die Klinke vorsichtig nach unten und spürte, dass irgendetwas von innen die Tür blockierte.

Pedro zögerte. Er überlegte, wie die Katzen durch das Fenster zu schauen, doch die Fensterbank lag sehr hoch, das Haus des Deutschen war in den Hang gebaut worden, und selbst die Katzen mussten manchmal zweimal springen, um die Fensterbänke zu erreichen. Eine von ihnen starrte immer noch durch das Fenster, ohne sich zu bewegen.

Er sah auf die Zeitschrift. »Der Skaleneffekt«, stand in großen schwarzen Buchstaben auf der Vorderseite, das klang wichtig. Noch einmal würde er die Zeitschrift nicht vor die Tür legen. Offenbar wurden Katzen vom süßlichen Geruch der Lösungsmittel angezogen, die zum Druck verwendet wurden. Pedro hatte das gegoogelt. Er schnupperte nun selbst an der Zeitschrift, sie roch wirklich süßlich. In den Briefkasten passte sie nicht, das hatte er schon mehrmals ausprobiert. Er versuchte, sie unter der Tür hindurchzuschieben, aber der ganze Spalt war verklebt mit Sand. Pedro kniete sich auf den Boden, zog einen Kugelschreiber aus der Tasche und versuchte, den Sand aus dem Spalt zu kratzen, aber es rieselte von innen immer mehr nach. Das war seltsam, dachte er und befühlte ihn, feine, kugelförmige Körner, er roch auch daran: Eisen, es roch eindeutig nach Eisen, das war Saharasand! Aber es hatte doch seit Oktober keine Calima mehr gegeben? Und Calima brachte Staub, nicht richtigen Sand, wie sollte der über das Meer gekommen und hier in den Erhebungen des Atalaya-Vulkans niedergegangen sein?

Pedro hustete, seine Kehle fühlte sich trocken an, er bekam kaum Luft. Die Katzen strichen ihm um die Beine. Einige schnüffelten schon an der Zeitschrift, die er neben sich gelegt hatte.

Pedro stand schnell auf und klopfte sich den Saharasand von den Hosenbeinen. Er lief zu seiner Honda, er musste dreimal tief einatmen, bevor er das Gefühl hatte, wieder genug Sauerstoff in den Lungen zu haben. Bloß weg hier, dachte Pedro. Er hatte schließlich auch noch anderes zu tun, als sich mit diesen wilden Katzen abzugeben oder sich über Herrn Stamms Verfassung den Kopf zu zerbrechen. Vermutlich befand er sich in einer sehr wichtigen Phase seiner Forschung. Höchstwahrscheinlich beschäftigte er sich, wenn er die Kreise auf seinem Computer richtig deutete, mit der globalen Finanzkrise. Da war der Sand unter seiner Tür sekundär.

Pedro setzte sich auf seine Honda. Die Katzen streiften immer noch vor der Tür auf und ab. Er schüttelte den Kopf und fuhr weg.

In Tías drehte Pedro drei Runden im Kreisel, bevor er die Ausfahrt zum Saramago-Haus nahm. Er spürte, dass er regelrecht Anlauf nehmen musste, um wieder bei dem Nobelpreisträger zu klingeln.

Er hielt vor dem Eingangstor und nahm das Buch aus der Box. Er wollte gerade klingeln, als sich das Tor von selbst öffnete. Vor ihm stand Amado, dahinter die Sekretärin in ihrer faltenfreien Bluse, an ihre Beine drückte sich ein weißer Pudel, der hell bellte.

»Was ... was machen Sie denn hier ...?« Pedro hatte alles erwartet. Den Inselpräsidenten, den König von Spanien oder Penélope Cruz, aber nicht diesen Schwarzen.

»Tsss«, sagte die Sekretärin, »Francisco war schon da.« Dann schloss sie das Tor so schnell, dass Amado unsanft auf die Straße hinausgeschoben wurde und ihm entgegenstolperte.

»Ups ... Die hat's aber eilig, Salaamaalekum, was machen Sie hier, Herr Pedro?«, fragte Amado und stützte sich auf Pedros Schultern ab. »Hatten Sie noch gute Weihnachten?«

»Ja, ja ...«, murmelte Pedro, der erst auf das verschlossene Nobelpreisträgertor starrte, dann auf Amados orangerot leuchtendes T-Shirt. »Sind Sie hier etwa auch eingebrochen?«

»Nein«, antwortete er. »Saramago hat mich in der Bibliothek empfangen.« Er nahm ihm *Die Reise des Elefanten* aus der Hand und strich mit den Fingerspitzen über den Buchrücken. »Es lag bei Ihnen vor dem Haus auf der Straße ... Amado, habe ich mir gesagt, das ist ein Zeichen ... Und Ihre Tür stand offen, une porte ouverte en europe«, lächelte er. »Haben Sie's wiedergefunden? Ich hab es in die Küche gelegt, als ich die Tassen gesucht habe.«

»Er hat Sie in der Bibliothek empfangen? Saramago?«, fragte Pedro ungläubig.

»Vielleicht hat mich eher das schlechte Gewissen empfangen, es ließ portugiesischen Espresso servieren«, antwortete Amado. »Saramago saß die ganze Zeit steif da auf einem Stuhl und rührte in seiner Tasse und grinste, ein schmales Gesicht mit riesiger Brille vor einer Million Bücher.«

»Aha, portugiesischen Espresso gab es«, sagte Pedro leise.

»Ja, ich habe ihn in einem Zug getrunken, aber er hat immer nur daran genippt ... Während ich wie um mein Leben gesprochen habe, hat er an der Tasse genippt«, berichtete Amado. »*Verehrter Herr Saramago, ich bin auch ein solcher Elefant,* habe ich gesagt, *es gibt gerade viele dieser stolzen Elefanten, es werden immer mehr, da ist eine neue Gattung von Menschen geschaffen worden, ich würde Ihnen gern mein Leben erzählen,* habe ich gesagt ... *Mein Name ist Amado, geboren in einem afrikanischen Land, das kein Mensch kennt, außer Ihnen vielleicht, man spricht dort Spanisch, richtig: Äquatorialguinea, 100 Punkte, danke* ... Saramago nippte an seinem Espresso ... *Flucht schon als Kind mit der Mutter in den Senegal, Universität in Dakar, die falschen, die verbotenen Bücher gelesen, Sie gelesen, Herr Saramago, Sie werden auch im Senegal gelesen* ... Wieder nur dieses Nippen, ohne richtig zu trinken ... *Ich weiß sogar den Namen Ihrer französischen Übersetzerin, sie heißt Geneviève Leibrich! Sie hat mir eine Empfehlung geschrieben, wollen Sie sie sehen, die Empfehlung? ... Sie war meine Professorin, Geneviève Leibrich, kleine Welt, was sagen Sie jetzt? ...*«

Pedro sah Amado überfordert an, er versuchte, langsam, Schritt für Schritt, zu seiner Honda zu kommen, um möglichst schnell wegzufahren.

»Ich dachte, Saramago würde Ja sagen, die Hand ausstrecken und die Empfehlung entgegennehmen, aber er führte nur die Hand mit der Tasse an die Lippen ... *Weiter geflüchtet durch die Wüste, Herr Saramago*, habe ich gesagt, dann passierte etwas, er nickte! Aber ich kenne dieses Nicken, sobald man ›Flucht‹ sagt, scheint das Leben erzählt, so als wüsste man dann schon alles, tout le temps so ein leichtes Nicken, die Augen hinter den riesigen Gläsern geschlossen, die Tasse hält er in die Höhe, der Arm wie erstarrt ... *Zweimal Sahara, Herr Saramago, wieder zurück durch die Wüste*, habe ich gesagt. *Weil die Mutter im Sterben lag. Wie durch ein Wunder in Las Palmas de Gran Canaria gelandet, die Chance, zu einem Kongress für spanische Literatur in Afrika eingeladen zu werden, ist gar nicht so schlecht, Herr Saramago, die geistige Welt schaut nach Norden, nicht nach Süden* ... Ich dachte, er wäre jetzt beim Nicken eingeschlafen, die Tasse mit dem Arm war leicht abgesackt, ich konnte jetzt in die Tasse sehen, sie war leer und sauber, sie war die ganze Zeit leer! ... *Hier stehe ich nun, in Ihrer Bibliothek, verehrter Herr Saramago, ich könnte mir vorstellen, all Ihre Bücher zu ordnen, zu katalogisieren, elektronisch einzulesen und zu lieben ... Und ich danke Ihnen für den portugiesischen Espresso, Herr Saramago ...* Er nickte ... *Ich bringe Ihnen noch Toubakaffee in ein paar Tagen, als Geschenk, als Dank für dieses Gespräch ...* Aber die Kaffee steht bei Ihnen, nicht wahr, Herr Pedro? ... Hallo?«

»Wie?« Pedro war ganz erschöpft von diesem Redeschwall.

»Die Kaffee steht noch bei Ihnen in der Küche?«, wiederholte Amado.

»Der Kaffee, es heißt bei uns *der* Kaffee«, korrigierte er ihn, der Kaffee stand wirklich noch in seiner Küche, er hatte ihn schon wegschmeißen wollen.

»Ich schwöre, ich sage nie wieder *die* Kaffee, au diable le féminin. Haben Sie das gelesen?«

»Was«, fragte Pedro.

»Na, dieses Buch hier.« Amado folgte Pedro zur Honda, er hatte Schwierigkeiten zu laufen.

»Angefangen«, sagte Pedro, er schluckte. Dass er als Einheimischer hier immer noch draußen vor dem verschlossenen Tor stand, während drinnen dieser Fremde den Nobelpreisträger vollquatschte, vermutlich hatte dieser nur genickt, weil er gar nicht zu Wort gekommen war, so wie dieser Mann redete und redete.

»Ein indischer Elefant wird von Kolonialherren aus Indien entführt und muss über die Berge bis nach Wien wandern ...« Amado strich wieder über den Buchrücken.

»Ich weiß!«, sagte Pedro und nahm ihm das Buch aus der Hand. »Er muss aber von Portugal nach Wien wandern, nicht von Indien aus, das wäre ja viel zu weit! Von Indien nach Portugal ist er mit dem Schiff. Und dann zu Fuß über die Ostalpen bis nach Wien, das Buch ist nach historischen Quellen verfasst, er war der erste Elefant in Wien!«

»Muss man alle Bücher von Saramago gelesen haben, wenn man sein Postbote ist?«, fragte Amado.

»Weiß ich nicht«, antwortete Pedro.

»Schön, wieder mit Ihnen zu sprechen, es hat mir bei Ihnen gut gefallen, ein fantastisches Haus. Das mit dem Becher tut mir leid.« Amado setzte sich schwerfällig auf die Straße und lehnte sich an die Steinmauer, die das Saramago-Haus umgab. »Das war Ihre Frau auf dem Bild, nicht wahr? Haben Sie das alte lit d'amour verrückt?«

»Was?«

»Das Liebesbett!«

Pedro hatte das massive Boxspringbett tatsächlich verrückt, was gar nicht so einfach gewesen war. Am Ende hatte er sich an die Seite des Bettes gelehnt und mit beiden Füßen an den Sockeln des Kleiderschranks abgestoßen, es hatte sich etwa einen Meter bewegt. Ein Boxspringbett hatte wirklich etwas vom Famara-Massiv.

»Und hat es geholfen? Sind die Träume wieder leichter?«, fragte Amado.

»Ja, ja, danke, ich muss weiter«, antwortete Pedro, er saß schon auf der Honda.

»Sie sind ja ein Poet, un poète«, sagte Amado.

»Ich?«

»Ja! Schauen Sie mal ... Dieses Papier lag auch auf der Straße, neben dem Buch, ich habe vergessen, es wieder hineinzustecken.« Er hielt den Briefbogen mit der vorformulierten Widmung hoch. »Ich trage das schon tout les temps mit mir herum, ›Messi der Bücher‹, wie wunderbar. Jeder Dichter müsste eigentlich weinen vor Glück, wenn man ihn so nennt.«

»Na ja, ich weiß nicht«, sagte Pedro, er musste lächeln.

»Wissen Sie, dieser Moment, wenn Messi ein Tor schießt ... Erst dieses elegante Solo, diese Mischung aus Antäuschung und toucher de balle ... Und wie er dann aus dem Lauf heraus geschmeidig schießt, mit links, so als würde er im Schuss die Welt anhalten, die Schwerkraft aufheben, er ist ein Zauberer ... Und dann fällt ein Tor, er sieht es schon, in seinem Kopf ist es schon da, bevor er es schießt, une imagination, wie ein Dichter, bevor er etwas zu Papier bringt – das sind doch dichterische Tore?«

»Hm ... Ja? ... Das müsste man mal Messi sagen.«

»Ja! Und Sie, Herr Pedro, haben es erkannt, mit dieser Zeile!« Amado sah auf das Blatt Papier. »Ich nehme an, Miguel ist Ihr Sohn. Und er soll dieses Buch bekommen, mit dieser Widmung, nicht wahr?«

Pedro nickte. »Kennen Sie *Die Stadt der Blinden?* Da werden alle nach und nach blind: ein Autofahrer an einer Ampel, ein Dieb, ein Polizist, eine Prostituierte, sogar der Augenarzt.« Er stieg wieder von der Honda. »Der Augenarzt informiert die Gesundheitsbehörde über eine unbekannte Krankheit, die hoch ansteckend ist, eine solche Epidemie hat es noch nie gegeben. Die Behörde informiert das Ministerium, das eine Irrenanstalt in ein Quarantänezentrum umwandelt, die Erblindeten in den rechten Trakt, die Kontaktpersonen in den linken. Erst ist man zu elft, dann kommen mehr ... Weiter bin ich noch nicht.«

»Das klingt verrückt«, sagte Amado, dann sah er auf das Eingangstor vom Saramago-Haus und schwieg. Er wirkte traurig.

»Ist alles in Ordnung?«, fragte Pedro.

»Diese Frau, die mich eben rausgebracht hat, die wusste doch sofort, dass ich hier Arbeit gesucht habe. Er hätte keine Zeit mehr, hat sie gesagt, Saramago schreibt jetzt an seinem Blog.«

»Seinem was?«

»Blog. Ich habe die Frau gefragt: An welchem Werk arbeitet Herr Saramago gerade? Kann man ihn unterstützen? Braucht er jemanden für die Recherche? *Nein, danke,* hieß es, *Sie müssen gehen, Herr Saramago bloggt um diese Zeit …*«

»Ich habe ›joggt‹ verstanden«, sagte Pedro.

»Nein, er bloggt … Hätten Sie vielleicht Lust, etwas zu essen, ich lade Sie ein, lieber Pedro? Darf ich ›Herr Pedropost‹ sagen? Ihr WLAN, das klingt so schön, meinen Namen wissen Sie noch? … Amado, es freut mich sehr!« Er streckte ihm die Hand entgegen.

»Mich auch …« Er nahm Amados Hand.

Er wusste nicht, ob er es fragen sollte, schließlich tat er es: »Als Sie bei mir im Garten waren und dieser Anruf kam mit diesem Geschrei. Was ist da passiert?«

Amado ließ Pedros Hand los. Er lehnte sich mit einem Ruck wieder gegen die Steinmauer und schlug mit dem Hinterkopf dagegen, einmal, zweimal.

»Wer war denn da am Telefon?«, fragte Pedro.

»Das sind Leute in Nordafrika, Marokko, ihr sagt ›Flüchtlinge‹!« Amado starrte auf das gegenüberliegende Fachgeschäft für Schwimmbäder, Chlorierung und Wasseraufbereitung. Er schwieg.

Man hörte nur das Bellen von Hunden und ein paar knatternde Motorräder.

»Noch mal, es tut mir sehr leid mit dem Becher … Aber Messi der Bücher ist wirklich schön!«, wiederholte er nach einer Weile. »Lass dir das von einem sagen, der mal Dozent für spanische Literaturen in Afrika war.« Er versuchte, wieder aufzustehen. »Ein Dozent ohne Papiere ist sehr unglaubwürdig, nicht wahr?«

Pedro zog Amado vorsichtig hoch. »Was ist mit dem Bein?«, fragte er.

»Das ist vor ein paar Tagen passiert, ich bin in einen Abgrund gefallen, weil mich ein Motorrad fast überfahren hätte. Durch die Sahara bin ich gekommen, 3000 Kilometer, sogar zweimal, hin und zurück, und dann fährt mich hier ein besoffener Idiot beinahe über den Haufen! ... Merde, wie Messi kann ich jetzt nicht mehr schießen ...«

»Mit einem Motorrad?«, fragte Pedro erschrocken. »Ich meine, wer macht denn so was ...?«

»Weiß ich nicht, es war dunkel, irgendein besoffenes Schwein. Warum fragst du?«

»Nur so ...« Pedro brach der Schweiß aus, er starrte auf Amados Bein. »Darf ich mal sehen?« Er bückte sich und zog vorsichtig das Hosenbein des Mannes hoch. Der Knöchel war stark angeschwollen.

»Am Anfang ging es noch. Aber jetzt tut es sehr weh!«

»Hat Saramago nicht bemerkt, dass Sie gar nicht laufen können?«

»Der kümmert sich nicht um Knöchel, das ist ein Weltschriftsteller!«

»Ich fahre Sie ins Krankenhaus«, sagte Pedro.

Amado wendete sich ab. »Vielen Dank. Dann können wir gleich zur Polizei fahren. Besser, in eine Apotheke.«

»Eine Apotheke reicht da nicht, fürchte ich«, sagte Pedro. »Ich kenne einen Arzt, der macht das eventuell ohne Papiere.« Er hoffte es zumindest.

»Teufelskrallenwurzel haben sie bestimmt in der Apotheke oder im Internet«, sagte Amado.

»Ich glaube, dass man das röntgen muss.«

»Die röntgen alles!« Amado schüttelte den Kopf.

»Ich spreche im Vertrauen mit Dr. Sánchez, den kenne ich gut«, schlug Pedro vorsichtig vor. »Nein sagen kann er ja immer. Und er würde dann auch nichts melden, das verspreche ich.«

Amado sprach leise vor sich hin und betastete seinen Knöchel.

»Was macht man als Dozent für spanische Literatur in Afrika?«, fragte Pedro.

»Nichts. Ein Dozent ohne Papiere macht sowieso nichts«, sagte Amado, stand mühsam auf und setzte sich mit einem Seufzer hinten auf das Motorrad. Er redete noch vor sich hin, irgendetwas von einer Rinde, einem Rötegewächs aus Burkina Faso, dann startete Pedro die Honda.

Auf der Fahrt nach Arrecife, als er auf der LZ-2 beschleunigte, schaute Pedro auf die Hände Amados vor seinem Bauch. Die Finger waren so ineinander verschränkt, dass sie ihn gar nicht berührten. Wie vornehm dieser Mann die Nähe zwischen ihnen aufhob und Abstand hielt, dachte Pedro. Ähnlich war es mit dem Haus gewesen. Er hatte sich zwar in dem Haus aufgehalten, aber nichts hatte im Nachhinein darauf hingewiesen, dass jemand eingedrungen war. Nur die Espressomaschine hatte plötzlich wieder funktioniert, sie stand betriebsbereit in der Küche und nicht mehr wüstensandverstaubt im Postamt. Und sogar die Küchentür quietschte nicht mehr.

22

Mit Amado bei Dr. Sánchez – Lucianas kleine Geschichte vom Auswandern

Pedro fragte am Aufnahmeschalter nach Dr. Sánchez, während er Amado vor dem Krankenhaus unruhig auf und ab humpeln sah. Vielleicht drückte dieser Arzt noch einmal ein Auge zu, wenn ihm das irgendwie möglich war, dachte Pedro. Er hatte das Gefühl, dass Dr. Sánchez ihn mochte, vielleicht ja wegen seiner großen Krankenhausrede über den Niedergang der Briefkultur. Möglicherweise gab es im Krankenhaus auch schon Computer, die die Patienten digital behandelten? Vielleicht gab es bald Krankenhäuser ohne Ärzte und Ärzte ohne Patienten, so wie es schon Postboten ohne Post gab oder Fischer ohne Fische, weil die nicht mehr mit der Hand gefischt wurden, sondern mit digital gesteuerten Elektronetzen, die so groß waren wie das Stadion von Real Madrid.

Nach zehn Minuten wurde er in das Sprechzimmer von Dr. Sánchez gerufen.

»Es geht schon wieder nicht um mich. Diesmal ist es der Fuß eines Dozenten für spanische Literatur aus Afrika«, sagte Pedro.

»Auch ohne Papiere?«, fragte Dr. Sánchez mit hochgezogenen Augenbrauen, stand auf und bedeutete Pedro, ihm zu folgen.

»Leider, ja. Aber er wurde auch vom Nobelpreisträger Saramago empfangen, sie haben in der Bibliothek Espresso getrunken ... Er wartet draußen, irgendwas ist mit dem

Knöchel, er kann kaum stehen«, sagte Pedro zu dem Arzt, der mit wehendem Kittel durch den Flur seiner Station lief, sodass Pedro sich beeilen musste, um mit seinem Anliegen hinterherzukommen. »Bitte helfen Sie mir nur noch dieses eine Mal ... Und es ist sogar meine Schuld!«

Dr. Sánchez stieß mit Schwung die Tür des Haupteingangs auf und trat ins Freie. Amado drehte sich erschrocken um, er sah aus wie ein angeschossenes Tier.

»Warum warten Sie draußen, wenn Sie nicht laufen können?« Dr. Sánchez griff sich einen herumstehenden Rollstuhl und wies Amado an, sich hineinzusetzen. Dann schob er ihn höchstpersönlich ins Krankenhaus.

Pedro musste ein Papier unterschreiben, seine Adresse angeben und im Wartezimmer Platz nehmen. Er stellte sich vor, wie er mit Amado in aller Öffentlichkeit in der Bar Stop sitzen und über den Islam sprechen würde. Über Afrika. Über eine Welt flüchtender Elefanten. Vielleicht sogar über spanische Literatur (von der er plötzlich auch eine Ahnung haben würde). Er würde jemand sein, der sich den neuen Gegebenheiten der Welt stellte, der es im Gegensatz zu Bruno richtig fand, dass man die Flüchtlinge auf Lanzarote sah, der auch »people of colour« sagte oder, wie er es in »El País« gelesen hatte, »diversity« (Aussprache unbedingt bei Mrs Taylor üben!). Er dachte daran, wie sein Vater von einem freien, mutigen und gerechten Königreich Spanien gesprochen hatte, inmitten seiner Postkollegen, die verhalten genickt und sich vermutlich ihr altes Spanien zurückgewünscht hatten.

Pedro saß eine Weile so da. Im Wartezimmer befand sich außer ihm nur ein alter Mann, der leise schnarchte.

Oder war das alles übertrieben? Amado hierherzubringen?

Erst eine Prostituierte, dann diesen Schwarzen? Was hatte er mit Prostituierten zu tun? Mit Afrikanern? Mit dem Islam? Mit diesem Bamba, der ihm vor die Nase gehalten worden war? Und mit diesen Typen in Marokko, die vor seinem Haus wie die Irren aus Amados riesigem Smartphone geschrien hatten. Aus Marokko kam überhaupt nur Unheil zu ihm! Sogar sein Sortiertisch hatte einst in Marokko gestanden, mit diesem Messingschild und dem eingravierten deutschen Luftwaffengeneral unter der Platte! Aus Marokko hatte er keinen Sultantisch aus marokkanischem Thujaholz geerbt, sondern einen Hermann-Göring-Tisch aus deutscher Eiche! Dazu noch ein Gewehr, eine Sonderedition von Rheinmetall-Borsig aus den Reichswerken von ebendiesem Hermann Göring! Er sollte gehen, sagte er sich, er hatte wirklich genug eigene Probleme. Es machte ihn wütend, dass er hier saß und wartete, mit diesem schnarchenden Mann, nur weil er sich wünschte, vor Carlota und ihrem Bruno den Helden zu spielen, um ihnen ihre Schlechtigkeit, ja ihren Rassismus aufzuzeigen.

Er stand mit einem Ruck auf, nahm einen Fahrstuhl in den zweiten Stock, fragte auf Station 5 nach Luciana Rosa und trat kurz entschlossen in das Zimmer ein.

Luciana saß aufrecht im Bett und versuchte gerade, mit eingegipsten Händen ein Stück Schokolade zu fassen zu bekommen. Sie sah im hellen Krankenhauslicht und ungeschminkt ganz anders aus, Pedro war erschrocken, wie jung sie war.

»Hallo … Ich wollte nur mal sehen, wie es geht … Guten Appetit.«

Luciana fiel das Schokoladenstück herunter, sie sah ihn mit großen Augen an.

»Ich wollte auch fragen, ob Sie vielleicht noch irgendwas brauchen.«

»Das ist wirklich sehr lieb ... Dass Sie gekommen sind«, antwortete Luciana.

»Sollen wir wieder Du sagen, wie im La Curva?«, fragte Pedro.

»Ja«, antwortete sie und starrte auf das Stück Schokolade auf dem Bettlaken.

»Wissen Sie, ich meine ... weißt du ... Ich war da mit diesem Freund, einem Bekannten, ich war nur der Begleiter, er war fürchterlich betrunken und ist seit Tagen verschollen, und ich frage mich natürlich, was um Himmels willen ist da passiert? Was hat er denn gemacht?«

»Nichts hat er gemacht ... Das war schon das dritte Mal, dass ich aus dem Fenster raus bin ... Sonst waren es immer die Zimmer unten. Ich hatte vergessen, dass wir diesmal ein Stockwerk höher waren.«

»Oh«, erwiderte Pedro, er war erleichtert, dass Tenaro nichts verbrochen hatte. Er überlegte zu fragen, warum sie dort arbeite, wenn sie regelmäßig aus dem Fenster springe, aber er war sich nicht sicher, ob er so eine Frage stellen durfte.

»Kann ich vielleicht mit der Schokolade helfen?«

»Wenn es keine Umstände macht.« Luciana sah ihn kurz an.

Pedro trat an das Bett. Er nahm das Stück Schokolade und steckte es ihr vorsichtig in den Mund. »Lass es dir schmecken«, sagte er.

»Hm«, sagte sie.

Pedro überlegte, ob er das Stück vorher in der Mitte hätte teilen sollen, damit es jetzt nicht als Riegel in ihrem Mund steckte. »Soll ich's noch mal abbrechen?«, fragte er.

»Mmhh.«

»Ich habe Ja verstanden«, sagte Pedro und brach den Teil, der noch aus ihrem Mund herausragte, behutsam ab.

Was für irrsinnige Formen sein Leben angenommen hatte, dachte er. Er sollte nach Hause fahren, seine Postwurfsendungen sortieren und überlegen, wie er in Zukunft über die Runden kommen könnte. Er wartete noch, bis sie den Bissen heruntergeschluckt hatte, dann schob er das zweite Stück nach. Er erinnerte sich an ihre schönen langen Fingernägel, mit denen sie über ihr Display gestrichen hatte. »Ich muss dann auch mal bald wieder«, sagte er.

»Danke«, sagte sie kauend.

»Das ist doch selbstverständlich.« Pedro wandte sich zur Tür.

»Mein Großvater hatte einen Esel und ein Feld in Yaiza. Doch man konnte hier nicht mehr leben. Es gab kein Wasser, keine Ernte, nur Hunger. Er hat ein Schiff ohne Kapitän bestiegen. Es hieß La Carlota, es war überladen mit Menschen und kam nur durch ein Wunder in Caracas an. Seine Frau und das Kind wollte er immer nachholen, doch er hat es nicht geschafft. Sie sind hier gestorben, das hat er später gehört. Ich nenne sie Großmutter, weil sie es ohne die schlechten Zeiten gewesen wäre. Nun habe ich mein Kind in Caracas zurückgelassen, weil man dort nicht mehr leben kann. Ich will es irgendwann holen, aber ich weiß nicht, ob ich es schaffe.«

Pedro hielt die Türklinke in der Hand. Er wusste nicht, was er auf all das antworten könnte. »Soll ich noch schnell einen Kaffee holen? Oder Eiscreme? Im Geschäft unten gibt es auch Zeitschriften.«

»Nein, danke«, sagte sie. Sie sah aus dem Fenster und schwieg.

»Hat Dr. Sánchez noch mal mit dir gesprochen?«

»Ja«, sagte sie, ohne ihn anzusehen.

»Dann würde ich mal gehen«, sagte Pedro. Er trat aus dem Zimmer und schloss leise die Tür hinter sich.

Als er zum Fahrstuhl ging, überlegte er, noch einmal nach Amado zu schauen, doch dann lief er direkt aus dem Krankenhaus. Amado und Luciana waren in guten Händen, sagte er sich, bald würden alle wieder ihrer Wege gehen. Er konnte sich nicht um die ganze Welt kümmern.

DRITTER TEIL

23

Johanna kauft sich einen Bikini und will ein neues Leben

Der letzte Tag des Jahres war ein Arbeitstag. Pedro saß wieder in Órzola am Hafen und ließ sich von Alberto die Getränkekarte bringen, er wollte heute etwas anderes trinken als Café con leche mit Schaum.

Zuvor hatte er Johanna bei den Nudisten abgeholt. Diesmal war er es gewesen, der gefragt hatte, ob sie ihn begleiten wolle. Er hatte sich davor gefürchtet, am Silvestermorgen allein zu sein und darüber nachdenken zu müssen, dass er nun eigentlich mit Miguel in den Zirkus gegangen wäre und dass sie danach Raketen und Wunderkerzen, Knallfrösche, Leuchträder und Luftschlangen gekauft hätten.

Johanna war noch in die Drogerie gelaufen. Er hatte bei Alberto zwei Frozen Mango Margarita bestellt und die Post vom Anwalt auf den Tisch gelegt. Er sah hinüber zur Insel La Graciosa, heute hingen nur zwei rote Unterhosen an der Wäscheleine vor dem Atlantik. Der arme Postbote von La Graciosa, dachte Pedro. Auf der winzigen Insel konnte man nur eine Straße rauf und runter fahren, es gab nicht mal einen Verkehrskreisel. Vielleicht saß der Kollege jetzt auch am Hafen von La Graciosa und sah voller Wehmut hinüber auf die viel größere Insel, die er sich bestimmt mit Bergen von Post vorstellte.

Pedro erinnerte sich an einen Traum, diese oder letzte Nacht. Er fuhr auf seinen Routen mit leerer Zustelltasche von Briefkasten zu Briefkasten und warf unsichtbare Post ein, wie in einer Pantomime. Er eilte von Haus zu Haus, tanzte mit den unsichtbaren Briefen um die Kästen herum und warf sie mit mal zärtlichen, mal schwungvollen Bewegungen durch die Schlitze. Er sprang auf seine Honda und flog damit in großen Kurven über die Vulkane.

Alberto brachte zwei leuchtende Frozen Mango Margaritas und stellte sie auf den Tisch. Pedro bedankte sich und schaltete den kleinen Weltempfänger am Lenkrad des Motorrads an. Es lief ein Lied von Julio Iglesias, im Anschluss folgte der Jahresrückblick. Pedro hörte, dass in der Antarktis eine Eisplatte von der Größe Madrids infolge der Erderwärmung abgebrochen war. Er hörte von Protesten nach der iranischen Präsidentschaftswahl, vom dramatischen spanischen Haushaltsdefizit, von der gleichgeschlechtlichen Ehe in Norwegen, von dem tragischen Flugzeugabsturz einer Air France über dem Atlantik, einem katastrophalen Erdbeben in Italien, vom H1N1-Virus und von der Schweinegrippe, von Obama.

Die Welt des vergangenen Jahres tönte aus seinem kleinen Honda-Radio, während er auf die zwei roten Unterhosen starrte, die sich im Wind bewegten. Er überlegte, wie wohl der Jahresrückblick von Pedro Fernández García aus seinem Weltempfänger klingen würde und wie man das formulieren müsste, wenn so eine riesige Fläche von der Größe Madrids aus dem eigenen Leben herausbrach. Das tragische Ende der Beziehung mit Carlota Medina Lopéz nach einem Unfall infolge eines katastrophalen Ausflugs zu einer angeblichen Adolf-Hitler-Villa. (Eigentlich war Tenaro schuld an der ganzen Sache!) Die dramatische Trennung von Miguel Medina Lopéz. Dazu dieses verheerende Defizit im Briefverkehr. Die unglückliche Affäre mit der Krematoriumstochter, die seinen Vater in die Knochenmühle getragen hatte. Absturz in Puerto del Carmen. Wodka. Whiskey. Kongogras. La Curva. Versuchter Selbstmord mit einer deutschen MG-34-Sonderedition. Schließlich Betreuung eines Schwarzen und einer Prostituierten. Jahresausklang mit Mango Frozen Margarita und einer Nudistin, von der er nicht wusste, ob sie eher seine Mutter war oder eine Freundin.

Er nahm sein Smartphone und googelte: »La Carlota«. (Lucianas Großvater hatte die Insel also mit einem Schiff namens La Carlota verlassen, wieso musste es ausgerechnet so heißen?!)

Im Schiff war Platz für 60 Passagiere gewesen, 201 hatte man im Rumpf zusammengepfercht wie Sardinen in Dosen. Es gab Läuse, Gestank von Erbrochenem. Während eines Hurrikans brach das Ruder. Wellen, Donner, Blitz, Regen, das Schiff kam ohne Seekarten und Motor auf wundersame Weise im Hafen von Carúpano an. Nach 36 Tagen auf See stürzten sich die Menschen auf eine Frucht, die nach Terpentin roch.

Im Radio lief nun Michael Jackson.

Pedro fand eine Liste mit 34 Segelschiffen, die die Kanarischen Inseln 1949/50 verlassen hatten, weil es hier aufgrund der Dürre nichts gegeben hatte, wovon man hätte leben können. La Elvira hatte 106 Emigranten an Bord, eine Stoppuhr, ein paar Rationen Gofio und den baskischen Politiker Antonio Cruz Elórtegui, der vor dem Franco-Regime flüchten musste und sich als Kapitän ausgab, um mitfahren zu können. Weitere Boote: Saturnino, 81 Emigranten, Benahorte, 151, El Nuevo Teide, 286, San Miguel ... Wütend knallte Pedro das Smartphone auf den Tisch, die Gläser fielen fast um, die gestickte Krone auf dem Dienstpullover war diesmal voller Orangenlikör mit Crushed Ice. Pedro nahm ein Erfrischungstuch und rieb an seinem Dienstpullover herum. Dann ließ er die Hand sinken und starrte auf sein Hondaradio.

In La Degollada, hieß es in den Lokalnachrichten, sei ein Deutscher tot aufgefunden worden. Pedro bekam Herzrasen, Schweißausbrüche und wischte sich mit dem Erfrischungstuch über die Stirn.

Johanna setzte sich mit der Drogerietüte zu ihm. »Hola, da bin ich wieder, hübsches Getränk, so leuchtend gelb wie die Sonne.« Sie nippte an ihrer Margarita. »Eben in der Drogerie, da hatte ich plötzlich das Gefühl, aus einem 30-, ach was, 40-jährigen Traum zu erwachen. Plötzlich stehe ich vor einem ganz gewöhnlichen Drogerieregal und stecke meinen Finger in einen Tester für Augencreme.«

Pedro hatte gespürt, dass irgendwas nicht stimmte, als er vor Stamms Haus gestanden hatte. Es gab nur zwei Deutsche in La Degollada, soweit er wusste, da war noch der Elektroinstallateur, der sich vor vielen Jahren hier niedergelassen hatte und der nie Post bekam. Und eben Prof. Dr. Claus Stamm! Pedro nahm sein Smartphone und googelte unter dem Tisch: »Toter in La Degollada – News«.

»Ich war immer so selbstbeherrscht, eine selbstbeherrschte Träumerin!« Johanna ruckelte mit dem Stuhl etwas nach hinten, offenbar saß sie zu dicht am Tisch für das, was sie sagen wollte. »Ich habe mir so viele Regeln aufgestellt, dass ich mir am Ende nicht mal mehr die Erlaubnis gegeben habe zu weinen. Ich habe immer gedacht, dass man das richtige Leben nur in Charco del Palo führen kann, wo alle das richtige Leben führen wollen. Und dass man keinen Menschen, keinen Mann braucht, nicht mal den eigenen Sohn …

Keine Normen, keine Zwangsgesellschaft, keine Knechte des Zeitgeists. Dass man mit verschiedenen Menschen schläft, aber dass es auch eine Theorie dafür gibt. Und dass man Abstand voneinander hält. Dass keiner vom anderen abhängig ist, dass jeder frei ist und für sich allein tanzt ...«

Pedro nickte, obwohl er nicht zugehört hatte. Der Tote in La Degollada, hieß es im »Kanarenexpress«, sei am Dienstag von der Putzfrau aufgefunden worden. Erst sei man davon ausgegangen, dass er eines natürlichen Todes gestorben wäre, doch inzwischen habe die Guardia Civil Hinweise auf »Fremdeinwirkung« gefunden.

»Ich habe mein ganzes Leben allein getanzt!« Johanna atmete so schwer aus, dass Pedro aufschaute. »Was für ein Unglück, verstehst du, Pedro? So etwas fällt einem vor lauter Sonnenuntergängen und Trommelkursen, Energieströmen, Schamanen und Weissagungen gar nicht auf! Da muss man wirklich erst vor so einem lächerlichen Drogerieregal stehen, mit einer Testcreme!«

Vergiftet! Stamm musste vergiftet worden sein! Er selbst, erinnerte sich Pedro, er selbst hatte ja vor dem Haus gar nicht mehr richtig atmen können! Sein Mund wurde zunehmend trockener. Verstohlen googelte er unter dem Tisch weiter: »Ersticken durch Vergiftung«. (Typische Symptome einer Kaliumzyanid-Vergiftung: Atemnot, Bittermandelgeruch der Ausatemluft, Krämpfe, Schwindel, Erbrechen, rosige Hautfarbe, Ohnmacht. Berichten zufolge soll Adolf Hitler am 30. April 1945 auf eine Zyankalikapsel gebissen und sich danach mit einer Pistole in die Schläfe geschossen haben.)

»Ach, Pedro, es tut mir leid, dass du dir das alles anhören musst. Lass uns ans Meer fahren ... Aber nicht zu den Nudisten! Ich möchte endlich wie alle anderen am Strand liegen, ganz normal am Strand liegen ... Und du wirst es nicht glauben, ich werde ab heute alle meine Rechnungen online begleichen, das hier ist die letzte Mahnung!« Sie nahm das Anwaltsschreiben vom Tisch und betrachtete es fast zärtlich. »Ich habe mir zur Feier des Tages in der Drogerie einen Bikini gekauft, hier, schau!« Sie holte einen weißen Bikini aus der Tüte. »Was sagst du dazu?«

»Wozu?« Pedro hatte schon wieder nicht zugehört, stattdessen darüber nachgedacht, ob eventuell Kaliumzyanid-Geruch in der Luft gelegen habe und er womöglich selbst aus dem Mund nach Bittermandel gerochen hatte. Atemnot, sogar leichten Schwindel auf dem Weg von Stamms Tür zur Honda, ja, das hatte er bemerkt, aber Bittermandelgeruch?

»Na, zu diesem Bikini! Was ist denn los mit dir?«, fragte Johanna.

»Ah ... Der ist schön«, antwortete er.

»Ja?«

»Ja.«

»Findest du ihn wirklich schön? Für eine so einsame, aus dem Traum gerissene Frau wie mich?« Johanna rührte mit dem Strohhalm im Mango Frozen Margarita.

»Ich finde ihn wirklich ausgesprochen schön«, sagte Pedro. Wie komisch, dachte er, sie konnte ohne Scham über Sex sprechen, über die richtige Atmung vor dem Sex, sogar über Sex mit dem Inselheiligen César Manrique. Sie hatte darüber sogar Berichte verfasst, auch über das »transformatorische Bordell« (von dem er immer noch keine Ahnung hatte, was das sein sollte), aber mit ihrem neuen schneeweißen Bikini in der Hand wirkte sie plötzlich unsicher und wie ein Mädchen. »Ich würde ja gern mit an den Strand kommen, aber ich glaube, ein Kunde von mir ist tot aufgefunden worden.«

»Um Gottes willen! Wer denn?« Sie sah auf und runzelte die Stirn, dann befeuchtete sie den Finger und rubbelte an Pedros Likörfleck auf dem Dienstpullover herum.

»Ein Professor aus Deutschland. Ich habe ihm meist Zeitschriften gebracht, er war sehr seltsam und hat fast nie etwas gesagt. Bei ihm lagen immer Blätter herum, auf denen Kreise zu sehen waren, aber keine von deinen Kreisen, wissenschaftliche Kreise, glaube ich, auf jeden Fall ging es um Europa ... Vor drei Tagen war ich noch bei seinem Haus. Es war alles so komisch. Die wilden Katzen vor seinem Haus, die waren anders als sonst, unruhig, die hatten Angst. Ich gehe davon aus, dass er vergiftet worden ist!« Pedro stockte. »Und dann war da an Heiligabend so ein Mann in einer Bar in Puerto del Carmen! Der saß plötzlich neben mir. Der wusste alles. Er sagte, unter uns wäre ein Magmadom aus flüssigem Stein, er wusste sogar, wie ich heiße und dass gewisse Menschen bald sterben müssten, ein Deutscher, an Blindheit!«

»Ein Magma-Dom aus flüssigem Stein, Donnerwetter! Wie sah der Mann aus?«, fragte Johanna.

»Schwer zu beschreiben.« Er konnte sich nur schemenhaft erinnern. »Älter, sehr alt, als ob er schon 300 Jahre auf der Erde leben würde. Aber gleichzeitig jung. Kinderhände! Und als er weg war, lag da ein glühender Stein!«

»Vielleicht war es dein Engel«, sagte Johanna und saugte an ihrem Strohhalm.

Pedro starrte auf ihren weißen Bikini. »Da war noch dieser Geruch, nach Rauch, nach Flieder ... So ein Quatsch, Engel ... Der Mann war ja da und plötzlich wieder weg!«

»Warst du bekifft?«, fragte sie. »Manche kiffen, manche machen Meditationen, um ihren Engel zu treffen. Wir haben viele im Dorf, die dich zu den Engeln bringen, die nennen sich Energiearbeiter. Früher nannten sie sich noch Yogalehrer, manche davon konnten noch nicht mal richtig den Sonnengruß, aber jetzt channeln sie dich zu deinen Engeln. Im Internet, mit Skype, die ersten 15 Minuten sind immer kostenlos, aber dann zahlst du dich dumm und dämlich ... Bei uns im Ort boomen gerade Tantrakurse, es gibt Tantriker, die haben Hände wie Metzger, das ist doch verrückt! Ich selbst lass auch nie wieder jemanden eine Tarotkarte ziehen oder bedränge Menschen mit meiner Reinkarnationslehre und meinem History Change! Du weißt, dass im Tarot auch eine direkte Bezugnahme auf die Reinkarnation besteht. Reinkarnation, nur ganz kurz, Pedro, ist die Lehre, insbesondere im Buddhismus und im noch älteren Hinduismus, dass sich eine Seele durch mehrere Inkarnationen immer wieder auf der Erde manifestiert ... Seit 20 Jahren muss jeder, der unser Café betritt, eine Tarotkarte ziehen. Und am Ende ist er Mao, Ghandi, Goya oder Hermann Hesse, normale Typen wie Meier oder dieser Mokka-Stadler, der mir schon lange auf die Nerven geht mit seiner Mokka-Trinkerei, das hat mir nicht gereicht, es musste schon Sartre oder Wolfgang Amadeus Mozart sein ... Was für eine Bevormundung! Ich habe mir eine Dorfgemeinschaft aus lauter Genies zusammeninkarniert! Aber ich habe nie Geld genommen, ich habe nur ständig Menschen gesagt, sie wären jemand, der sie wahrscheinlich gar nicht sein wollten oder den sie gar nicht kannten. Sie konnten ja auch nicht widerlegen, dass sie es nicht waren, nur César Manrique war einverstanden, dem hatte ich gesagt, er wäre mal Leonardo da Vinci gewesen. Aber die anderen kamen bei mir gar nicht dazwischen, ich habe dann vom jüdischen Talmud gesprochen, vom Rollen der Seelen, vom Lebensrad der Tibeter, das volle Programm, aus den Religionen pickt sich ja sowieso jeder nur das heraus, was ihm passt ...«

Pedro hob vorsichtig eine Hand, so als wollte er die Wogen und die riesige Fläche, die aus Johanna oder der Antarktis herausgebrochen war und auf ihn zutrieb, stoppen. Immerhin gab es einen Toten, zu dessen Ableben er womöglich sogar beigetragen hatte, weil er die Tür nicht geöffnet hatte, vielleicht hätte er ihm noch helfen können!

»Einmal habe ich einer Frau gesagt, sie wäre Goebbels. Ich wollte sie aus Charco del Palo vertreiben, Lisa Ostendorf hieß sie, ich mochte sie nicht. Mir war es auch egal, dass man eigentlich nur alle 1000 Jahre wiedergeboren werden kann, das sagt das Alte Testament, nur bei mir hielt ich die 1000 Jahre ein. Ich war Kleopatra, Geliebte von Julius Cäsar und von Mark Anton, das habe ich dir nie gesagt, Pedro. Ich wollte dich nicht überfordern. Was hast du mir da eigentlich neulich für einen Langweiler geschickt? Dieser Francisco, so etwas Uninspiriertes habe ich in Charco del Palo noch nie gesehen. Bitte wundere dich nicht über die Kleopatra-Sache, normalerweise wechselt man ja das Geschlecht. Wenn du in diesem Leben eine Frau bist, dann warst du früher ein Mann, also in diesem Leben Lisa Ostendorf, früher Joseph Goebbels. Mein Gott, ich muss mich unbedingt bei ihr entschuldigen ... Kannst du nicht über deine Post herausfinden, was die Adresse von Lisa Ostendorf in Bremen ist? Bremen, Bremen, mein dunkler Norden, wo es immer regnet.« Sie ließ die Hände sinken, die ihren Redefluss mit lebhaften Gesten begleitet hatten.

»Lisa Ostendorf, Bremen, schaue ich nach«, sagte Pedro erschöpft. »Wir müssten dann mal bald ...«

»Wie schön du noch immer bist, Pedro ... Du hast etwas von unserer Insel. Von dieser erdfarbenen Sanftmut ... Sicher erinnerst du dich noch, wer du einmal gewesen bist, du bist mit der Post von hier übers Meer bis nach Dakar geflogen, bei dir musste ich weder über- noch untertreiben, bei dir war es immer sternenklar: Antoine de Saint-Exupéry.«

Pedro nickte.

»Findest du, ich bin verrückt?«, fragte sie.

»Nein«, antwortete Pedro »Wir sind alle verrückt, das macht wahrscheinlich der Wind. Aber immerhin verschickst du ja keinen Salat mehr an deinen Sohn.«

Sie wurde still. Dann sprang sie vom Stuhl auf. »Und jetzt füge ich mich der Welt, der Realität, wie das klingt: Re-a-li-tät ... Pedro, du könntest auch mal ein bisschen Realitätssinn vertragen ... Hier ist das Anwaltsschreiben, der Bikini, Sonnencreme habe ich auch noch gekauft ... Setz mich auf dem Rückweg an irgendeinem dieser schrecklich normalen Strände ab ... Bring mich nach Costa Teguise, da sind bestimmt die gewöhnlichsten Menschen!«

In Costa Teguise am überfüllten Strand entkleidete sie sich, gänzlich ohne Scham, und zog ihren weißen Bikini an. Dann stand sie mit erröteten Wangen und mit ihrer Sonnencreme da und winkte ihm zum Abschied zwischen all den Touristen.

»Komm gut ins neue Jahr!«, rief sie noch.

Pedro winkte zurück. Wenn sie ab heute ihre Rechnungen online bezahlte, dann gäbe es in Zukunft auch keinen Grund mehr, nach Charco del Palo zu fahren, um ihr die Mahnungen vom Stromamt zu bringen, dachte Pedro. Im Grunde genommen hatte er heute zwei Kunden verloren.

24

Das Atlantis-Projekt – Amado setzt sich zwischen Pedro und Tenaro

Pedro saß im Garten auf der alten Bank. Vereinzelt hörte er schon Feuerwerke. Ein paar krachende Böller, heulende Raketen. Vielleicht war es gut, sagte er sich, dass er jetzt nicht nur an ein Silvester ohne Miguel denken musste, sondern auch an den Toten in La Degollada.

Pedro hatte gleich zu Stamms Haus fahren wollen, nachdem er Johanna abgesetzt hatte, um sich ein Bild von der Lage zu machen, aber schon in Yaiza war die Straße nach La Degollada von der Guardia Civil gesperrt gewesen. Das deutete wirklich auf einen »Tod durch Fremdeinwirkung« hin, bestimmt sicherten sie schon die Spuren. Aber welche Spuren? Was war mit den Spuren, die er selbst hinterlassen hatte? Er hatte die Türklinke ja angefasst, bestimmt war da Stamm schon tot gewesen! Er googelte: »Spuren – Mordspuren« und landete beim Fall O. J. Simpson und einem »linken Handschuh aus dunkelbraunem Leder«, das entsprach nicht diesem Fall. Pedro gab »Mordspuren an Türklinke« ein, das war der richtige Suchbegriff. »Eine Hautschuppe, insbesondere auf Türklinken, reicht, um jemanden zu überführen«, hieß es in einem Artikel über Kriminaltechniken.

> Da vom Menschen jeden Tag Millionen kleiner Hautzellen abgesondert werden, ist es durch die DNA-Analyse möglich, jede Person zu ermitteln, die eine Türklinke berührt hat.

Oh Gott, dachte Pedro, ein Postbote, der keine Post hinterlässt, sondern nur DNA-Spuren! Hätte er doch wenigstens die Zeitschrift vor die Tür gelegt! Auch wenn die Katzen sie zerfetzt hätten, ein paar Spuren seiner Postzustellung wären in der Analyse bestimmt noch festzustellen gewesen! Stattdessen nur seine DNA-Spuren, verdächtiger ging es ja gar nicht!

Da blieb nur eines: Er musste, bevor überhaupt die Ermittler auf ihn kommen würden, eine Aussage machen, eine Erklärung abgeben: dass er, Pedro Fernández García, unschuldig war!

Aber er hätte versuchen sollen, die Tür irgendwie zu öffnen, dachte Pedro, als er gespürt hatte, dass irgendetwas nicht stimmte. Vielleicht hätte er Stamm dann noch retten können? Warum war er einfach weggefahren? Schon auf Fuerteventura, als sie Miguels bespucktes Messi-Trikot am Strand ausgewaschen hatten und dieses Boot von dem Bagger zertrümmert worden war, hatte er sofort wegfahren wollen. Um nicht zu sehen, was unter den schwarzen Plastiksäcken gelegen hatte. Und er hatte Miguel lieber eine andere Geschichte erzählt, vielleicht auch sich selbst. Ja, er musste wirklich ein Geständnis ablegen, über sein Wegschauen!

Pedro sah auf, er hörte Schritte.

»Hallo, wie geht's?«, rief Tenaro schon in der Einfahrt. »Der Bus hält ja immer noch vor unserer alten Schule, so wie früher!«

»Du?« Pedro sah ihn erstaunt an.

»Ja, wer denn sonst? Ist alles okay?« Tenaro sah aus wie immer, er trug sogar dieselbe Jeans wie an Heiligabend.

»Wo kommst du denn her?«

»Aus Playa Blanca, da wohne ich, du stellst ja Fragen!« Er setzte sich neben Pedro auf die Bank und legte sich die Aktentasche, die er schon auf Fuerteventura dabeigehabt hatte, auf den Schoß. »So! Jetzt pass mal auf … Ich habe ein Jahrhundertprojekt!« Er öffnete die Tasche und nahm einen Stapel Papier heraus.

»Schau dir das an, genau hier!« Tenaro hielt ihm ein Blatt Papier vor die Nase. »Das ist der Nordatlantik, das Kanarische Becken, erkennt man ja. Hier Lanzarote, da Fuerteventura. Und hier, 75 Kilometer nördlich von uns: das!«

»Was?«, fragte Pedro.

»Na, das!«, wiederholte Tenaro.

»Was soll da sein??«

»Eine versunkene Insel!« Tenaro tippte auf eine Stelle im Nordatlantik.

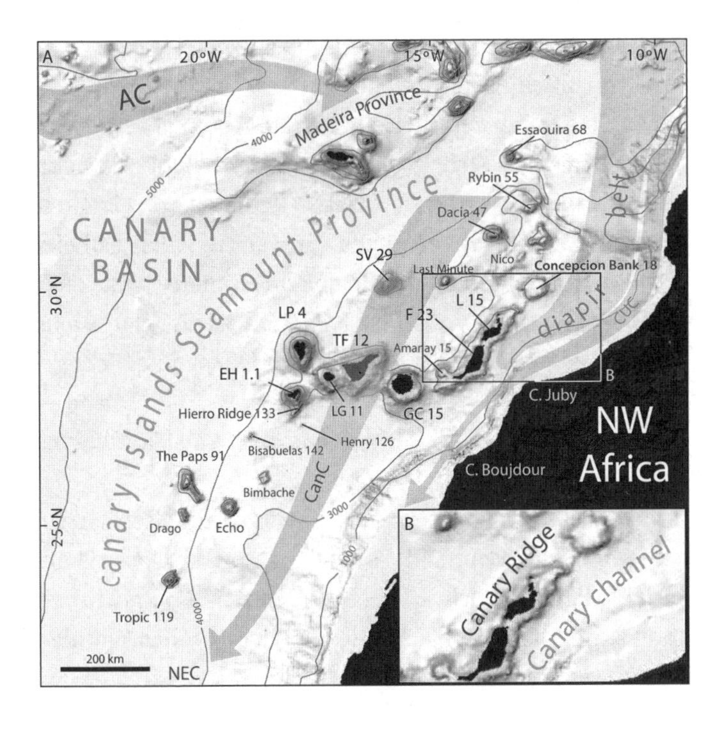

Pedro starrte auf das Papier. Lanzarote war zu erkennen. Ebenso Fuerteventura. Unter Tenaros Finger sah er etwas Kreisförmiges, mit zarter grauer Umrandung. »Concepción Bank«, stand dort.

Tenaro erhob sich feierlich. »Hast du dir alles genau angeschaut?«, fragte er. »158 Meter unter der Meeresoberfläche, 48 Kilometer Durchmesser, 9500 Jahre vor Christus untergegangen, das, was du da siehst, das ist ATLANTIS, so wahr ich Tenaro Caballero Fuentes heiße! Und wir beide sind die Ersten, die mit dem ATLANTIS-Tourismus steinreich werden!«

»Das ist bestimmt nicht Atlantis!«, erwiderte Pedro. »Das ist eine Unterwassererhebung, ein Seeberg, so eine Art Bank im Meer, steht doch da: ›Bank‹, so was gibt's hier wohl öfters, das liegt am Unterwasser-Vulkanismus, der hat die Bank von unten hochgedrückt.«

Tenaro sah ihn verärgert an. »Bank?! Kann ja sein, dass das jetzt wie eine irre große, gigantische Bank aussieht, aber ich sage dir: Das ist ATLANTIS, es ist vor Urzeiten genau dort im Meer versunken. Es war auf jeden Fall einmal oben und dann ist es versunken!« Tenaro setzte sich wieder. »Glaub mir, du bist Postbote, wenn auch nicht mehr lange, aber ich bin mein ganzes Leben aufs Meer gefahren.«

»Wie wäre es, wenn ich uns erst mal einen Kaffee mache?«, fragte Pedro.

»Jedes Mal, wenn wir mit der Flotte da draußen waren, hab ich mich gewundert, warum es dort so viele Thunfische gab! Danke, ich will jetzt keinen Kaffee«, antwortete er. »Längst ausgestorbene Haie habe ich gesehen und das Wasser war blauer als überall sonst!«

Pedro ließ sich tiefer in die Gartenbank sinken, Tenaro stand wieder auf.

»Hör zu, Pedro, das ist ein sensationelles Projekt! Ich habe dir schon mal gesagt: Wenn wir nicht bald das Leben selbst in die Hand nehmen, gehen wir in dieser globalen Weltkrise unter! Du sitzt seit Monaten herum und tust nichts. Man muss heute auch ein bisschen kreativ sein, aber du bist nicht kreativ, du bist das Gegenteil!«

Er klingt schon wie Carlota, dachte Pedro.

»Platon, der Grieche, sagte: *Jenseits der Säulen des Herakles* … Als Seemann weiß man so etwas, das ist die Straße von Gibraltar, wo das Mittelmeer in den Atlantik fließt. Platon hat sich das ja nicht ausgedacht, warum auch? *Jenseits der Säulen des Herakles*, sagte er, hat eine Insel existiert. Mit schwarzen und roten Felsen, mit Fauna und Flora und einer Stadt mit Tempeln, Palästen, Parkanlagen und dem größten Hafen der Welt. Mit Hochseefischern, Kaufleuten, Kriegern, Sklaven und tollen Huren und bunten Festen in der Nacht. Es gab Sportstätten, bestimmt hatten sie auch Fußballstadien, Pferderennbahnen, Trinkhallen … Pedro, du schaust mich so komisch an, aber da lebten Wesen, die waren tausendmal schlauer als wir beide zusammen …«

»Wahrscheinlich hatten sie auch U-Boote!«, unterbrach ihn Pedro, er richtete sich wieder auf. »Seit Tagen versuche ich dich anzurufen, und dann kommst du plötzlich anspaziert und haust mir gleich wieder irgendeinen Irrsinn um die Ohren! Atlantis! Geht's nicht auch eine Nummer kleiner? Außerdem ist einer meiner Kunden gestorben, wahrscheinlich durch Fremdeinwirkung, und meine DNA klebt an seiner Türklinke!«

»Gib erst mal zu, dass das mit Atlantis eine großartige

Idee ist!«, erwiderte Tenaro. »Ich kann verstehen, dass dir als Moralapostel die Sache mit der Villa Winter nicht so gut gefallen hat, aber die Idee mit Atlantis ist der Hammer, das kannst du ja wohl mal zugeben?«

»Nein, mache ich nicht, setz dich wieder, dieses ständige Herumgespringe! Ich dachte schon, du hättest eine Straftat begangen und eine Frau aus dem Fenster geworfen!«

»Habe ich aber nicht!« Tenaro trat wütend gegen einen Stein, der über den Picón flog.

»Ich weiß!«, antwortete Pedro. »Aber ich musste sie erst im Krankenhaus besuchen, um das herauszufinden.«

»Ich habe mich ausgezogen, und dann ist sie einfach gesprungen, stell dir das mal vor! Ich hatte schon seit 100 Jahren keinen Sex mehr und dann will ich gerade meine Unterhose ausziehen und die Frau springt aus dem Fenster! Bin ich so schrecklich?«

»Sie ist gesprungen, weil sie verzweifelt war, das hat alles gar nichts mit dir zu tun!«, antwortete Pedro. »Und nun liegt sie da auf Station 5 herum, mit zwei gebrochenen Armen.«

»Aber woher soll ich denn das alles wissen? ... Ich hab Angst bekommen, außerdem war ich betrunken ... Und wütend war ich auch noch, weil ich ja schon bezahlt hatte!«

»Ich hab das bezahlt, du schuldest mir 60 Euro!«

»Wenn Atlantis erst mal läuft, kriegst du die 60 Euro wieder!« Tenaro setzte sich endlich.

Sie schwiegen.

»Ich bin heute wirklich nicht in der Stimmung für deinen Quatsch. *Jenseits der Säulen des Herakles* ... Du bist wieder auf irgendeiner Verschwörungsseite im Internet gelandet«, sagte Pedro. »Du landest immer bei den Verschwörungstheorien!«

»Bin ich nicht! Du erzählst doch immer Geschichten von einem ›Strand der Ertrunkenen‹ und von ›ertrunkenen Seelen‹, dabei weiß jeder, dass das nur der FKK-Strand von Papagayo ist, ohne ertrunkene Seelen, nur englische Titten!«, erwiderte Tenaro.

Pedro atmete tief durch.

»Ständig streiten wir, das ist schade.« Tenaro seufzte.

»Wir sind Vulkanmenschen, die streiten sich eben«, sagte Pedro.

»Mann, und ich dachte, wir machen das zusammen?« Tenaro legte den Arm um Pedros Schulter und zog ihn an sich heran. »Wir schippern jetzt einfach nur ein bisschen raus Richtung Norden und zeigen den Touristen die Karte der Ozeanforscher. Und dann erzählen wir, was dort liegt, nur 158 Meter unter ihnen!«

»Noch mal, lieber Tenaro: Atlantis liegt da nicht«, sagte Pedro.

»Lass dich doch mal von mir und Platon überzeugen, ich kenne jemanden im Tourismusbüro in Puerto Calero, die haben da im Hafen ein gelbes U-Boot aus Finnland, damit machen die Touristenfahrten und gucken sich langweilige Makrelen und Brassen an, da kostet das Ticket 50 Euro! Stell dir das vor, die haben sogar ein Schiff unserer Thunfischflotte dort versenkt, damit irgendwelche Engländer oder Deutsche oder Franzosen Titanic-Gefühle kriegen, was für eine Unverschämtheit! Ja, dann geben wir ihnen doch jetzt ein totales Atlantis-Gefühl, für Atlantis legt jeder locker das Fünffache auf den Tisch! Wenn du für Makrelen, Brassen und einen verrotteten Thunfischkutter 50 zahlst, zahlst du für Atlantis 500! Mit dem U-Boot kommen wir bis auf 100 Meter ran, man sieht zwar nichts, es ist alles nur tiefdunkelblau, aber das ist ja egal. Dazu spielen wir *Yellow Submarine, Yellow Submarine, we all live in a Yellow Submarine* …«

Tenaro sang, er kannte aber nur den Refrain und summte noch eine Weile vor sich hin, während Pedro in die Ferne über die Lavafelder sah.

»Oder ist es, weil du wasserscheu bist?«

»Nein«, antwortete Pedro erschöpft.

»Okay, wenn dich das alles nicht interessiert, dann bleiben wir hier jetzt einfach sitzen, saufen und gehen gemeinsam vor die Hunde. Wir saufen, weil uns keine Sau auf dieser Welt mehr braucht.«

Er nahm eine Dose Bier aus seiner Aktentasche und öffnete sie mit einem lauten Zischen. »Willst du auch eins?«

»Nein, danke«, sagte Pedro.

»Ich dachte, Atlantis wäre etwas Anständiges. Dann muss man eben wie Jamal al Din in Drogen machen, der war auch mal Fischer und jetzt ist er ein richtiger Geschäftsmann. Der fährt mit einem Schlauchboot mit Supermotor einmal die Woche von Marokko hierher und wieder zurück, damit macht der mindestens 10 000! Eigentlich 20 000, die andere Hälfte kriegt die Guardia Civil von der Küstenwache in Fuerteventura, Lanzarote ist nur so eine Nebengeschäftsstelle.«

Pedro rührte sich nicht. Tenaro trank aus seiner Dose.

»Es gibt auch Fischer auf Fuerteventura, die fahren Jamal entgegen, wenn man sich nicht sicher ist, ob die Küstenwache stillhält«, sagte Tenaro. »Dann wird alles auf dem Meer umgeladen … Und danach fahren sie mit dem Zeugs zurück nach Fuerteventura, manchmal auch mit Boatpeople.«

»Was meintest du eigentlich neulich mit deiner Bemerkung, dass mir und meiner Familie doch *solche Themen* liegen müssten?«, fragte Pedro.

Tenaro zuckte mit den Schultern.

»Auf Fuerteventura! Da hast du gesagt: Mein Großvater soll ja wohl jemanden ganz gut gekannt haben, *der Hitler gut gekannt hat!* Was meintest du damit?«

Tenaro winkte ab, als wollte er den großen ungestümen Satz mit dem Großvater und Hitler irgendwie wieder kleiner machen. »Dein Großvater hat allen, die davon wussten, verboten, es herumzuerzählen, weil, du weißt ja, wir Spanier, wir mögen die Deutschen nicht. Denk an den Bombenangriff auf Guernica, das waren die Deutschen. Ein Maler hat sogar davon ein Bild gemalt ...«

»Ich weiß! Pablo Picasso!«, unterbrach ihn Pedro. »Ich habe dich etwas gefragt!«

»Was soll ich darauf antworten, du weißt doch alles?«, sagte Tenaro. »Die Deutschen haben uns geholfen, ja, aber dafür haben sie sich hier aufgeführt, als ob Spanien ihnen gehören würde, das machen sie noch heute ... Dabei wollten wir Spanier eigentlich nie so richtig etwas zu tun haben mit den Deutschen, nur dein Großvater, der war irgendwie stolz darauf ...«

»Stolz auf was, bitte?«, fragte Pedro.

»Na ja, er soll doch ... Also, El Capitán hat gesagt, dass sich die Leute erzählt haben, er hätte wohl mit den Nazis kollabiert«, erklärte Tenaro leise.

»So ein Quatsch! ... *Kollabiert!*«, Pedro fing an zu lachen. »Du meinst wohl *kollaboriert!?* Mein Großvater hat nicht mit den Nazis kollaboriert! Außerdem haben Spanien und die Deutschen gar nicht gegeneinander gekämpft! Da *kollaboriert* dann sowieso niemand, du meinst bestimmt *kooperiert?*

Aber wie sollte denn ein Postbote aus Yaiza mit den Nazis kooperieren?!«

»Das weiß ich nicht, wahrscheinlich, als er in Afrika war!«

»Da war er Elektriker, beim Sultan!«

»Dann frag mich nicht, wenn du sowieso alles besser weißt!« Tenaro trank die ganze Dose Bier leer, zerdrückte sie und schoss sie ein Stück durch den Garten. »Jetzt weiß ich auch wieder, wie dieses Superboot von Jamal heißt: ein Zodiac! Das ist glasfaserverstärkt und zieht durchs Wasser wie ein Adlerrochen, auch bei starkem Seegang. Jamal hat seine Leute bei der Küstenwache, die übersehen das Boot auf dem Radar, verstehst du? Und wenn seine Leute mal keinen Dienst haben, nimmt er die Fischer, die verfrachten alles weit vor der Küste auf ihre Boote, danach kommen sie dann eben mit Kongogras statt mit Seehecht oder Wolfsbarsch zurück. Was machen wir eigentlich heute Abend? Ich will Raketen steigen lassen!«

Pedro lief mit hastigen Schritten im Garten umher und hob dabei die Dose auf.

»Nun setz dich doch wieder«, rief ihm Tenaro nach. »Du weißt doch, wie die Leute reden ... Und diese Insel ist so klein. Aber schön, dass es diese gute alte Bank im Garten noch immer gibt. Ich erinnere mich, dass wir hier immer gesessen haben ... Du bist der einzige Freund, der mir noch geblieben ist. Wieso klebt deine DNA an einer Türklinke? Wer ist tot?«

»Was du da redest, mit den Nazis kollaboriert! Mein Großvater war Elektriker beim Sultan und wahrscheinlich noch Prokurist für eine Firma, die Eisenerze schürfte, im Rif-Gebirge. Mein Vater hat sein ganzes Leben von seinen Helden im Spanischen Bürgerkrieg gesprochen, da wüsste ich ja wohl, wenn bei uns jemand mit den Nazis kollaboriert hätte! Und schieß nie wieder deine Dosen durch meinen Garten!« Pedro wunderte sich selbst, warum er hier plötzlich seine Familie verteidigte, obwohl er unter seinem Sultantisch aus marokkanischem Thujaholz, das auf einmal zu deutscher Eiche geworden war, diese eingravierten Sätze gefunden hatte.

»Mann, Pedro«, sagte Tenaro und bedeutete ihm, sich endlich hinzusetzen. »Ich hätte das gar nicht sagen sollen ... Was können wir für unsere Väter und Vorväter? Der eine kollaboriert vielleicht mit den Nazis, der andere schläft vielleicht mit allen Frauen der Insel. Die einen sagen so, die anderen so. Warum sollen wir uns damit noch beschäftigen? Lass die alten Geschichten ruhen!«

Pedro setzte sich an das andere Ende der Bank. Sie schwiegen.

»Gib mir doch ein Bier«, sagte Pedro.

»Gern«, antwortete Tenaro und nahm zwei weitere Dosen aus der Tasche. Er öffnete beide, reichte Pedro eine davon, sie stießen an. »Wusstest du, dass Franco gar nicht Fan von Real Madrid war, sondern von Atlético? Siehst du? Jeder hat Fehler!«

»Hitler hat übrigens am 30. April 1945 auf eine Zyankalikapsel gebissen«, sagte Pedro nach einer Weile. »Dazu hat er sich noch mit einer Pistole in die Schläfe geschossen. Der kann sich unmöglich danach in deiner Geheimvilla aufgehalten haben, das ist völliger Wahnsinn nach einem so gründlichen Selbstmord! Er litt auch nicht unter Magenkrämpfen, das war Himmler, einer seiner schlimmen Minister, da hast du was verwechselt.«

»Lass uns damit aufhören«, sagte Tenaro. »Gleich nach

Neujahr spielen die Galaktischen gegen Osasuna! Kommst du mit ins Caracas?«

Ein weiß-roter Krankenwagen fuhr mit Schwung in die Einfahrt.

»Oh Gott! ... Bist du krank?«, fragte Tenaro.

»Nein, keine Ahnung, was die hier wollen.« Pedro stand auf.

Zwei Sanitär sprangen aus dem Auto, öffneten die Tür und hoben Amado in einem Rollstuhl aus dem Wagen. Dann griffen sie ihm unter die Achseln und rissen ihn hoch. Amado, der ungefähr zwei Köpfe größer war als die Sanitäter, bewegte sich langsam auf die Gartenbank zu.

»Wer ist hier der Verwandte?«, fragte einer der Männer, der Arme wie ein Sumoringer hatte, ihm lief der Schweiß über das Gesicht.

Amado wies mit einer behutsamen Geste auf Pedro und setzte sich zwischen ihn und Tenaro auf die Bank.

»Dein Verwandter??« Tenaro starrte abwechselnd Pedro und Amado an.

»Dann bitte hier unterschreiben! Und Ihren Ausweis!«, sagte der schwitzende Sanitäter und drückte Pedro ein Papier in die Hand.

»Von so einem Verwandten hast du nie etwas erzählt ... Woher kommt der?«, fragte Tenaro.

»Gleich, gleich ...« Pedro fing auch an zu schwitzen und versuchte, die Brieftasche aus der Hosentasche zu ziehen, während er mit der anderen Hand das Papier unterzeichnete.

»Da denkt man, dein Großvater macht was mit Deutschen in Afrika, und dann taucht hier plötzlich so was auf?«, fuhr Tenaro fort.

»Mensch, ich erklär's dir gleich!«, herrschte ihn Pedro an und hielt den Sanitätern seinen Postausweis hin. »Reicht das? Ich bin im Staatsdienst.«

Amado kratzte sich am Kopf und sah sich unruhig um. Pedro bekam noch ein paar Verbände, Tabletten und Salben überreicht, danach stiegen die Sanitäter in den Wagen und gaben so viel Gas, dass die Picón-Steine durch die Luft flogen. Nun war es still, die aufgewirbelte Lavaasche senkte sich sanft auf die drei Männer herab.

Amado schaute nach rechts zu Tenaro, der an den äußersten Rand der Bank gerutscht war, dann nach links zu Pedro, der angespannt die Schachteln mit den Tabletten und Salben in den Händen hin und her drehte.

»Danke«, sagte Amado. »Jetzt bin ich wieder hier, auf dieser Bank ... Und mir geht's schon viel besser!« Er rutschte ein Stück nach links, klopfte Pedro auf die Schulter und ließ den Arm dort liegen.

»Gern geschehen«, antwortete Pedro leise und betrachtete Amados T-Shirt, das diesmal leuchtend blau war, viel blauer als das Blau seiner Dienstuniform.

Sie saßen einen Moment schweigend da. Drei Raketen heulten auf und explodierten. In der Ferne bellten Hunde. Tenaro starrte auf Amados Arm auf Pedros Schulter. Die aufgewirbelte Lavaasche von der unsanften Abfahrt der Sanitäter schwebte noch immer durch die Luft.

»Ich laufe lieber noch mal durch die Wüste, als mit solchen Typen in einem Auto zu sitzen!«, sagte Amado. »*Warum fahren wir so was durch die Gegend, das wurde doch früher nie gemacht? – Das hat mit Obama zu tun, jetzt reden alle von Obama. – Scheiß auf Obama. Stecken wir ihn doch am Flughafen ins Lager oder schmeißen ihn ins Meer.* Ich spreche übrigens

Spanisch, habe ich gesagt. Dann haben sie den Mund gehalten.«

»Und wieso spricht der Spanisch?«, wandte sich Tenaro an Pedro, der mittlerweile ganz verzagt unter Amados großem Arm wirkte.

»Weil ich aus einer spanischen Kolonie komme, so wie Sie! Aus mir sprudeln die Kolonialsprachen nur so heraus, wir können auch direkt miteinander reden!« Amado bewegte leicht den Fuß auf und ab. »Aber wir sagen *die* Kaffee, nicht *der* Kaffee.«

»Kaffee ist bei denen Femininum«, erläuterte Pedro.

»Aha, ist mir scheißegal, ich komm ganz bestimmt nicht aus einer Kolonie!«, sagte Tenaro. »Bei Kolonie denkt man an Eroberer und an Gefangene und Sklaven, das sieht ja hier wohl ein bisschen anders aus. Hier leben nur Spanier!«

»Tenaro, du hast keine Ahnung von Geschichte«, sagte Pedro.

»Das musst du gerade sagen, du weißt ja nicht mal, was da draußen im Atlantik liegt, quasi direkt unter uns!«, erwiderte Tenaro.

»Das Einzige, was unter uns liegt, ist die afrikanische Erdplatte. Hier leben Spanier auf der afrikanischen Erdplatte, du kannst dich doch wohl noch an Herrn Gopar erinnern? Das hat Herr Gopar in Erdkunde gesagt, die afrikanische Erdplatte war zuerst da, das war vor 38 Millionen Jahren, im Priabon des Eozäns!«

»Alles klar ... Und was hat Herr Gopar damit zu tun? Ich habe nur gesagt, dass Kolonien ja wohl anders aussehen!«

»Also, das war ja ein schrecklicher Wind in den letzten Tagen«, sagte Amado. »Vor dem Fenster im Krankenhaus konnte ich den Sand und Staub vorbeifliegen sehen. Ich kenne diesen Sandsturm, aus der Wüste. Die Menschen in der Sahara sagen, dass er hier bei euch stirbt.«

»Meint er Calima? Es gab keine Calima, nur den normalen Wind«, sagte Tenaro. »Kommst du aus dem Kongo?«

»Nein, ich komme nicht aus dem Kongo«, antwortete Amado.

»Machst du was mit Drogen?«, fragte Tenaro als Nächstes.

»Nein, was mit spanischsprachiger Literatur in Afrika«, erklärte Amado.

»Aha, und mit so was kann man Geld verdienen? Und warum bist du dann hier, wenn du was mit Spanien machst in Afrika? Bist du schwul?«

»Tenaro, hör mal auf, so blöde Fragen zu stellen!«, sagte Pedro.

»Wieso blöd? Seit einer halben Stunde liegt sein Arm auf dir, da kann ich mich doch wohl mal erkundigen? Ich interessiere mich halt für deine Verwandten ... Er ist mindestens doppelt so groß wie du! Woher kommt er denn nun?«

»Weiß ich auch nicht, wir sind nicht verwandt! Kapierst du das endlich?«

»Wieso bist du so aggressiv? Was ist mit dir los? Was kann ich dafür, dass Spanien auf irgendeiner afrikanischen Festplatte liegt?«

»Afrikanische Erdplatte, du Idiot!«

»Das ist fast dasselbe, afrikanische Erdplatte oder Festplatte, beides scheiße!«, verteidigte sich Tenaro.

Pedro löste sich aus Amados Umarmung und sprang auf. Er war wirklich aggressiv, er wusste immer noch nicht, ob er hier den Retter spielen sollte oder ob er diesen Schwarzen eigentlich lieber nicht noch einmal in seinem Haus haben wollte, dazu Tenaro, der in Pedros Unsicherheit ständig mit dieser Fragerei hineinbohrte. »Erdplatte und Festplatte sind zwei absolut verschiedene Dinge, genau wie *kollabieren* und *kollaborieren*!«, erklärte er.

»Also, wir sind wirklich nicht verwandt«, mischte sich Amado vorsichtig und schlichtend ein. »Im Golf von Guinea liegt eine Insel, eine Vulkaninsel, Annobón, da komme ich her. Ich habe mich in diesem Haus ausruhen dürfen. Dann haben wir uns wiedergetroffen. Und ein bisschen angefreundet. Kann man das so sagen, Herr Pedro? Un petit peu?«

»Ja, ja«, sagte Pedro erschöpft und drückte ihm die Tablettenschachtel, die Verbände und Salben in die Hand.

»Das ist ja seltsam. Erst hat er sich in diesem Haus ausgeruht und dann habt ihr euch angefreundet?« Tenaro lachte. »Komische Reihenfolge!«

»Mein Gott, was heißt hier angefreundet?« Pedro wurde rot im Gesicht. »Ich habe ihn ins Krankenhaus gebracht, was sollte ich denn sonst machen?«

»Ja, er hat mich ins Krankenhaus gebracht, und ich habe ihm gesagt, wir müssen sein altes Lit-d'amour verrücken, ein alter Brauch aus dem Senegal. Und nun geht es dem Fuß schon viel besser, und die bösen Liebesgeister sind verschwunden, oder nicht, Herr Pedro?« Er klopfte ihm wieder auf die Schulter und lachte.

Pedro versuchte, ebenfalls zu lächeln.

Amado ließ vorsichtig den Fuß kreisen – der Knöchel war verbunden – und summte irgendeine Melodie. Dann nahm er eine Tüte aus seiner Jacke und steckte sich Chips in den Mund.

Tenaro schwieg. Er lehnte sich zurück und starrte auf Amados Fuß, plötzlich setzte er sich mit einem Ruck auf die vorderste Kante der Bank und sah die beiden an. »Das verstehe ich trotzdem alles nicht. Ich würde mich erst mit jemandem anfreunden und ihn danach in mein Haus lassen. Oder machst du hier jetzt auf Flüchtlingsheim, oder was? Wie du ständig diese *afrikanische Erdplatte* betonst ... Wegen dem da, dem Buschmann?« Er stand auf.

»Mensch, Tenaro, wir haben den Mann über den Haufen gefahren ... Heiligabend!«, brach es aus Pedro heraus. Er stockte, dann wandte er sich Amado zu. »Es tut mir leid.«

Amado hatte aufgehört zu kauen und starrte Pedro an.

»Das war ein sehr schlimmer Abend«, erklärte Pedro. »Wir haben schon bei ihm getrunken, dann sind wir losgefahren, er hintendrauf, und dann hab ich mich umgeschaut nach diesem Mann, der immer den Wüstenstaub gegen den Wind fegt, und da kam plötzlich diese blöde Bremsschwelle, ich musste ausweichen, an diesem Abend ging ja auch wirklich alles schief, ihm ist später sogar noch eine Frau aus dem Fenster gefallen ...«

»Rede nicht so eine Scheiße! Es war stockdunkel!«, unterbrach ihn Tenaro. »Wie willst du so einen im Dunkeln erkennen? Man erkennt nichts Dunkles im Dunklen! Das kann alles Mögliche gewesen sein!«

»Halt bitte kurz die Tüte«, sagte Amado und drückte Pedro die Chips in die Hand, dann stand er auf, senkte den Kopf und rammte ihn Tenaro in die Brust, sodass dieser rückwärts in den Picón stürzte.

»Ahhhh!«, schrie Tenaro.

Amado sah zufrieden auf ihn hinab. Er setzte sich wieder auf die Bank und nahm Pedro die Tüte aus der Hand.

»Aaaaaaaauuu, Mann! Sag mal, spinnt der?!« Tenaro rappelte sich auf und rieb sich die Brust.

»Nun weißt du es jedenfalls, wir waren das«, sagte Pedro. »Geht's wieder? So schlimm ist's ja auch wieder nicht.«

»Halt die Klappe ... Außerdem bin ich gar nicht gefahren!« Tenaro stöhnte. »Du bist gefahren, ich habe dir doch gesagt, dass du wie ein Idiot fährst!« Er ließ sich wieder auf die Bank sinken.

Sie saßen schweigend da.

»Es ist okay«, sagte Amado nach einer Weile. »Es ist okay. Voulez-vous des chips?« Er hielt beiden die Tüte hin.

»Ich geh Raketen kaufen«, antwortete Tenaro. Er stand auf und betastete seinen Oberkörper.

»Mensch, Tenaro ... Komm, bleib doch«, sagte Pedro. »Wollten wir nicht zusammen Silvester feiern?«

»Feiert ihr doch ... Ihr könnt ja wieder was zusammen verrücken. So ein Betrüger. Lässt sich mit einem Krankenwagen herbringen und zehn Minuten später bricht er einem die Knochen! Aber schön spanische Chips essen!« Tenaro nahm seine Aktentasche, stopfte seine Blätter mit dem Atlantis-Projekt hinein und ging.

25

Präsident der Wartenden
(Anruf aus den Bergen vor Melilla)

Die Sonne ist das letzte Mal in diesem traurigen Jahr untergegangen, dachte Pedro, als er die Tür zum Kinderzimmer öffnete. Miguels Zimmer war voll von Abendrot. Der blaue Ball lag auf dem Fußboden, mitten im Raum. Daneben ein verknoteter Flugdrache, gebastelte Holzkreuze, verstreute Playmobilfiguren und Feuerwehrautos. Im Kinderbett sah er das aufgeschlagene Buch mit dem Rentier. Über dem Bett hingen mehrere Poster an der Wand, auf allen war Messi abgebildet.

»Vielleicht ist es gut, wenn hier wieder Leben einzieht«, sagte Pedro. »Ich kann auch eines der anderen Zimmer leer räumen, sie sind aber kalt und verstaubt, ich benutze sie nie.«

»Es ist sehr schön hier. Ich mag diesen Raum«, sagte Amado.

»Dann hole ich meine alte Matratze aus dem Gartenhaus. Wo wollen wir sie hinlegen, in die Mitte?«, fragte Pedro.

»Oh, danke, ich schlafe lieber hier auf dem Boden, das ist besser für die Durchblutung«, antwortete Amado.

»Aber Bettwäsche wenigstens, bin gleich wieder da.« Pedro lief ein paar Schritte aus dem Zimmer, dann hielt er inne, stellte sich leise hinter die Tür und beobachtete Amado durch den Spalt, wie er zum kleinen Maltisch lief und das gerahmte Foto betrachtete, das dort stand: Pedro vor einer Kirchentür, leicht gebeugt, die Arme wie ein Tormann ausgebreitet. Und Miguel mit dem blauen Ball, zum Schuss bereit. Pedro sah, wie sich Amado auf den viel zu kleinen Stuhl setzte und lange auf das Foto sah. Er lächelte. Es war schon fast dunkel im Zimmer.

Pedro holte die Bettwäsche. Als er wiederkam, rollte ihm der blaue Ball entgegen, Amado hatte ihn soeben durch das Zimmer geschossen. Pedro stoppte ihn mit dem Fuß, in den Händen hielt er die El-Barça-Bettwäsche und eine Zudecke. Amado sah ihn an, als genierte er sich, dass er in diesem Kinderzimmer wie ein Unbefugter gespielt hatte.

»Du musst das nicht tun«, sagte er.

»Das geht schnell«, antwortete Pedro. Er schaltete das Licht an.

»Nein, nein, ich meine das alles ... Du musst das nicht machen«, sagte Amado. »Dem Fuß geht's gut, ich werde weiterreisen. Gibt es hier eine Bushaltestelle?«

»Wohin denn? Heute Abend fahren keine Busse mehr ...«, antwortete Pedro und faltete den Bettbezug auseinander.

Amado griff sich zwei Ecken des Bezuges, um ihm zu helfen. Wie schwarz und vernarbt diese Hände waren, dachte Pedro, wie fremd sie auf dem blauen Stoff wirkten.

»Tolle Bettwäsche«, sagte Amado.

»Wir haben davon sogar ein Spannbettlaken, alles wegen Messi.« Pedro zeigte auf die Poster an der Wand.

Erst jetzt fiel es ihm auf: Auf einem der Poster war im Hintergrund der riesige schwarze Körper eines Barça-Spielers zu sehen, dessen Augen auf den Ball an Messis Fuß gerichtet waren. Überhaupt sah Amado genauso aus wie dieser Spieler: die Körpergröße, die segelartige Nase, der kurze Bart.

»Fahren die Busse morgen?«, fragte Amado. »Ich will zum Hafen, wo die Schiffe ablegen.«

»Bestimmt ... Der da, hinter Messi, wer ist das noch mal?«, fragte Pedro.

Amado sah ihn verwundert an. »Das ist der große Yaya Touré! Der ist aber bald weg, sein Trainer stellt lieber Katalanen in die Verteidigung.«

Pedro sah das Poster an, dann wieder Amado, dann wieder das Poster.

»Touré hat zwei Brüder«, erklärte Amado. »Der eine spielt bei Manchester City, der andere bei Al-Ittihad Aleppo, vorher OGC Nizza. Alle drei kommen vom Asec Mimosas.«

Der kennt sich aber aus, dachte Pedro. Er stellte sich vor, wie er Amado die El-Barça-Bettwäsche um den Körper wickelt und plötzlich Yaya Touré im Zimmer steht. Pedro spürte, wie ihm diese Vorstellung half, wie er sich an einen schwarzen Spieler in einem heimischen Barça-Trikot klammerte, nur damit ihm der Mann im Kinderzimmer nicht so fremd und unwirklich vorkam. »Vom AC Mimowas? Das wusste ich gar nicht.«

»Asec Mimosas«, korrigierte Amado. »Das ist die Talentschule in Abidjan, Côte d'Ivoire, die hat sich schon wieder für die WM qualifiziert! Groupe G mit Brasilien, Portugal und Nordkorea. Spanien ist in Groupe H.« Amado hielt mit ausgebreiteten Armen die Bettdecke an den Ecken hoch. »Jetzt du?«

»Wie bitte?«

»Der Bettbezug! Wenden, bitte.« Amado drückte ihm die Ecken der Decke in die Hand und drehte den Bezug auf links, griff hinein, schnappte sich die Ecken der Decke und ließ den Bezug darübergleiten.

»Super Technik«, sagte Pedro, er überlegte immer noch, wer wohl mit Spanien in der Gruppe H war, das müsste er doch eigentlich wissen.

»Ich war mal im Roomservice, Ibis Dakar«, sagte Amado.

»Kopfkissen?«, fragte Pedro und hielt es hoch.

»Brauche ich nicht«, antwortete Amado. »Einer der grands-grands-pères der Tourés war Kommandant in Guinea. Seine Männer setzten die makedonische Phalanx ein, das war eine Kriegstechnik, da hatte der Gegner keine Chance, genau wie bei dem Touré da auf dem Poster, der hat auch so eine makedonische Technik. Den Kommandanten nannten die Franzosen den ›Bonaparte des Sudans‹.«

»Magst du Spaghetti mit Tomatensoße?«, unterbrach ihn Pedro.

Amados Telefon klingelte. Er nahm den Anruf entgegen und stellte den Lautsprecher an.

»Amado?«, fragte eine Stimme.

»Ich seh dich«, antwortete Amado. Pedro stand daneben und schaute direkt mit auf das Display. Er sah einen Mann, dahinter flackernde Lichter und Hütten aus Planen und Blech sowie Menschen, die in Gruppen herumstanden. »Wie geht es den Kindern?«, fragte Amado.

»Sie wollen, dass du ihnen wieder Geschichten erzählst, sie fragen jeden Tag«, antwortete der Mann.

Amado humpelte mit dem Telefon aus dem Zimmer in die Küche. »Was habt ihr mit dem toten Grenzsoldaten gemacht?«, fragte er. »Hörst du mich?«

Was für ein toter Soldat?, dachte Pedro, er stand unschlüssig herum. Dann folgte er Amado in die Küche, er musste jetzt wissen, was da passiert war, wenn er schon einen Illegalen beherbergte!

»Wo bist du?«, fragte der Mann.

»Ich bin okay. Was habt ihr mit ihm gemacht, sag schon!« Amado lief unruhig auf und ab.

Pedro drehte den Hahn auf und ließ Wasser für die Spaghetti in den Kochtopf laufen.

Amado starrte auf den Strahl, der aus der Leitung kam, während er immer noch auf eine Antwort wartete. »Habt ihr noch Wasser?«, fragte er dann.

»Die Helfer von den Organisationen kommen nicht mehr durch«, sagte der andere. »Nun bleibt nur noch der Fluss. Und die Hütte der Kameruner ist abgebrannt. Sie haben gefroren.«

»Können sie bei anderen schlafen? Ebo aus Ghana soll mit seinen Leuten sprechen.«

Pedro stellte den Topf in der Spüle ab und ließ das Wasser langsam und leise hineinlaufen.

»Hör zu, Amado! Die Operation 20. Januar ist jetzt am Laufen«, sagte der Mann.

»Davon weiß ich nichts.« Amado lief aus der Küche ins Wohnzimmer.

»Darum rufe ich an ... Am 20. Januar machen wir es, alle Lager! Mit so vielen werden sie nicht rechnen.« Pedro konnte durch die offene Tür alles verstehen, jetzt gab es also auch noch eine »Operation«, er wollte auf keinen Fall in irgendwas hineingezogen werden.

»Nein!«, herrschte Amado ihn an. »Nein, du sagst das für unsere Gruppe ab! Wir warten lieber noch, die Lage ist viel zu angespannt nach der Sache mit dem Soldaten!«

»Da ist noch was«, sagte der andere. »Einige fragen sich, ob einer, der schon upstairs in Europa ist, noch unser Präsident sein kann.«

»Wer sagt das?«, fragte Amado. »Und wie ist deine Meinung?«

Es kam keine Antwort.

»Die aus Nigeria von der Bini-Gruppe? Fragen die sich das?« Amado klang wütend.

»Du kennst sie doch, mich akzeptieren sie nicht. Sie wollten auch den Soldaten über den Zaun werfen!«

»Man kommt den Zaun ja selbst kaum rauf, wie wollen sie da einen Toten rüberwerfen?!«

»Sie wollten ihn Stück für Stück rüberwerfen«, hörte Pedro, er wandte sich erschrocken ab und suchte tiefe Teller und Gläser heraus.

»Was habt ihr mit ihm gemacht? Ihr habt ihn nicht begraben?!«, fragte Amado, er kam zurück in die Küche, setzte sich an den Küchentisch und starrte mit weit aufgerissenen Augen auf das Display. »Sag die Wahrheit!«

Der Mann schwieg. Man hörte nur ein Rauschen.

»Hör zu! Wir haben immer gesagt, dass wir ein Recht haben zu leben, aber nicht, Leben zu nehmen. Dass wir die Gleichgültigkeit besiegen und unsere Glaubwürdigkeit verteidigen müssen, auch gegenüber Grenzsoldaten! Wir müssen uns unter Kontrolle haben, sonst werden wir wie die, wenn wir es nicht schon längst sind!« Amado hatte Mühe, das Rauschen zu übertönen.

»Deine Präsidentenreden nützen mir hier nichts. Von den Binis kommt auch die Operation 20. Januar, sie brennen die Hütten ab, damit es keinen Grund mehr gibt zu bleiben«, hörte Pedro den anderen sagen, in ihm hallte noch dieser Satz mit der Gleichgültigkeit nach, der hätte auch von seinem Vater kommen können.

»Wir müssen bleiben, du stoppst das, hörst du? Du stoppst das für unsere Gruppe!«, schrie Amado. »Stell Wachposten auf, wenn sie Hütten niederbrennen wollen!«

Die Leitung brach zusammen. Amado stöhnte und lehnte sich zurück.

Pedro wartete einen Moment, dann fragte er. »Was für ein toter Grenzsoldat? Was für eine Operation? Ich möchte es wissen, ich will hier keinen Ärger.«

»Das ist 2000 Kilometer von hier entfernt, dir passiert nichts! Glaubt ihr, diese Leute sind alle Engel!? ... Der Junge, der geschossen hat, kommt aus Khartum, der musste da weg, weil er einen Mann geküsst hatte, Scheißsudan ... Warum lassen die den nicht einfach? Dann hätte er am Ende bestimmt keinen Grenzsoldaten in Marokko erschossen!« Amado knallte das Telefon auf den Küchentisch. »Weißt du, wann die großen Schiffe fahren?«, fragte er sanft, als ob er sich für den harschen Tonfall entschuldigen wollte.

»Willst du erst mal einen Toubabambakaffee vor dem Essen?«, fragte Pedro, er schämte sich für seine Ängstlichkeit.

»Fahren die großen Schiffe nicht mehr? Im Netz steht nichts«, sagte Amado und hatte schon wieder das Handy in der Hand, er wirkte, als ob er sofort aufbrechen wolle.

»Doch, bestimmt«, sagte Pedro. »Habe ich das richtig verstanden? Du bist Präsident? Von welchem Land denn?«

»PED!«, antwortete Amado.

»Ah, das kenne ich gar nicht«, sagte Pedro.

»Das kennt niemand.« Amado seufzte.

Pedro öffnete eine Schranktür und holte die große Dose mit dem Toubakaffee heraus. Amado starrte vor sich hin.

»Entschuldigung, wie viele Löffel? Drei?«, fragte Pedro.

»Vier ... Ces merdes maudites bini-nigériaines!« Amado legte die Hände flach auf den Küchentisch und trommelte mit den Fingern ruhelos auf der Tischplatte herum.

»Wo liegt dieses Land, das niemand kennt?«, fragte Pedro.

»Auf einem Berg«, antwortete Amado.

»Interessant. Ein Land auf einem Berg«, sagte Pedro und zählte die Löffel.

»Von dort aus siehst du die Lichter von Melilla. Von Europa. Dem Anfang von Europa. Dem Ende von Europa, kommt darauf an, auf welcher Seite du bist ... Und da stehen auch die Zäune, sieben Meter hoch. Wer in ihnen hängen bleibt, sieht aus wie der Gekreuzigte in den Kirchen. Von der einen Seite gehst du durch eine Tür, von der anderen Seite wirst du gekreuzigt, kannst aber von oben einen Golfplatz sehen ... Nimm doch fünf oder sechs Löffel, bitte!«

»Okay, ich mach sechs«, antwortete Pedro.

»Das Land ist ein Lager, es liegt zwischen einem Leben, in das man nicht mehr zurückkann, und einem, in das man nicht hineinkommt ... ›Le pays entre les deux‹, so haben wir es genannt, man findet es auf keiner Landkarte. Die Menschen dort können nicht zurück, weil sie kein Geld mehr haben, und selbst wenn sie es doch irgendwie schaffen, sind sie verflucht, weil ihre Familien alles dafür gegeben haben, für einen Platz im Boot oder auf einem Lastwagen, für Europa ... Also bleiben die Menschen da, wo sie sind, und warten. Damit ihre Familien noch hoffen können, warten sie und warten. Und ich bin der Präsident der Wartenden ... Aber nicht der Präsident von denen, die kopflos die Zäune stürmen! Sie planen, ohne mich zu fragen, eine verrückte Operation, bei der noch mehr sterben werden! Dein Spaghetti-Wasser läuft schon tout le temps über.«

»Oh Gott«, sagte Pedro und stürzte zum Wasserhahn. Er schüttete nichts ab und setzte den Topf randvoll auf den Herd. »Was macht denn so ein Präsident?«

Von draußen hörte man immer mehr Raketen und Böller. Hunde bellten.

»Die Hütten sind aus Wellblech und Pappe und stehen auf Holzbrettern. Und dann kommen 20 in eine Hütte, meist nach Ländern geordnet. Wir haben die Ghana-Hütte, die Mali-Hütte, die Nigeria-Hütte, Sudan-Hütte, Kongo-Hütte, die Senegal-Hütte und so weiter ... Toute l'Afrique ist in den Hütten. Man empfängt Movistar, wir sind alle im spanischen Netz unterwegs – das ist das, was man von Europa hat: Movistar ...«

Amado hatte sich zurückgelehnt, die Beine ausgestreckt und den Kopf in den Nacken gelegt. »Ich habe sogar einen Ernährungsminister«, sagte er nach einer Weile. »Damit die Leute in so einer Hütte nicht verrückt werden, musst du Aufgaben verteilen und Regeln aufstellen. Nicht stehlen, nicht töten, niemanden bestechen, nicht lügen, das sind die Gesetze in PED.«

Das Wasser spritzte über den Rand des Topfes und zischte auf der Kochplatte. Pedro schüttete die Spaghetti hinein.

»Wir haben 567 Einwohner und das Doppelte an Mobiltelefonen! ... Daouda ist mein Stellvertreter, er kommt auch aus meinem Heimatland, er ist der Einzige, mit dem ich Spanisch spreche. Es gibt einen Justizminister, einen Antikorruptionsminister, einen Prepaidminister für die SIM-Karten und auch einen Verteidigungsminister, der zehn Macheten hat. Es gibt ein Gefängnis mit Platz für eine Person. Eine Bibliothek mit 50 Büchern und einen Bücherminister, der bin ich auch, ich muss immer vorlesen ... Und es gibt einen Fußballplatz mit zwei Toren, wir spielen den Afrika-Cup, Hütte gegen Hütte, wir haben aber auch eine gesamtafrikanische Nationalmannschaft, da bin ich ebenfalls Präsident.«

»Das ist ja toll.« Pedro rührte in dem Topf. »Braucht ihr zufälligerweise noch einen Postpräsidenten?«

»Das Gefängnis ist nur ein Pfahl, den der Gefangene berühren muss. Er könnte auch einfach wieder gehen, aber die meisten akzeptieren die Strafe, das ist der Sinn ... Der Sinn unseres Staates ist, das Bewusstsein zu verändern. Und die Gleichgültigkeit gegenüber anderen zu besiegen. Sieh dich in der Welt um, die Gleichgültigkeit ist die gefährlichste Form der Rohheit, ohne sie würden die Menschen sehr viel weiter kommen. Pardon, ich halte wieder Reden.«

»Oh, nein, ich höre zu, so einen Sinn müsste man diesem Staat hier auch mal geben«, sagte Pedro. Er war wirklich beeindruckt, wer kam schon auf die Idee, einen Staat zu gründen? Und jetzt saß sogar der Präsident in seiner Küche. Er war auch beschämt. Über Melilla wusste er nur, dass sein Großvater dort gewesen war, aber nicht, dass dort Zäune standen, die Menschen kreuzigten.

»Guck mich bitte nicht an, als wäre ich ein Heiliger«, sagte Amado. »Bleib lieber bei deiner Post für den Nobelpreisdichter, so etwas wie eine Nobelpreisroute haben wir nicht. Wir haben nur die Natoroute.«

»Was ist denn die Natoroute?«, fragte Pedro, er versuchte unbeeindruckt zu wirken, rührte die Spaghetti um und gab Olivenöl dazu, damit sie nicht zusammenklebten.

»Die Natoroute ist der Weg aus den Bergen runter bis zu den Militärzäunen mit den Natoklingen. Und die wollen sie jetzt alle stürmen, diese Irren!«

»Ich bin eigentlich gar nicht der Postbote von Saramago, das ist ein anderer, Francisco ...«, murmelte Pedro und öffnete den Küchenschrank, um das Salz zu suchen. Er sah die alte Tasse mit dem rubinroten Lippenstift, die er seit dem

Tag aufbewahrt hatte, an dem er Carlota in der Bar Stop begegnet war, er schlug die Schranktür sofort wieder zu. »Dieser Francisco ist ein richtiger Idiot! Ich habe mit ihm nur die Routen getauscht, weil ich das Buch für meinen Sohn signieren lassen wollte, aber die Sekretärin, dieser Volldrache ... Ich habe Saramago nicht ein einziges Mal gesehen, ich schaffe es ja nicht einmal, ein Buch von ihm signieren zu lassen! Das muss doch eine große Ehre sein, von Saramago empfangen zu werden? Ich kenne ihn nur von Fotos aus dem Internet.«

Amado nickte gedankenverloren.

»Und ich dachte, dass Saramago das Paket an Miguel weiterleiten würde, es war schon frankiert, es fehlte nur der Absender: *Von José Saramago, Calle los Topes 1*. Miguels Mutter hätte sich sofort vor Ehrfurcht in die Hosen gemacht und das Paket aufgerissen. So ist Carlota, die Frau auf dem Becher, du weißt schon, die strebt nach Höherem, die hat sich ihren Chef geangelt und führt nun ein Boutique-Hotel in Barcelona. Und sie schickt sämtliche Post für meinen Sohn zurück, meine Adresse schreibt sie auf die Rücksendung, als hätte sie einen Dolch in der Hand, überall Löcher in den Buchstaben, es ist die Hölle ... Ich kämpfe wie Don Quijote gegen Windmühlen! Zu Miguel sind mir alle Wege abgeschnitten, nichts bei Facebook, kein Foto, kein Hinweis, ich habe nur noch seinen Kinderreisepass. Ich wollte ihm und Carlota Eintrittskarten für den letzten Clásico schicken, der war im November, Barcelona hat sogar gewonnen, aber die Karten waren so teuer, dass ich es mir nicht leisten konnte. Stell dir mal vor, sie hätte mir die bereits bezahlten Karten zurückgeschickt, dann hätte ich mich erschossen, und das gesamte Stadion hätte wahrscheinlich auf die zwei leeren

Plätze geschaut, da hätte dann die Leere meines traurigen Lebens gesessen ...«

Vielleicht war es wirklich gut, dass er auch mal was von sich erzählte, dachte Pedro, und der Mann, der hier an seinem Küchentisch saß, war bestimmt ein guter Zuhörer, dieser Mann hatte aus dem Nichts einen Staat gegründet, möglicherweise hatte er sogar eine Idee, was man jetzt tun könnte, vielleicht gab es noch etwas Besseres, als Liebesbetten zu verrücken, irgendetwas, das Hoffnung gab.

»Auf Saramago kam ich, weil es diesen Film gibt, da bringt ein Postbote Briefe zu Pablo Neruda, und später hilft der ihm, die schönste Frau des Dorfes für sich zu gewinnen, darum habe ich mit Francisco getauscht. Ich habe angefangen, Saramagos Bücher zu lesen, *Die Stadt der Blinden*, das Buch hat so lange Sätze, dass ich alles dreimal lesen musste, aber ich fand es toll, ich habe mir sogar vorgestellt, vor Saramago zu sitzen, so wie du, und Kaffee zu trinken und ihm *meine* Geschichte zu erzählen, ich bin zwar nur ein Postbote, aber für Saramago bestimmt ein viel interessanterer Postbote als dieser Francisco! Mein Großvater war in Marokko Elektriker beim Sultan, mein Vater war ein 68er-Postbote, der mit Tausenden von Frauenbriefen zusammengelebt hat! Trotzdem ist dieser Francisco der Postbote von Saramago, aber er weiß überhaupt nichts über ihn, außer dass Saramago Kommunist ist und nichts bei Amazon bestellt!«

Pedro griff nach der Dose mit dem Toubakaffee, um sie in den Schrank zurückzustellen. Er war fahrig, die Kaffeedose glitt ihm aus den Händen, er versuchte, sie noch zu fassen zu kriegen, und verpasste ihr dabei einen heftigen Schlag, sie flog durch die ganze Küche.

Der gesamte Toubakaffee lag verteilt auf dem Boden, Kaffeestaub schwebte in der Luft.

Amado erhob sich, humpelte auf Pedro zu und umarmte ihn.

Pedro weinte und weinte. Es war einfach zu viel: Miguel, Carlota, das erste Silvester ohne sie, Penélope, die nicht auf seine SMS antwortete, und jetzt auch noch die Zustände in den Wäldern vor Melilla, Menschen, die vor riesigen Zäunen standen, er musste sogar an diese eingegipste Luciana im Krankenhaus denken, die auch nicht mehr vor und zurück konnte.

Irgendwann kniete sich Amado auf den Boden und fegte mit der Hand den Kaffee zusammen. »Dein Haus riecht jetzt wie meine Kindheit«, sagte er.

26

Der Bürgerkriegstisch – Geständnis über die Gleichgültigkeit

Am nächsten Morgen saß Pedro an seinem Sortiertisch und polierte mit einem Lappen die blaue Keramik aus der Königsstadt Fès, die sein Großvater aus Marokko mitgebracht hatte. Er wollte das neue Jahr damit beginnen, etwas Reinigendes zu tun, Ordnung zu schaffen. Mit seiner Familie wollte er anfangen. Dazu hatte er sich die schöne Kette mit dem goldenen Haken umgehängt, die er in der Vaterkiste zwischen den Briefen gefunden hatte. Woher diese Haken-Kette wohl kam, sein Vater hatte doch gar nichts mit Fischerei zu tun gehabt? Oder hatte seine Mutter sie in die Kiste gelegt? Vielleicht hatte sie ihrem Vater gehört? Bestimmt war es Tradition unter den Fischern, den Haken vergolden zu lassen, der ihnen den besten Fang eingebracht hatte. Beim Polieren der Keramik baumelte er vor Pedro hin und her, sodass er sich die Kette wieder über den Kopf streifte und auf den Tisch legte.

Je länger Pedro polierte, umso deutlicher war es zu lesen. »Mohammed V.«, stand eingraviert am unteren Rand des Tellers. Natürlich konnte sein Großvater vor dem Spanischen Bürgerkrieg bei Mohammed V. Elektriker gewesen sein. (Schließlich funktionierten die Lampen seit Ewigkeiten in diesem Haus!) Die Sache mit den Bergwerkskonzessionen im Rif-Gebirge konnte auch noch stimmen. Aber was war mit dem Rest? Woher kam der deutsche Eichentisch mit dem eingravierten »Viva la Unternehmen Feuerzauber.

Heil Hitler! Mit deutschem Gruß, Hermann Göring«? Hatte Mohammed V. seinem Großvater den blauen Keramikteller überreicht und danach noch diesen Tisch?

Pedro googelte: »Sultan Mohammed V.«.

> Mohammed V. (1909 in Fès geboren.) Nachdem er seinem Vater Sultan Mulai Yusuf 1927 auf den Thron der Alawiden gefolgt war, sympathisierte er mit der Nationalbewegung, die die Unabhängigkeit Marokkos von Frankreich forderte. Ab 1957 König von Marokko.

Von einer Verbindung zu den Deutschen und zu Hitler oder dem Luftwaffengeneral Hermann Göring stand da nichts. Die Keramik ja, das war möglich, aber der Tisch kam bestimmt nicht vom Sultan.

Um die wahre Geschichte des Tischs und seines Großvaters zu erfahren, musste er mehr über dessen deutschen Chef herauskriegen, diesen Mannesmann-Vertreter für Bergwerkskonzessionen in Marokko, der erst Garnisonsküchen verkauft hatte.

Er googelte: »Garnisonsküchen – Feldkochherd«, und las den Wikipedia-Eintrag zum deutschen Begriff »Gulaschkanone«. Damit konnte er nichts anfangen. Dann googelte er: »Johannes Bernhardt – Kooperation Spanien-Nazis«, und landete wieder beim Unternehmen Feuerzauber und auf einer Seite des Historischen Zeitungsarchivs von Madrid. Die Schrift war so klein, dass Pedro die viktorianische Lupe zur Hand nehmen musste.

> Eine Woche nach Ausbruch des Spanischen Bürgerkriegs erreicht Johannes Bernhardt, deutscher Geschäftsmann

in Spanisch-Marokko, mit einer Lufthansa-Maschine Berlin-Tempelhof. Der deutsche Konsul in Bilbao hatte seinen Schulkameraden Alfred Heß informiert, der seinen Bruder Rudolf Heß verständigte, der wiederum einen Termin bei Adolf Hitler ermöglichte. Bei den Bayreuther Festspielen übersetzt Bernhardt am 25. Juli 1936 um 22:00 Uhr im Haus Wahnfried den handschriftlichen Brief Francos, mit Erläuterungen über die kommunistische Bedrohung in Spanien. Hitler, noch beschwingt von der Wagner-Musik, weist daraufhin Luftwaffengeneral Hermann Göring an, umgehend 20 Transportflugzeuge vom Typ Ju-52 (Franco hatte nur zehn erbeten) sowie sechs Heinkel-He-51-Kampfflugzeuge nach Spanien in Marsch zu setzen …

Pedro unterbrach die Lektüre. Hitler hatte Wagner-Musik gehört, bevor er Franco beschwingt auf die Siegerstraße brachte und Millionen Menschen ins Unglück stürzte?! Er schluckte und las weiter.

… Benannt nach dem 3. Akt, 3. Szene aus Wagners Walküre *Feuerzauber* werden ab dem 28. Juli 1936 Francos Söldner-Truppen der gefürchteten Spanischen Legion aus Spanisch-Marokko über die Straße von Gibraltar ins Mutterland geflogen. Bernhardt organisiert Flugzeugbenzin aus Portugal, Gibraltar, Tanger und Französisch-Marokko in der dafür geschaffenen Transportgesellschaft. Nach Kriegsende flüchtet er nach Lateinamerika, der spanische Sekretär löst das Büro auf …

Pedro entglitt die Lupe. Er saß einen Moment bewegungslos da. »Der spanische Sekretär ... Der spanische Sekretär löst das Büro auf«, sprach er mehrmals vor sich hin und griff nach den Bildern von Bamba und Abraham Lincolns Postamt, die er an einen Blumentopf gelehnt hatte, er räumte sie weg, sie passten auf keinen Fall mehr zu diesem Tisch. Er fegte mit der Hand die restlichen Sachen von der Tischplatte und öffnete die Tür seines Postamts. Danach zog er, so fest er konnte, an dem Eichentisch und schleifte ihn aus dem Haus über den laut knirschenden Picón.

Pedro stellte sich vor: wie sein Großvater als Sekretär an dem Tisch sitzt und »Flugzeugbenzin aus Portugal, Gibraltar, Tanger usw.« organisiert, damit der Krieg beginnen kann! Er stellte sich vor: wie diesem Bernhardt der Spanische Bürgerkrieg am Arsch vorbeigeht, weil er nur an die Geschäfte mit Hermann Göring denkt!

Vermutlich hatten alle Marokko-Deutschen, die in das Unternehmen Feuerzauber eingebunden waren, so einen Eichentisch von Hermann Göring bekommen. Und als sich dann dieser Bernhardt nach Lateinamerika absetzte, räumte der Großvater das Büro aus, samt diesem Feuerzaubertisch! ... Der spanische Sekretär löst das Büro auf ... Was für ein Wahnsinn, den Großvater nach all der Zeit auf einer Seite des Historischen Zeitungsarchivs von Madrid wiederzufinden, im Internet!

Pedro hatte den Tisch in die Mitte der Einfahrt geschleift. Dann lief er ins Gartenhaus. Er schob den Anhänger mit dem Feldkochherd beiseite, nahm zwei Kanister von dem herumstehenden Benzin und lief wieder zurück.

»Sieh dich in der Welt um, die Gleichgültigkeit ist die gefährlichste Form der Rohheit, ohne sie würden die Menschen viel weiter kommen«, hatte Amado gesagt. Und dass man überall damit anfangen könne, die Gleichgültigkeit zu besiegen. Und dass man sogar einen Staat gründen könne, einen neuen, besseren Staat. Selbst wenn ihn keiner kannte und er in den marokkanischen Wäldern lag, eingegrenzt von der Wüste und einem Europa mit Messern und Natoklingen. Aber sogar dort wollte man die Gleichgültigkeit besiegen!

Lügentisch, Kriegstisch, Mördertisch, dachte Pedro. Er leerte die Kanister über dem Tisch aus.

Streichhölzer!?

Er lief ins Haus, fand eine Schachtel in der Küche und rannte wieder nach draußen.

Musik?

Er googelte: »Wagners Walküre Unternehmen Feuerzauber«, er fand: »Ritt der Walküren«, YouTube.

Wenige Sekunden später stand der Tisch in Flammen. Schwarze Wolken stiegen auf, Richard Wagners fanfarenartige Bläser aus Pedros Smartphone vermischten sich mit dem Prasseln der Flammen und dem Knacken des Holzes. Nach einer Weile wurde das Feuer kleiner und kleiner und der Tisch war nicht mehr braun, sondern schwarz.

Pedro hustete. Sehr stabil, dachte er. »Mit dir bin ich noch nicht fertig«, sprach er vor sich hin, schaltete die Musik aus, lief ins Haus und schaute durch den Türspalt in Miguels Kinderzimmer.

Amado kniete auf dem Boden und betete.

Pedro lief ins Schlafzimmer, zog ein frisches Hemd an und prüfte, ob er seinen Personalausweis bei sich trug. Dann nahm er die Zeitschrift mit dem Skaleneffekt, die er nicht zugestellt hatte, setzte sich auf seine Honda und fuhr zur Guardia Civil.

Fünf Minuten später klopfte Pedro an das Tor der Guardia Civil in Yaiza. Nichts rührte sich. Er öffnete die Tür und trat langsam in das Büro, in dem er noch nie gewesen war. Nach dem Tod seines Vaters hatte er hier vor der Tür gesessen, während drinnen seine Mutter den Beamten hatte erklären müssen, warum der Vater während der Übertragung des Putschversuchs ein Maschinengewehr in der Hand gehalten hatte. So als ob die Guardia Civil den Vater noch im Nachhinein für seine republikanische, rote Gesinnung bestrafen wollte.

»Was gibt's denn?«, fragte der Polizist hinter dem Tresen, den Pedro noch nie gesehen hatte. Der Beamte saß hinter einem riesigen kastenartigen Computer und einem Telefon mit Drehscheibe.

»Ich will eine Aussage zu Protokoll geben«, sagte Pedro. »Es ist auch eine Art Geständnis.«

»Tatsächlich, so früh im neuen Jahr?«, fragte der Beamte.

»Ein Geständnis über die Gleichgültigkeit, über das Wegschauen, wie nennt man diesen Tatbestand?« Pedro setzte sich auf einen Stuhl und blickte sein Gegenüber kurz abwartend an. »Es geht um den Deutschen oben in La Degollada, es war in den Nachrichten. Ich habe es vorgezogen, wegzufahren, wegzusehen. Ich könnte auch zum Pfarrer mit diesem Geständnis, aber es sind DNA-Spuren auf Dr. Stamms Türklinke ...«

»Der Reihe nach«, unterbrach ihn der Beamte. »Können Sie sich ausweisen?«

»Ja, natürlich«, antwortete Pedro und legte seinen Ausweis auf den Tisch. Im Regal standen ein paar Ordner, Akten und ungespülte Kaffeetassen. An der Wand daneben hing ein Kalender, darüber entdeckte er eine auffallend helle viereckige Fläche, es sah so aus, als hätte dort lange Zeit ein Bild gehangen.

»Sie sind Pedro Fernández García?«

»Ja, der bin ich, ich leite die Post hier in Yaiza. Ich war am 28. bei Dr. Stamm und wollte eine Sendung abgeben, als mir Folgendes auffiel ...«

»Wohnort stimmt noch?« Der Beamte tippte mit beiden Zeigefingern und mit harten, vom Suchen des nächsten Buchstabens unterbrochenen Anschlägen auf der Tastatur des monströsen Computers herum.

»Ja, der Wohnort stimmt noch, seit 40 Jahren«, sagte Pedro.

»Dann schießen Sie mal los«, sagte der Beamte.

»Also, wie gesagt, ich war bei Dr. Stamm und wollte die Post abgeben«, wiederholte Pedro, »ich hatte die Türklinke schon in der Hand, die Tür war nicht verschlossen, aber ich konnte sie nur leicht bewegen, es fühlte sich an, als würde etwas von innen dagegendrücken. Ich hätte mich mit Schwung gegen die Tür werfen können, aber da Dr. Stamm nicht wie sonst geantwortet hat, zögerte ich. Ich war auch beunruhigt wegen der Katzen, die nervös waren, es gibt dort wilde Katzen und Stamms Katze, wissen Sie, ob die noch lebt, eine gepflegte schneeweiße ...?«

»Moment!«, unterbrach der Beamte erneut. »Wann war das? Welche Tür? Straße und Hausnummer, bitte?«

»Also, wie gesagt, das war am 28. Dezember«, antwortete Pedro. »*Avenida del Rubicón, Nummer 8* ... Die DNA-Spuren, die Sie bestimmt an der Tür gefunden haben, sind, wie ich annehme, von mir. Wie gesagt, ich habe die Türklinke angefasst, ich war ja im Begriff einzutreten, aber dann ...«

»Um wie viel Uhr?«, fragte der Beamte.

»Circa 11 Uhr«, antwortete Pedro. »War er da schon tot? Im Kanarenexpress wurde erwähnt, dass ihn die Putzfrau entdeckt hat. Könnte es sein, dass er ... Es hieß: ›Fremdeinwirkung‹?«

»*Circa* 11 *Uhr* heißt vor 11 Uhr oder nach 11 Uhr?«, fragte der Beamte.

»Also, ich hätte auf die Uhr schauen müssen, da haben Sie recht«, erwiderte Pedro.

Das Telefon auf dem Tisch klingelte.

»Ja, bitte«, sagte der Beamte in den Hörer, sein Drehstuhl quietschte, er starrte auf die helle viereckige Fläche an der Wand. »Hier wurden keine Pässe gestohlen gemeldet ... Nein, nicht bei mir, vielleicht beschränkt sich das auf Playa Blanca. War's das? ... Man sieht sich.« Er legte auf, drehte sich wieder um und starrte auf den Computer.

»Wenn einem etwas seltsam vorkommt, sollte man auf die Uhr schauen«, sagte Pedro, um den Faden wieder aufzunehmen. »Ich musste im Anschluss zu José Saramago, dem Nobelpreisträger, ich habe keine Post bei Dr. Stamm hinterlassen, falls Sie sich fragen sollten, was ein Postbote ohne Post dort zu suchen hatte. Normalerweise werfe ich die Post in den Briefkasten oder klopfe, da aber niemand reagierte und ich diese dicke Zeitschrift weder in den Briefkasten hineinkriegen noch vor die Tür legen konnte ... Er bekommt ständig solche Zeitschriften, ist ja Forscher, also er war Forscher ...« Pedro schob die Zeitschrift über den Tisch. »Man kann sie nicht vor die Tür legen, wegen der wilden Katzen, die werden von den süßlichen Lösungsmitteln angezogen, die haben schon mal eine Zeitschrift zu seinem großen Ärger zerfetzt, eine hochwertige Zeitschrift, irgendwas mit Europa ...«

»Stopp! *Circa* 11 *Uhr* heißt vor 11 Uhr oder nach 11 Uhr?« Der Beamte griff plötzlich ruckartig an seinen Dienstwaffengürtel und richtete ihn auf dem Tisch so aus, dass er parallel zur Tischkante lag.

»Ich schätze, 11 Uhr 20«, antwortete Pedro knapp. Er musste an diesen Ramón denken, der ihn mit dem Guardia-Civil-Motorrad auf der Straße ausgebremst und fast von der Honda gerissen hatte, weil er über eine durchgezogene Linie gefahren war. »Um Punkt 12 war ich bei José Saramago in Tías. Ich entnehme der Frage, dass Dr. Stamm eventuell um 11 Uhr noch am Leben war. Ich zerbreche mir den Kopf, was passiert ist, ich habe ja seltsame Dinge beobachtet ...«

»11 Uhr 20«, wiederholte der Beamte und tippte wieder mit den Zeigefingern hart auf der Tastatur herum.

»Ist 11 Uhr 20 für die Ermittlungen von Bedeutung?«, fragte Pedro.

»Die Fragen stelle ich, wir würden uns gegebenenfalls noch einmal melden«, sagte der Beamte.

»Aber ...« Pedro sah ihn irritiert an. »Ich habe auch ein Recht zu erfahren, was passiert ist, wenn sogar meine DNA an der Türklinke feststellbar ist ... Ich hätte nach dem Rechten sehen müssen, obwohl mich niemand dazu aufgefordert hat. Vielleicht muss man manchmal Dinge tun, ohne vorher eine Aufforderung zu erhalten, ein bisschen mehr Haltung ...«

»Stopp, Schluss, ich verstehe überhaupt nicht, was Sie wollen!« Der Beamte hatte aufgehört zu tippen.

»Ich wollte Ihnen ein paar Informationen geben und eine Art Geständnis ablegen«, erklärte Pedro.

»Wir brauchen kein Geständnis, die Todesursache ist eine Naturkatastrophe«, sagte der Beamte.

»Eine was?« Pedro lehnte sich nach vorn, der Computer des Polizeibeamten begann plötzlich laut zu rauschen.

»Todesursache Naturkatastrophe ist hier vermerkt«, wiederholte der Beamte, »das hätte ich Ihnen gar nicht sagen dürfen.«

»Naturkatastrophe, wo??« Pedro saß mit offenem Mund da.

»Eine Naturkatastrophe in der *Avenida del Rubicón, Nummer* 8. Ihre Unterschrift, bitte! Oder meinen Sie, ich lese Ihnen jetzt noch den Autopsiebericht vor?« Er legte einen Kugelschreiber auf den Tisch und kaute plötzlich Kaugummi.

»War deshalb die Straße abgesperrt? Hätte ich um 11 Uhr 20 noch helfen können, das muss doch in dem Bericht stehen, der Todeszeitpunkt?«, fragte Pedro in das Rauschen des Computers hinein. »Der Himmel war blau, nicht mal ein Lüftchen, eine Naturkatastrophe hätte ich doch bemerkt?«

»Sie gehen mir langsam auf die Eier! Für Ihr beknacktes Geständnis brauche ich jetzt eine Unterschrift, der Form halber!« Der Polizeibeamte schob das Papier energisch über den Tisch.

Pedro unterzeichnete schnell, dann nahm er seinen Ausweis.

»Der ist abgelaufen! Hätte bis gestern, zum 31., verlängert werden müssen, da gibt's ein Bußgeld«, sagte der Beamte mit lauter Stimme und schlug schon wieder hart auf die Tastatur des Computers ein.

»Muss das sein?«, fragte Pedro. »Ich bin doch freiwillig gekommen.«

»Der Bußgeldbescheid kommt mit der Post. Auf Wiedersehen«, antwortete er.

»Da, wo die weiße Stelle ist … Da oben an der Wand: Hing er da noch bis vor Kurzem?«, fragte Pedro.

Der Polizist drehte sich in seinem Stuhl und starrte auf die helle viereckige Fläche an der Wand.

27

Amado will zurückflüchten

Pedro klopfte an Miguels Kinderzimmertür und öffnete sie leise. Amado war weg. Die Bettwäsche und die Decke hatte er zusammengefaltet, darauf lag eines der Malblätter von Miguel:

Lieber Pedro,
wenn du mich mal besuchen kommst, wirst du unser Postpräsident.
Danke, merci. Amado
PS: Groupe H: Spanien, Chile, Schweiz, Honduras

Pedro setzte sich auf Miguels Kinderstuhl. Er sah auf das Poster mit Messi und Touré, dann wieder auf Amados Worte. Ihm kam Carlotas Abschiedsbrief in den Sinn. In den Wochen danach hatte er oft das Gefühl gehabt, der Raum um ihn herum würde immer größer und die Gesichter von Miguel und Carlota immer kleiner. Schlug sein Herz gerade schneller? War er gerade wieder verlassen worden?

Im Haus war es so still, dass er nach draußen lief und sich auf die alte Bank setzte. Die Glocken der Kirche läuteten zur Neujahrsmesse, aber dorthin würde er jetzt auf keinen Fall gehen, dachte Pedro, der Pfarrer würde nur wieder etwas von Bächen erzählen, zu denen man sich hinstrecken solle.

Er wählte Tenaros Nummer, das Handy war ausgeschaltet. Er stand auf und lief unruhig über den Picón. Irgendwann setzte er sich auf die Honda und fuhr los.

Kurz vor Arrecife tankte er. Während das Benzin aus dem

Zapfhahn lief, googelte er: »Todesursache Naturkatastrophe – Spanien«. Er fand Einträge zur Hitzewelle in Europa 2003: 70000 Todesopfer, am stärksten betroffen: Frankreich, 14800 Tote; Italien, 4000 Tote; Deutschland, 3500; Spanien, 2000. Der Tank war voll.

Danach fuhr er direkt zum Fährhafen. Er musste gar nicht lange suchen. Der Bus aus Yaiza war gerade wieder abgefahren.

Amado stand vor dem Tickethäuschen und besah sich den Aushang mit den Abfahrtszeiten der Fähre nach Cádiz.

»Was machst du hier?«, fragte Pedro.

»Der Elefant wandert zurück«, antwortete Amado, der heute ein dunkelrotes T-Shirt trug.

»Aber doch nicht mit diesem Fuß!«

»Bist du deswegen gekommen?«, fragte Amado.

»Ja! ... Ich bin deinetwegen hier.« Es fühlte sich schön an, so etwas zu sagen.

»Das geht schon mit dem Fuß ... Die Fahrt dauert ja sehr lange, da kann ich mich ausruhen«, erklärte Amado. »Und wenn ich dann nach Málaga aufbreche, ist es bestimmt noch viel besser.«

»Málaga? Was willst du denn in Málaga?«, fragte Pedro.

»Von dort fährt die Fähre nach Melilla, ich gehe durch das Tor zurück nach Afrika.«

»Das ist verrückt ... Warum?«

»Weil ich mich so entschieden habe.«

»Geht das so einfach? Ohne Papiere?«

»Ich habe einen Kontakt aus Marokko, der organisiert die Papiere.«

»Aber das macht doch keinen Sinn, den ganzen Weg hierher und dann wieder zurück!«, sagte Pedro.

Amado tippte auf seinem riesigen Smartphone herum. »Kann ich mir kurz deins leihen? Ich sollte besser nicht von meinem aus anrufen. Der Mann müsste längst hier sein …« Er hielt Pedro einen Zettel hin.

Pedro sah auf den Zettel, auf eine Nummer und den Namen. »Chalid? … Oh Gott, Marokkaner?«

»Ja, warum?«, fragte Amado.

»Die Marokkaner sind in diesen Sachen die schlimmsten! Ich kenne einen, also, nicht persönlich, aber Tenaro, der kennt einen. Der verkauft ihm manchmal was zum Rauchen, ich bin daran fast krepiert, an Heiligabend!«

»Ich will ja nichts rauchen.«

»Der verkauft aber auch Pässe, mit denen kommt man keine fünf Meter weit, das schwöre ich dir … Da gebe ich dich lieber als Frachtpost auf oder so was … Wie kommst du auf ihn, diesen Chalid?«, fragte Pedro.

»Einer von unseren Leuten kennt ihn … aus PED …«, antwortete Amado.

»Oh, da muss ich eure Leute aber ausdrücklich warnen!«, unterbrach ihn Pedro. »Frag Tenaro! Euer Kennenlernen war zwar nicht so toll, aber er ist eigentlich nett, nur ein bisschen verrückt. Von Marokkanern würde er dir auf jeden Fall abraten, wenn es um Pässe geht! Die Türken sind in so was gut, die Bulgaren auch … Was will er denn dafür haben?«

»3000, à l'avance.«

»Was?«

»Im Voraus …« Amado sank immer mehr in sich zusammen.

»Ich habe es geahnt! … 3000, das ist dann die billige Version«, sagte Pedro. »Den nennt man den ›normal echten falschen Pass‹ … Dann gibt es noch die ›echt echten falschen

Pässe‹, die sind geklaut und kosten das Doppelte! Die Marokkaner verkaufen alles, sogar menschliche Lungen!«

»Lass mich wenigstens mit ihm sprechen.« Amado sah sich um.

»Der kommt nicht mehr! Doch nicht um diese Uhrzeit, am Feiertag, wenn dahinten die Touristen zum Markt gehen und überall Ordnungskräfte von der Guardia Civil herumstehen! Was meinst du, was die machen, wenn die dich mit einem Marokkaner sehen? Aber bitte, hier, ruf ihn an, wenn du willst!« Pedro hielt ihm sein Handy hin.

Amado wählte. »The number you have dialed is not available.« Er drückte die Ansage weg.

»Solche Leute haben immer mehrere Nummern, mit einer kommst du da nicht weit«, sagte Pedro. »Das weiß ich aus *Breaking Bad*, das ist eine neue amerikanische Serie, da wechseln die Leute außerdem noch ständig die Akkus. Kennst du *Breaking Bad?*«

Amado starrte vor sich hin.

Pedro wusste auch nicht, warum er das alles erzählte. (Überhaupt wusste er nicht, warum er hier am Neujahrstag vor einer Fähre nach Cádiz stand. Und mit jemandem aus Afrika, der vor einer Woche noch in sein Haus eingedrungen war, über irgendwelche Schlepper aus Marokko diskutierte ...)

»Sollen wir zusammen un petit Mittagessen einnehmen?«, fragte Amado schließlich leise.

»Ja!«, sagte Pedro. »Das ist eine gute Idee. Ich mag übrigens, wenn du die Sprachen so vermischst. Das klingt schön.«

»Danke«, sagte Amado und nahm noch einmal Pedros Handy. Er wählte wieder die Nummer und drückte die Ansage weg.

»Glaub mir, das Beste ist, wenn wir hier verschwinden«, sagte Pedro.

»Wo wollen wir essen?« Amado sah sich im Hafen um, so als würde er immer noch auf diesen Chalid hoffen.

»Ich weiß schon was. Und abends könnten wir ins Kino. Und morgen spielt el Barça!«

»Gegen Villareal. Und die Galaktischen gegen Osasuna … Gibt es denn so was, Frachtpost nach Melilla, in die 1,90 Meter hineinpassen? Und wie lange dauert das?«, fragte Amado.

»Das müsste ich mal prüfen. Vielleicht zusammen mit einem Tisch«, antwortete Pedro.

»Hat es heute Morgen gebrannt? Da steht so ein Tisch vor dem Haus, ganz verkohlt.«

»Ja, eine alte Familiensache, erkläre ich dir noch. Hast du gut geschlafen? Wir können wirklich die Matratze ins Zimmer legen.«

»Nein. Vielleicht wäre es besser, wenn wir erst mein Geld zu dir nach Hause bringen. Ich trage alles mit mir herum«, sagte Amado. »Bei Miguel lag es in der Box mit den Malstiften.«

»Da ist es bestimmt am sichersten. Wie kommt es, dass du in deinem kleinen Rucksack so viele leuchtende T-Shirts hast?«, fragte Pedro.

»Ich liebe Farben«, antwortete Amado.

28

In der Caracas-Bar

Aus dem Caracas tönte bereits die Hymne der Galaktischen.

»Da vorne sitzt Tenaro«, sagte Pedro. »Neben ihm ist sogar noch was frei.«

Amado zögerte.

»Komm, sonst müssen wir stehen.« Pedro legte ihm die Hand auf die Schulter und schob ihn vorsichtig durch die Tür in die Bar.

Tenaro saß in der ersten Reihe, direkt vor dem riesigen Bildschirm, der fast die ganze Wand ausfüllte, und sah auf die voll besetzten Ränge des Stadion Santiago Bernabéu. Er bewegte lautlos die Lippen zur Hymne von Real Madrid.

»*Vorwärts, Madrid! / Vorwärts, Madrid! / Feld der Sterne / auf dem ich groß geworden bin / Vorwärts, Madrid! / Dein Spiel ist ein Gedicht*«, sang Amado leise.

»Du kennst die Hymne?«, fragte Pedro.

Amado nickte und sang leise weiter.

»Frohes neues Jahr, lieber Tenaro«, sagte Pedro und legte ihm die Hand auf die Schulter.

Tenaro zuckte zusammen und drehte sich um.

»Hör mal, unser unfallgeschädigter Freund Amado kennt sogar die Real-Hymne! Sind die Plätze noch frei?«

Tenaro schüttelte den Kopf, wandte sich zum Bildschirm und starrte auf das Santiago-Bernabéu-Stadion, als müsse er sich daran festhalten.

»Also nicht?«, fragte Pedro. »Wer kommt denn noch?«

»Einer ist noch frei«, antwortete Tenaro. »Auf dem anderen sitzt Herr Gopar, unser alter Erdkundelehrer, der kommt gleich.«

»Tenaro, sei nicht so kindisch, Herr Gopar ist längst tot.«

»Ja? Dann sollten wir ihm zu Ehren diesen Platz frei halten und in der Halbzeit über die afrikanische Erdplatte sprechen, meinst du nicht?«

»Du spinnst«, antwortete Pedro.

»Ich habe jetzt noch einmal nachgeforscht, du hattest recht, Atlantis ist nicht versunken. Es ist nämlich von den Wassermassen begraben worden, am Ende der dritten Eiszeit. Da stieg der Meeresspiegel um 170 Meter an, das war eine furchtbare Sintflut, steht auch alles in der Bibel. Gleichzeitig ist noch der Monte Corona im Norden ausgebrochen, das hat Atlantis den Rest gegeben, die letzten Überlebenden fand man hier bei uns, es waren die Majos. Sie waren weiß, es lebten also weiße Majos auf deiner afrikanischen Erdplatte. Von den Majos hast du ja wohl schon mal gehört, oder?«

»Habe ich«, antwortete Pedro. »Amado, setz dich bitte auf diesen Stuhl. Ich setze mich wohl am besten in die Mitte. Ich hole jetzt drei Bier.«

Das Spiel hatte begonnen.

»Auf ein gutes Match«, sagte Pedro und verteilte die Bierflaschen. »Amado ist sogar Präsident der gesamtafrikanischen Nationalmannschaft!«

Tenaro stürzte das Bier herunter und rülpste. Amado saß mit geradem Rücken auf seinem Stuhl und verfolgte das Spiel. Die Männer an der Theke hatten ihre Hocker umgedreht und führten ihre Gespräche fort, ohne sich anzusehen. Der Wirt stand hinten in der Küche, schob seine zischenden Pfannen auf die Feuerstelle und schaute auf einen kleinen Bildschirm, den er sich unter die Decke gehängt hatte.

»Drenthe würde ich wieder verkaufen«, sagte Amado nach einer Weile, das Spiel verlief bislang ohne Höhepunkte.

Tenaro stand auf, nahm ein paar Servietten vom Tresen und putzte sich die Nase.

»Aha«, sagte Pedro. »Welche Nummer hat er noch mal, dieser Drenthe?«

»Er sitzt auf der Ersatzbank neben dem Deutschen«, antwortete Amado.

»Glaubst du, dass Spanien die Gruppe H gewinnt? Wie ist Chile?«, fragte Pedro.

»Chile kämpft bis zum Umfallen, Spanien spielt Tiki-Taka.« Amado nahm einen Schluck Bier.

Tenaro stieß Pedro von der Seite an. »Dieses Gequatsche ... Wieso will er Drenthe verkaufen?«

»Weiß ich nicht ... Wie war denn dein Silvester?«, fragte Pedro. »Ich wollte dir noch sagen, dass ich vielleicht zu grob war mit der Atlantis-Sache. Ich meine, wer weiß schon, wo Atlantis untergegangen oder überspült worden ist. Die Welt ist voller Wunder. Und dein Projekt mit der Geheimvilla, vielleicht ist da ja doch was dran? Ich lese gerade wegen einer anderen Sache viel über Franco und die Deutschen. Franco brauchte die deutschen Flugzeuge, weil er sich auf die spanische Marine nicht verlassen konnte. Ohne die Deutschen wäre er mit seiner Armee niemals aus Marokko nach Spanien gekommen. Es könnte gut sein, dass die Deutschen und die Spanier auch beim Bau der Villa zusammengearbeitet haben. Franco und der Chef des deutschen Geheimdiensts haben sich nämlich schon am Königshof von Alfons XIII. angefreundet. Franco wurde dort zum Brigadegeneral ausgebildet und der Deutsche ging bei Hof ein und aus, weil er den Bau deutscher U-Boote in spanischen

Werften beaufsichtigte. Warum sollte es also keinen geheimen U-Boot-Hafen unter deiner Villa geben? Was sagst du nun?«

»Ich verstehe das nicht«, antwortete Tenaro. »Wieso denn Drenthe? Der sieht doch aus wie er, sogar noch schwärzer, frag ihn das!«

»Frag doch selbst«, sagte Pedro. »Könnten wir nicht mal auf el Barça umschalten? Das ist ja ein Scheißspiel von Real, oder?«

»Du spinnst wohl, auf el Barça umschalten!« Tenaro sah ihn feindselig an. »Frag ihn, ob er Drenthe verkaufen will, weil der mit seinem Ferrari ein Polizeiauto gerammt hat!«

Pedro atmete tief ein und wandte sich nach links zu Amado. »Tenaro fragt, ob du Drenthe verkaufen willst, weil der mit seinem Ferrari ein Polizeiauto gerammt hat.«

»Nein«, antwortete Amado.

Pedro seufzte und drehte sich wieder um. »Er hat Nein gesagt.«

»Nein? Dann, weil er ein Idiot ist? Ein Hottentotte, den man nach Tottenham verkaufen sollte? Frag mal das!«

»Nee, ich frag jetzt nichts mehr!«, sagte Pedro. »Wenn du bei Real spielen würdest, dann würdest du mit deinem Ferrari auch ein Polizeiauto rammen, da bin ich mir sicher, das würde absolut zu dir passen!«

Sie schwiegen und verfolgten das Spiel.

Nach einer Weile klingelte es. Tenaro und Amado sahen weiterhin konzentriert auf den Bildschirm, auf dem gerade Ramos eine gelbe Karte erhielt.

»Jemand von euch wird angerufen«, sagte Pedro.

»Mich ruft niemand an, wenn Ramos eine gelbe Karte bekommt!«, sagte Tenaro.

»Mich auch nicht«, sagte Amado und nahm einen Schluck Bier.

Pedro griff in seine Tasche und hielt sein klingelndes und blinkendes Smartphone in der Hand. Auf dem Display stand: CARLOTA.

Er sprang auf und rannte aus der Bar. Vor Aufregung wischte er die Sprechblase erst zur falschen Seite, zweimal, dreimal, dann endlich. »Hi … hi«, sagte er, außer Atem.

»Ich hab ganz alleine angerufen, man muss auf Verbinden drücken, grün, und am Ende auf *Verbindung trennen*, rot!«

»Miguel!« Pedro blieb mitten auf der Calle la Bolina stehen. Zwei Autos mussten anhalten.

»Messi spielt nicht. Guckst du auch? Warum spielt denn Messi nicht?«, fragte sein Sohn.

»Wo bist du?«, fragte Pedro.

»In dem Zimmer mit dem Fernseher. Pedro hat gerade das 1:0 geschossen, er heißt Pedro, wie du.«

»Schön, ah, schön … Miguel! … In welchem Zimmer steht der Fernseher, ich meine, in welchem Haus denn?«, fragte er schnell.

»Ich bin in Barcelona!«

»Ich weiß … Hotel Bruno? Guckst du im Hotel Bruno?« Durch Pedros Kopf rasten so viele Fragen, die er alle am liebsten sofort gestellt hätte: Wo und wie lebt ihr? Lebt ihr allein, nur ihr beide? Oder etwa mit Bruno? Magst du ihn? Ist er nett? Hat Mama dir nichts von meinen Paketen erzählt? Ist sie glücklich? Bist du glücklich? Hat sie von mir gesprochen? Wer ist dein Papa?! Bin ich dein Papa?! Wann kommt ihr endlich zurück, hier ist doch noch dein blauer Ball … Stattdessen sagte er nur: »*Pedro*, wirklich, ja? 1:0?« Er stand noch immer mitten auf der Calle la Bolina, die Autos stauten sich schon und hupten.

»Henry an die Latte und dann Pedro im Nachschuss«, sagte Miguel.

»Gut ... sehr gut ...«

»Du kannst mich ja mal wieder von der Schule abholen.«

»Von der Schule? ... Ja ... Wer holt dich denn sonst von der Schule ab?«, fragte Pedro.

»Mama. Aber immer erst nach den Aktivitäten, wir müssen in der Schule jeden Tag Aktivitäten machen, ich mache Kung Fu, ich liebe Kung Fu«, sagte Miguel.

»Kung Fu, toll ...« Pedro sah sich um. Ein Autofahrer stieg aus, lief auf ihn zu und zog ihn aufgebracht von der Straße.

»Miguel, hörst du mich noch? ... Warte mal.« Pedro hob entschuldigend die Hand, während die Autos hupend an ihm vorbeifuhren. »Welche Schule? Auf welche Schule gehst du??«

»Ich muss aufhören ... Mama kommt ... Lanzarote ist lauter als Barcelona.«

»Miguel, warte noch ... John-Talabot-School, heißt die so? Ich will dir etwas schicken!«

»Nein ... Cervantes-Schule. Ich muss jetzt schlafen.«

»Cervantes-Schule? Bist du dir sicher?«

»Ja ... Meinst du, Messi spielt gegen Teneriffa?«, fragte Miguel.

»Bestimmt, bestimmt ...«, stammelte Pedro, ihm brach die Stimme weg.

»Das nächste Spiel ist nämlich el Barça in Teneriffa!«, sagte Miguel.

»Kannst du wieder anrufen?«, fragte Pedro. »Vielleicht beim Spiel el Barça in Teneriffa?«

»Bruno will versuchen, Eintrittskarten für Messi in Wirklichkeit zu bekommen. Für einen Clásico ... Adiós, Papa, adiós.«

Dann war Miguel weg.

Pedro setzte sich auf den Gehweg und überlegte, ob er jetzt wieder hemmungslos weinen sollte. Als er sich entschieden hatte, nicht zu weinen, sondern sich zu freuen, packte ihn eine kalte Wut. Der Junge hatte ihn doch eben heimlich angerufen? War es wirklich so, dass Miguel seinen Vater nicht anrufen durfte?

Pedro saß noch lange da, er merkte nicht einmal, dass Menschen um ihn herumliefen. Irgendwann stand er auf und rannte ins Caracas.

»Stellt euch mal vor, was gerade passiert ist!« Er setzte sich auf den Platz von Amado, der zu Tenaro aufgerückt war.

»Dieser Benzema hat wieder übers Tor gedroschen!«, sagte Tenaro.

»Idiotischer Franzose!« Amado schüttelte den Kopf.

»Nicht im Spiel, im richtigen Leben! Ratet mal, was da passiert ist!« Pedro winkte dem Barkeeper zu, er musste etwas trinken.

»Würdest du den Franzosen verkaufen?«, fragte Tenaro.

»Sofort! Der hat 35 Millionen Euro gekostet!«, erklärte Amado.

»Wenn du Drenthe und den Franzosen verkaufst, müssen wir einen neuen kaufen. Wen würdest du kaufen?«, fragte Tenaro.

»Mesut Özil!«

»Wer ist das denn?«

»Der ist ein genialer Vorbereiter, so was braucht Madrid, den kriegt man für die Hälfte vom Franzosen.«

»Hallo??«, rief Pedro. »Kann ich mal was sagen? Wisst ihr, wie es bei el Barça steht?! 1:0! Pedro im Nachschuss, obwohl Messi nicht spielt! Ratet mal, woher ich das weiß?«

Tenaro und Amado sahen ihn kurz an, dann drehten sie sich wieder zum Bildschirm.

»Mensch, das Spiel von Real ist total langweilig!«, sagte Pedro.

»Mein Gott, das heißt MADRID!«, erklärte Tenaro. »Das Spiel von MADRID oder von den GALAKTISCHEN, meinetwegen von den KÖNIGLICHEN, aber nicht REAL, das wollte ich dir schon lange mal sagen! Willst du etwa Real Madrid in einen Topf werfen mit Real Sociedad, Real Valladolid oder Real Zaragoza?!«

»Du hast Real Mallorca vergessen, noch schlimmer«, ergänzte Amado.

»Was ist hier eigentlich los? Seid ihr jetzt plötzlich verheiratet oder was?«, fragte Pedro. »Letzte Nacht hat dieser Mann noch in El-Barça-Bettwäsche übernachtet, ich hätte schwören können, dass er kein MADRID-Fan ist!«

»Das wird nichts mehr, ich sehe schwarz«, sagte Tenaro.

»Ich auch«, antwortete Amado.

Sie lächelten beide einer Frau zu, die am Tresen stand und auf eine Bestellung wartete.

»Ich war schon als Kind für el Barça«, sagte Pedro. »Ich dachte, das würde meinem Vater gefallen, dem ging es aber eher um die katalanischen Freiheitskämpfer ...«

Tenaro und Amado erhoben sich ruckartig, weil ein Spieler von Osasuna den Ball fast ins Tor von Madrid geköpft hätte. Gleichzeitig fielen sie mit offenen, schreckensstarren Mündern wieder zurück in die Stühle und griffen in die Chipstüte, die vor ihnen lag.

»Ich war nie Madrid-Fan, muss ich gestehen ... Ich habe hier früher im Caracas mitgejubelt, wenn deine Galaktischen ein Tor geschossen haben, weil du dich so gefreut hast, Tenaro, aber dann kam Miguel, und irgendwann zog Messi bei uns ein, er war plötzlich überall, und da war ich aus Liebe natürlich wieder für el Barça ...«

»Wie wäre es, Pedro, wenn wir uns unsere Leben danach erzählen? In trois minutes, dann ist Schluss«, sagte Amado.

»Trois minutes«, wiederholte Tenaro, »trois minutes!«

29

Vatergespräche und Heimatkunde (Tenaros Plan, Miguel zu entführen)

Tenaro hatte nach dem Spiel Hunger und schlug vor, in eine Bar am Hafen zu gehen. Auf dem Weg, sie waren schon fast dort, platzte es endlich aus Pedro heraus:

»Miguel hat mich angerufen! ... Ich stand mitten auf der Straße, mit seiner klaren, hellen Stimme im Ohr ... Um mich herum brach der Verkehr zusammen, ich wusste nicht mehr, wo ich bin ...«

»Aber was hat er denn gesagt?«, fragte Tenaro. Er ging so schnell, dass Amado kaum hinterherkam, er humpelte noch immer.

»Warum Messi nicht spielt.«

»Oh, Scheiße, und deswegen ruft er dich an?«, fragte Tenaro. »Da hast du ihn monatelang nicht mehr gesprochen und dann fragt er dich, warum Messi nicht spielt?«

Pedro stoppte und ließ sich auf eine Bank sinken. Er hielt sich die Hände vors Gesicht.

»Vielleicht kommt es ihm gar nicht so lang vor wie dir«, sagte Amado und setzte sich neben ihn. »Klang er fröhlich?«

»Ich weiß nicht ... Ich glaube, er hat heimlich angerufen. Er kann ja schon ein bisschen lesen, wahrscheinlich hat er in Carlotas Kontakten nach dem PAKETMANN gesucht. So hat sie mich abgespeichert, seit dem ersten Tag bin ich DER PAKETMANN, sie hat es nie geändert.«

»Du weinst?«, fragte Tenaro.

»Mein Gott, ja, das siehst du doch!«, antwortete Pedro.

»Das ist ja eine Frechheit mit dem PAKETMANN! Du bist viel mehr als DER PAKETMANN!«, sagte Tenaro, er setzte sich ebenfalls und reichte Pedro eine der Servietten, die er sich in der Caracas-Bar in die Jackentasche gestopft hatte.

»Das war das erste Mal in seinem Leben, dass er mich angerufen hat ... Erst war die Stimme noch weit weg, wie von der anderen Seite des Himmels, aber dann kam sie immer näher und plötzlich konnte ich mich wieder erinnern, wie sie wirklich klingt, seine Stimme ...« Pedro schnäuzte sich in die Serviette.

»Wenn er heimlich anruft, hat er Sehnsucht nach seinem Vater«, sagte Amado.

»Auf einer Skala zwischen Paketmann und richtiger Vater bist du 99 Prozent am richtigen Vater dran, das ist meine Meinung!«, erklärte Tenaro.

»Danke«, sagte Pedro. »Ich stelle mir vor, wie er mich in den Kontakten findet und dann *Verbinden anklickt* ... Am Ende dann *Verbindung trennen*, was für ein schrecklicher Ausdruck!«

Sie saßen eine Weile so da und schwiegen.

»Schaut mal, da oben steht die offizielle Frau meines Vaters, die Hexe!«, flüsterte Tenaro, er zeigte auf einen Balkon, auf dem eine Alte Wäsche von der Leine nahm. »Sein Haus hat sie verkauft, ohne dass ich einen Cent abbekommen habe! Die würde mich nicht einmal erkennen!« Die Frau lief gebückt mit kleinen Schritten zurück in die Wohnung und knallte die Tür so laut zu, dass die Möwen aufschreckten.

Amado sah ihnen nach, als sie über das Meer flogen, dann trat er vorsichtig gegen eine rote Coca-Cola-Dose, die genau vor ihm gelegen hatte. Tenaro starrte immer noch auf den Balkon.

»Miguel hat gesagt, ich könnte ihn doch mal wieder von der Schule abholen«, sagte Pedro. »Und er hat Bruno erwähnt, Bruno will vielleicht Karten besorgen für ein Spiel mit Messi, für einen Clásico!« Pedro bemerkte, dass er sich in Vogelscheiße gesetzt hatte, und wischte mit der Serviette auf seiner Hose herum.

»Dann hol ihn ab!«, sagte Tenaro.

»In Barcelona? ... Du meinst, ich soll ihn in Barcelona von der Schule abholen?«, fragte Pedro, er sah ihn erschrocken an.

»Ja, wo denn sonst? Hier ist er ja nicht mehr! Du fragst ihn, wann die Schule zu Ende ist, und dann holst du ihn ab!«

»Wie soll ich das denn machen? Ich habe monatelang versucht, Carlota anzurufen, und es hat immer ins Leere geklingelt! Im Boutique-Hotel Bruno sitzt sie nicht an der Rezeption, und wenn man nach ihr fragt, dann ist sie nicht da oder in einem Termin oder sonst was ...« Pedro wischte noch immer an seiner Hose herum. »Ich habe auch unter falschem Namen angerufen, dann wurde ich verbunden, mein Herz hat wie wild geschlagen, aber nach dem ersten Wort hat sie aufgelegt ... Ich habe es ja nicht einmal geschafft, Miguel meine Geschenke zum Dreikönigstag zuzustellen, es ist sinnlos, ich komm nicht an ihn ran!« Er wusste nicht, wohin mit der besudelten Serviette.

»Er hat von dir nichts zum Dreikönigstag bekommen? Das ist eine Schande! Ich habe es dir ja immer gesagt, Carlota, diese Schlange! Ich komme am besten mit nach Barcelona, bevor da was schiefläuft, wir holen ihn zusammen von der Schule ab. Wie findest du die Idee?«, fragte Tenaro.

»Du hast in deinem ganzen Leben noch nie die Insel verlassen, höchstens mal, um nach Fuerteventura zu fahren!

Du in Barcelona, das kann ich mir überhaupt nicht vorstellen.«

»Ich schon, ich kann mir das sehr gut vorstellen: ich in Barcelona!«, erklärte Tenaro. »Du warst ja auch noch nie woanders!«

»Ich war in Alicante bei Carlotas Schwester, aber das ist ja jetzt auch egal«, sagte Pedro.

»Alicante, in welcher Liga spielen die? Außerdem war ich auch schon da draußen, im Kanarenstrom, bis in die Gewässer Marokkos, bis vor die Küste von diesem Scheißkönig bin ich gefahren, Windstärke 11 aus Ostnordost! Wie heißt seine Schule?«

»Cervantes-Schule.«

»Dann wissen wir ja, wo wir ihn finden!« Tenaro sah ihn mit einem feierlichen Lächeln an. »Ich, Tenaro Caballero Fuentes, verspreche dir auf dieser beschissenen Hafenbank, dass ich das mit dir in Barcelona durchziehe! ... Mann, Pedro, ich habe dich, seitdem du ein Kind warst, nicht mehr so weinen sehen, das reicht ...« Er erhob sich, er schien von sich selbst gerührt zu sein und strich sich flüchtig über die Augen. »So, jetzt habe ich Hunger!« Er nahm Pedro die Serviette aus der Hand, stopfte sie in die Coca-Cola-Dose und schoss sie wie einen Ball auf den Balkon von der Frau seines Vaters.

Dann lief er in das kleine Restaurant mit den césarküstenblau gestrichenen Fenstern, bestellte drei Bier und eine Portion Calamares, die er sich mit Amado teilte.

Der weiße Plastiktisch, an dem sie saßen, wackelte bei jeder Bewegung. Pedro konnte nichts essen. Er saß nur da und beobachtete die beiden. Tenaro zog noch eine Serviette hervor, die aus der Caracas-Bar stammte, und legte sie auf den Tisch. Sie war mit folgendem Satz beschrieben, er trug ihn mit gewichtiger Stimme vor: »Wenn die Spieler ins Stadion einlaufen, dann ist es, als würden unsere Väter mit den Booten hinaus auf das Meer fahren.«

»Wann hattest du denn diese Erkenntnis?«, fragte Pedro, nachdem der Satz eine Weile nachgeklungen hatte. Er starrte auf Amados Hände, die Calamares in Mayonnaise tauchten.

»Das hat Amado gesagt, er hat's mir aufgeschrieben«, antwortete Tenaro. »Weißt du, was ich eigentlich machen wollte, als du mich mit ihm im Caracas allein sitzen gelassen hast? Ich wollte aufstehen, ihm einen Kinnhaken verpassen, aber da haut er plötzlich diesen Hammersatz raus: Wenn die Spieler ins Santiago Bernabéu einlaufen, dann ist es, wie wenn ...«, er zitierte frei und mit vollem Mund, »genauso war das, mit der Thunfischflotte! Wenn wir nachts rausgefahren sind und der Mondschein wie das Flutlicht auf dem Meer lag, dann hab ich die Hymne gehört, ich hör die hier drinnen, die Hymne ...« Er hielt sich die Hand aufs Herz und richtete sich auf, sodass wieder der Tisch wackelte.

»Mein Vater war auch Fischer«, erklärte Amado.

»Seid ihr jetzt plötzlich Freunde, weil eure Väter Fischer waren?«, fragte Pedro.

»Früher haben die Fischer einen Baum mit Feuersteinen so lange ausgeschabt, bis sie vor Erschöpfung tot umgefallen sind«, sagte Tenaro. »Jetzt nimmt man die Spitzhacke, dann dauert es nur sechs Wochen. Keine Spanten, die Bordwände verstärken, keine Pinne, kein Schwert, nur was zum Sitzen, Bug und Heck nach oben gezogen. Man nennt das Ding Einbaum. Das ist der Seat Ibiza von da, wo er herkommt. Und es geht nie unter. Aber es kann umkippen, und wenn es voll Wasser läuft, dann ist es so schwer, dass du es nicht mehr steuern kannst.«

»Hast du keinen Hunger?«, fragte Amado.

»Nein«, antwortete Pedro.

»Die Bootsbauer und die Fischer sind dort die wichtigsten Menschen«, sprach Tenaro weiter. »Ohne Boot und ohne Fisch überlebt niemand. Sein Vater konnte aus einem Einbaum richtige hochseetüchtige Boote machen, die sind super, da werden die Bordwände durch Planken erhöht, damit das Wasser nicht reinläuft, wenn sie voll beladen sind.« Sein Gesicht hatte einen fast zärtlichen Ausdruck angenommen. »Pirogen nennt man die dann, eine Piroge ist ein Einbaum mit Planken und Außenbordmotor, stimmt's?«

»So ungefähr«, antwortete Amado.

»Wir haben uns auch über den Wind und das Meer unterhalten. Er wollte wissen, wie hier die Strömungen sind und wie gefährlich es ist. Ich habe ihm gesagt, dass man auf den Mond achten muss und dass es hier Strömungswirbel gibt. Wenn das Wasser am ruhigsten aussieht, ist es am gefährlichsten, weil der Rückstrom die Brandung dämpft, man nennt das ›Rippströmung‹.«

»Wann habt ihr das alles besprochen?«, fragte Pedro.

»In der Halbzeitpause, wann denn sonst?«

»Hast du wirklich keinen Hunger?«, fragte Amado.

»Jetzt hätte ich fast das Wichtigste vergessen! Seine Familie kennt jemanden von Real Madrid! Balboa, der spielt jetzt zwar bei Benfica Lissabon, war aber mal bei Real Madrid!« Tenaro war aufgesprungen. »Hör dir diese wahnsinnige Geschichte an! Amados Vater war im Gefängnis und wer saß da noch, in der Zelle gleich daneben? Der Großvater von Bal-

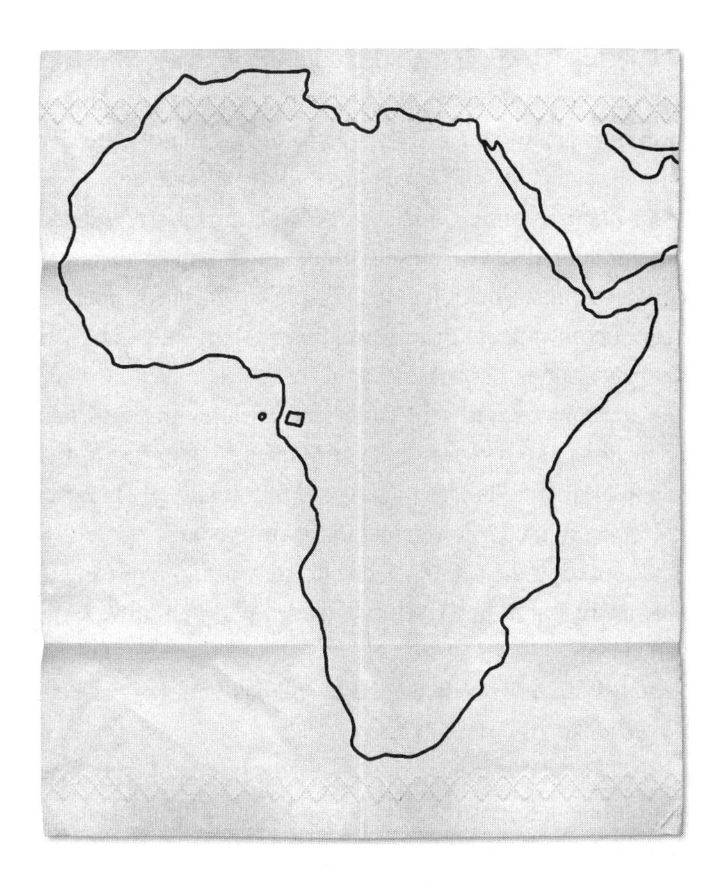

boa!« Er holte aus seiner Jacke eine weitere Serviette aus der Caracas-Bar und legte sie auf den Tisch. »Schau mal, Amado hat diese Karte gemalt!«

Auf dem Zellstoff der Serviette waren die Umrisse Afrikas gezeichnet. Links, ungefähr in der Mitte der Westküste, sah Pedro ein kleines Viereck und einen Punkt im Meer.

»Ich versteh das nicht. Was habt ihr denn noch alles im Caracas gemacht, als ich draußen telefonieren war?«, fragte er.

»Du hast ewig auf der Straße herumgesessen, wir dachten, du wärst auf 'nem Trip! Schau her, Balboa und Amado kommen genau von hier, aus Ecuador!« Tenaro legte den Finger auf das kleine Viereck links an der Westküste.

»Äquatorialguinea, nicht Ecuador«, korrigierte Amado ihn und hielt den Tisch fest, damit er nicht umfiel. »Balboas Großvater war ebenfalls Fußballspieler, er wurde aber zusammen mit seinem Bruder exekutiert. Mein Vater auch. Sie sind zusammen gestorben.«

»Die Balboas und sein Vater sind zusammen gestorben, doch der Enkel spielte für Real Madrid, defensives Mittelfeld!«, erläuterte Tenaro. »Und wo kommt er her? Hier, aus diesem winzigen Miniviereck! Wahnsinn, oder?«

»Kannst du dich bitte wieder hinsetzen und nicht so ein Theater machen, der Tisch fällt gleich wirklich um«, sagte Pedro.

»Ich komme von dem Punkt, Balboas Familie aus dem Viereck«, korrigierte Amado.

»Ist doch scheißegal, beides ist unfassbar klein! Und am Ende spielt jemand, der von da kommt, für die Galaktischen!«, erwiderte Tenaro.

»Ihr lebt auch auf einer winzigen Insel.« Amado nahm seinen Stift und malte Lanzarote oben links vor die Küste von Nordafrika, er markierte die Insel mit einem Pfeil, damit man sie auf der Serviette nicht übersah. »Ihr seid dieser Ministrich vor dem riesigen Ungeheuer.«

»Mein Gott, ist dieses Afrika groß.« Tenaro setzte sich wieder und starrte auf die Zeichnung.

»Dein Vater wurde hingerichtet?«, fragte Pedro erschrocken.

Amado schwieg.

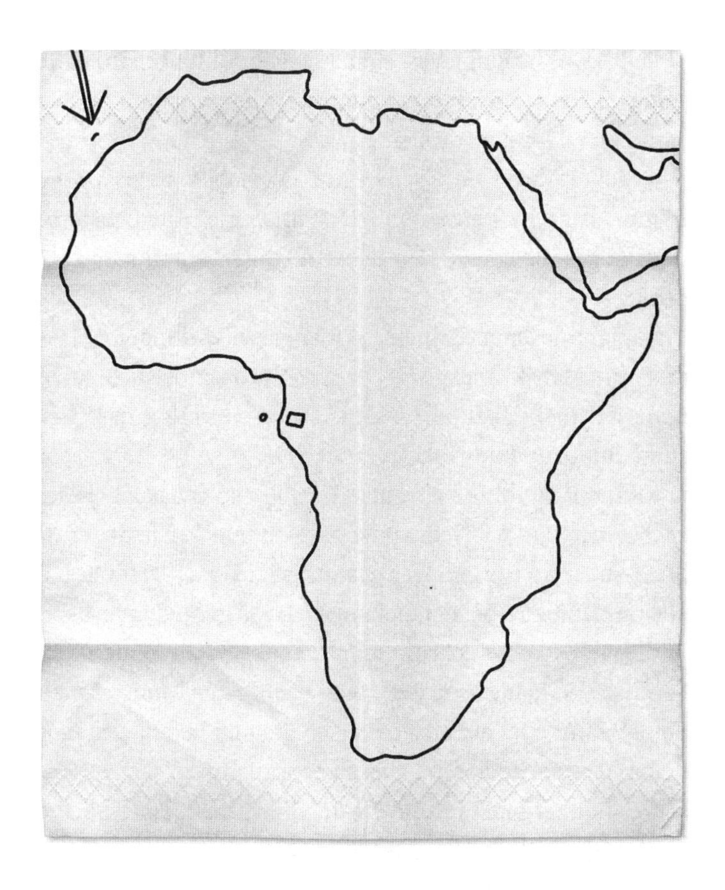

»Das tut mir sehr leid«, sagte Pedro. »Das hätte meinem Vater auch passieren können, Franco hätte ihn sicher gern hinrichten lassen.«

»Nur, weil er auch auf die Straße gegangen ist!« Amado warf den Stift auf den Tisch. »Weil er ein Heft mit spanischen Gedichten bei sich trug!« Er senkte die Stimme. »*Und wenn der Tag der letzten Reise kommt, / das Boot bereitliegt, das nicht wiederkehrt: / ihr findet mich an Bord mit leichtestem Gepäck, / so nackt beinahe wie die Brut der See.*«

Pedro wusste nicht, was er dazu sagen sollte; Tenaro hatte sein Gras und eines seiner Longpapers hervorgeholt und begann, einen Joint zu drehen.

»Nachts waren sie Fischer. Am Tag haben sie davon geträumt, dass sich etwas ändert ... Dass sich ihr Leben ändert ...« Amado starrte nun selbst auf die Zeichnung und auf Afrika.

»Amado braucht Papiere. Wir müssen verhindern, dass er an die Marokkaner gerät«, sagte Pedro schließlich zu Tenaro, der nicht zuzuhören schien, und sorgfältig das Gras zerkleinerte und mit Tabak vermischte.

»Manchmal fuhren sie aufs Meer, um so etwas zu lesen«, sagte Amado. »Das Gedicht ist von Antonio Machado, er ist im Spanischen Bürgerkrieg gestorben ... Unser Diktator hat alle umgebracht, bei denen man so etwas gefunden hat. Am Ende gab es keine Lehrer mehr, keine Dichter, keine Buchhändler und keine Minister. Dem wichtigsten Minister hielt der Diktator eine Pistole an die Schläfe und befahl ihm, aus dem obersten Stock des Palastes zu springen.«

Der Kellner brachte eine Portion Kartoffeln, dann bückte er sich und schob einen Bierdeckel unter eines der Tischbeine.

»Immerhin ist jetzt der Tisch gerettet«, sagte Amado.

»Wie alt warst du da?«, fragte Pedro.

»Das Foto in Miguels Zimmer, auf dem ihr Fußball spielt, das erinnert mich an früher. Ich konnte in den Augen des Jungen sehen, dass sich alles nur um den Ball drehte. Wie bei mir, als ich so alt war. Auf dem kleinen Fußballplatz mussten wir vor jedem Spiel Waldbüffel vertreiben ...« Amado lachte leise, kaum hörbar. »Mein Vater hat die Lappen und Schwämme der ganzen Nachbarschaft in eine Plastiktüte gestopft, sodass sie wie ein Ball aussah ...« Er schob seinen Teller von sich weg. »Als er tot war, sind wir geflohen, wie fast alle. Und in Dakar gab es dann einen richtigen Ball. Ich spielte in einer Mannschaft der Fakultät der Humanisten, wir waren immer die Schlechtesten.«

»Und der Diktator, dieser feige Hund?«, fragte Tenaro.

»Der wurde von seinem Neffen hingerichtet. Und jetzt ist der Neffe der Diktator. Man kann sehr sehr reich werden bei uns. Es gibt Öl. Unendlich viel Öl.«

»Ich verstehe dein Leben aber immer noch nicht«, sagte Pedro.

»Ich verstehe mein Leben selbst nicht«, sagte Amado.

»Wenn man in Marokko nicht über die Zäune kommt, wie bist du dann hergekommen?«, fragte Pedro.

»Habe ich das nicht erzählt? Meine Mutter ist gestorben, ich bin zurück nach Dakar, habe sie beerdigt, dann bin ich wieder zu meinen Humanisten gegangen. Und da kam die Einladung, ein Kongress der Universität Las Palmas de Gran Canaria! Das Visum war für 30 Tage, Mauritania-Airlines ... Ich saß auf meinem Fensterplatz und weinte, als das Flugzeug über die Wüste flog. Das war kein Glück, das war Scham, ich dachte daran, was ich alles in der Wüste hatte sehen müssen ... Und nach dem Kongress und nach den 30 Tagen musste ich in die Treibhäuser, Tomaten ernten und düngen mit Schwefel in der schlimmsten Hitze, die ich je erlebt habe. Das ist also Europa, Tomatengefängnisse, Schwefelgefängnisse, für ein paar Euro am Tag ... Wenn du da gelandet bist, sehnst du dich wieder nach der Wüste.«

»Leute, ich werde depressiv, wenn ich das alles höre, mir hat schon das 0:0 gereicht«, sagte Tenaro. Er hatte seinen Joint fertig gedreht und hielt das Feuerzeug an die Spitze.

»So wie ich das sehe, sitzen hier drei Männer. Der eine ohne Sohn, völlig am Ende. Der andere ohne Job, ohne Fische, ohne das Meer, nur mit einem Joint. Und der dritte ohne Papiere, nur mit irgendwelchen Gedichten.«

Amado stand auf, lief auf die Terrasse des Restaurants und blickte über das Hafenbecken auf das Meer.

Tenaro nahm einen ersten tiefen Zug und blies den Rauch über den Tisch.

Pedro wedelte mit der Hand die kleinen Wolken weg. »In Spanien herrscht übrigens Rauchverbot.«

»Soll ich dir mal was sagen? Wir holen Miguel nicht nur von der Schule ab, nein, wir bringen ihn wieder nach Hause«, verkündete Tenaro.

Pedro hustete.

»Oder willst du, dass er am Ende Katalanisch spricht und du kein Wort mehr verstehst? Warum soll der Junge in Barcelona groß werden, wo es hier so schön ist? Warum soll er den ganzen Tag in so einem Boutique-Hotel herumsitzen, wo es bei uns 100 Vulkane gibt, Dromedare, Papageienstrände und den besten Eintopf in der Bar Stop?« Tenaro machte eine kleine Pause, so als müsste er überlegen, was er als Nächstes sagen wollte. Dann sprach er mit ruhiger Stimme weiter. »Ich hatte keinen richtigen Vater, du hattest keinen und der da draußen hatte auch keinen, damit ist jetzt Schluss. Wir werden in Barcelona ein Zeichen setzen. Wir holen Miguel.«

»Und Carlota?« Pedro schüttelte den Kopf. »Das lässt Carlota doch gar nicht zu!«

»Die fragen wir gar nicht, die ist mir egal!«, antwortete Tenaro, er beugte sich zu ihm vor. »Und weißt du was? Wir verbinden das mit dem Clásico! Nicht dieser Hurensohn von

Bruno besorgt Karten, sondern wir! Ich werde vermutlich niemals in meinem Leben ins Santiago-Bernabéu-Stadion in Madrid kommen, aber wenn ich schon mal in Barcelona bin, dann will ich wenigstens in dieses beschissene Camp Nou! Und komm mir nie wieder mit deinem Rauchverbot.« Er steckte Pedro den Joint in den Mund.

»Das geht alles nicht«, sagte Pedro, ihn machte die Vorstellung panisch, Miguel einfach nach Hause zu holen, ohne Carlota überhaupt zu fragen. »Die Clásicos sind immer am Wochenende, da ist keine Schule. Und ohne Schule weiß ich nicht, wo Miguel ist.«

»Wieso Wochenende? Das Spiel ist am 20. Januar, das ist ein Mittwoch! Copa del Rey, Pokalspiel, kapiert?« Tenaros Augen leuchteten.

»Ich dachte, Madrid wäre schon ausgeschieden?«, sagte Pedro.

»Bist du geistesgestört? Natürlich nicht! Wir fliegen am 20. Januar nach Barcelona! Wir holen Miguel in der Cervantes-Schule ab, essen was Schönes, er kriegt seine Coca-Cola und dann geht's ins Stadion. Und nach dem Spiel fahren wir direkt zum Flughafen, die ganze Operation dauert keine 24 Stunden«, sagte er mit klarer, fester Stimme.

»Ich weiß nicht ... Und wenn er an dem Tag krank ist und nicht in die Schule geht?«, wandte Pedro ein. »Ich hole mal Amado rein, er steht da so verloren auf der Terrasse.«

»Mann, Pedro«, stöhnte Tenaro und legte ihm die Hand auf die Schulter. »Wenn Copa del Rey ist, dann ist er nicht krank, ich kenn doch den Jungen! Erst schießen die Galaktischen seinen Messi aus dem Pokal und dann bringen wir ihn nach Hause. Kommt er mit?« Er zeigte nach draußen auf Amado.

»Was rauchst du da eigentlich Schreckliches?«, fragte Pedro und gab ihm den Joint zurück.

»Durban-Poison, heißt das, ganz neu ... Weißt du was? Wir sind die drei Heiligen Könige, wir bringen dem Christkind nachträglich Karten für die Copa del Rey!« Tenaro lächelte. »Das ist die tollste Weihnachtsgeschichte der Welt, Amado muss unbedingt mit!«

»Er hat keine Papiere«, antwortete Pedro. »So einfach ist das alles nicht. Außerdem kosten Eintrittskarten für so ein Spiel ein Vermögen.«

Tenaro nickte. »Lass das mal meine Sorge sein«, sagte er.

Dann stand er auf und zahlte für alle.

30

Pedro und Amado versuchen den Bürgerkriegstisch zu zerschlagen und entführen Saramagos Hund

Die Sätze von Tenaro gingen ihm nicht aus dem Kopf. Der Gedanke, Miguel würde mit Bruno ins Stadion gehen und einen Clásico »in Wirklichkeit« sehen, ja, diese Vorstellung war grauenhaft. Andererseits, Miguel hatte eine Mutter, die ihn genauso abgöttisch liebte, wie konnte man da den Jungen nach dem Clásico ohne Absprache in ein Flugzeug setzen? Immerhin, Miguels Kinderreisepass hatte er, vielleicht war das ein Zeichen? Wie eine stumme Aufforderung? Und schließlich hatte er ja eine schreckliche Sehnsucht nach dem Jungen, gab ihm das nicht das Recht, so etwas zu tun? Hatte er keinen Anspruch, seinen Sohn zu sehen? Vielleicht nur für ein paar Tage, ein oder zwei Wochen, er und Miguel, zusammen auf der Insel? Aber der Krieg, der zwischen Carlota und ihm ausbrechen würde, der ließe sich wahrscheinlich nicht mal mit dem Ausbruch sämtlicher Vulkane beschreiben. Nein, das war alles undenkbar. Miguel in der Cervantes-Schule abholen, mit ihm ins Stadion gehen, um ihn dann in einer Nacht-und-Nebel-Aktion mit nach Hause zu nehmen – so etwas konnte auch nur Tenaro vorschlagen, das klang wieder einmal nach so einem wahnsinnigen Tenaro-Projekt!

Pedro stand auf und sah durch den Schlitz von Miguels Kinderzimmertür. Amado spielte mit dem blauen Ball, indem er ihn mit zarten Tritten durch das Zimmer schoss.

»Hättest du Zeit, mir bei der Familiensache zu helfen?«, fragte Pedro, nachdem er angeklopft hatte.

»Sehr gern«, antwortete Amado.

Sie trugen den Wohnzimmertisch ins Postamt, er würde Pedro von nun an als Sortiertisch dienen. Dann liefen sie ins Gartenhaus, holten die Axt und stellten sich damit vor den verkohlten Bürgerkriegstisch.

»Umdrehen und die Beine abschlagen«, schlug Amado vor.

»Gute Idee«, antwortete Pedro.

Sie stemmten den Tisch auf die Seite und kippten ihn um, damit er mit der Platte nach unten lag. Pedro nahm die Axt, holte aus und schlug mit Schwung gegen eines der Tischbeine. Er traf, stolperte und fiel hin, die Axt flog zur Seite. Das Tischbein vibrierte nicht einmal.

»Soll ich?«, fragte Amado. »Wir legen ihn am besten wieder auf die Seite.«

Sie hoben den Tisch an und drehten ihn ächzend um.

Amado nahm die Axt und zielte genau auf die Stelle, an der das Tischbein an der Platte befestigt war, 20 Zentimeter neben dem Messingschild mit der Viva-la-Unternehmen-Feuerzauber-Gravur. Die Axt prallte ab, Amado taumelte nach hinten. »Merde, cette Table!« Er trat gegen das Tischbein.

»Sei vorsichtig mit deinem Fuß! Ich hole die Säge«, sagte Pedro und wischte sich den Schweiß von der Stirn.

Mit der Bügelsäge ging es auch nicht. Lediglich der Ruß auf der Oberfläche löste sich etwas, dann verkantete sich das Sägeblatt und brach.

»So eine Scheiße«, sagte Pedro. »Ich schicke ihn zur Hölle.«

»Du bist ganz schwarz im Gesicht«, bemerkte Amado.

Sie hievten den Tisch wieder auf die Beine und trugen ihn bis zur Steinmauer am Ende des Gartens.

Amado sah die Uniform auf der Wäscheleine. Er nahm sie ab und hielt sie sich vor den Körper. »Ist die für dich nicht viel zu groß?«

»Die gehörte meinem Vater«, antwortete Pedro.

»Die ist wunderschön, sie riecht nach Wind und Kaffee.«

»Dir würde sie bestimmt passen. Meinst du, es ist richtig, Miguel aus Barcelona zu holen?«, fragte Pedro.

»Ja. Und deine Frau holst du auch«, antwortete Amado und sah ihn auffordernd an. »Ich würde dir gern dabei helfen, aber ich muss irgendwie zurück.«

Pedro schwieg einen Moment, dann sagte er: »Schade.«

Amado seufzte und betrachtete die graublaue Jacke mit den goldenen Knöpfen und dem Postemblem und der Krone.

»Hast du eigentlich eine Freundin?«, fragte Pedro.

»Vielleicht«, antwortete Amado. »Sie heißt Mariama. Sie lebt auch in den Wäldern.«

»Vielleicht könnte man mit der kanarischen Regierung reden und denen erklären, dass du nur wieder zurückwillst«, sagte Pedro. »Zurückflüchten müsste doch erlaubt sein?«

»Da kommt man sofort ins Lager am Flughafen. Und am Ende landet man da, wo man gar nicht hinwollte«, antwortete Amado. »Ich muss wohl wieder warten.«

»Du kannst bei mir bleiben und hier warten«, sagte Pedro. »Denk einfach, Europa bin ich. Ich habe kein Tomatengefängnis und keine Schwefeldüngung. Nur noch ein bisschen Liebeskummer.«

»Danke, mein Freund.« Amado legte sich die Uniform über den Arm und ging damit ins Haus.

Pedro folgte ihm, setzte sich an den neuen Sortiertisch und ordnete die erste Post des Jahres. Auf der Small-Talk-Route gab es eine Karte aus England von der Pension Insurance für Mrs Taylor; für Yaiza ein paar Rechnungen und neben den lebensrettenden Postwurfsendungen einen Brief für Johanna auf der Nudistenroute.

Pedro schaute auf den Absender, wie er es immer tat, es war keine Mahnung, sondern ein Brief von Paul Wendland, das war ihr Sohn. Er hatte ihr noch nie geschrieben. Johannas verrückte Salatpakete an ihn hatte Pedro früher oft genug in Eilpakete umdeklariert, auf Kosten der Post, er hatte einfach ein Auge zugedrückt, damit der Lanzarotesalat nicht komplett verfault in Berlin ankam oder schon der Zoll in Las Palmas die Bearbeitung verweigerte. Es war bestimmt nicht einfach, der Sohn von Johanna zu sein, dachte Pedro, er hielt den Brief hoch und prüfte, ob er sich in seiner Hand bewegte, ob irgendetwas unter seinen Fingerkuppen pulsierte oder rebellierte. Die Schrift war groß und klar, sie wirkte großzügig, befreit, wie die Schrift eines Menschen, der mit sich im Reinen war, er musste den Brief noch heute zustellen, er wusste, dass sie schon lange auf ihn wartete.

Er stand auf und lief ins Zimmer seines Vaters. Wieder befiel ihn ein Schaudern, als er die verzogene Tür aufstieß. Er öffnete die Vaterkiste und nahm den Brief an Señora Negra heraus. Es war der Brief ihres Mannes aus dem Gefangenenlager, den er an Weihnachten geöffnet hatte. Er las ihn erneut:

Meine geliebte Maria,
dies ist Brief Nummer 16. Ich weiß nicht, ob Nummer 15
bei dir angekommen ist. Ich wurde zwei Tage später aus Málaga
weggebracht ...

Auch diese Handschrift wirkte nicht verzweifelt, die Buchstaben waren klein und gleichmäßig, beinahe wie gedruckt.

Wenn ich bete, legt der Franzose seine Hand auf meine Schulter
und sagt, dass wir alle aus einem Zufall hervorgegangen sind.
Und dass sich so etwas wie diese Welt im weiten Universum nie
wiederholen wird. Mir gibt das Kraft, weil ich mir denken kann,
dass es nicht Gott war, der mich auf diesen Weg geschickt hat,
sondern dass alles ein schlimmer Zufall war.
Nur an dich glaube ich noch. Ich lebe nur noch für dich.

Eine Spur vom Ruß des Bürgerkriegstisches war von Pedros Händen auf das Papier geraten, er wischte sie behutsam weg. Dann drehte er die Kiste um und schüttete alle Briefe und Silberfische aus.

Ein Umschlag fiel ihm ins Auge, er lag oben auf dem Haufen. Erst dachte Pedro, es wäre die Kinderhandschrift von Miguel: »AN QUINI, DEN ZAUBERER«. Es war seine eigene. Es war sein erster selbst geschriebener Brief. Pedro konnte sich an die Sätze des Vaters erinnern, als sie das Postamt am Flughafen zu spät erreicht hatten. »Ich bringe den Brief morgen her, wenn du in der Schule bist«, hatte er gesagt. »Du darfst es aber nicht vergessen, das ist sehr wichtig!«, hatte Pedro ihn beschworen. »Du kannst dich auf mich verlassen«, hatte er geantwortet. »EL BARÇA IN BARCELONA / CATALUÑA …«

Pedro spürte, wie ihm die Tränen kamen.

Er warf den Brief schnell zurück in die Kiste. Dann wühlte er in dem Haufen und durchsuchte ihn nach weiteren Briefen an Señora Negra. Er entdeckte eine kleine Schachtel mit dem fehlenden Schlüssel für das Postfach Nr. 5, immerhin hatte Alfredo Kraus jetzt wieder einen Schlüssel, dachte Pedro sich. Scheiß Alfredo Kraus, wie wichtig der seinem Vater gewesen war!

Pedro fand schließlich sieben Briefe an Señora Negra. Das Papier war nach all den Jahren hart und vom Saharastaub verfärbt. Der Absender war noch lesbar: Luís Medina Santana, alle Briefe hatte er aus Lagern und Gefängnissen abgeschickt, von denen Pedro noch nie gehört hatte. »Francoroute«, sagte er jetzt leise, »Señora Negra ist die Francoroute.«

Er wollte gerade aufstehen, da sah er noch einen Brief an seine Mutter: Ana García Hernández. Absender: Fernanda Arrocha Morales. Der Brief war geöffnet worden, er warf ihn ebenfalls zurück in die Kiste.

»Vive le poste royal«, sagte Amado. Er stand plötzlich in der Tür des Zimmers und trug die Vateruniform.

Pedro wich vor Schreck zurück, dann schaute er Amado von oben bis unten an.

»Passt!«, sagte Amado und lachte.

»Oh Gott«, sagte Pedro, »du hast sie wirklich angezogen. Lass uns sofort hier raus, sonst denke ich noch, du wärst sein Gespenst ... Und hilf mir bitte mit dieser Kiste, die muss auch raus!«

Sie trugen die Vaterkiste nach draußen in den Garten.

»Was ist dadrin?«, fragte Amado.

»Vergessene Briefe ... Das traurige Leben in vergessenen Briefen«, antwortete Pedro. »Die verbrennen wir, das geht bestimmt besser als mit dem Tisch!«

»Bist du verrückt? Du darfst niemals alte Briefe verbrennen«, sagte Amado und nahm die Kiste an sich.

»Du redest ja wie mein Vater!«, entgegnete Pedro. »Stell die Kiste dahin, ich hole das Benzin.«

»Nein«, sagte Amado und hielt die Kiste fest.

»Ist ja gut. Aber sie bleibt im Garten, damit sie auslüften kann, die stinkt!«

Amado stellte die Kiste neben das Gartenhaus, an eine windgeschützte Stelle, und sicherte sie rechts und links mit Steinen. Als sie wieder im Postamt standen, betrachtete er sein Spiegelbild im Fenster von allen Seiten. »Ich sehe überhaupt nicht mehr illegal aus. Was gibt es zu tun?«, fragte Amado. »Ich möchte arbeiten.«

»Du könnest mir wirklich helfen«, antwortete Pedro. »Es gibt eine Frau, vor der ich mich in Acht nehmen muss. Meine Großmutter hat sie einmal fast mit einem Tonkrug erschlagen. Ich glaube, mein Großvater hat sie vergöttert, aber jetzt sieht sie aus wie der Tod. Du musst dieser Señora Negra ein paar Briefe aus der Kiste überreichen, auf die sie schon sehr lange wartet.«

»Das mache ich.«

»Glaubst du, man kann mit seinem Leben besser umgehen, wenn man denkt, dass es nicht von Gott oder dem Schicksal gelenkt wird, sondern vom Zufall?«, fragte Pedro.

»Das ist falsch. Warum sollte man dann beten?«, antwortete Amado. »Was haben wir noch zu tun?«

»Bist du bereit für die Nudistenroute?« Obwohl man da im Grunde niemanden hinschicken sollte, der diesem Erneuerer des Islam anhing, dachte Pedro.

»Haben wir nichts auf der Europaroute?«, fragte Amado und schaute auf den Plan an der Wand neben den Postfächern.

»Die gibt's nicht mehr«, antwortete Pedro. »Erzähl ich dir später.«

»Dann nehmen wir die Nobelpreisroute, ich habe Saramago gesagt, dass ich ihm Toubakaffee bringe. Versprochen ist versprochen. Un homme, une parole. Und was ist mit dem Buch *Die Reise des Elefanten?*«

»Was soll damit sein? Ich werde es nicht mehr zu Ende lesen!«

»Aber signieren muss er es doch! *Vom Messi der Bücher!* So eine schöne Widmung schreibt der nie wieder in ein Buch!«, antwortete Amado.

»Gut, dann machen wir das«, sagte Pedro. »Zu den Nudisten müssen wir trotzdem, ich will dir da etwas zeigen.«

Pedro lief ins Büro, nahm das Buch aus dem Papierkorb, in dem es nach der letzten Fahrt zum Nobelpreisträger gelandet war, und schob die Post an Señora Negra zwischen die Seiten, damit die uralten Umschläge nicht zerfielen. Danach fuhren sie los, Richtung Femés, den Berg hinauf.

Der Atalaya-Vulkan mit den Fernsehantennen kam immer näher. Einige Gäste des Restaurant Emiliano erhoben sich von den Stühlen, als sie die Honda mit Pedro und Amado in den Uniformen vorbeifahren sahen.

Sie stoppten vor dem Haus von Señora Negra, sie stand schon vor der Tür.

»Da ist sie ... Pass bitte auf, sie ist etwas unheimlich«, sagte Pedro und gab Amado die Briefe.

Er nahm sie behutsam in die großen Hände und ging langsam auf Señora Negra zu.

»Wir bringen Ihnen heute Briefe von Luís Medina Santana«, rief Pedro aus der Entfernung. »Ich entschuldige mich im Namen der Spanischen Post für die verspätete Zustellung, ein Umschlag ist beschädigt.«

Señora Negra stand einen Moment wie erstarrt da, dann

streckte sie den Arm aus. Unter dem langen schwarzen Gewand kam eine Hand zum Vorschein. Plötzlich sah Pedro dunkle Wolken am Himmel. Sie eilten wie mächtige Gebirge über den Vulkan hinweg und wurden immer schneller, dunkler und bedrohlicher, bis im nächsten Moment die Sonne durchbrach. Helle und schwarze Tage, Sternennächte und Wochen und Jahre schienen über den Vulkan zu fliegen. Als Pedro den Blick vom Himmel über dem Vulkan abwendete, sah er eine Frau von hinten, sie trug einen kurzen Rock und ging mit wehenden rotbraunen Haaren zusammen mit Amado ins Haus.

Pedro schloss und öffnete die Augen. Da, wo eben noch die Fernsehantennen auf dem Atalaya-Vulkan gestanden hatten, ragten jetzt Gewehre in den Himmel, ganze Erschießungskommandos traten auf einmal aus einer Wolke hervor, gefolgt von Dragon-Rapide-Maschinen, Särgen, Tischen, großen Kalkstücken aus der Decke des Parlaments und Männern mit weit aufgerissenen Augen. Es war, als ob ein Wirbelsturm die alte Zeit über den Berg fegte, sogar sein Sortiertisch mit dem schrecklichen Messingschild flog vorbei.

Plötzlich saß Amado hinter ihm auf der Honda.

»Wer war die andere Frau, mit der du ins Haus gegangen bist?«, fragte Pedro.

»Da war nur eine. Señora Negra«, antwortete Amado. »Du bist ganz nass. Hat es geregnet?«

Pedro sah an sich herunter und klopfte sich erschrocken das Wasser aus der Uniform. »Was hast du denn die ganze Zeit bei ihr gemacht?«

»Ich sollte ihr einen der Briefe vorlesen«, sagte Amado.

»Die sind alle von ihrem Mann, bestimmt ist er tot. Hat sie geweint?«

»Sie saß nur da, wie erlöst. Ein bisschen wie meine Mutter, nachdem sie Jahre später erfahren hat, was sie mit meinem Vater gemacht hatten ... Ich bin dann leise gegangen.«

Sie fuhren wieder den Berg runter Richtung Uga. »Wir brauchen circa 40 Minuten«, rief Pedro nach hinten zu Amado, der sich wieder so vornehm an ihm festhielt, indem er die Hände verschränkte, ohne dass sie Pedros Bauch berührten.

Nach einer Stunde, mit einer kleinen Pause beim Jardín de Cactus, passierten sie das neue Ortschild von der EU, »Official resort of nudists«. Mokka-Stadler, Edith Larsson und die anderen Dorfbewohner standen wie gewohnt nackt auf den Felsvorsprüngen und sahen Pedro und Amado nach, wie sie die Calle el Chupadero entlang bis zum Café César fuhren und dort die Honda parkten.

»Wir sind da«, sagte Pedro und zeigte auf den Eingang des Cafés, seine Uniform hatte der Wind getrocknet.

Sie traten ein und standen vor einer Gruppe nackter Menschen, die Pedro allesamt nicht kannte. Johanna hatte ihm und Amado den Rücken zugekehrt und hielt eine Rede. »Reinkarnation ist die Lehre, insbesondere im Buddhismus und im noch älteren Hinduismus, dass sich eine Seele durch mehrere Inkarnationen immer wieder auf der Erde manifestiert.« Pedro kannte den Satz, es klang, als habe ihn Johanna schon oft gesagt. »Wir beginnen morgen nach Sonnenaufgang mit bewusster Atmung am kleinen Strand zwischen den César-Manrique-Felsen, da, wo der Sand am hellsten ist.«

Pedro zog Amado an der Uniform zurück, er wollte schnell wieder gehen, vielleicht war so eine große deutschsprachige

Gruppe von Nackten zu viel, offenbar fand im Café César gerade eines von Johannas Seminaren statt.

»Pedro!«, rief Johanna, sie hatte sich umgedreht, auch die Nudistengruppe starrte die zwei uniformierten Postboten an. »Was machst du hier?«, rief sie erstaunt. Sie trug eine Leggins und ein viel zu eng sitzendes T-Shirt, immerhin, dachte Pedro.

»Ich habe Post«, antwortete er.

»Ah, natürlich ... Er ist mein Postbote«, erklärte Johanna den anderen, sie warf ihr Haar nach hinten, es war offen und wunderschön, sie sah aus wie ein Löwe. »Hast du etwa einen neuen Kollegen?« Sie ging auf Amado zu und strahlte ihn an. »I am Johanna, and you? Where do you come from?«

»Er spricht auch Spanisch, wir wollen wirklich nicht stören«, sagte Pedro.

»Oh, er spricht Spanisch ... Wie interessant«, sagte Johanna. »Ich habe das Gefühl, Obama steht vor mir. Diese Ausstrahlung! What do you want to drink?« Sie gab ihrer Gruppe ein Zeichen, dass sie hier fertig seien. »Bis morgen, gutes Ankommen!«

»Er ist aber nicht Obama, er kommt aus Äquatorialguinea, da spricht man Spanisch«, sagte Pedro, er spürte, wie Wut in ihm aufstieg. Wut auf diese Nackten, die hergekommen waren, um sich selbst zu verwirklichen, Wut auf Johanna, auf ihre Art, immer alle gleich in ihre Welt einzusaugen ... Obama stehe vor ihr, what do you want to drink ... Sie sah Amado mittlerweile mit ihren schönen, warmen Augen an, so wie sie ihn angeschaut hatte, dachte Pedro, als er mit ihr zwischen den Felsen im weißen Sand gelegen hatte, damals, als er das Gefühl gehabt hatte, dieser Blick brächte Erlösung und Rettung.

»Er lebte zuletzt in Marokko«, sagte Pedro.

»Ich liebe Marokko«, erklärte Johanna. »Korrigiere nichts mit einem Schlag, was mit einem Kuss unterrichtet werden kann, so lautet ein marokkanisches Sprichwort.«

»Wenn du es genau wissen willst, er hat auf einem Berg in Marokko gelebt. Zwischen Europa und der Sahara. Zwischen den Nato-Messerzäunen und der Hölle. Die Zäune sieben Meter hoch, die Hölle 3000 Kilometer lang. Kann man das so sagen, Amado?«

Amado sah wie hypnotisiert auf die Gruppenmitglieder, die aufgestanden waren und die klebrigen Sitzkissen des Cafés noch eine Weile unbemerkt durch den Raum trugen, bis sie von ihren nackten Gesäßen wieder abfielen.

Pedro schämte sich für diesen Anblick und dachte einen Moment an den Jungen, der aus dem Sudan geflüchtet war, nur weil er einen Mann geküsst hatte.

»Ich dachte, du wolltest keine Seminare mehr geben?«, fragte er Johanna.

»Das ist meine letzte Gruppe, Pedro, glaube mir. Danach ist meine Arbeit hier beendet«, antwortete sie.

»Mit diesen Sitzkissen musst du unbedingt etwas machen. Und seit wann heißen diese Steine denn César-Manrique-Felsen?«

»Die hießen schon immer so.«

»Wir müssen leider auch weiter.« Pedro reichte ihr den Umschlag.

Johanna erschrak und starrte lange auf den Absender. Dann lächelte sie, strich Pedro und Amado zart, wie zum Abschied, über ihre Uniformen und lief mit dem Brief ihres Sohnes hinaus zum Strand.

Pedro stellte sich vor, dass er irgendwann auch so dastehen würde, am Strand, mit Briefen von Miguel ... Er dachte an den Anruf, an Miguels Stimme, an dessen Worte. Er fragte sich, wann genau das Spiel von Barça gegen Teneriffa stattfand und ob sein Sohn ihn wieder anrufen würde.

»Was wolltest du mir zeigen?«, fragte Amado.

»Ein Gefängnis ... Ich wollte dir ein Gefängnis zeigen, in dem alle frei sind. Die ganze Freiheit hier ist ein Unglück«, antwortete Pedro. »Ich weiß gar nicht, was schlimmer ist. Ein Gefangener von anderen zu sein oder ein Gefangener von sich selbst.«

Eine Stunde später stoppten sie mit der Honda in der *Calle los Topes 1* in Tías, direkt vor dem Haus von Saramago. Amado nahm den Toubakaffee und *Die Reise des Elefanten* aus der Zustellbox auf dem Gepäckträger.

»Hier, das Buch. Du musst ihn auf jeden Fall dazu kriegen, *Messi der Bücher* zu schreiben, das ist großartig! Wer spricht zuerst?«, fragte Amado.

»Du!«, antwortete Pedro. »Vor der Sekretärin von Saramago habe ich noch mehr Angst als vor Señora Negra.«

Amado klingelte am Eingangstor.

Die Sekretärin öffnete so schnell, als hätte sie bereits auf sie gewartet. Sie trug wieder den schwarzen Rock und die weiße Bluse. Der Pudel hatte sich an ihr vorbeigezwängt und schaute den Besuch aufmerksam an.

»Was machen Sie hier?«, fragte sie.

»Ich?«, antwortete Amado.

»Nein, er!« Sie zeigte auf Pedro. »Hier wimmelt es ja neuerdings von Postboten! Sind Sie überhaupt offiziell angestellt? Francisco war gerade mit der Post hier!« Sie hob den Arm und wedelte mit einem üppigen Stapel Briefe hin und her, mindestens 20 an der Zahl, sie wurden von einer Spannschlaufe zusammengehalten, so wie es Pedro Francisco vorgeführt hatte.

»Ich war an Weihnachten die offizielle Vertretung«, erwiderte Pedro. »Und ich hatte ja ein Anliegen, eine Signatur.« Er hielt ihr das Buch entgegen. »*Für Miguel von Pedro*. Dann die Unterschrift: *Saramago, der Messi der Bücher*. Hatte ich, glaube ich, schon mal erklärt.«

»KSCHSCH, HUSCH! Rein mit dir!«, befahl sie dem Pudel. »Und was wollen Sie?« Sie sah nun Amado an.

»Voilá ... Ich habe hier die Toubakaffee aus dem Senegal für Herrn Saramago. Kennen Sie Touba? In Touba steht die schönste Moschee Afrikas!«, erklärte er und hielt ihr die Dose mit dem Kaffee hin. »Damit schreibt er noch besser!«

»Vielen Dank! Er trinkt nur portugiesischen Kaffee, damit geht's auch.« Sie legte die Hand an die Klinke, bereit, das Tor zuzuziehen.

»Die Bündeltechnik mit der Spannschlaufe ist von mir!«, sagte Pedro plötzlich und starrte feindselig auf das fette Briefbündel. »Die hat Francisco von mir übernommen! So kann man sie kompakt übergeben! Gefällt Ihnen meine Bündeltechnik?«

Pedro und Amado zuckten zusammen, so schwungvoll schlug die Sekretärin das Tor wieder zu.

»Aber den Hund hat sie vergessen«, sagte Pedro.

»Na, wie heißt du?«, fragte Amado den Pudel und bückte sich zu ihm hinunter.

Er wedelte mit dem Schwanz und sprang an Amado hoch.

»Ich mag ihn«, sagte er.

»Ja, der wirkt viel netter als die anderen hier im Haus«, sagte Pedro.

Amado reichte Pedro den Toubakaffee, nahm den Pudel auf den Arm und setzte ihn in die Zustellbox, wo sich der Hund brav zusammenrollte. »Los, wir fahren, ich bin sehr wütend. Die Schriftsteller retten die Menschen nur in der Fantasie, das hätte ich mir auch denken können.«

»Vielleicht können sie deshalb Espresso aus leeren Tassen trinken«, sagte Pedro.

»Aber mit Toubakaffee in der Hand abgewiesen zu werden, das ist in der Geschichte des Senegal noch nie passiert!«, sagte Amado, er saß schon hinten auf der Honda.

»Und der Hund?«, fragte Pedro.

»Den nehmen wir mit! Wenigstens etwas! Nicht mal dein Buch ist signiert!«, antwortete Amado.

»Bist du dir sicher? Der Hund ist doch ziemlich berühmt, den habe ich schon im Internet gesehen.«

»Fahr sofort los, bevor dieser Drachen wiederkommt!«

Pedro setzte sich auf die Honda. Er sah sich noch einmal unsicher zu dem Pudel in der Zustellbox um und startete den Motor.

»Auf welcher Route sind wir nun?«, fragte Amado, als sie eine Weile Richtung Süden gefahren waren.

»Jetzt sind wir auf der Small-Talk-Route, aber ich möchte mit dir noch woandershin«, antwortete Pedro, irgendwie hatte ihn die Aktion mit dem Hund beflügelt. Jetzt wollte er auch ein Zeichen setzen.

In Playa Blanca fuhren sie in den Kreisel, in dem er mit Miguel verunglückt war. Zwei Minuten später stoppten sie vor dem Crystal Palace Hotel. Sie liefen mit dem Hund durch die Empfangshalle in Richtung der großen Terrasse. Einen Moment glaubte Pedro, Carlota an der Rezeption stehen zu sehen, aber es war eine andere Frau, sie trug nur das gleiche blaue Kostüm.

»Was kann ich für Sie tun, wo wollen Sie denn hin?«, rief sie. »Unbefugten und Hunden ist der Zutritt ...«

»Alles gut, ich kenne mich hier aus, von dem Hund könnt ihr auch eine Marmorbüste machen«, unterbrach Pedro sie. »Oh, ich sehe, das Crystal Palace verkauft wieder Postkarten, das freut mich. Der Ständer neben Ihnen war sonst immer leer.«

Amado hob grüßend die Hand, dann traten sie auf die große Terrasse. Pedro lief schnurstracks auf den Tisch neben der Marmorbüste von José Saramago zu, er war besetzt.

»Entschuldigen Sie, dieser Tisch ist leider reserviert«, erklärte er, er fühlte sich vollkommen im Recht. Er war jetzt hier, um sich mit einem Schwarzen auf die große Terrasse des Crystal Palace Hotels zu setzen, um die Welt besser zu machen! Und er wollte genau hier sitzen, er zog schon am Stuhl, auf dem noch ein knallrot verbrannter Mann mit freiem Oberkörper saß. »Ich empfehle Ihnen, in der Lobby zu sitzen, so schlimm, wie Sie aussehen. You look very terrible«, sagte Pedro. »Bestimmt Engländer«, fügte er für Amado hinzu.

Der Mann stand schimpfend auf und ging, seine Begleitung folgte mit käseweißen Beinen.

Amado schaute die Büste an und lächelte. Dann bat Pedro ihn, Platz zu nehmen, und rief nach der Bedienung.

»Erzähle mir etwas über Mariama«, sagte Pedro. »Ich bin neugierig. Mariama ist ein schöner Name.«

VIERTER TEIL

31

Mit Tenaro und Saramago im Harley Rock Café

Saramago hatte sich nach zwei Wochen an sein neues Umfeld gewöhnt. Jetzt lag er unter dem Terrassentisch des Harley Rock Cafés und schaute Pedro mit großen Augen an. Tenaro, der mit Amado auf die Promenade gegangen war, kam nach einer guten Stunde zurück, setzte sich zu Pedro an den Tisch und griff nach den Salzstangen, eine Flasche Bier hatte er schon in der Hand.

»Wo ist Amado?«, fragte Pedro.

Tenaro schaute eine Frau an, die an der Bar auf dem John-Deacon-Hocker saß.

»Ich sitze hier seit Ewigkeiten alleine mit dem Hund und warte auf euch! Wo wart ihr? Und wo ist Amado?«, fragte Pedro erneut.

»Der kommt gleich, der wollte noch was erledigen«, antwortete Tenaro knapp und schob sich Salzstangen in den Mund.

»Würdest du bitte mich anschauen, wenn du mit mir redest, und nicht irgendeine Frau auf dem Hocker da? Was denn erledigen? Um diese Uhrzeit?«, fragte Pedro weiter.

»Na, etwas, was er eben zu tun hat, Mann ... In Puerto del Carmen kannst du um diese Uhrzeit alles tun, was du zu tun hast, das weißt du doch ... PDC, Saturday night. La Curva!« Er trank die Flasche leer, stellte sie auf den Tisch und rülpste.

»Hör mit diesem Rülpsen auf, das wollte ich dir schon

lange sagen, das ist peinlich! Außerdem würde Amado nie so etwas tun, La Curva! So einer schmeißt sein Geld bestimmt nicht sinnlos aus dem Fenster und die Frau gleich hinterher ...«

»Fang ja nicht wieder damit an, ich habe sie nicht aus dem Fenster geschmissen!«, widersprach Tenaro.

»Ich weiß! Du schuldest mir trotzdem noch 60 Euro!«

»Kein Problem.« Tenaro warf ihm 60 Euro hin. »Da, bitte schön. Außerdem habe ich sie besucht, Station 5.«

»Du warst bei Luciana?«, fragte Pedro erstaunt. »Im Krankenhaus?«

»Gleich noch am Silvesterabend. Sie hatte ja auch niemanden zum Feiern.«

»Und wie ging es ihr? Du warst wirklich auf Station 5? Worüber habt ihr denn gesprochen?« Pedro konnte es gar nicht glauben.

»Über ihren Großvater, der hier geboren wurde und dann ausgewandert ist, nach Venezuela. Ich habe ihr das letzte Stück von meinem Thun geschenkt, nun ist alles weg von meinem alten Leben«, antwortete Tenaro. »Sie will zurück nach Venezuela. Sie hat dort ein Kind, ein kleines Mädchen, es heißt Ana. Weißt du was? Ich möchte ihr Geld für das Flugticket nach Caracas geben, damit sie wieder zu Ana kann.«

Pedro schwieg.

»Ist doch traurig ohne Mutter in Venezuela.«

»Wie konnte sie sich deinen Fisch im Krankenhaus zubereiten?«, fragte Pedro.

»Den hab ich ihr zubereitet, vorher, was denkst du denn? Ich habe ihn gedünstet und dann gut in Folie mit Kartoffeln eingewickelt«, antwortete Tenaro, er nahm die 60 Euro vom

Tisch und steckte sie Pedro in die Hemdtasche. »Da fällt mir ein, ich kriege dann noch 480 Euro von dir für die Tickets, Copa del Rey. Oder sollen wir das mit den 60 Euro verrechnen?«

Pedro starrte ihn an.

»Hast du das etwa vergessen?«, fragte Tenaro. »Wir fliegen am 20. Januar nach Barcelona. Ich freue mich wie irre.«

»Wie bitte ...? ... Das ist ja in zwei Tagen!«, stammelte Pedro. »Aber wir haben doch nie wieder darüber gesprochen? ... Ich meine, ich dachte, das wäre wieder so eine von deinen Ideen!«

»Bist du wahnsinnig?!«, rief Tenaro, er stand mit einem Ruck auf. »Ich habe die Tickets für die Copa del Rey schon gekauft!«

Pedro schüttelte energisch den Kopf. »Aber überleg doch mal selbst, das können wir nicht machen, da würde dann Krieg ausbrechen, du kennst Carlota schlecht! Außerdem sind die Tickets ja auch viel zu teuer, finde ich.« Er bekam Schweißausbrüche.

»So ein Quatsch, das ist ein Clásico! Es ist eine Sensation, dass wir überhaupt Tickets haben! Frag mich nicht, wie ich da rangekommen bin!« Tenaro setzte sich wieder. »Die Flugtickets habe ich auch schon, ich muss uns nur noch online einchecken. Ich hab auch das Ticket für Miguel gebucht, ich wusste nur nicht, wie er mit Nachnamen heißt, ich habe deinen genommen.«

»Das ist falsch, er heißt nach ihr, Medina Lopéz!«

»Das kann man im Internet ändern. Wir fliegen mit Vueling Airlines. Na, was sagst du? Übermorgen!«

Pedro hatte vor ein paar Tagen während des Spiels von Barça gegen Teneriffa ständig auf sein Handy geschaut, aber es hatte nicht geklingelt. Mit jeder weiteren Minute, mit jeder tollen Aktion von Messi war Pedros Hoffnung gewachsen, doch Miguel hatte sich nicht gemeldet. Und jetzt? Die Vorstellung, in zwei Tagen vor dieser Cervantes-Schule zu stehen und zu warten, dass Miguel aus irgendeiner Tür herauskommen und ihm in die Arme laufen würde – diese Vorstellung war so schön, so groß und beglückend. Pedros Herz raste. Aber danach? Nach der Umarmung? Wie würde es dann weitergehen? Pedro bemerkte, wie er leicht zu zittern begann. Das mächtige Glücksgefühl, das er eben noch verspürt hatte, war einer plötzlichen Angst gewichen. Wäre es in Carlotas Augen nicht eine Kindesentführung, ein Kindesraub, eine Verschleppung, und in den Augen aller anderen ebenfalls? Für Anwälte, Richter, Staatsanwälte, die ihr eindeutig das Sorgerecht zuordnen würden? Familienrecht, Sorgerecht, Umgangsrecht, davon hatte er doch schon gehört? Und wenn er Miguel erst in den Arm genommen hätte, wie sollte er dann noch zurück?

»Vielleicht schaffe ich es nicht«, sagte Pedro mit leiser Stimme.

»Was nicht? Kriegst du jetzt etwa Panik?«, fragte Tenaro.

»Ich hätte nie gedacht, dass du es ernst meinst ... So was läuft wahrscheinlich rechtlich unter Entführung, das nennt man Kidnapping!«

»Moment mal! Ist das mein Sohn oder deiner? Hat nicht dein Sohn am Telefon gesagt, dass du ihn mal wieder von der Schule abholen sollst?«

»Ja, aber das hat er nur so dahingesagt, er ist doch noch ein Kind!«

»Wie denkst du denn? Warum denkst du nicht mit deinem Herzen?« Tenaro war richtig aufgebracht. »Willst du kämpfen oder soll er mit irgendeinem Bruno aufwachsen?« Er beugte sich vor und legte Pedro die Hand auf die Schulter. »Man kann seinen eigenen Sohn gar nicht kidnappen, so ein Quatsch.«

Pedro sah nach draußen über das dunkle Meer.

»Hast du deinen Vater geliebt?«, fragte Tenaro.

»Ja, wieso?«, fragte er.

»Alles, was ich von deinem Vater weiß, ist, dass er seine Helden aus dem Bürgerkrieg geliebt hat, aber hat er auch dich geliebt? Mein Vater hat mich nur ein einziges Mal in den Arm genommen, das war, als wir mit so vielen Tonnen Thunfisch zurückkamen, dass die Flotte fast untergegangen wäre vor lauter Fisch. Danach hat er mich nie wieder berührt. Mein ganzes Leben als Sohn besteht aus einer einzigen Umarmung auf einem Schiff, das man später versenkt oder verschrottet hat ... Willst du, dass Miguel irgendwann so über seinen Vater denkt? Dass der sich nicht gekümmert hat? Dass er nicht gekämpft hat? Dass er kein Herz hatte?«

Pedro schluckte.

»Miguels Ticket ist free, das ist mein Geschenk an dich. Weil ich dich nie, nie wieder weinen sehen will. Du bist mein Freund. Darum darfst du mich auch zurechtweisen, wenn ich rülpse. Ich rülpse nie wieder«, sagte Tenaro und rief nach der Kellnerin, er flüsterte ihr etwas zu.

Pedro starrte wieder auf das Meer, auf die Wellen, die sich brachen und weiß aufschäumten. »Danke«, sagte er schließlich und berührte Tenaro leicht an der Schulter. »Morgen bereite ich alles vor. Wann fliegen wir genau?«

»Am 20. Januar, wie oft soll ich das noch sagen?«, fragte Tenaro.

»Ich weiß, aber um wie viel Uhr?«

»Na, gleich frühmorgens, damit wir rechtzeitig bei dieser Schule sind.«

Sie schwiegen eine Weile. Wenn Tenaro sich für etwas begeisterte, dann bereitete er alles sehr gut vor, das musste Pedro zugeben. Was er alles über diese Villa Winter herausgefunden hatte! Oder über Atlantis ... Pedro spürte, dass er sich plötzlich richtig auf die Reise zu freuen begann. Er nahm eine Salzstange und warf sie dem Hund hin. »Ich weiß nur nicht, ob das mit dem Hund so eine gute Idee war.«

»Der fühlt sich wohl im Harley. Und wir hätten ihn auch nicht allein zu Hause lassen können«, erklärte Tenaro.

»Nein«, sagte Pedro. »Ich meine, ihn dem Nobelpreisträger wegzunehmen, quasi zu entführen, das ist doch, fürchte ich, kriminell. Wir wissen ja nicht mal, wie er heißt.«

»Saramago! Das haben wir doch beschlossen.«

»Ja, aber auf den Namen hört er nicht.«

»Der wird sich schon an den Namen gewöhnen.«

»Ich weiß wirklich nicht, ich habe kein gutes Gefühl dabei, wir müssen den echt langsam mal zurückbringen.«

»Hier gibt's eine Million Hunde, kein Mensch interessiert sich für Hunde«, sagte Tenaro.

»Wo bleibt nur Amado?«, fragte Pedro. »Ich versteh das nicht.« Er schaute auf die Uhr.

»Ein entführter Hund ist auf jeden Fall eine gute Übung für Barcelona.« Tenaro kicherte. »Erst der Hund, dann der Sohn. Außerdem ist er dir zugelaufen, würde ich sagen. Er saß ja auf der Straße. Und wenn er so berühmt ist, verkaufen wir ihn im Internet! Oder an deine Mrs Taylor zum Beispiel, die dreht doch bestimmt durch!«

Die Kellnerin brachte zwei Gläser Champagner und stellte sie auf den Tisch.

»So etwas habe ich noch nie bestellt, wir trinken auf dich und Miguel«, sagte Tenaro feierlich.

Sie stießen an. Tenaro schaute wieder die Frau an der Bar an. Pedro zögerte, dann fragte er doch: »Champagner ... Wieso hast du eigentlich neuerdings Geld?«

»Ich habe das Atlantis-Projekt an die Scheiche in Katar verkauft, ich bin jetzt steinreich!«

»Hahaha.« Pedro nahm eine Salzstange und warf sie Tenaro an den Kopf, er bemerkte, dass die Frau auf dem Hocker an der Bar immer wieder in ihre Richtung sah. »Sie schaut herüber, sie lächelt sogar, die ist höchstens Ende 20!«

»Ich weiß«, sagte Tenaro.

»Aber warum lächelt sie? Meinst du, es ist wegen Saramago?«

»Quatsch, den Pudel sieht sie doch gar nicht. Wegen mir!« Tenaro hob sein Glas und prostete ihr lässig zu.

»Was hast du denn plötzlich gemacht? Es hat doch noch nie jemand zurückgelächelt?«

»Ich habe meine Taktik geändert.« Tenaro zwinkerte der Frau zu und hob noch einmal sein Glas.

»Das habe ich gar nicht mitgekriegt. Wann hast du die geändert? Keine Tenaroische Augentechnik mehr?«, fragte Pedro, er lächelte jetzt auch hinüber und hob ebenfalls sein Glas.

»Irgendwann halt«, sagte Tenaro.

»Beim letzten Mal im Caracas? Hat Amado dich beraten?«, fragte Pedro.

»Ja, aber ich wusste schon vorher, dass ich was ändern muss«, antwortete Tenaro.

»Mir ist echt ein Rätsel, was ihr alles im Caracas gemacht habt! Ich ging raus und als ich wiederkam, saß da ein vollkommen verwandelter Tenaro.« Pedro blickte noch einmal auf die Uhr. »Ich werde Amado sagen, dass er natürlich bei mir wohnen bleiben kann, solange wir in Barcelona sind, danach auch. Miguel wird ihn mögen.«

Auf der Promenade näherte sich plötzlich ein Mann. Er kam schnellen Schrittes auf ihren Tisch zu, hob leicht die Hand, damit Tenaro ihn bemerkte. Dann nickte er ihm zu und ging zügig weiter, bis er in der Menge auf der Avenida verschwand. Saramago war unruhig geworden und richtete sich auf.

»Wer war das?«, fragte Pedro.

»Kenn ich nicht«, antwortete Tenaro.

»Der hat dir zugenickt, natürlich kennst du ihn! Wer war das?«, fragte Pedro erneut.

»Ich habe nichts gesehen. Vielleicht hat er jemand anderem zugenickt? Hier sind viele, heute brummt der Laden!«

»Tenaro, der Mann kam direkt auf unseren Tisch zu! Der wollte dir irgendetwas mitteilen, der sah aus wie ein Araber!«

Tenaro sah nach rechts und links, so als überlegte er zu verschwinden.

»Das war bestimmt dieser Jamal!«, sagte Pedro. »Darum sah er aus wie ein Araber, das war ein Marokkaner! Du solltest dich vor diesen Leuten in Acht nehmen …«

»Ich dachte immer, ich wäre der Rassist. Ich habe keinen Araber gesehen …«

»Hat das was mit Amado zu tun?«, fragte Pedro.

»Man kann hier gar keinen Araber sehen vor lauter Engländerinnen, das war eine Fata Morgana«, erklärte Tenaro.

»Rede doch nicht so einen Mist! Der Mann, der dir zugenickt hat, war ein Araber!«

»Hast du hier nicht mal an der Bar einen Geist oder Jesus gesehen?« Tenaro bemühte sich zu lachen.

»Tenaro, reiß dich zusammen! War das Jamal oder nicht?!«

»Okay, es war Jamal. Na und?«

»Wo ist Amado?« Pedro trat dem Hund aus Versehen auf die Pfote, sodass dieser aufheulte.

»Nun komm mal runter, Mann! Warum mach ich denn das alles hier?«, fragte Tenaro. »Du hast gesagt, er braucht einen Pass! Hast du das gesagt oder nicht?«

»Ja, aber doch nicht von dem da, diesem Kriminellen! Der verkauft auch menschliche Lungen! Und die Pässe, du weißt doch, was das für Pässe sind?! ... Kschksch!«, wies Pedro den Hund zurecht, der ihn anbellte. »Was für einen Pass hat Amado gekriegt?? Den, der ein Vermögen kostet? Oder den, mit dem man keine drei Meter weit kommt?«

»Nun beruhige dich mal wieder! Was kann denn der Hund dafür?«

»Okay, ich frage dich noch mal: Wo ist Amado?« Pedro beugte sich zu Tenaro vor.

»Hör zu, Pedro ... Er wollte doch zu seinen Freunden nach Marokko, das weißt du, oder? Jamal ist auch im Boatpeople-Business, das habe ich doch erklärt, wir haben ihm ein Spitzenangebot gemacht!«

Pedro packte Tenaro an der Jacke und zog ihn über den Tisch zu sich heran. »Das glaube ich jetzt nicht ... Du hast Amado ... Sag, dass das nicht stimmt ... Du hast ihn für Jamal angeworben!«

»Thanks for the drink.« Die Frau, die ihnen zugelächelt hatte, stand plötzlich am Tisch.

Tenaro öffnete nur den Mund. Pedro hielt ihn immer noch am Kragen. Die Frau sah von einem zum anderen, lächelte noch einmal und verschwand.

»Was hast du an Amado verdient?!«, fragte Pedro. »Hast

du auch die Pässe geklaut, die in Playa Blanca als gestohlen gemeldet worden sind? Ich weiß das von der Guardia Civil!«

»Kannst du mich bitte mal loslassen, du Irrer?«, antwortete Tenaro. »Ich habe mit Engelszungen auf Jamal eingeredet, um den Preis zu drücken! Mein Anteil geht fast bis auf den letzten Cent für die Barcelona-Reise drauf! ... Scheiße, jetzt ist die Frau weg! Nur wegen dir!«

Pedro sank auf seinen Stuhl zurück.

»Ich dachte, ich hätte eine Lösung gefunden, die allen hilft.« Tenaro zog sich seine Jacke und das Hemd zurecht. »Amado weiß, dass wir mit dem Geld nach Barcelona fahren. Und dass wir damit Miguel den größten Traum seines Lebens erfüllen. Einmal Messi im Stadion zu sehen! Daran wird sich der Junge sein ganzes Leben lang erinnern ... Ich weiß wirklich nicht, was ich falsch gemacht habe.«

»Wie viel Geld bleibt dir übrig, wenn du dein Ticket und den Flug abziehst? 2000, 3000?«, fragte Pedro.

»Wenn du willst, lade ich euch auch beide zum Copa del Rey ein. Und wenn du willst, kriegst du auch noch deinen Flug geschenkt, dann übernehme ich alles!«, sagte Tenaro, er sah Pedro enttäuscht an.

»Nein, danke. Wo ist Amado?«

Tenaro schwieg.

»Ich würde gern noch mal mit ihm sprechen.«

»Das wird wohl eher knapp.« Tenaro schaute auf seine Uhr. »Sie starten in circa 30 Minuten, mit dem Boot.«

»Wo? Mit welchem Boot, was ist das für ein Boot?«

»Ein gutes Boot!«

»Wo, habe ich gefragt?«

»Los Cocoteros«, antwortete Tenaro.

32

Amados Flucht zurück

Zum Küstenort Los Cocoteros mussten sie auf der Nudistenroute fahren, aber vor Charco del Palo abbiegen. Wenn sie sich beeilten, würden sie in 30 Minuten dort sein.

Tenaro, der sonst immer während der Fahrt pfiff, war still. Der Hund lag wieder in der Zustellbox und fühlte sich dort wohler als unter dem Tisch des Harley Rock Cafés. Pedro musste an die Farben Amados denken, an all die roten, blauen, hellroten oder dunkelroten T-Shirts, die er wie durch ein Wunder aus seiner kleinen Reisetasche gezaubert hatte.

In Guatiza bogen sie ab und fuhren nach Osten. Schon von der kleinen Straße aus hörten sie das Geräusch der Wellen, die auf die Felsen schlugen. Der Wind war stark und kam vom Meer.

»Wohin, wo müssen wir hin?!«, rief Pedro, als sie auf die Hafenmauer zurollten, die den Ort vor der Brandung schützte.

»Park hier«, rief Tenaro. »Wir müssen ein Stück laufen, Richtung Norden.«

Das Mondlicht fiel immer wieder durch die Wolken hindurch und leuchtete auf den Weg, der über Felsen und Dünen führte. Pedro rannte voraus. Der Hund blieb stehen, hob die Pfoten und wimmerte. Pedro nahm ihn auf den Arm und lief weiter.

»Wie können sie hier losfahren?«, schrie Pedro gegen die Brandung an. »Warum ausgerechnet hier?!«

»Weil hier kein Radar ist! Jamal kennt die Stelle, der macht das schon!«, schrie Tenaro zurück.

Sie erreichten eine kleine Bucht.

»Hier??«, rief Pedro.

»Ja!«, antwortete Tenaro. »Vielleicht haben wir es nicht rechtzeitig geschafft!«

Pedro setzte den Hund ab und kletterte auf einen Felsen, er musste sich gut festhalten, um nicht vom Wind umgeworfen zu werden. »Amado!«, brüllte er über das Meer.

Tenaro hockte plötzlich neben ihm. »Keine Sorge, die schaffen das locker! Da draußen ist es ruhiger als hier!«

»Man müsste doch die Lichter des Bootes sehen!« Pedro verlor fast das Gleichgewicht.

»Die fahren ohne Lichter, was denkst du denn?!« Tenaro hielt ihn am Arm fest.

»Wo ist der Hund?«, fragte Pedro.

»Da unten!«, antwortete Tenaro.

»Du kannst doch nicht den Hund da unten alleine sitzen lassen, der hat Todesangst!«, sagte Pedro.

Sie hörten einen dumpfen Schlag. Als ob die Wellen etwas gegen die Felsen werfen würden. Pedro kletterte hinunter, das Licht des Mondes fiel auf den Hund, der geduckt am Boden hockte und zitterte. Wieder krachte etwas. Pedro nahm den Pudel auf den Arm und rannte zur anderen Seite der Bucht, auf das Geräusch zu. Tenaro war hinter ihm und leuchtete die Umgebung mit seinem Smartphone ab.

Direkt vor ihnen war ein Boot. Es lag auf der Seite und schlug immer wieder gegen einen der Felsen. Es war leer, einige Bretter waren herausgebrochen.

Pedro erstarrte. Ihm kamen wieder diese Bilder in den Kopf: Fuerteventura. Der Strand, das Boot, das von einem

Bagger zertrümmert wird. Guardia-Civil-Polizisten, die neben schwarzen Plastiksäcken stehen, rauchend und telefonierend.

»Das ist nicht das Boot von Jamal«, rief Tenaro.

»Woher willst du das wissen?«, sagte Pedro leise.

»Ich verstehe dich nicht, du musst lauter sprechen«, rief Tenaro.

»Woher weißt du das? Woher weißt du, dass es nicht ihr Boot ist?!«, schrie Pedro.

»Weil Jamal ein Zodiac hat, ein Schnellboot! Das habe ich dir schon mal gesagt!«, schrie Tenaro zurück. »Da draußen ist es ruhig, sie steuern direkt auf Marokko zu, glaub mir bitte! Er bringt ihn sogar bis nach Tanger!«

Der Hund zitterte immer stärker. »Ich will hier weg!«, rief Pedro.

»Fahr du vor! Ich rufe Victor an, er soll mir helfen!«, rief Tenaro.

»Wobei helfen?«, fragte Pedro, er umarmte und streichelte den Hund.

»Ich glaube, das ist ein gutes Boot. Vielleicht kriegt man das wieder hin!« Tenaro tastete sich im Wasser vor. »Hilf mir schnell, es herauszuziehen!«

Pedro wusste nicht, was er machen sollte. Er setzte den Hund wieder auf den Boden, zog seine Jacke aus und legte sie über ihn. Danach folgte er seinem Freund in das kalte, unruhige Wasser. Tenaro klappte den Außenbordmotor hoch, damit der Propeller nicht gegen die Felsen schlug, und schob das Boot von hinten an. Pedro zog aus Leibeskräften, er zitterte vor Wut und Kälte.

»Du bist total verrückt!«, brüllte er.

Tenaro stand am Strand und telefonierte schon mit Victor.

Pedro nahm den Hund wieder auf den Arm und wickelte die Jacke fester um ihn. Dann lief und stolperte er mit Saramago den ganzen Weg zurück.

Die Nacht über wälzte sich Pedro im Bett herum. Einmal glaubte er, Geräusche und Schritte im Picón zu hören, wie damals, als sein Vater und sein Großvater vor der Bank auf und ab liefen und stritten und schrien. Ihre schweren Schritte im Picón. Ihm war, als hörte er das Zuschlagen von Türen, wie das Zuschlagen der Türen vom kastenförmigen Auto, das den Vater in der großen Kiste abgeholt hatte. Vielleicht träumte er auch: Amado in einem Boot im Meer, das Boot bricht in den Wellen auseinander, Amado versucht zu schwimmen und geht unter. Tenaro im La Curva, umringt von Frauen und Getränken ...

Pedro wachte auf, er hörte Motorengeräusche, danach war es wieder still. Er schlief, bis die Hähne des Dorfes krähten.

33

Das Barcelona-Projekt

Als Pedro am nächsten Morgen vor das Haus trat, stand ein Boot in seinem Garten. Bunt bemalt, mitten im Picón. Mindestens sechs Meter lang, an einigen Stellen beschädigt, mit Außenbordmotor.

Pedro setzte sich auf die Gartenbank und betrachtete das Boot. Saramago lag zu seinen Füßen mit einem Hunde-Menü, das Pedro im Supermarkt gefunden hatte. Saramago bekam davon täglich drei und fraß sie mit Begeisterung.

Das Boot sieht aus wie eine Piroge, so wie sie Tenaro beschrieben hatte, dachte er und suchte in seiner Hosentasche nach dem Handy.

Tenaro nahm sofort ab. »Bist du noch sauer?«, fragte er. »Ich wollte doch nur das Beste für uns alle!«

»Ich weiß«, antwortete Pedro.

»Ich wollte mit Amado kein Geld machen, nicht mit Amado, das ist ein feiner Kerl.«

»Das hast du aber, du hast mit ihm Geld gemacht, eine Menge sogar, wie ich vermute.«

»Ja, aber es fließt ja jetzt alles in das Barcelona-Projekt! Und Amado weiß das und freut sich für uns! Man nennt das eine Win-win-Situation. Weißt du, was das ist, eine Win-win-Situation?«

»Ja.« Pedro seufzte.

»Na, also!« Tenaro atmete tief durch.

»Sag mal, hast du mir das Boot heute Nacht mit diesem Victor vors Haus gestellt?«, fragte Pedro.

»Ja, eine echte Piroge!« Tenaro klang stolz.

»Aber die gehört dir doch gar nicht. Und mir auch nicht, da kann man doch mal fragen, bevor man jemandem so etwas in den Garten stellt?« Pedro war aufgestanden und lief, gefolgt von Saramago, um die Piroge herum, sie war wirklich ziemlich groß.

»Ich wollte dich nicht wecken und in meine Wohnung passt sie nicht, ich habe doch keinen Garten. Wo hätte ich das bei mir in Playa Blanca hinstellen sollen?«, fragte Tenaro. »Vor den Laden mit den Spielautomaten?«

»Okay«, sagte Pedro. »Wir müssen die Reise nach Barcelona planen. Das ist ja schon morgen!«

»Ich komme nachher vorbei. Dann schaue ich mir auch die Piroge noch mal genauer an. Mein neues Boot!«

Sie verabredeten sich für den Nachmittag, um alle Details zu besprechen.

Pedro begann sofort mit den Vorbereitungen. Zuerst druckte er sich eine City-Map, eine Detailansicht von Barcelona, aus und googelte die Route zur Miguel-Cervantes-Schule: Landung auf dem Flughafen Josep Tarradellas Barcelona-El Prat. Am Terminal 1 in einen Bus steigen und bis zur Plaça de Catalunya fahren (39 Minuten). Von dort die restlichen 750 Meter zur Cervantes-Schule zu Fuß laufen (9 Minuten). Er zeichnete die Route mit einem Stift ein, wie seine Routen auf der Insel.

Vor Pedro auf dem neuen Sortiertisch lagen jetzt die City-Map, die Informationen über die Busse am Flughafen, der Metroplan von Barcelona sowie der Lageplan der Cervantes-Schule, alles ausgedruckt, ebenso der Unterrichtsplan und die Übersicht der angebotenen Aktivitäten, die er im Internet gefunden hatte. Der Unterricht endete um 14 Uhr.

Miguel würde dann aus einem der Klassenräume im Haus A herauskommen. Die Aktivitäten Basketball, Breakdance, Kung Fu oder Kreativer Tanz fanden im Haus B statt. Laut Lageplan gab es keine direkte Verbindung von Haus A zu Haus B. Demnach müsste er Miguel abfangen können, wenn er aus Haus A trat, ungefähr eine Stunde bevor Carlota eintreffen würde oder wer auch immer (Bruno?!), um ihn abzuholen. Aber was, wenn eine der Aktivitäten ausfallen und Miguel so lange im Klassenraum oder woanders betreut würde, fragte sich Pedro, zum Beispiel im Abhol-Kindercafé in Haus D? Am besten, er würde selbst ab 14 Uhr vor Haus A warten, Tenaro sicherheitshalber vor Haus D mit dem Abhol-Kindercafé. Er selbst würde dann noch zusätzlich Haus B im Auge behalten.

Pedro wünschte, er könnte Miguel irgendwie erreichen und ihm alles erklären: »Miguel! Morgen, 14 Uhr, Ausgang Haus A, Papa holt dich ab! Aktivitäten fallen morgen aus, wir haben etwas viel Besseres vor! Wir werden Messi sehen, in Wirklichkeit!« Aber was, wenn Miguel daraufhin alles seiner Mutter erzählte? Würde sie Miguel dann überhaupt zur Schule schicken? Nein, mit Sicherheit würde sie den Jungen den Tag über im Hotel Bruno sitzen lassen! Und Pedro müsste dort hineinmarschieren, ihn quasi mit Gewalt befreien. Er stellte sich vor: wie Tenaro erst Bruno, danach Carlota an der Rezeption niederschlägt, mit der Kopie der Saramago-Büste vom Manrique-Schüler, die sicher auch in Barcelona im Hotel steht! So einer wie Bruno behauptete garantiert, dass Saramago auch im Hotel Bruno in Barcelona gewesen wäre, so ein Arschloch. Während Carlota und Bruno zu Boden sinken, würde Pedro das Hotel absuchen, Miguel im Konferenzzimmer vorfinden, wo er schon stundenlang auf Carlotas neuem iPad herumklickt. Dann würden sie mit Tenaro aus dem Hotel Bruno flüchten und in der Menge von Camp Nou untertauchen.

Pedro schaute auf den Metroplan: Nach dem Spiel mussten sie bis zur Station Collblanc laufen. Dann mit der L5 (die blaue Linie!) nach Sants Estació (in Sants Estació aussteigen!). Weiter mit dem Bus zum Flughafen, Ankunft Terminal 2. Danach weiter zum Terminal 1.

Und wenn er scheiterte? Pedro hatte Angst, er war noch nie in einer so großen Stadt gewesen. Alicante konnte man mit Barcelona überhaupt nicht vergleichen. Und von Alicante hatte er auch nur den Flughafen gesehen, danach waren sie gleich zu den Olivenfeldern von Carlotas Schwester gefahren. Wie sollte er sich mit Miguel, einem Siebenjährigen, und Tenaro, der die Kanaren nie verlassen hatte, in einer Stadt wie Barcelona zurechtfinden? Mitten in der Nacht aus dem Hexenkessel von Camp Nou in unterirdische blaue Linien einsteigen, vermutlich mit einem schlafenden Kind auf dem Arm, bedrängt von 100 000 anderen Menschen, die Hälfte davon bestimmt Taschendiebe?

Er schob die Pläne zur Seite, das alles überforderte ihn.

Erst jetzt sah Pedro, dass an der Wand neben seinem Routenplan für die Insel noch ein anderer Plan hing, den er bisher gar nicht bemerkt hatte. Pedro erhob sich und trat näher. Der Plan zeigte Amados Routen.

»Vater-Insel«, las Pedro, das war der kleine Punkt links, in der Mitte der Westküste des ungeheuer großen Afrikas. Und oben: »Tomatengefängnis Europa.«

Sogar das »Pays entre les deux« entdeckte er. Nur die letzte Route, mit dem Schlepper über das stürmische Meer, war

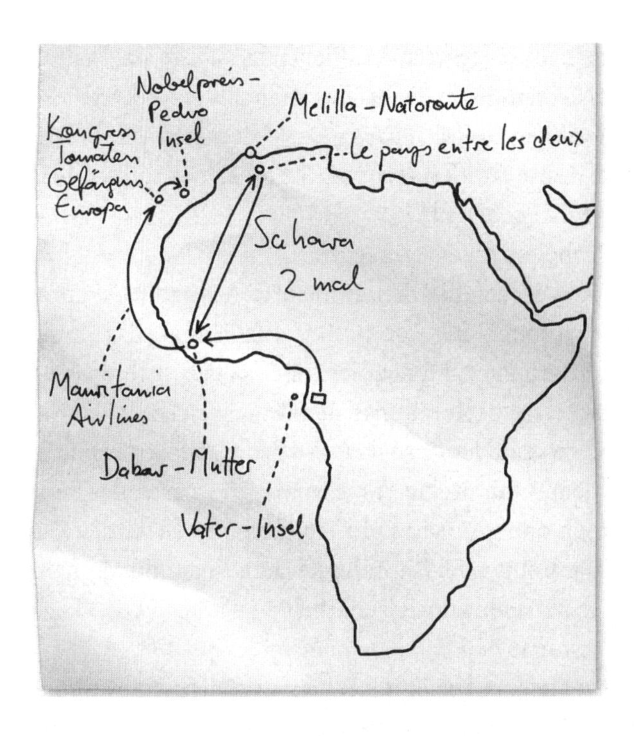
Nobelpreis-
Pedro
Insel
Melilla – Natoroute
Kongress
Tomaten
Gefängnis
Europa
Le pays entre les deux
Sahara
2 mal
Mauritania
Airlines
Dakar – Mutter
Vater – Insel

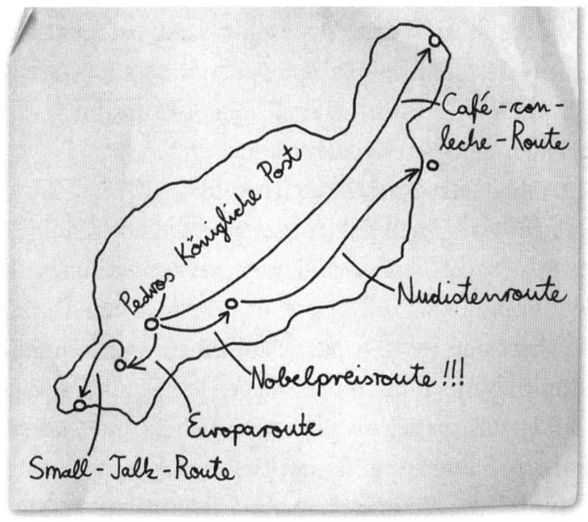
Café-con-
leche-Route
Pedros Königliche Post
Nudistenroute
Nobelpreisroute !!!
Europaroute
Small-Talk-Route

noch nicht eingezeichnet. Vielleicht gab es für diese Reise auch keinen Punkt mehr, den man auf einer Karte als Ziel einzeichnen konnte. Pedro musste an seinen Traum denken, an das auseinanderbrechende Boot, an den untergehenden Amado. Er schluckte.

»Nobelpreis-Pedro-Insel.«

Stand er da neben dem Nobelpreis? Es gab Wüstenrouten, die Natoroute, den Kongress in Las Palmas, das Land zwischen Marokko und Spanien, aber es gab auch die »Nobelpreis-Pedro-Insel«, ähnlich der »Vater-Insel«.

Pedro stand lange so da und sah auf Amados Leben.

Irgendwann drehte er sich um und wusste, dass er sich morgen ohne Angst in ein Flugzeug setzen würde. Gegen die Natoroute oder die Sahara waren Bus- und Metrostationen in Barcelona doch lächerlich!

Saramago bellte.

Ein Taxi kam die Einfahrt heraufgefahren und stoppte im Picón. Pedro ging nach draußen und sah, wie Tenaro den Fahrer bezahlte und dann ausstieg, er hatte wieder seine Aktentasche dabei. Als Erstes lief er auf das Boot im Garten zu und begutachtete es von allen Seiten. »Wahnsinn!«, rief er. »Im Hellen sieht sie noch besser aus!«

»Du fährst jetzt Taxi?«, fragte Pedro.

»Ja, weil es schnell gehen musste, wir haben einiges zu bereden!«, sagte Tenaro und ruckelte am Außenbordmotor des Bootes. »So eine Piroge kann was leisten, wenn sie nicht überladen ist. Ein paar Planken muss ich erneuern. Die Steuerspinne funktioniert, das ist ein Suzuki-Motor, bestimmt 40 PS, das sehe ich mit einem Blick. 40 PS brauchst du auch auf hoher See, das ist das Mindeste. Was machst du mit diesem verbrannten Ding da?« Er zeigte auf den alten, verrußten Sortiertisch, der am Ende des Gartens vor der Steinmauer stand.

»Auf dem Tisch wurde das Unternehmen Feuerzauber vorbereitet, schon mal gehört? Damit kam Franco von Marokko nach Spanien, den Namen hat sich Hermann Göring ausgedacht, das war der deutsche Luftwaffengeneral, so langsam kenne ich mich in Geschichte aus.«

»Unternehmen was?«

»Feuerzauber. Du hast doch gesagt, mein Großvater hätte angeblich etwas mit den Nazis zu tun gehabt. Das stimmt, da hattest du ausnahmsweise mal recht. An diesem Tisch wurden die Weichen für den Bürgerkrieg gestellt, zugunsten von Franco.«

»Ich versteh kein Wort«, sagte Tenaro.

»Mein Großvater hat 1936 an diesem Tisch gesessen, als Sekretär bei einem Deutschen, mit dem er zunächst Garnisonsküchen verkauft und später dann von überallher Flugzeugbenzin organisiert hat«, erklärte Pedro. »Damit die Flugzeuge der Deutschen betankt werden konnten. Mit den Flugzeugen haben sie dann Francos schreckliche Kämpfer in unser Land gebracht.«

Tenaro war bereits durch den Garten zum Tisch gelaufen und berührte die Oberfläche mit dem Finger.

»Ich habe irgendwo eine Zahl gefunden: 13 536 Legionäre, ich konnte mir die Zahl merken, weil sie mit 36 endet, die 36 ist die Schicksalszahl Spaniens.« Pedro stand nun ebenfalls neben dem Tisch und zeigte unter die Platte. »Da wird auch Hitler erwähnt. Meine ganze Kindheit über ging es um diesen Tisch, ich wusste aber nie, warum. Nun weiß ich es.«

Tenaro hatte schon seine Aktentasche abgelegt und war unter die Tischplatte gekrochen. Pedro stand daneben und beobachtete, wie Tenaro auf dem Rücken im Picón lag und lange das Messingschild mit der Inschrift betrachtete: »Deutsche Eiche für Johannes Bernhardt in der Fremde. Viva la Unternehmen Feuerzauber! Heil Hitler! Mit deutschem Gruß, Hermann Göring.«

»Alles okay bei dir?«, fragte Pedro.

Tenaro kroch wieder unter der Platte hervor. Er erhob sich und berührte wieder ehrfürchtig das schwarze Holz.

»Da klebt überall Blut dran«, sagte Pedro.

»Er ist leider verkohlt. Hast du ihn etwa angezündet?«, fragte Tenaro.

»Ich habe Benzin drübergegossen, ich wollte ihn zerstören, schließlich habe ich ahnungslos mein halbes Leben lang an dem Tisch gesessen! Die Post sortiert, mit Miguel Schularbeiten gemacht, ich habe sogar Liebe auf dem Tisch gemacht.«

»Pedro, vielleicht saß einmal General Franco an diesem Tisch, das wissen wir doch gar nicht, und du kippst Benzin drüber?!«

»Hast du eigentlich irgendeine Ahnung, was Franco den Menschen angetan hat? Du stehst da und glotzt den Tisch an, wie ihn wahrscheinlich die Kriegskumpane meines Großvaters angeglotzt haben!«

»Ehrlich gesagt, lieber Pedro, fehlt dir manchmal der Sinn für Sensationen. Den könnte man für ein Vermögen im Internet verkaufen! Wenn man sich mal klarmacht, was aus Spanien ohne diesen Tisch geworden wäre ...«

»Ja, ja, ich weiß schon«, unterbrach ihn Pedro. »Lass uns sofort über etwas anderes reden, wir reisen morgen nach Barcelona! Hast du die Flugtickets? Wann genau landen wir? Wir werden die Metro nehmen müssen! Weißt du, dass es unter der Erde von Barcelona drunter und drüber geht? Kriminelle, sogenannte Trickdiebe, manchmal sogar Terroristen. Und unzählige Linien, die alle kreuz und quer verlaufen, in einem Waggon sitzen mehr Menschen, als in diesem gesamten Dorf hier wohnen, ich mache mir wirklich so meine Gedanken, wie wir da durchkommen ... Wir dürfen ja keine Minute zu spät bei der Cervantes-Schule ankommen«, sagte Pedro, er lief ins Postamt und holte die Pläne von Barcelona.

Als er zurückkam, lag Tenaro wieder auf dem Rücken und fotografierte mit seinem Handy das Messingschild unter dem Tisch. Danach lief er zur Piroge und strich zärtlich über ihr Heck.

Pedro setzte sich auf die alte Gartenbank. »Jetzt gehen wir das mal alles durch! Zuerst: Wann landen wir?«

Tenaro setzte sich zu Pedro und zog feierlich drei zusammengefaltete Blätter aus seiner Aktentasche. »Heute Morgen in meinem Mailpostfach gelandet und soeben beim Inder frisch ausgedruckt! Hiermit übergebe ich dir auf der alten Bank deiner Vorfahren die Karten für den Clásico! ... Was sagst du jetzt?«

Pedro sah auf die drei Ausdrucke. FC Barcelona vs. Real Madrid, Cat 3 General Level 5, 240,00 Euros. »Das ist ja wahnsinnig teuer.«

»Die waren noch viel teurer, wir sind ja keine Vereinsmitglieder!«, unterrichtete ihn Tenaro. »Ich habe die über einen Unterhändler gekriegt, der schlägt auf die 240 auch noch mal was obendrauf! Meinst du, man bekommt einfach so Tickets für einen Clásico?«

»Sind die auch echt, die Tickets? Was hat das nun in Gottes Namen alles zusammen gekostet?«, fragte Pedro.

»Denk nicht darüber nach. Ich habe das gemacht, weil ich

dir etwas schenken wollte, etwas Größeres habe ich noch nie verschenkt. Es ist für dich und für Miguel.«

Pedro starrte auf die Tickets.

»Freust du dich gar nicht?«, fragte Tenaro. »Natürlich sind die echt!«

»Danke, Tenaro, wirklich ... Ich freue mich sehr«, sagte Pedro. »Ich habe nur ein bisschen Angst.«

»Angst? Angst wovor?« Tenaro sah ihn verständnislos an.

»Vor allem«, antwortete Pedro. »Ich kann mir das gar nicht vorstellen. Ihn morgen schon zu sehen ...«

»Ach was! Jetzt fang nicht schon wieder damit an! Denk daran, wie er sich freuen wird!«, sagte Tenaro. »Heute Abend geht Miguel ins Bett und weiß noch nichts ... Und morgen sieht er seinen Messi, nicht im Fernsehen, sondern in echt! Im Clásico!«

»Vorausgesetzt, alles klappt!« Pedro sprang von der Bank auf. »Wir müssen ihn abfangen, eine Stunde bevor Carlota kommt! Ich warte um 14 Uhr vor Haus A, da müsste er rauskommen, du stehst zur Sicherheit vor Haus D, da ist das Abhol-Kindercafé, da wird er sicher hingebracht, sollte irgendwas ausfallen!«

»Beruhige dich, setz dich wieder«, sagte Tenaro. »Alles wird gut, wir schaffen das locker, wir holen ihn einfach ab, ganz egal, ob Haus ABCD, wir finden ihn.«

»Das ist aber nicht Playa Blanca, sondern Barcelona!« Pedro setzte sich wieder. »Ich kann mir dich in Barcelona immer noch nicht vorstellen, wir müssen einen genauen Plan haben, sonst verschluckt uns das Chaos!«

»Uns verschluckt nicht das Chaos, rede nicht so einen Unsinn.« Tenaro nahm eine Dose Bier aus seiner Aktentasche und öffnete sie mit einem lauten Zischen.

»Du trinkst jetzt?«, fragte Pedro. »Wir müssen die Reise genau planen, ich weiß noch nicht mal unsere Ankunftszeit! Wir müssen nach der Landung mit dem Bus vom Flughafen bis zur Plaça Catalunya fahren! Hin scheint ja noch machbar, aber zurück aus dem Stadion wird es der Horror, da nehmen dann 100 000 Menschen die Metro!«

»Weißt du was, du solltest auch eins trinken, damit du ein bisschen runterkommst«, antwortete Tenaro und leerte ungefähr die halbe Dose, danach versuchte er, ein Rülpsen zu unterdrücken. »Ich sitze wirklich gern bei dir auf dieser Bank. Wie geht's dem Hund?«

»Gut. Nach seinem Menü legt er sich immer ins Wohnzimmer. Was ist jetzt mit den Flugtickets?«, fragte Pedro nervös.

»Schau mal auf dein Smartphone! Du hast schon seit zwei Stunden dein Ticket, ein elektronisches«, antwortete Tenaro. »Und wir müssen am Flughafen nur unsere Namen sagen.«

»Tatsächlich?«, fragte Pedro.

»Ja. ganz einfach. Miguel habe ich auf Miguel Medina Lopéz geändert. Such bitte seine Meldebescheinigung raus, das reicht bei Kindern zum Fliegen, ich habe mich erkundigt, wir überlassen nichts dem Zufall!«

»Ich habe sogar seinen Pass, den hat Carlota vergessen.«

»Genial, noch besser!« Tenaro klatschte in die Hände. »Wir starten um 7 Uhr 55. Und landen um 10 Uhr 45. Am Flughafen in Arrecife sollten wir eine Stunde vor Abflug ankommen, um 6 Uhr 55.«

Pedro atmete tief ein und langsam wieder aus, so, wie es Johanna ihm beigebracht hatte. »Weißt du, Tenaro, solche Angaben von dir beruhigen mich. Um 10 Uhr 45 also. Bis 14 Uhr sind es dann über drei Stunden, das müsste reichen.

Hast du schon etwas von Amado gehört? Und von diesem Jamal?«

»Der meldet sich. Meinst du, ich habe das nicht alles genau durchdacht? Um 5 Uhr 55 holst du mich in Playa Blanca ab. Dann haben wir eine Stunde, bis wir am Flughafen sein müssen. Gepäck brauchen wir keines, außer vielleicht eine Hundetragetasche für Saramago.«

»Bist du verrückt? Was sollen wir denn mit Saramago in Barcelona?? Hast du bei einem Fußballspiel im Fernsehen jemals einen Hund gesehen?«, fragte Pedro.

»Na gut, dann lassen wir ihn hier, sperr ihn ins Haus«, sagte Tenaro und erhob sich von der alten Gartenbank. »Dann bis morgen. Ich nehm den nächsten Bus nach PDC, ich muss noch was Besonderes holen.«

»Bis morgen«, sagte Pedro, er stand ebenfalls auf. »Ich bin um 5 Uhr 55 bei dir. Sagen wir 5 Uhr 45! Das wird ein langer Tag, wir sollten früh schlafen gehen.«

»Ich bin Fischer«, sagte Tenaro. »Ich musste immer früh raus und die Nächte waren trotzdem lang. Ich stelle mir einfach vor, dass wir morgen aufs Meer fahren und etwas fangen, was dir gehört.«

Am Abend packte Pedro für die Reise. Er holte seine beste Hose, ein dunkelblaues Hemd und die dickste Jacke aus dem Schrank, in Barcelona war es kalt. Er steckte seinen Pass ein, dazu den Kinderreisepass von Miguel und ausreichend Bargeld. Er fand Miguels alten Kindergartenrucksack und legte einen Apfel, eine Banane, die Nutella-Biskuits, die Miguel so gern mochte, und Taschentücher hinein. Er suchte im Kinderzimmer nach einer Hose und einem Pullover, die Carlota hiergelassen hatte, sowie nach Wechselstrümpfen.

Nachdem er alles gefaltet und in den Rucksack gelegt hatte, nahm er aus der Schublade im Flur noch eine rote Kindermütze. Er sah den Stein, der auf dem Tresen im Harley Rock Café gelegen hatte, als der seltsame Mann verschwunden war. Pedro berührte ihn vorsichtig, er fühlte sich normal an, eher kühl. Morgen Abend im Stadion beim Clásico, da brauchte Miguel auf jeden Fall eine Mütze, Pedro steckte sie ebenfalls in den Rucksack.

Dann bezog er Miguels Bett mit dem El-Barça-Laken, er richtete auch den Maltisch vor dem Fenster gerade aus, rückte den Kinderstuhl zurecht, lüftete das Zimmer und suchte nach dem blauen Ball, den er jedoch nicht finden konnte. Danach holte er das Videospiel mit dem Messi-Avatar und dem technischen Zubehör und legte es als Überraschung gut sichtbar mitten in den Raum.

Pedro strich noch mit der Hand über den Tisch und sah den ockerfarbenen bis rötlichen Feinstaub, der durch die Ritzen der alten Fenster gedrungen war. Er holte ein feuchtes Tuch aus der Küche und wischte den Tisch ab, danach die Türen, die Fenster, das Bett, die Spielsachen. Dann entschied er sich, noch gründlich zu saugen. Er hatte sich noch nicht um diesen neuartigen wassergekühlten Aschesauger gekümmert, den er in einer Reklame der Postwurfsendungen entdeckt hatte. Er holte den alten Staubsauger und saugte nicht nur Miguels Zimmer, sondern auch alle anderen.

Es sollte nicht staubig sein, wenn Miguel wieder nach Hause kam.

34

Der längste Tag im Leben des Pedro Fernández García

Pedro hatte das Gefühl, gar nicht geschlafen zu haben. Er stand um 4 Uhr auf und zog sich an. Er hatte alles so gut vorbereitet, dass er schon nach zehn Minuten startbereit war. Er legte sich wieder aufs Bett, weil es noch viel zu früh war, und lag eine Stunde so da, ohne zu schlafen. Dann stand er auf und zog die Tür hinter sich zu. Er setzte Saramago in die Zustellbox der Honda, daneben stellte er Miguels Rucksack. »Du darfst heute auch wieder nach Hause«, sagte er zu dem Hund, der sich sofort in der Box brav zusammenrollte und die Schnauze auf den Rucksack legte.

Pünktlich um 5 Uhr 45 hupte er vor Tenaros Wohnung.

»Ich finde meinen Pass nicht«, sagte Tenaro, er stand in Unterhose in der Tür.

»Was soll das heißen, du findest deinen Pass nicht?« Pedro starrte auf die Unterhose und die nackten Füße.

»Dass er gerade nicht da ist«, antwortete Tenaro, er gähnte und überprüfte die wackelnden Scharniere der Haustür.

Pedro schaltete den Motor aus. »Willst du jetzt etwa deine Tür reparieren?!« Er stieg von der Honda und lief an Tenaro vorbei in die Wohnung, es roch immer noch nach dem Thun, den sie an Weihnachten gegessen hatten. »Wo könnte er sein, der verdammte Pass?!«

»Ich habe ihn das letzte Mal vorzeigen müssen, als meine Mutter gestorben ist«, antwortete Tenaro und lief schulterzuckend durch die Wohnung.

»Wann war das?« Pedro brach der Schweiß aus, er durchstreifte ebenfalls die Wohnung und riss Schubladen und Schränke auf.

»Vor fünf Jahren, morgen auf den Tag ... Als man mich ins Krankenhaus gerufen hat, war es schon zu spät. Weißt du, als ich sie da so liegen sah, war sie plötzlich wieder jung. Wie ein Mädchen.«

»Aha«, sagte Pedro. »Und was ist das hier?« Er hielt ein Bündel mit Pässen in der Hand.

»Das sind nicht meine ... Erkläre ich dir später«, winkte Tenaro ab.

»Ich fass es nicht, hier stapeln sich irgendwelche Reisepässe, aber du weißt nicht, wo dein eigener ist? Du hast die hier geklaut, ich weiß das!«

»Das war eine einmalige Sache! Von dem Geld, das die wert sind, baue ich mir etwas Neues auf, das stecke ich ins Boot ... Weißt du, was eine Grundüberholung von einem Suzuki-Motor kostet?«

»Nein!«, schrie Pedro. »Ich habe jetzt auch überhaupt keine Zeit, darüber nachzudenken.« Er warf das Bündel mit den Pässen wütend auf eine Kommode. »Dieser Jamal bringt dich noch hinter Gitter, wenn du so weitermachst!«

»Jeder muss doch irgendwie über die Runden kommen! Das sind alles deutsche Pässe, das ist wie Gold, die englischen verlieren gerade an Wert.«

»Wie wär's mal mit einer Hose, du bist ja noch nicht mal angezogen? Wo hast du die Sachen von deiner Mutter hingelegt?«, fragte Pedro. »Die wichtigen Papiere? Sterbeurkunde? Was vom Krematorium oder so? Versuch, dich zu erinnern!«

»Vielleicht in ihren alten Kisten?« Tenaro kratzte sich am Kopf.

»Und wo sind die?« Pedro schaute auf die Uhr, der Hund lief nervös in der Wohnung auf und ab.

»In ihrem Zimmer. Ich war da fünf Jahre nicht mehr drin«, antwortete Tenaro. »Geh du bitte rein, ich schaff das nicht.«

Pedro riss schon die Tür auf, trat auf irgendetwas Hartes, es knackte, er fand den Lichtschalter und schoss mit dem Fuß drei tote Kakerlaken weg. Auf dem Bett stand eine Kiste, ihm kam das alles bekannt vor: diese stickig-warme Ausdünstung, als er sie öffnete, Spinnen und Silberfische wie bei seiner Vaterkiste. Obenauf lag ein Brief, ohne Umschlag, Pedro kam gar nicht umhin, die ersten Zeilen zu überfliegen.

An die Fuentes-Hure!
Glaube ja nicht, dass du mehr von meinem Mann kriegst als deinen Bastard!
Ich bin die Ehefrau von El Capitán. Wenn du uns nicht in Ruhe lässt, schick ich dich in die Hölle.
Fernanda Arrocha Morales

»Fernanda Arrocha Morales«, sprach Pedro vor sich hin. Hatte er nicht auch einen Brief von dieser Frau in seiner Vaterkiste gesehen?

»Ist alles okay?«, rief Tenaro aus dem Flur.

»Ja!«, antwortete Pedro, er beugte sich über die Kiste und fand den Pass sofort: in einer Klarsichthülle mit Sterbeurkunde, Totenschein und weiteren Dokumenten. »Ich habe ihn!«, rief er und lief aus dem Zimmer der Mutter. »Und weißt du was, du verdammter Idiot? Er ist noch zwei Tage gültig!«

»Siehst du, es läuft alles nach Plan«, sagte Tenaro, er war

abfahrbereit angezogen, in der Hand hielt er eine riesige Fahne, die Stange war ungefähr zwei Meter lang.

»Was ist das?«, fragte Pedro.

»Eine Real-Madrid-Fahne. Bist du blind?«

»Willst du die etwa mitnehmen?«

»Ja, das war die größte, die ich finden konnte! Die habe ich gestern extra aus PDC geholt. Gefällt sie dir?«, fragte Tenaro.

»Wir müssen los!«, antwortete Pedro.

Auf der gesamten Fahrt knatterte die Fahne im Wind. Bei jeder Böe brach die Honda nach links oder rechts aus, sodass Pedro gegensteuern musste, er überlegte, ob er anhalten und Tenaro die Fahne aus der Hand reißen und sie wegschmeißen sollte, schließlich konnte er kaum das Lenkrad halten und hatte ja auch noch den Pudel in der Box.

Pedro bog in Tías vorsichtig von der LZ-2 ab und fuhr direkt zum Saramago-Haus. Dort setzte er den Hund vor dem Eingangstor ab, streichelte ihm über das Fell und klingelte dreimal. Als er hinter dem Tor Schritte vernahm, sprang er auf die Honda und fuhr los.

Am Flughafen trafen sie sogar fast pünktlich ein. Sie stellten die Honda auf dem Parkdeck ab und liefen Richtung Abflughalle. Auf dem Weg stoppte Tenaro vor einer Werbung von Rent Car. Er bat Pedro, die Fahne zu halten, dann nahm er Anlauf und trat gegen die Tafel. Sie fiel um und brach auseinander.

»Hast du sie noch alle?«, fragte Pedro.

»Hast du das etwa vergessen? Die haben mich wegen dieser Scheiß-Isofixösen rausgeschmissen!«, antwortete Tenaro.

»Würdest du dich ab jetzt bitte normal verhalten? Sonst kommen wir nie in Barcelona an!«, sagte Pedro und lief schnell weiter.

Beim Sicherheitscheck lächelte die Security-Frau kalt und deutete auf die Fahne.

»Wir schauen heute Abend den Clásico, aber nicht im Fernsehen, sondern im Stadion! In Barcelona«, sagte Tenaro stolz.

»Okay, aber die Fahne muss hierbleiben. Bitte dort entsorgen«, sagte sie und zeigte auf eine blaue Tonne.

»Soll das ein Witz sein, du blöde Tröte?«, fragte Tenaro.

Pedro spürte, wie ihm wieder der Schweiß ausbrach. Er überlegte, ob es ein Fehler war, mit einem Menschen wie Tenaro auf eine so wichtige Reise zu gehen. Tenaro würde, wenn er die Sicherheitskontrolle jemals passieren sollte, wahrscheinlich als Nächstes das Flugzeug zum Absturz bringen.

»Tennisschläger, Wanderstöcke, Trekkingstöcke, Zeltstangen, Fahnenstangen – darf alles nicht mit«, herrschte sie ein Kollege der Security-Frau an. Er bedeutete ihnen, zur Seite zu treten, damit andere Passagiere durch die Kontrolle gehen konnten.

Pedro passierte schnell die Lichtschranke. Er nahm Miguels kleinen Rucksack vom Band und lief einfach, ohne sich nach Tenaro umzudrehen, in den Duty-free-Shop. Er stellte sich vor ein Regal mit Lanzarote-Weinen und schloss die Augen.

»Willst noch etwas Schönes kaufen?«, hörte er Tenaros Stimme kurz darauf neben sich. »Ich habe mich bei der Frau entschuldigt und sie ins Caracas eingeladen.« Er war eingewickelt in die Madrid-Fahne wie in einen Mantel, er hatte sie von der Metallstange abgerissen.

Sie folgten dem Strom der Menschen zum Gate und stiegen in das Flugzeug. Reihe 22. Platz E und F.

Kurz vor dem Start beugte sich Pedro zu Tenaro und schnallte ihn an. Wenige Sekunden später hob das Flugzeug ab.

Der Monte Corona tauchte im Fenster auf. Pedro sah, wie die Nudisten- und die Café-con-leche-Route unter ihnen kleiner wurden. Tenaros Augen waren auf die Kopflehne des Vordersitzes gerichtet. Der Mund war geöffnet, so als wollte er schreien. Das Flugzeug drehte nach rechts ab und Pedro sah noch ein paar schäumende Wellen auf dem Atlantik.

Er erinnerte sich an das Gespräch, das er mit Carlota geführt hatte, als sie am Vormittag aus dem Crystal Palace gekommen war, um das Nachthemd und ein paar Kleider zu holen. »Wir müssen mal zusammen Ferien machen. Miguel, du und ich.« ... »Wir könnten ein paar Tage nach Barcelona fahren, wenn wir beide irgendwann mal freihaben sollten ...« Und dann war sie irgendwann gefahren, aber ohne ihn, sie hatte ihn zurückgelassen. »Gesegnet ist der Mann, der sich auf den HERRN verlässt und dessen Zuversicht der HERR ist. Der ist wie ein Baum, am Wasser gepflanzt, der seine Wurzeln zum Bach hinstreckt«, hatte ihm der Pfarrer in der Kirche gesagt. Und als danach die Josef-Figur in Flammen aufgegangen war, hatte Pedro plötzlich sein Leben vor sich gesehen: wie er anfangs noch zur Heiligen Familie dazugehörte, wie er sich im Hintergrund von Krippe und Königen um die Windeln kümmerte, aber dann allmählich aus dem Leben von Jesus und Maria verschwand. Überhaupt wirkte Josef auf den meisten Bildern blass, alt, sorgenzerfurcht, wie ein Beiwerk, wie ein Übertölpelter, wenn er nicht gleich ganz weggelassen wurde. Und in der

Bibel, Pedro hatte das sogar gegoogelt, wurde Josef ganz selten erwähnt, im Evangelium des Johannes zweimal, bei Markus sogar nur einmal. Aber jetzt kam Josef nach Barcelona, um für seinen Platz in der Geschichte zu kämpfen. Es fühlte sich richtig an.

Nach einer Weile wurden die Triebwerke leiser, ein dumpfes Dröhnen hüllte sie gleichmäßig ein und Tenaro begann zu schnarchen.

Als das Flugzeug in Barcelona sanft aufgesetzt hatte, öffnete Pedro die Augen. Der Platz neben ihm war leer. Tenaro stand bereits mit seiner Fahne am vorderen Ausgang und musste sich, von der Stewardess zurechtgewiesen, sofort auf einen freien Platz in der ersten Reihe setzen. Pedro sah aus dem Fenster, in der Ferne schimmerte eine Bergkette.

Laut Durchsage aus dem Cockpit war es 10 Uhr 40, 14 Grad, wolkenlos. Punkt 11 Uhr liefen sie durch die Ankunftshalle. Pedro voraus, die Ausdrucke mit den Informationen zum Flughafenbus in den Händen, Tenaro folgte. Überhaupt wirkte er verändert, er sprach kaum und klebte geradezu an Pedro. Zehn Minuten später erreichten sie die Busstation, Pedro hatte das Geld bereits abgezählt und reichte es dem Busfahrer. Sie setzen sich in die erste Reihe, die Türen schlossen sich. Pedro steckte die Papiere mit den Informationen zurück in den Rucksack und holte stattdessen die City-Map mit der eingezeichneten Route zur Miguel-Cervantes-Schule heraus. Alles war bislang einfacher gelaufen als gedacht, geradezu traumwandlerisch leicht.

Eine Stunde später saßen sie auf einer Bank an der Plaça de Catalunya. Pedro hielt einen Kaffee im Pappbecher in der Hand, Tenaro eine Dose Bier, die Real-Madrid-Fahne hatte er über ihren Beinen ausgebreitet. Der Platz war voller Statuen, Tauben und Springbrunnen. Das Wasser der riesigen Fontänen fiel klatschend in die Brunnenbecken zurück. Man hörte unentwegt Hupen, ein gleichmäßiges Rauschen und das Quietschen und Zischen ankommender und abfahrender Busse. Pedro starrte auf ein Denkmal für den ersten Präsidenten der katalanischen Generalität.

»Wie ähnlich sich doch unsere Väter waren«, sagte er nach einer Weile. »Du musstest als Kind aufs Meer, um ihm nah zu sein. Ich musste zu seinen Helden in den Bürgerkrieg …«

»Ja«, sagte Tenaro, er sah den großstädtischen Frauen nach, die mit schlagenden Absätzen über den Platz eilten.

»Als ich klein war, hatte ich immer Angst, dass mein Großvater meinen Vater im Garten erschießt. Sie hätten bestimmt im Bürgerkrieg gegeneinander gekämpft. Hier auf diesem Platz.«

»Wer hat denn hier gekämpft?«, fragte Tenaro.

»Die Anarchisten gegen die Putschisten von Franco. Und die Kommunisten gegen die Anarchisten, man nannte das ›Krieg im Krieg‹. Vorher kämpften noch die Aufständischen gegen die Bourbonen, sie fielen am 11. September 1714«, antwortete Pedro. »Mein Vater hat sehr viel davon gesprochen. Ich glaube, er hätte gern in dieser Stadt gelebt. Er wollte Geschichte studieren. Und nun bin ich hier.«

Ein Luftballonverkäufer schob seinen Wagen an ihnen vorbei. Weiter hinten schossen Kinder einen Ball über den Platz. Ein riesiger Schwarm von Tauben schreckte auf und ließ sich an anderer Stelle nieder.

»Wer ist eigentlich Fernanda Arrocha Morales?«, fragte Pedro.

»Die Ehefrau meines Vaters, die Hexe, die wir neulich auf dem Balkon gesehen haben«, antwortete Tenaro.

»Komisch«, sagte Pedro, »meine Mutter hat auch Post von der bekommen.«

»Warum?«, fragte Tenaro.

»Weiß ich nicht«, antwortete Pedro.

Sie schwiegen.

Den Unterschied zwischen einem Schweigen auf Lanzarote und einem Schweigen in Barcelona müsste man mal erforschen, dachte Pedro und sah auf die Fahne.

»Weißt du was? Ich möchte dir die Fahne schenken, auch weil du schon die Stange opfern musstest. Was hat denn diese stolze Fahne gekostet?«

»28 Euro«, antwortete Tenaro.

»Gut, du bekommst später 28 Euro von mir«, sagte Pedro. »Jetzt müssen wir los, komm!«

Keine fünf Minuten später, in der Carrer Comtal, entdeckte er plötzlich den Schriftzug: BOUTIQUE-HOTEL BRUNO.

»Achtung!«, schrie Pedro und riss Tenaro hinter einen Kiosk. »Carlota ... Da ist Carlota drin!«

Vorsichtig versuchten sie in das Hotel hineinzuspähen, doch das große verglaste Entrée spiegelte nur die Straße und den Kiosk, hinter dem sie sich verbargen.

Pedro spürte sein Herz klopfen, sein Atem ging schneller. Er sah wieder Carlotas Smartphone vor sich, wie es im Krankenhaus aufgeblinkt und mit BRUNO auf dem Display dahingesummt hatte, mit verändertem Klingelzeichen, einer Melodie, während bei allen anderen Anrufern immer nervtötende Sirenen eingesetzt hatten. Er dachte an dieses grausame Foto von der Eröffnung des Hotels, das er bei Facebook gesehen hatte. Brunos große Hand auf Carlotas Arsch. Ihr Lächeln in die Kamera, das immerhin noch das Lächeln war, das er gekannt und geliebt hatte. Pedro erstarrte. Der schwarze Land Rover stand vor dem Hotel. Er war so breit, dass er die halbe Straße blockierte, als ob es Brunos private Ausfahrt wäre!

»Wollen wir seine Karre abfackeln?«, fragte Tenaro.

»Nein, so eine Scheiße, wieso steht dieses Hotel hier?«, antwortete Pedro. Er hatte sich schon gefragt, warum ihm der Straßenname auf der City-Map so bekannt vorgekommen war. »Wir müssen irgendwie an diesem Eingangsbereich vorbeikommen. Wenn uns Carlota sieht, können wir die Aktion abbrechen!«

»Dann lass uns hier rechts abbiegen, einmal um den Block laufen, dann müssten wir wieder zu dieser Straße kommen, aber weiter hinten«, sagte Tenaro, er tippte auf seinem Smartphone herum.

»Wie? Auf keinen Fall, ich bin schon jetzt ganz durcheinander!« Pedro starrte auf seine City-Map.

»Ein Mann namens Ildefons Cerdà entwarf 1855 Barcelona in quadratischen Blocks mit abgeschrägten Ecken!«, verkündete Tenaro,

»Ich habe jetzt wirklich keine Nerven dafür!«

»Das habe ich gelesen. So ein Zeugs kann ich mir einfach merken, ich weiß auch nicht, warum.«

»Sind wir in der Carrer Comtal oder in der Carrer del Rec Comtal? Oder könnte es sein, dass ich eine alte City-Map habe?« Pedro schaute sich nach Straßenschildern um. »Wenn nicht da vorn die Plaça de Lluis Millet kommt, werde ich wahnsinnig!«

Tenaro schüttelte die riesige Real-Madrid-Fahne aus und

hielt sie Pedro und sich über den Kopf. »Simsalabim. Da siehst du mal, für was die alles gut ist, jetzt sind wir unsichtbar, ich gehe vor ... Los!«

Pedro sah auf Tenaros Füße und machte kleine Trippelschritte, um ihm nicht in die Hacken zu laufen. Aus der Nähe hörte er Pfiffe und Grölen, vielleicht war es auch nicht die beste Idee, unter einer Fahne der Galaktischen durch Barcelona zu laufen. »Siehst du überhaupt was?«, rief Pedro.

»Nein, ich folge dem Straßenverlauf!«, rief Tenaro zurück.

Als Pedro plötzlich die riesigen Räder des Land Rovers direkt neben sich sah, hielt er es nicht mehr aus. Wie er sich hier an diesem verdammten Boutique-Hotel und diesem widerlichen Land Rover vorbeischleichen musste! Wie ein Gespenst, wie ein Clown, nur weil er zu seinem Sohn wollte! Er überlegte, ob er gegen den Land Rover treten und den Rückspiegel abbrechen oder besser mit Tenaro den großen Standaschenbecher vor dem Bruno-Hotel heranschleppen sollte, um damit die Windschutzscheibe einzuschlagen. Er hob für einen Moment den Stoff der Fahne hoch und sah direkt auf das Entrée des Bruno-Hotels. Zuerst erblickte er sich selbst und die Madrid-Fahne in der Spiegelung, dann nahm er Bewegungen hinter der Glasfront wahr.

Auf einmal fuhren die automatischen Türen auf – und Carlota stand da.

Es war wie damals, in der Bar Stop: diese Frau auf der anderen Straßenseite, diese Erscheinung, das offene dunkle Haar, die Strähnen in ihrem Gesicht, dieser Mund, die spitze Nase, ihre Bewegungen, ihr geschäftiger Blick, diese Carlota-Lust, in einer Welt zu sein, die ständig von ihr organisiert werden musste. Auch jetzt stand sie da, als ob sofort irgendwas Dringendes zu tun wäre, nur das Paket an den sogenannten Stierkämpfer fehlte. Kein rotes Kleid wie damals, stattdessen ein blaues Rezeptionskostüm, wie im Crystal. Und kein langes dunkles Haar, das im Wind wehte, weil sich kein Lüftchen in dieser Gasse regte. Sie zog ihr Handy aus der Tasche und schaute darauf. Pedro sah die zusammengekniffenen Augenbrauen, die wieder auf Kopfweh hindeuteten, er wäre am liebsten unter der Fahne hervorgesprungen, um ihr auf der Stelle ein Aspirin zu bringen.

Sie überquerten die Plaça de Lluis Millet und standen kurz darauf vor der Miguel-Cervantes-Schule.

Pedro schaute auf die Uhr. Es war 13 Uhr 08, sie waren fast eine Stunde zu früh.

Sie liefen durch das Tor und betraten den Pausenhof. Das Haus A, ein vierstöckiges Gebäude aus roten Backsteinen, in dem sich aller Wahrscheinlichkeit nach Miguel befand, lag direkt vor ihnen. Gleich daneben Haus B, Neubau, eine Mehrzweckhalle, in der die Aktivitäten stattfanden. Pedro überprüfte noch einmal den Lageplan. Tenaro war schon über den Hof gelaufen, vorbei an den Tischtennisplatten, den Trampolinen, Wippen und dem kleinen Basketballfeld, er verschwand hinter Haus C.

Pedro setzte sich auf eine Schaukel. In seinem Kopf tobte es: Carlota, wie sie dagestanden hatte, in dieser engen Gasse, in dieser Carrer Comtal oder Calle del Rec Comtal, in diesem Wirrwarr aus fremden Namen und Gassen, ohne die Weite und das Meer vor dem Fenster, ohne Passatwind aus Nordost oder Calima mit ockerfarbenem Wüstenstaub, ohne die Vulkane und die wilde, raue, glühende Schönheit ihrer Insel. Und vor allem ohne riesige Tui-Gruppen, ohne

Großverwaltung, Reisebusse vom Airport und Stornierungshöllen, nur mit diesem langweiligen, beschissenen Boutique-Hotel, sie gehörte hier nicht her!

Und, ja, ich liebe sie immer noch, dachte Pedro. Aber wenn sie in die Schule kommt und Miguel ist weg – das wird sie mir nie verzeihen …

Ihm kam plötzlich Quini in den Kopf, er hatte seinen Entführern bei der Gerichtsverhandlung verziehen, offenbar waren sie ihm sympathisch gewesen. Drei Handwerker, die keine Arbeit mehr hatten und die das wenige, das sie sich noch zu essen kaufen konnten, Quini gaben. Sie hatten eigentlich einen deutschen Spieler vom FC Barcelona entführen wollen, der doppelt so viel verdiente wie die spanischen Spieler, aber sich dann doch für Quini entschieden, weil sie ihn bewunderten, weil sie ihn liebten, den »Zauberer«, und weil er Spanisch sprach und sie ihm erzählen konnten, wie das ist, wenn man nichts mehr im Leben hat. Nein, das waren keine schlechten Menschen, das stellte sogar das Gericht fest. Irgendwie beruhigte Pedro der Gedanke. »Wer bin ich, über andere zu urteilen?«, hatte Quini immer wieder gefragt. Und wie könnte jemand ihn, Pedro, verurteilen, einen Mann, der lediglich seinen Sohn sehen und wieder bei sich haben wollte, auch wenn es nicht sein leiblicher Sohn war? Wer würde einem Vater die Vaterschaft in Abrede stellen, der vom ersten Tag, von der ersten Stunde und vom ersten Augenblick an da gewesen war? Ja, Tenaro hatte recht: »Wir fahren aufs Meer und fangen etwas, was dir gehört …« Pedro kam ein Kapitel aus dem Titanic-Buch in den Sinn, das er Miguel nie vorgelesen hatte: Ein Schneidermeister aus Nizza, von seiner jungen Frau wegen eines Grafen verlassen, entführt die beiden Söhne, er will nach

Amerika, mit der Titanic. Als sie sinkt, setzt er die Söhne in eines der letzten Rettungsboote und sagt dem älteren Sohn, dass er die Mutter immer noch liebe. Und dass er gehofft habe, sie würde ihnen nach Amerika folgen. Das war er, dachte Pedro, dieser Schneidermeister aus Nizza war er!

Er hatte gar nicht gemerkt, dass er zu schaukeln begonnen hatte. Er stoppte und sah auf die Uhr. Es war jetzt 13 Uhr 41. Er lief quer über den Pausenhof, um zu sehen, wo Tenaro geblieben war. In der Mitte des Hofes drehte er sich um, weil er das Schlagen einer Tür gehört hatte. In Haus A und B rührte sich nichts, der Unterricht war noch nicht zu Ende, es war ganz still. Nur die Schaukel, auf der er eben gesessen hatte, schwang noch aus.

Tenaro saß im Kindercafé in Haus D und trank Bier.

»Du kannst doch hier nicht trinken!«, sagte Pedro. »Wie viele Dosen hast du denn gekauft?«

»Was soll ich sonst machen? Dir beim Schaukeln zusehen?«, fragte Tenaro. »Ich habe dir dreimal zugerufen, dass ich dieses Café hier gefunden habe und es überwachen werde, aber du warst ja nicht ansprechbar.«

»Und war hier irgendjemand?«, fragte Pedro.

»Niemand. Hier ist nicht mal eine Bedienung«, antwortete Tenaro.

Pedro atmete tief durch.

»Ich habe das Gefühl, dass die Galaktischen heute gewinnen!«, sagte Tenaro und leerte seine Dose. »Hast du noch deine Tickets? Meins habe ich in die Unterhose gesteckt, habe ich dir noch gar nicht erzählt. Sicher ist sicher. Was glaubst du, wie es ausgeht? Ich tippe 2:0! Wir haben noch nicht getippt!«

Pedro sah auf die Uhr. Es war 13 Uhr 52. »Du bleibst hier!«, sagte er und rannte nach draußen.

Als er um die Ecke von Haus D gebogen war, hatte er wieder den gesamten Schulhof im Blick. In der Ferne sah er ein Kind auf der Schaukel.

Es war Miguel.

*

Sie liefen zu Fuß Richtung Plaça d'Espanya. Tenaro vorneweg, in einer Hand die Fahne, in der anderen sein Smartphone, auf dem er die Karten-App geöffnet hatte. Es machte ihm sichtlich Freude, Pedro und Miguel durch die Stadt zu lenken wie durch ein stürmisches Meer. Der Junge trug eine schwarz-rote Schuluniform und darüber eine dicke Daunenjacke, die ihm noch etwas zu groß war und die Pedro noch nie an ihm gesehen hatte.

Pedro hielt Miguels kleine Hand fest umklammert, als wollte er sie nie wieder loslassen. Sein altes Leben auf der Insel mit Miguel, die Mittagessen in der Bar Stop, den blauen Ball vor dem Kirchentor, die ungetrübte, unverletzte Kindheit, die er selbst nicht gehabt hatte und Miguel immer hatte schenken wollen – das alles hielt er damit fest.

»Papa!«, hatte Miguel auf dem Schulhof geschrien, er war mit einem Satz von der Schaukel gesprungen, und Pedro war auf die Knie gegangen, um seinen Sohn zu umarmen. Er hatte still geweint. Es kam ihm so unwirklich vor, vielleicht waren es auch die bauschigen Daunen von Miguels Jacke, Pedro spürte einen Abstand, einen Zwischenraum und etwas Körperloses in der Umarmung, so als umarmte er einen Traum. Miguel sprach dabei vom Schnee, der hier gestern noch gelegen habe. Er fragte nach Mira aus der Schule in Yaiza. Er sagte, dass der Schnee nur ein paar Stunden da gewesen und dann wieder verschwunden sei. Er erzählte vom Messi-Avatar, den er zu Weihnachten bekommen habe. Vom Land Rover, mit dem er und Mama gegen eine Laterne gefahren seien. Miguel redete drauflos, als wollte er all die Zeit und die Sehnsucht, die Pedro durchlitten hatte, mit ein paar Sätzen für immer vergessen machen. Und Pedro verriet noch nichts. Er wollte Miguels große Freude und das Staunen, dass er zu ihm nach Barcelona gekommen war, erst noch auskosten. Um dann später, am besten direkt vor dem Stadion von Camp Nou, mit der nächsten großen Überraschung aufzuwarten und die Eintrittskarten aus dem Rucksack zu ziehen.

Auf der Plaça d'Espanya setzte Pedro den Jungen auf die Mauer eines Brunnens und zog ihm die Hose und den Baumwollpullover über die Schuluniform, damit Miguel am Abend im Stadion nicht frieren würde.

»Warum ist das hier so voll?«, fragte Tenaro.

Sie waren plötzlich umringt von Menschen, die sangen, auf Absperrungen herumtrommelten, mit Pfeifen trillerten, einige kletterten auf Laternen und Denkmäler. Überall gelb-rot gestreifte Fahnen mit weißem Stern auf blauem Untergrund. Wo waren sie da hineingeraten, gehörte das etwa zum Clásico? Ein Hubschrauber kreiste über dem Platz, Flaschen gingen zu Bruch.

»Ich will ein Eis«, sagte Miguel.

»Wie bitte?«, rief Pedro.

»Ich will Eis!«, schrie Miguel.

»Ich weiß jetzt gerade gar nicht, wo es hier Eis gibt!«, schrie Pedro zurück, er nahm aus dem kleinen Rucksack die Nutella-Biskuits und hielt sie ihm hin.

»Ich will aber schon die ganze Zeit ein Eis!«

»Aber du mochtest Nutella-Biskuits doch immer so gern?«

Miguel verschränkte die Arme und zog eine Grimasse, die Pedro noch nicht kannte. Er hob das Kinn und blähte die Nasenlöcher.

»Er will ein Eis!«, rief Pedro Tenaro zu, doch der war umringt von einigen Männern und hörte ihn nicht.

Es ging alles ganz schnell. Tenaros Fahne ging in Flammen auf. Die Männer wichen zurück, klatschten und jubelten. Tenaro stand einen Moment da und sah zu, wie seine Fahne sich erst zusammenzog und dann von den Flammen verzehrt wurde. Er streckte den Kopf vor wie ein Stier und rammte ihn einem der Männer in die Brust, der auf den Asphalt stürzte und liegen blieb. Zwei Polizisten packten Tenaro, schlugen ihn mit Stöcken und rissen ihn mit sich.

Miguel klammerte sich an Pedro.

Am Himmel tauchten zwei weitere Hubschrauber auf. Pedro schulterte den kleinen Rucksack, nahm Miguel auf den Arm und folgte den Polizisten, die Tenaro abführten. Sein Handy vibrierte. Immer wieder rutschte ihm Miguel durch die Arme, sodass er stehen bleiben und nachfassen musste, er kämpfte sich im Zickzack durch die Menschenmenge und hatte Mühe, die Polizisten und Tenaro nicht aus den Augen zu verlieren. Wieder vibrierte das Handy. Er griff mit einer Hand in die Hosentasche: CARLOTA, stand auf dem Display. Pedro schnappte nach Luft, sein Herz raste. Sie hatte vier Monate nicht mehr angerufen, genau vier Monate und drei Tage hatte sie nicht mehr auf ihren verdammten DER-PAKETMANN-Kontakt gedrückt – aber jetzt! Vermutlich waren schon alle alarmiert, die Schulleitung, die Polizei, die Fernseh- und Radioanstalten, Carlota war schnell.

Als er den Rand des Platzes erreicht hatte, standen sie vor dem Polizeigebäude der Mossos d'Esquadra mit der Hausnummer 1.

»Entschuldigen Sie ...«, sagte Pedro außer Atem, er setzte Miguel ab. »Entschuldigen Sie! Mein Freund wurde angegriffen! ... Man hat sein Eigentum verbrannt!«

Einer der Polizisten packte Pedro am Oberarm und riss ihn mit sich zum Eingang. Von allen Seiten strömten Menschen auf sie zu. Einige schrien die Polizisten an, andere warfen Feuerwerkskörper auf das Gebäude und rannten mit Steinen und Flaschen weiter.

Pedro hörte von irgendwoher Miguels Weinen.

»Stopp!«, schrie Pedro. »Stopp, lassen Sie mich los! ... Was ist mit meinem Sohn?! Ich habe nichts getan!«

»Sie haben demonstriert«, sagte der Polizist, der ihn festhielt, er war sehr jung.

»No parles amb ell!«, wies ihn der ältere Kollege an. »Aquells malparits!«

Pedro verstand kein Wort.

Der ältere Polizist schubste Tenaro durch den Eingang des Polizeigebäudes. Eine Gruppe von Polizisten mit Schlagstöcken, Pistolen und Gewehren schob sich an ihnen vorbei.

»Wir haben nicht demonstriert! Wir wissen ja nicht einmal, worum es geht!«, rief Pedro. »Verstehen Sie mich? Wir kommen von der Insel Lanzarote. Er ist Fischer, ich bin Postbote! Wogegen sollen wir demonstrieren?«

»Dieses Schwein hat meine Madrid-Fahne verbrannt!«, schrie Tenaro.

»Wo ist meine Mama? Ich will nach Hause!«, schrie Miguel, er war ihnen hinterhergelaufen. Tränen rollten ihm über das Gesicht.

Der junge Polizist sah den älteren fragend an.

In Pedros Hosentasche vibrierte es abermals. Ich muss Carlota eine SMS senden, dachte er. Dass Miguel bei mir ist. Dass sie sich keine Sorgen machen muss. Dass alles gut ist. »Hör mal, Miguel«, rief er ihm zu, er wurde immer noch festgehalten, »ich wollte es dir erst sagen, wenn wir da sind, als Überraschung ... Wir sehen heute Abend den Clásico! In Wirklichkeit, im Stadion! Wir haben Tickets! Du musst nicht mehr weinen, Miguel ...«

»Sie haben Tickets?«, fragte der ältere Polizist plötzlich auf Spanisch.

»Ja!«, antwortete Pedro. »Wissen Sie, er liebt Messi, nicht wahr, Miguel?« Er kramte im Rucksack herum, er war so nervös, dass ihm die Nutella-Biskuits und die ganzen Barcelona-Pläne, City-Maps und Metrokarten-Ausdrucke herausfielen, bis er endlich die zwei Seiten mit den Eintrittskarten fand und dem Polizisten entgegenstreckte.

Der Polizist ließ Tenaro los und nahm Pedro die Karten aus der Hand. Er betrachtete sie genau und verglich die beiden Ticket-Codes.

»Das sind E-Tickets, die sind echt, du schwuler Schwanz!«, sagte Tenaro.

»Was glauben Sie, wie es ausgeht? Wir haben noch gar nicht getippt ...«, sagte Pedro, er war entsetzt darüber, wie Tenaro mit dem Polizisten sprach, schämte sich aber auch vor Miguel für seine eigene Unterwürfigkeit.

»Also ...«, sagte der ältere Polizist und gab dem jüngeren ein Zeichen wegzutreten.

»Bé, ho faré«, antwortete dieser und ließ Pedro los, er zog sich die Uniform zurecht und lief zurück in Richtung des Platzes.

»Ihren Ausweis!« Der ältere Polizist sah Pedro an.

»Bitte.« Pedro zitterte, als er ihm seinen Pass überreichte. »Der ist vor Kurzem verlängert worden.«

»Sie haben Glück«, sagte der Polizist, nachdem er alles notiert hatte. Er faltete eines der E-Tickets vorsichtig zusammen, um nicht den Code zu knicken, steckte es in seine Brusttasche und gab Pedro das verbliebene Ticket zurück. »Kommen Sie bloß nicht auf die Idee, sich das Ticket noch einmal auszudrucken. Sollte ich nicht ins Stadion kommen, gebe ich diese Personalien gerne weiter. Kennen Sie die Anwendung des nationalen Sicherheitsgesetzes?« Er lächelte und schwenkte das Papier mit Pedros Personalien hin und her. Dann folgte er seinem Kollegen auf die Plaça d'Espanya.

*

Pedro starrte auf die Speisekarte von Tapas24. Er hatte überhaupt keinen Hunger, bestellte nur einen Tee und sah auf das Stadion Camp Nou. Nun musste er sich Miguels Staunen vorstellen: den Augenblick, in dem Messi auf den Rasen läuft und Miguel ihn das erste Mal leibhaftig sieht; wie er aufspringt; wie er ihm winkt, so als würden sie sich schon kennen; wie er sich gar nicht mehr hinsetzen will und winkt und winkt. Und wie er ihn, Pedro, am Arm zieht und ihm wieder und wieder erzählt, dass da unten Messi läuft, in Wirklichkeit …

Aber neben Miguel saß nun Tenaro. Und vermutlich dieser Polizist, falls der die Eintrittskarte nicht für ein Vermögen verkauft hatte. Tenaro hatte natürlich vorgeschlagen, das Ticket trotzdem noch einmal irgendwo auszudrucken oder auf dem Smartphone vorzuzeigen, auf jeden Fall den

Code vor dem Polizisten am Stadioneingang einzulösen, aber was wäre dann passiert? Der Polizist hatte Pedros Personalien, er hatte Tenaro geschlagen, mit der Anwendung des nationalen Sicherheitsgesetzes gedroht, und was immer das war, mit der Mossos d'Esquadra war nicht zu spaßen! Pedro hatte sich auch nicht getraut, Tenaro zu fragen, ob er vielleicht Miguel ins Stadion begleiten dürfte. Tenaro hätte seine Karte nie freiwillig abgetreten, da hätte Pedro ihn schon bewusstlos schlagen müssen.

Sie hatten sich vor dem Restaurant verabschiedet. Genau hier, gegenüber vom Stadion, wollten sie sich wiedertreffen, gleich nach dem Spiel. »Tapas24!«, hatte Pedro gesagt und auf das Schild gezeigt. Und wenn sie sich hier verfehlen würden, dann an der Metrostation Collblanc, am Haupteingang. »Viel zu kompliziert!«, hatte Tenaro entgegnet, entweder bei Tapas24 oder gleich am Flughafen, am Meeting Point, dafür sei der schließlich da. Pedro hatte Tenaro auf die Schulter geklopft und ihn gebeten, gut auf Miguel aufzupassen, sich ruhig zu verhalten, trotz Real Madrid, trotz Clásico, trotz dieses Polizisten. »Stell dein Handy auf laut«, hatte er noch gesagt. Und Miguel hatte all seine vorherigen Tränen und Fragen nach seiner Mama vergessen, er war so aufgeregt und zappelig gewesen, dass er auch allein in das Stadion gerannt wäre.

»Sag Messi, dass er spielt, als würde er im Schuss die Welt anhalten«, hatte ihm Pedro noch hinterhergerufen.

Der Tee kam. Er nahm sein Smartphone in die Hand. Es hatte noch ein paarmal vibriert, jetzt war es ruhig. Er würde nun Carlota eine SMS schicken. Er zögerte. Was sollte er schreiben? Dass Miguel bei ihm sei? Aber gerade allein, mit einem Freund, im Camp Nou, weil ihnen leider das dritte

Ticket bei einer Festnahme abgenommen worden sei? Dass er mit Miguel danach zum Flughafen fahren würde, um ihn zurück nach Lanzarote, in die Heimat, zu bringen? Er tunkte den Teebeutel in die Tasse und deckte sie mit der Untertasse ab, vielleicht blieb der Tee warm, bis er den Wortlaut für die SMS gefunden hatte. Andererseits: Hatte Carlota ihm in den letzten Monaten geschrieben, wie es Miguel ging? Hatte es irgendein kleines Zeichen von Carlota gegeben? Nein, sogar seine Briefe und Geschenke waren zurückgekommen! Er musste wieder an die Buchstaben auf den Umschlägen und Paketen denken, die ausgesehen hatten, als hätte Carlota sie mit einem Dolch geschrieben. Er legte das Handy auf den Tisch und befühlte die Teetasse.

Die Barça-Hymne ertönte. Er sah aus dem Fenster auf das Stadion. Wie riesig es war. Eine Welt, in die Miguel nun ohne ihn eingetaucht war. Ganz Lanzarote passt da hinein, dachte er, und wie unfassbar klein fühlte er sich selbst mit dieser winzigen Tasse Tee.

Das Spiel musste mittlerweile begonnen haben. Pedro hörte das Geschrei, es schwoll an, brach kurz darauf ab, setzte wieder ein und schwoll erneut an. Er rief auf Tenaros Handy an, um Miguels hellauf begeisterte Stimme zu hören, doch es kam kein Freizeichen. Er versuchte es mehrmals, nichts, nur Rauschen. Er stand auf, ging zur Bar und fragte, ob es einen Fernseher gebe, auf dem er das Spiel sehen könne. »Nein, Pay-TV«, sagte ihm der Kellner. Pedro lief zurück an seinen Tisch, warf einen Würfel Zucker in die Tasse und beobachtete, wie er sich langsam auflöste. Er war schon wieder Josef, dachte er. Schon der Pfarrer zu Hause in Yaiza hatte Josef an den Rand gestellt, sogar der Ochse und der Esel waren der Krippe näher gewesen als er. Genauso war es. Er hockte hier bei Tapas24, während dieser Ochse von Tenaro mit seinem Sohn im Camp Nou beim Clásico war.

Er starrte auf Miguels alten Kindergartenrucksack. Mein Gott, er hatte die Mütze vergessen! Pedro riss sie heraus und lief nach draußen. Je näher er dem Stadion kam, umso leiser wurde es, bis das Geschrei gänzlich verstummte. Er schaute im Laufen auf die Uhr und blieb stehen. 17 Minuten, 17 Minuten waren gespielt! Jetzt, nach 17 Minuten und 14 Sekunden wurde wie in jedem Spiel die riesige Unabhängigkeitsfahne ausgebreitet, vielleicht sogar über Miguels Kopf hinweg. Pedro sah seinen Vater vor sich. Wie sie beide vor dem Fernseher sitzen und den Zauberer Quini spielen sehen. Und wie dann sein Vater aufsteht, von den Aufständischen spricht, die alle geköpft worden sind, und nach 17 Minuten und 14 Sekunden das Gerät ausschaltet, um Strom zu sparen.

Die Mütze!

Es war merklich kühler geworden. Pedro ging noch ein paar Schritte auf das Stadion zu, dann blieb er wieder stehen. Wie sollte er überhaupt da reinkommen? Sollte er sagen, er wolle seinem Sohn nur die Mütze bringen? Vermutlich war es einfacher, zum Mond zu fliegen, als seinem Sohn eine Mütze ins Camp Nou hinterherzutragen. Und vielleicht hatte er immer viel zu sehr versucht, Miguel alles recht zu machen, ihm nie genug abverlangt, wenigstens die Schuhe hätte er ihn selbst zubinden lassen sollen, aber er hatte jedes Mal auf den Knien gelegen, es hatte ihn zu sehr berührt, seinen Sohn mit den Schnürsenkeln kämpfen zu sehen.

Er drehte sich um und lief zurück. Nach einigen Metern plötzlich ein Donnern und Tosen hinter ihm. Es war wie eine

Welle, die mit gewaltigem Rauschen näher kam und jeden Moment über ihm zusammenbrechen würde. Pedro rannte schneller. Er dachte an die Wellen, die er auf Lanzarote im Rückspiegel seiner Honda gesehen hatte. (Er wusste jetzt, dass es die Angst gewesen war, die er im Rückspiegel gesehen hatte.) Pedro drehte sich um und breitete die Arme aus, als wollte er die Welle umarmen oder über sich zusammenbrechen lassen. So stand er eine Weile da, mit geschlossenen Augen.

Wie er später vom Kellner erfuhr, hatte Messi ein Tor geschossen.

*

Pedro konnte sich nicht mehr bewegen. Die Metro ab Collblanc war so voll, dass er den Bier- und Tabakatem der Menschen riechen konnte. Er umklammerte mit beiden Händen sein Smartphone. Er spürte, wie sich die Körper der anderen an ihn drückten, als die Metro in die nächste Station fuhr. Er versuchte, einen Blick nach draußen zu werfen, um zu sehen, welche es war, aber er sah nichts. *Nach dem Spiel bis Station Collblanc laufen. Dann mit der L5 (die blaue Linie!) nach Sants Estació. Weiter mit dem Bus zum Flughafen, Ankunft Terminal 2. Danach weiter zum Terminal 1.* Aber würde Tenaro mit Miguel dort jemals ankommen? Wieso waren sie nicht zu ihm ins Tapas24 gekommen? Was war da Schreckliches geschehen?

Er hatte Tenaro immer und immer wieder angerufen, es hatte nicht mehr gerauscht, die Mailbox war gleich angesprungen, und Pedro hatte aufpassen müssen, nicht versehentlich einen der unzähligen Anrufe Carlotas entgegenzunehmen. Es war ihm vorgekommen, als hörte er bei jedem Anruf Carlotas panische Schreie.

Nach dem Spiel hatte er zwei ganze Stunden gewartet. Bei Tapas24! Vor der Eingangstür, er war auch ein Stück Richtung Stadion gelaufen. Einmal musste er wegen des Tees auf die Toilette und pinkelte so panisch schnell, dass die Blase immer noch halb voll war, als er wieder nach draußen stürmte und jeden Winkel des Restaurants absuchte. Er stellte sich draußen vor die Tür und schrie ein paarmal den Namen seines Sohnes, aber das ging im Gebrüll von Hunderttausenden unter.

Nie hätte er Miguel allein lassen dürfen! Er hatte ihn verloren. Oder Tenaro hatte Miguel verloren. Vielleicht war er wieder in irgendwas hineingeraten, hatte sich aufgeregt und alles um sich herum vergessen, wegen der Niederlage oder des Sieges. (Pedro wusste nicht einmal, wie das Spiel ausgegangen war, es war ihm scheißegal.) Vielleicht war Tenaro wieder abgeführt worden. Und Miguel irrte noch immer allein unter all diesen Menschen herum, zu Tode verängstigt, in diesem irrsinnigen Gewimmel und Gedränge. Pedros Handy vibrierte! Nicht Tenaro, wieder Carlota!

Pedro kämpfte sich an der Station Sants Estació aus der Metro.

Als er schließlich am Flughafen ankam, traute er seinen Augen nicht. Hinter einer Säule mit der Aufschrift »Meeting Point«, am Tresen einer Snackbar, auf einem roten Barhocker saß Miguel, er aß ein Eis und ließ die Beine baumeln. Der Kellner nahm gerade Tenaros Handy entgegen und schloss das Ladekabel an die Steckdose an.

»Miguel!?« Pedro rannte los ... »Miguel!«

Miguel begann sofort zu weinen, als er Pedro sah.

»Miguel, es tut mir so leid! ... Ich habe so lange auf euch gewartet! ...« Er trat aus Versehen einen der Barhocker um, bevor er seinen Sohn endlich in die Arme schloss.

Der Junge zitterte.

»Was war denn los, verdammt noch mal?«, schrie Pedro und starrte Tenaro, der den Ladevorgang seines Handys überprüfte, feindselig an. »Bist du total verrückt?! Warum bist du nicht zum Treffpunkt gekommen!? Tapas24!? Hast du überhaupt eine Ahnung, was ich ...«

»Ich war da!«, unterbrach ihn Tenaro aufgebracht. »Wo warst *du*? Weißt du, wie lange das dauert, aus dieser Hexenküche rauszukommen?! Lieber schmore ich in der Hölle, als so was noch mal zu erleben! Und dann komm ich in diesen Tapas-Laden rein und kein Pedro, nichts! Meeting Point, habe ich zu Miguel gesagt, dein Papa wartet am Meeting Point! Und dann kommen wir hier an und du bist wieder nicht da! Erklär das mal deinem Sohn! Er hat von Tapas24 bis eben geweint, Gott sei Dank hatte ich noch Geld für ein Eis!«

»Warum hast du nicht angerufen?!« Pedro war außer sich.

»Weil der Akku leer war! Ich habe Videos von diesem beschissenen Spiel gemacht, damit du auch was davon hast!«

»Wo ist Mama?«, fragte Miguel, seine Augen waren winzig und rot vor Müdigkeit.

Pedro streichelte ihm über den Kopf. »Wie habt ihr es geschafft, so schnell herzukommen?«, fragte er und versuchte, versöhnlicher zu klingen.

»Mit dem Taxi! Ich wollte, dass es schnell geht. Jetzt bin ich wieder pleite.«

»Wo ist Mama?«, wiederholte Miguel.

»Ich hoffe, du hast Kleingeld.« Tenaro bestellte ein Bier.

»Wir rufen Mama an und dann holt sie dich«, sagte Pedro und sank auf einen der Barhocker.

Miguel wischte sich die Tränen vom Gesicht und leckte am Eis. Tenaro hatte sein Bier bekommen und starrte Pedro an. Einen Moment lang war es still.

»Was glotzt du mich so an?«, fragte Pedro.

»Ich wusste es«, antwortete Tenaro. »Schon von dem Augenblick an, als du den Hund zurückgebracht hast, wusste ich es …«

»Es ist besser für ihn«, sagte Pedro und bestellte ebenfalls ein Bier. Miguel lief das Eis am Kinn herunter. Tenaro leerte sein Bier in einem Zug.

Sie schwiegen.

»Dann geh ich jetzt mal in Ruhe pissen, das will ich nämlich schon seit fünf Stunden«, sagte Tenaro schließlich. Er griff in seine Jacke, nahm eine der Servietten aus dem Caracas und hielt sie Miguel hin. »Hier, du Kleckergesicht.« Dann hob er den Barhocker auf, den Pedro umgeschmissen hatte, und lief durch die Abflughalle.

»Musst du auch Pipi?«, fragte Pedro.

»Nein«, antwortete Miguel.

»Wie ist das Spiel ausgegangen?«, fragte Pedro. »Wer hat gewonnen? El Barça, wetten?«

»Fünf zu null«, antwortete Miguel.

»Fünf zu null??«

»Ja«, antwortete Miguel.

»Hatte Real Madrid keinen Torwart??«, fragte Pedro.

»Doch«, sagte Miguel und schmierte sich mit der Serviette das Eis übers Gesicht.

»Saß der Polizist neben euch?«

»Weiß ich nicht.«

Pedro überlegte, was er als Nächstes fragen könnte. Dann atmete er tief ein und zog sein Telefon aus der Tasche. »Wir rufen jetzt Mama an.«

Es klingelte nur einmal, dann war Carlota dran. Sie sagte: »Ja?« Ihre Stimme klang schwach.

»Carlota, er ist bei mir … Miguel …« Er wusste nicht, wie er den Satz zu Ende bringen sollte. Pedro hörte ein Rauschen in der Leitung, es klang wie das Meer zu Hause. »Bist du erleichtert?«, fragte er.

»Wo ist er?«, fragte sie. Pedro hörte ihr an, wie sehr sich Carlota zu beherrschen versuchte.

Miguel sprang plötzlich auf und lief mit dem Eis und der Serviette los, mitten durch die Halle.

»Miguel … Miguel!«, rief Pedro und rannte hinterher, das Handy am Ohr.

»Geht es ihm gut? Was ist los? Wo seid ihr genau?«, fragte Carlota.

»In der Abflughalle, Terminal 1«, antwortete Pedro außer Atem, er sah, wie Miguel einem Tross von Menschen folgte.

»Ich komme«, sagte sie. »Ich fahre sofort los. Wenn ich vor der Abflughalle stehe, rufe ich dich an. Dann kommt ihr sofort raus.«

Pedro stoppte vor einer Vielzahl an Türen, er hatte nicht gesehen, hinter welcher die Gruppe und Miguel verschwunden waren.

»Hast du mich verstanden, Pedro?«, fragte sie.

»Ja«, antwortete er. »Es geht ihm gut. Du kannst dir Zeit lassen. Mein Flug geht erst in ein paar Stunden.«

Carlota legte auf.

Wie idiotisch das von ihm war, dachte Pedro. Carlota hatte bis eben diese grauenvolle Angst gehabt, dass Miguel etwas zugestoßen sein könnte. Es war wirklich idiotisch, ihr zu sagen, sie könne sich Zeit lassen. Er überlegte, ob er sie noch einmal anrufen sollte, um ihr zu sagen, dass sie natürlich so schnell kommen könne, wie sie wolle.

Plötzlich stand Miguel wieder vor ihm.

»Wo warst du? Was soll das?«, schrie ihn Pedro an.

In Miguels Augen leuchtete etwas, was er noch nie zuvor gesehen hatte.

»Was ist denn nun schon wieder passiert?«

Miguel hielt ihm die Serviette aus dem Caracas hin.

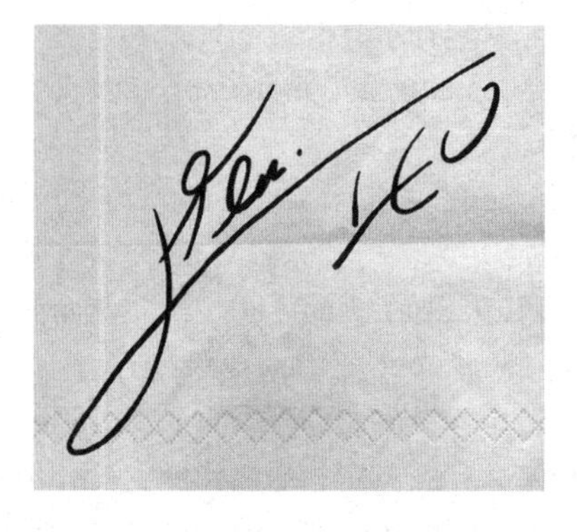

»Was ist das?«, fragte Pedro, er starrte auf die Serviette.

»MESSI! Das hat er geschrieben! Das heißt LIONEL MESSI, Messi war da vorne, ich habe auch mit ihm gesprochen, mit Messi, ich habe ihm etwas gesagt!«, rief Miguel, er war außer sich, die Wörter überschlugen sich und er hüpfte von einem Bein auf das andere.

»Messi??«, fragte Pedro ungläubig. »Das gibt's ja gar nicht! Messi?! Da vorne?!«

Miguel nickte heftig und hielt die Serviette wie eine Trophäe über den Kopf, als sie zurückliefen.

»Schön, dass du einfach wieder verschwindest und mein Handy hier so allein liegen lässt«, sagte Tenaro, als sie die Snackbar am Meeting Point erreichten, er saß schon vor einem neuen Bier.

»Er hat Messi gesehen!«, sagte Pedro. »Er hat auch mit ihm gesprochen!«

»Ja, klar«, sagte Tenaro. »Und ich habe eben mit Gott auf der Toilette um die Wette gepisst.« Er trank das Bier in einem Zug leer, wie immer.

Pedros Handy klingelte.

»Ich stehe in zwölf Minuten mit dem Auto vor der Abflughalle«, sagte Carlota. Pedro hörte den Motor, die Bestimmtheit in ihrer Stimme, er ahnte, mit welcher Geschwindigkeit sie unterwegs war.

»Mach dir keine Sorgen, wir sind hier«, sagte Pedro. »Carlota? Ich möchte noch etwas sagen.«

»Mach«, antwortete sie.

»Es tut mir leid.«

Sie legte auf.

Pedro drehte sich langsam zu Miguel um. Er nahm ihn an der Hand und zog ihn ein Stück mit sich, zu einem anderen Tisch, der ein paar Meter entfernt stand. Er überlegte, worüber er in den letzten Minuten mit ihm sprechen sollte. Miguel setzte sich auf seinen Schoß, er hielt die Serviette mit beiden Händen fest und sah glückselig auf die Unterschrift. Ungewöhnlich schwungvoll, dieses L von Lionel, dachte Pedro. Ganz anders als das L in Lava, das er Miguel beigebracht hatte. Und wie Messi das so schnell hinbekommen hatte, umringt von seinen Leuten, mit diesen ganzen Schnörkeln? Oben an der Serviette klebten noch Spuren vom Eis, nicht einmal das schien ihn gestört zu haben.

»Das hat er mit Herz für dich geschrieben«, sagte Pedro, er zog Miguel noch näher zu sich heran und vergrub das Gesicht in seinen Haaren. Vielleicht konnte er wenigstens den Geruch seines Sohnes mitnehmen.

Sie saßen eine Weile so da.

»Warum hast du geweint, als wir auf der Bank in Fuerteventura gesessen haben?«, fragte Miguel.

»Aber es war Nacht, du hast doch geschlafen?«

»Ich bin aufgewacht und habe gemerkt, dass du geweint hast. Warum?«

»Weil ich Sehnsucht nach jemandem hatte«, antwortete Pedro.

Miguel drehte sich um und sah ihm in die Augen.

»Also, was du alles erlebst ... Ich kann es immer noch nicht glauben«, sagte Pedro leise.

»War Mama so wütend auf dich, weil ich im Krankenhaus gelogen habe?«, fragte Miguel.

Pedro sah ihn erstaunt an. Das Handy klingelte.

»Deine Mutter ist da!«, sagte er und setzte seinen Sohn auf den Boden. »Komm, wir laufen zu ihr.«

Durch das Glas der Türen sah Pedro schon den Land Rover. Carlota stieg gerade aus.

Miguel lief ihr entgegen, mit seinem Messi-Autogramm, seiner dicken Daunenjacke über der viel zu kurzen Hose aus alten Tagen.

Pedro blieb stehen. Er wollte nicht weinen. »Was hast du Messi denn gesagt?«, rief er ihm hinterher.

»Dass er im Schuss die Welt anhält«, rief Miguel mit seiner hellen Stimme über die Schulter zurück.

Als Carlota ihn in die Arme geschlossen hatte, half sie ihm auf die Rückbank. Bruno stand hinter ihr. Er hielt die Hand schützend über Carlotas Kopf, als sie sich zu Miguel ins Auto setzte.

Dann das Zuschlagen der Türen, erst hinten, dann vorne. Einen Moment stand der Wagen noch da, als würde sich Miguel in seinem Sitz umdrehen und noch einmal winken wollen, doch Pedro konnte ihn durch die dunklen Scheiben nicht sehen.

Den kleinen Kinderrucksack hielt er immer noch in den Händen.

FÜNFTER TEIL

35

Von der Freundschaft

Das Postaufkommen war in den letzten Wochen etwas größer geworden. Die Strom- und Wasserwerke verschickten die Jahresabrechnungen, die Banken ihre Zinsbescheinigungen. Pedro saß auf der Honda, die er von Grund auf hatte überholen lassen, und fuhr seine Routen ab, mit neuen Dämpfern und neuer Antriebswelle. Oft machte er Umwege, nahm winzige Pfade und einmal endete er er in Mala in einer Sackgasse, was ihm noch nie passiert war. Er saß länger als sonst in Órzola am Hafen, trank Café con leche, drehte an seinem Weltempfänger herum oder sendete bei lovewake.com Nachrichten nach Hongkong oder in andere Teile der Welt. Er brachte Johanna wie gewohnt Mahnungen nach Charco del Palo, die sie mit einem Lächeln entgegennahm, sie hatte ihr Leben doch nicht geändert. Manchmal, wenn er alles ausgetragen und nicht einmal mehr Postwurfsendungen in der Zustellbox hatte, parkte er seine Honda am Rand der Straße nach Timanfaya und lief in die Vulkanlandschaft. Er setzte sich auf einen dieser riesigen Steinblöcke und las *Die Stadt der Blinden* weiter, während José Saramago im Sterben lag, das wusste er von Francisco. Ab und zu fuhren Reisebusse mit Touristen vorbei, die hinter den Fenstern auf ihn zeigten. Es war bestimmt ein seltsamer Anblick: ein Postbote in staatlicher Uniform, der mit einem Buch in der Vulkanlandschaft saß. Aber immerhin sahen sie mal etwas anderes, dachte Pedro, etwas vom Leben auf dieser Insel, auch wenn es nur ein lesender Postbote war. Meistens waren die Touristen blind für die Insel. Sie aßen in riesigen Sälen Unmengen von Speisen, sie tranken in unzähligen auf dem Hotelgelände verteilten Bars, sie atmeten durch Klimaanlagen gefilterte Luft, sie trugen alle die gleichen Bänder am Handgelenk, die gleichen Bademäntel, lagen auf den gleichen Handtüchern, schwammen in Pools, obwohl sich draußen der Atlantik befand, und fuhren in riesigen Bussen mit getönten Scheiben nach Timanfaya und nach der Vorführung einer Flamme, die aus einem Vulkan herausgeleitet wurde, gleich wieder zurück in ihre künstliche Hotelwelt.

Von Miguel und Carlota hatte er seit seinem Rückflug vor zwei Monaten nichts gehört.

Tenaro verbrachte die Vormittage in Pedros Garten und arbeitete an der Piroge. Das Holz hatte in der Sonne ein paar Risse bekommen, die er mit Hingabe und einer Harzmasse zuspachtelte, um sie anschließend überzulackieren. Einige Planken, die gebrochen waren, hatte er sich in Mácher von einem Tischler reparieren lassen und sie dann wieder auf die Spanten genagelt.

An einem Morgen regnete es so stark, dass sich Pedro und Tenaro in die Küche flüchteten und den Toubakaffee tranken, bis es sich wieder aufhellte. Tenaro fuhr mit Pedros Honda nach Playa Blanca, um neue Harzmasse und Öl für den Außenbordmotor zu besorgen. Doch dann begann es wieder so heftig zu stürmen, dass er anrief und Pedro mitteilte, er habe die Honda mit in seine Wohnung genommen, damit sie nicht weggeschwemmt werde von all dem Wasser, das die Straßen auf der Insel in reißende Ströme verwandelte. Auf Gran Canaria wurden Teile der Bucht von Telde ins Meer gespült. In Las Palmas fiel ein Kran auf die Universität. In Santa Cruz und Tacoronte auf Teneriffa flogen Autos und Balkone durch die Luft. Pedro lief ins Kinderzimmer, wo das Fenster offen stand, die Verpackungen vom Videospiel, von der Playstation und der DVD auf dem Tisch waren schon ganz durchgeweicht. Er schloss das Fenster und sah, dass das Gartenhaus wackelte, erst ein paar Dachplatten wegbrachen, davonflogen und schließlich die Wände zusammenfielen. Eimer, Harken, Besen wirbelten herum. Die Benzinkanister schlitterten über den Picón. Seine alte Matratze flog über die Mauer in die Lavafelder, bis er sie nicht mehr sah. Die Vaterkiste, die Amado neben das Gartenhaus gestellt und die Pedro mit der Zeit vergessen hatte, hatte sich in einem Kaktus verfangen und drohte davongestürmt zu werden. Pedro stürzte aus dem Haus, löste sie von den Stacheln und kämpfte sich mit der Kiste durch den Sturm zurück. Nur die Feldküche und der Bürgerkriegstisch standen noch im Garten und rührten sich nicht, der prasselnde Regen schien den Tisch sogar vom Ruß zu befreien, die alte Farbe schimmerte wieder hervor. Pedro war es, als hörte er den Tisch höhnisch lachen, doch bestimmt war es nur der unbändige, schreckliche Wind.

Im Haus trocknete Pedro die Kiste ab, er nahm die alte Vulkankarte und die Briefumschläge heraus, die feucht geworden waren, und verteilte sie im Wohnzimmer, damit sie nicht aneinanderklebten. Er überlegte, einige zu öffnen, wollte aber die Ruhe der Toten nicht stören, stattdessen holte er aus der kleinen Schachtel den Schlüssel für das Postfach Nr. 5, lief damit ins Büro und erschrak, als er es öffnete. Er fand im Postfach seine eigene Geburtsurkunde,

Pedro Fernández García, 13. Mai 1968 in Arrecife, nur den Vater hatte man vergessen einzutragen. Dann fönte er die alten Briefe und fand noch einen weiteren, der an die Frau in Femés adressiert war, er dachte wieder an diesen Luís und daran, dass es Menschen gab, die noch viel trauriger waren als er. *Vergiss mich nicht, mir brennt die Seele, wenn ich daran denke, dass die Männer in unserem Dorf an dir vorbeigehen und sich was denken könnten. Wenn ich bete, legt der Franzose seine Hand auf meine Schulter und sagt, dass wir alle aus einem Zufall hervorgegangen sind. Und dass sich so etwas wie diese Welt im weiten Universum nie wiederholen wird.*

Pedro kniete neben den Briefen und sah auf den Schrank, in dem das Gewehr eingeschlossen war. Der schlimmste Schmerz, Carlota und Miguel verloren zu haben, war schon ein bisschen vorüber, sagte er sich.

*

Nach vier Tagen ließ der Sturm nach und Pedro konnte wieder vor das Haus treten. Tenaro stand schon da, er hatte das Motorrad direkt neben der Piroge abgestellt und strich über den Bug.

»Das Gartenhaus ist weg«, bemerkte er.

»Ja«, sagte Pedro. »Nur dieser Feldkochherd ist stehen geblieben, das ist eine deutsche Gulaschkanone.«

Tenaro lief um die Piroge herum und schien ihn gar nicht gehört zu haben. »Die Natur ist ein Wunder. Das Holz hat so viel Wasser aufgesogen, dass sich die letzten Risse von selbst geschlossen haben.«

»Und wie geht es meiner Honda?«, fragte Pedro.

»Hat alles gut überstanden, im Gegensatz zu diesem Motor, da wartet noch viel Arbeit auf mich ... Vielleicht habe ich ein neues Projekt.« Tenaro lächelte verschmitzt.

»Oh«, sagte Pedro. »Drogenhandel und Menschenschlepperei?«

»Als ich beim Sturm nicht wusste, was ich machen sollte, habe ich mich endlich getraut, ins Zimmer meiner Mutter zu gehen. Vielleicht auch, weil du den ersten Schritt gemacht hast«, sagte Tenaro. »Und als ich mir die Fotos angeschaut habe, die dort rumlagen, fiel es mir plötzlich wieder ein. Meine Mutter ist doch die Tochter von Fuentes, meinem Großvater. Und der Bruder von dem war auch Fischer. Er wanderte nach Kuba aus und lernte da eines Tages jemanden kennen, den er vor einem tropischen Sturm rettete und dem er zum Aufwärmen Rum gab. Und der hat dann später das berühmteste Buch der Welt geschrieben. Weißt du, wie es heißt?«

»Nein«, antwortete Pedro. »Die Bibel?«

»Nein, falsch. Es heißt *Der alte Mann im Meer*. Und die Vorlage für den Mann war der Bruder meines Großvaters! Er hieß Gregorio Fuentes, geboren in Arrecife, am Charco de San Ginés, du weißt doch, wo das ist, oder? Er hat schon im Alter von vier Jahren als Fischer gearbeitet. Sein Vater hieß Pedro, wie du, er hat ihm die Kanonen im Hafen von Arrecife gezeigt. Wie möchtest du dem König dienen? Auf See oder zu Land?, hat er seinen Sohn gefragt. Ich nehme die See!, sagte Gregorio ... So begann es. Seine Augen hatten die Farben des Meeres. Das weiß ich alles von meiner Mutter.«

»Das Buch heißt, glaube ich, *Der alte Mann und das Meer* und nicht *Der alte Mann im Meer*«, sagte Pedro.

»Das ist doch fast dasselbe!«

»Nein, ist es nicht. Bei deinem Titel ist der alte Mann im Meer, im Wasser, da denkt man gleich an Seenot. Bei dem anderen Titel geht es um einen alten Mann und das Meer, das ist etwas anderes«, erklärte Pedro. »Wie soll man deinen Geschichten glauben, wenn bei dir nicht mal so was stimmt?«

»Der Rest stimmt aber!«, sagte Tenaro.

»Und das Buch hat Hemingway geschrieben, der hat sich erschossen«, fügte Pedro noch hinzu.

»Vorher hat er sich aber noch mit meiner Familie angefreundet. Hemingway machte nämlich Gregorio Fuentes zum Kapitän seines Bootes, es hieß Pilar. Hemingway war eigentlich Fischer, er war meistens auf der Jagd nach schwarzen und blauen Marlinen. Das richtige Ködern hat er von Gregorio gelernt, zum Beispiel, dass man Nadelfische im Ganzen auf den Haken stecken muss. Hemingway hat ihm dafür beigebracht, was Freundschaft ist.« Tenaro sah Pedro erwartungsvoll an.

»Und? ... Was ist Freundschaft?«, fragte Pedro.

»Zwei Freunde sind wie zwei Geschichten, die sich zu einer verbinden«, antwortete Tenaro. »Meine Mutter hat mir immer von Gregorio erzählt, aber damals habe ich mich noch nicht für solche Geschichten interessiert. Die beiden haben das Schiff im Weltkrieg auch mit Peilgeräten und Handgranaten beladen, um in karibischen Gewässern deutsche U-Boote zu jagen.«

»Ach, Tenaro ...« Pedro setzte sich auf die alte Gartenbank, die sich mit Wasser vollgesogen hatte und jetzt roch wie das Meer. »Du hättest Dichter werden sollen.«

»Meinst du? Ich habe gerade eine fantastische Idee!« Tenaro schritt aufgekratzt durch den Garten. »Wir machen hier einen Jardín de la Historia! ... Weißt du, was ich meine? Ich habe doch mal im Jardín de Cactus gearbeitet, Scheißjob. Was sind denn die ganzen sinnlosen Kakteen gegen das wichtigste Möbelstück in der spanischen Geschichte, das wir hier genau in die Mitte deines Gartens stellen? Daneben das Fischerboot von Gregorio Fuentes, dem Vorbild für *Der alte Mann und das Meer?* So ein Jardín de la Historia wäre eine Sensation, und jetzt haben wir auch noch so eine deutsche Gulaschbombe! Die Geschichte von meinem Verwandten wurde auch verfilmt, weißt du das? Sogar mehrmals! Einmal mit Spencer Tracy und einmal mit Anthony Quinn! Meinst du, ich wüsste so etwas, wenn das nicht alles stimmen würde? Ich bin ein Fan von Anthony Quinn! Wir könnten die Filme hier immer abwechselnd zeigen, du magst doch Kino? Bestimmt gibt es auch Filme über die Operation Feuerzauber mit Franco und Hitler, die zeigen wir ebenfalls, ich baue eine Leinwand auf und gleich daneben stehen der berühmte Tisch und das berühmte Boot! ... Schade, dass wir den Hund nicht mehr haben, sonst würde dazwischen auch noch der Originalhund von Saramago herumlaufen.«

»Das ist aber nicht das Boot von deinem Verwandten«, sagte Pedro, »das ist vermutlich ein Boot von Flüchtlingen, die es nicht geschafft haben. Das müsste man eigentlich wieder zurückgeben.«

»Ja, aber wem denn? ... Wenn wir es im Wasser gelassen hätten, dann hätte die Guardia Civil Kleinholz daraus gemacht! Du weißt doch, was hier mit solchen Booten geschieht, hinter dem Fußballplatz ist ein ganzer Friedhof voller zertrümmerter Boote, sie wollen die hier nicht sehen. Außerdem hast du immer gesagt, wir müssen wieder ein Boot für mich finden! Ich werde es noch anmalen. Was hältst du von Blau, Césarblau?«, fragte Tenaro und setzte sich zu Pedro auf die Bank.

»Schön«, seufzte Pedro. »Césarblau … welches Blau auch sonst.«

»Stell dir mal vor, ich könnte doch überall Tafeln aufstellen mit Bildern von Fischen, die es nicht mehr gibt? Die nicht mehr existieren, weil man unser Meer verkauft hat! Der rote Thun … der Blauflossen-Thun, der Atlantische Lachs! Ich zeige auch den Dornhai und Engelhai, die Streifenbarbe, die Rote Fleckbrasse … Mein Verwandter ist über 100 Jahre alt geworden und hat den Rest seines Lebens in Havanna 50 Dollar pro Stunde genommen und dann von den Fischen erzählt, die er mit diesem Hemingway gefangen hat. Er war der alte Mann und das Meer.«

»Du solltest das Buch vielleicht erst mal lesen«, sagte Pedro. »Ich wette, du hast noch keine Zeile davon gelesen.«

»Na und? Meinst du, mein Verwandter hat es gelesen? Warum soll er es lesen, wenn er selbst die Vorlage ist? Ich mag deine Bemerkungen nicht. Wenn ich mich für etwas begeistere, würgst du mich immer ab. Ich glaube, dass es meine Aufgabe ist, von den Fischen des Meeres zu erzählen, die es nun nicht mehr gibt … Und davon, wie wir Fischer kämpfen, um zu überleben, ohne unser Meer von früher. Natürlich haben wir unseren Fang immer ein paar Zentimeter größer geredet, so sind wir eben. Wir tun das, um unserer Begeisterung Ausdruck zu verleihen, deshalb. Und wir wundern uns über Leute wie dich, die uns mit Maßbändern überprüfen und uns den Stolz nehmen.« Tenaro stand von der Bank auf und reichte Pedro die Hand. »Bis morgen. Ich hole Motoröl, ich nehme den Bus.«

»Entschuldige bitte ... Ich habe das nicht so gemeint«, sagte Pedro.

»Immer streiten wir uns auf dieser Bank«, sagte Tenaro.

»Ja, die alte Bank ... Ich werde sie zerstören, genauso wie den Tisch da, der muss endlich weg«, sagte Pedro, er stand ebenfalls auf. »Kannst du mir dabei helfen? Mit Victor? Ich will mit dem Tisch zum Famara-Kliff. Du kennst doch den Weg bis zur Kapelle? Da fahren auch oft Militärfahrzeuge hoch zur Radarkuppel.«

»Ich würde den Tisch verkaufen!«, schlug Tenaro vor. »Du kannst doch beweisen, was das für ein berühmter Tisch ist. In Las Palmas gibt es noch das Hotel Madrid, in dem hat Franco die letzte Nacht verbracht, bevor der Bürgerkrieg ...«

»Ich weiß das alles, tausendmal gehört!«, unterbrach ihn Pedro.

»Das Hotel läuft aber wie geschmiert. Soll ich den Tisch für dich verkaufen, im Internet?«, fragte Tenaro.

»Nein!«, antwortete Pedro. »Schluss damit, ich werfe ihn von den Klippen!«

»Du bist verrückt ...«, sagte Tenaro, er sah eine Weile wehmütig auf den Tisch, dann lief er über den Picón zur Straße. »Hast du etwas von deinem Sohn gehört? War in Barcelona auch Sturm?«, fragte er noch.

»Weiß ich nicht«, sagte Pedro und ging ins Haus.

36

Tenaro fährt auf das Meer, Pedro mit dem Bürgerkriegstisch auf das Famara-Kliff

Es dämmerte schon, als Victor ein paar Tage später mit dem Lkw rückwärts in die Einfahrt fuhr. Tenaro saß neben ihm in der Fahrerkabine und winkte Pedro zu. Sie wollten die Piroge aufladen und an die Nordostküste fahren.

»Am liebsten würde ich mitkommen, so schön ist das Boot«, sagte Pedro, als sie es zu dritt auf die Ladefläche geschoben und mit Seilen befestigt hatten. Wie würdevoll die frisch lackierte Piroge auf Victors altem Fisch-Lkw aussah, dachte Pedro. Das matt glänzende Blau. Der sich stolz aufrichtende Bug, der sie bald über mächtige Wellen heben würde. Man roch schon das Meer, das Salz, die Sonne und den Wind.

»Das nächste Mal kommst du mit«, sagte Tenaro und sprang auf den Beifahrersitz.

Der Picón knirschte leise, als sie langsam abfuhren. Tenaro lehnte sich aus dem Fenster und winkte noch einmal. Pedro stand eine Weile vor dem Haus und stellte sich vor, wie nun die Piroge, die sogar in der Dämmerung geleuchtet hatte, durch die schwarze Vulkanlandschaft fuhr.

Die Tage zuvor hatte sich Tenaro noch um den Außenbordmotor gekümmert, Benzin und Motoröl ausgetauscht, neue Filter und Zündkerzen eingesetzt und Kühlwasser nachgegossen. Ausprobieren könne er den Motor nur im Wasser, sonst würde er sich überhitzen, hatte er gesagt. Er manipulierte auch den Tachostand der Honda, wie er es auf Fuerteventura versprochen hatte. Irgendwie schaffte er es, ihn 10 000 Kilometer vorzudrehen, was Pedro begeisterte, aber es war zu viel, das würde dem Postministerium auffallen, außerdem bräuchte er ja auch die Benzinbelege dafür. Also drehte Tenaro den Tacho wieder 5000 Kilometer zurück, das waren umgerechnet immer noch fast 50 Café-con-leche-Routen.

Dann sprach er von dem Anlegeplatz, den er für sein Boot gefunden habe, und vom Radar, der diesen Küstenabschnitt nicht erfasse. Pedro fragte nach, warum er denn den Radar fürchten müsse mit seinem neuen Fischerboot. Da erzählte Tenaro von Lizenzen, die bei ihm längst abgelaufen seien, von Gebühren und nervigen Formularen, die er als ehemaliger Fischer der kanarischen Thunfischflotte nie im Leben bezahlen und ausfüllen würde, das verbiete der Stolz. Und dass man so eine Piroge ja wohl auch schlecht beim örtlichen Sekretariat für Fischerei anmelden könne, ohne gleich von der Küstenwache verhört zu werden. Er sprach von seiner Vorfreude auf das Meer, von dem Gefühl von früher, als er in der Nacht rausgefahren sei, hinaus auf den Nordatlantik und in den Kanarenstrom. Er werde Fisch mitbringen, keinen roten Thun natürlich, aber etwas anderes, vielleicht Brassen, Barsche. Und er werde Pedro ein Foto vom Meer über Atlantis schicken.

»Versprochen?«, hatte Pedro noch gefragt. »Brassen, Atlantis und das Gefühl von früher und nichts anderes?«

»Versprochen«, hatte Tenaro gesagt.

*

Am nächsten Morgen kam Victor wieder mit dem Lkw.

»Sind 20 Euro okay?«, fragte Pedro.

»Okay«, antwortete Victor, er lief bereits durch den Garten zum Tisch.

»Ging alles gut mit Tenaro und dem Boot?«, fragte Pedro.

»Ja, schon losgefahren«, antwortete Victor.

Viel wusste Pedro nicht über ihn, nur, dass er früher die riesigen Kühlboxen mit den Thunfischen auf seinen Lkw geladen und zum Flughafen gefahren hatte. Er war schon etwas älter, hatte aber immer noch kräftige Oberarme und einen vollen Bart.

»Tenaro sagte, der Tisch muss bis nach Famara aufs Kliff. Kommt der in die Kapelle, oder was?«, fragte er.

»Fast. Er wird hinter der Kapelle entsorgt«, antwortete Pedro.

»Wir können ihn auch zum Sperrmüll bringen«, schlug Victor vor.

»Das geht nicht.«

»Den kann man abschleifen. Ich nehm den.« Victor rieb mit der flachen Hand über die Oberfläche.

»Tut mir leid, das geht auch nicht. Du kannst dir als Geschenk etwas anderes aussuchen. Wie wäre es mit der Gartenbank dahinten? Die ist antik.«

»Und was ist das da?« Victor zeigte auf den Feldkochherd mit dem kleinen Anhänger.

»Das ist eine Garnisonsküche der Firma Herbert Wilmer aus Deutschland. Wir haben Blocklavabomben, die Deutschen haben Gulaschkanonen«, sagte Pedro. »Kannst du auch haben.«

Victor machte sich zuerst an den Tisch. Er drehte ihn um und schob ihn über den Picón bis zum Lkw. Pedro starrte auf die breite Furche, die sich nun quer durch den Garten zog. Victor lehnte den Tisch an die Ladefläche und hievte ihn ächzend hinauf. Dann lud er die Gartenbank ein, nahm die Kessel vom Feldküchen-Anhänger und stellte sie auf den Lkw, den Anhänger würde er später abholen.

Pedro atmtete auf.

»Wäre es möglich, auch noch meine Honda mitzunehmen?«, fragte Pedro. »Dann musst du mich nicht zurückbringen.«

»Das geht. 25 Euro extra«, antwortete Victor, packte die Honda an der Lenkstange und am Gepäckträger und hob sie, als würde sie nichts wiegen, auf die Ladefläche. »Mir ist das auf dem Kliff nicht geheuer. Viel zu hoch«, sagte er und sicherte alles mit Seilen.

Pedro stellte noch die Kiste mit den Anzügen von dem Deutschen, die sein Großvater getragen hatte, dazu.

Auf der Fahrt sprachen sie kaum. Pedro spürte Victors dicke Oberarme bei jeder Lenkbewegung in der Seite. Auf seinen Knien lag die Expresssendung für Carlos Gonzalo Rosso. Es waren Pralinen, wie Francisco vermutet hatte, Pedro hatte sie aufgemacht. Nie im Leben würde er sie diesem korrupten Bürgermeister zustellen, es war auch nicht mehr Weihnachten und für eine Expresssendung sowieso heillos zu spät.

Victor hörte Radio Atlantis.

»Lief denn der Außenbordmotor vom Boot gut?«, fragte Pedro.

»Wie geschmiert«, antwortete Victor.

»Hast du früher die großen Thunfische auch immer alleine auf den Lkw geladen?«

»Ja«, antwortete Victor.

»Waren die nicht zu schwer?«, fragte Pedro als Nächstes. »Ich stelle sie mir riesig vor, weil Tenaro gesagt hat, dass man sich mit dem Geld, das die Japaner dafür zahlten, ein Auto kaufen konnte.«

Victor lächelte.

Nach ein paar Kilometern, sie waren in der Nähe von Teguise, stellte Pedro noch eine Frage, da es unangenehm war, so eng nebeneinanderzusitzen, ohne etwas zu sagen.

»Ich habe von dem schrecklichen Weißspitzenhai gehört, den El Capitán gefangen hat. Hattest du den auch auf diesem Lkw?«

»Ja, klar«, antwortete Victor. »Ich hatte auch mal El Capitán mit deiner Mutter hintendrauf.«

»Wieso?«, fragte Pedro irritiert. »Mit dem Hai?«

»Nein ... Nur so zum Spaß. Lange, lange her.«

Kurz hinter dem Windpark bogen sie in den Weg, der hoch zur Kapelle auf dem Famara-Kliff führte. Pedro war in den letzten Jahren nur einmal dort oben gewesen, mit Johanna. Sie hatte sich vor den Abgrund gestellt und die Arme ausgebreitet, er war bei der Kapelle geblieben, er hatte befürchtet, der starke Wind könnte ihn über die Abbruchkante wehen.

Der Weg war jetzt asphaltiert, viele der Selbstmörder waren mit dem Auto gekommen, um an der Kapelle vorbei immer weiterzufahren. Einer hatte noch mehrmals vor dem Abgrund gebremst, Pedro wusste das von Hilario, der hier in der Gemeinde Haría die Post austrug und alle Geschichten kannte. Drei Bremsspuren waren zu sehen gewesen. Dieser winzige Augenblick, in dem sich alles entschied, Pedro kannte ihn.

Victor parkte neben der weiß strahlenden Kapelle, links und rechts unendliche Weite.

»Wenn du noch ein kleines Stück weiterfahren könntest, ginge das?«, fragte Pedro vorsichtig.

»Wie weit denn? Dahinten geht's 600 Meter runter«, sagte Victor und startete den Lkw wieder. Er fuhr über das Plateau und hielt circa 20 Meter vor dem Abgrund. Sie stiegen aus. Der Wind, der aus südwestlicher Richtung kam, war so stark, dass Pedro die Tür kaum aufbekam. Victor zog sich die Kapuze über den Kopf und machte sich schnell ans Ausladen. Pedro setzte seine Mütze auf und knöpfte sich die Jacke zu, Knopf für Knopf.

Der Tisch und die Kiste standen plötzlich vor ihm. Die Honda schob Victor zur Kirche und stellte sie in den Windschatten der Zisterne. Dann kam er zurück und streckte die Hand aus. Er sah nicht aus wie jemand, der noch Fragen stellen wollte. Ein Selbstmörder würde sich wahrscheinlich auch nicht so sorgfältig die Jacke zuknöpfen und einen Tisch mitbringen, dachte Pedro und überreichte ihm die Geldscheine, die im Wind flatterten.

Als der Lkw hinter der Kapelle verschwunden war, sah Pedro sich um. Auf der einen Seite, ganz unten, lag der Strand von Famara, dahinter die Vulkanlandschaft. Auf der anderen Seite La Graciosa und der Nordatlantik. Bestimmt konnte man bei klarer Sicht auch die Küste Marokkos erkennen. Er überlegte, Tenaro anzurufen. Die Pralinenschachtel legte er auf den Boden und beschwerte sie mit einem Stein, damit sie vom Wind nicht fortgetragen wurde.

Plötzlich stieß ihn etwas von hinten an. Die Kiste mit den Anzügen, die der Wind schon halb herausgerissen hatte, war ihm erst gegen die Beine geprallt und fegte nun davon. Pedro sah, wie sich die Anzüge des Deutschen aus der Kiste lösten und immer höher und höher in die Luft und über den Atlantik flogen.

Pedro zog jetzt am Tisch, er zerrte ihn über die Steine und Büschel des Plateaus, immer näher an die Abbruchkante heran. Kurz davor hielt er inne. Der Wind machte ihm Angst. Er wechselte auf die andere Seite, damit er nicht mit dem Rücken zum Abgrund stand, und stemmte sich gegen den Tisch, es war sehr mühsam, nur langsam kam er voran. Er knöpfte sich die Jacke wieder auf, ihm war plötzlich heiß. Dann trat er ein paar Schritte zurück und betrachtete sein Werk.

Der Bürgerkriegstisch stand genau vor dem Abgrund.

Pedro sah noch einmal nach den Anzügen über dem Meer, sie waren verschwunden. Er blickte nach Süden bis zum Atalaya-Vulkan, über dem ihm in der Nacht auf der Hafenbank das Gesicht seines Vaters erschienen war. Der Vater, der seine ganze Kindheit lang diesen Tisch hatte polieren müssen. Pedro dachte an seinen Großvater, den »Sekretär«, der das Büro des Deutschen in Marokko aufgelöst und den Tisch mitgenommen hatte, an dem er vorher noch dafür gesorgt hatte, dass die Söldner Francos mit Flugzeugen nach Spanien gelangt waren. Dass der Krieg hatte beginnen können. Und was für eine Besessenheit, so einen Tisch auch noch übers Meer bis nach Hause zu bringen, sogar die Anzüge von diesem Bernhardt hatte er hier auf der Insel getragen! Pedro dachte an diesen Luís im Gefangenenlager mit seinen Sehnsuchtsbriefen, in denen er nicht mehr an Gott, sondern nur noch an den Zufall hatte glauben wollen. Pedro dachte an die Sätze, die sein Vater über die Menschen gesagt hatte, deren verstümmelte Körper und vereinzelte Schuhe am Strand angespült worden waren, auch noch, als der Bürgerkrieg schon längst vorüber gewesen war. Und er dachte an Amado, der ihm erklärt hatte, dass man die Gleichgültigkeit besiegen müsse und dass sie die gefährlichste Form der Rohheit sei.

Er legte die Pralinenschachtel auf den Tisch. Er stellte sich vor, es würden nun auch zahlreiche politische Vertreter der Insel mit ihm am Abgrund stehen, auch die gleichgültigen, sie alle müssten sich das mit ansehen: Bürgermeister, Stadträte, Abgeordnete, der Inselpräsident ...

Pedro versuchte, nicht in den Abgrund zu schauen, er stellte sich hinter den Tisch und schob ihn vorsichtig ein Stück weit über die Kante. Dann setzte er sich auf den Boden und stemmte die Füße gegen die Tischbeine, er sah dabei auf das Messingschild.

Der Tisch kippte in Zeitlupe nach vorn und fiel hinab.

Pedro blieb sitzen und wartete auf einen Knall. Er dachte an Penélope, an diesen Vormittag, als sie auf dem Tisch miteinander geschlafen hatten. Er dachte an die Aufzeichnungen der Vulkanausbrüche, die Miguel abgeschrieben hatte, immerhin hatte er das L und M an dem Tisch gelernt, der jetzt in die Tiefe fiel.

Pedro hörte nichts, keinen Aufprall. Vielleicht war der Wind zu stark und der Abgrund zu tief, um das Zerschellen der Vergangenheit zu hören. Er stand auf und lief zur Zisterne der Kapelle. Er stieg auf seine Honda und fuhr los, er fühlte sich befreit.

Als er in Yaiza ankam, machte er auf Höhe der Bar Stop eine Vollbremsung. Er ließ das Motorrad auf der Straße stehen und rannte Miguel entgegen, der draußen an einem der schmalen Tresen Eintopf mit Huhn und Mais löffelte. Carlota stand neben ihm, mit Gepäck und hochgestecktem Haar, ganz anders als früher.

37

Miguel liegt wieder in seinem Bett

Sie waren am Vormittag auf der Insel gelandet und gleich danach zum Essen in die Bar Stop gefahren. Carlota hatte Miguel für ein paar Tage aus der Schule genommen, ihre Schwester hatte ihrem Olivenbauer in Alicante das Jawort gegeben, die Hochzeit sollte in ihrer alten Heimat gefeiert werden. Bruno war nicht mitgekommen, die Gäste aus Alicante und Valencia wohnten im Crystal Palace, und Carlota würde nicht wieder die Suite, sondern ein Standardzimmer in den unteren Stockwerken des Hotels beziehen.

Miguel durfte bei Pedro im alten Kinderzimmer wohnen. Carlota begleitete sie ins Haus. Sie räumte Miguels Sachen aus dem Koffer, legte den Schlafanzug aufs Bett und sah sich in ihrem alten Zuhause um. Sie lächelte, als sie die ganzen getrockneten Briefe im Wohnzimmer sah, die dort immer noch lagen. Pedro kam gerade aus dem Schlafzimmer, er hatte sich noch schnell das sandfarbene Sakko angezogen, das sie ihm damals zum Geburtstag geschenkt hatte. Sie küsste Miguel und drückte ihn, dann bestellte sie ein Taxi und lief mit ihrer Reisetasche über den Picón zur Straße.

»Wo ist mein blauer Ball?«, fragte Miguel aufgeregt, er hatte schon alle Spielzeugboxen geöffnet und stand mit geröteten Wangen im Kinderzimmer.

»Er war plötzlich weg, ich habe ihn überall gesucht. Es kann sein, dass er beim großen Sturm durchs Fenster hinausgeweht worden ist«, antwortete Pedro. »Wir kaufen dir einen neuen.«

»Wo ist er hingeflogen?«

»Weiß ich nicht. In die Lavafelder, denke ich. So einen Sturm habe ich noch nie erlebt!«

»Er ist bestimmt in einen Vulkan geflogen«, sagte Miguel.

»Oder ins Postfach von Mrs Taylor. Erinnerst du dich noch an dein Bild?«, fragte Pedro.

»Ja.« Miguel sah aus dem Fenster über die Lavafelder.

Am Abend saßen sie im Wohnzimmer und schauten die DVD mit dem Clásico und den drei Messi-Toren an. Miguel hatte die Caracas-Serviette mit der Unterschrift mitgebracht und im Kinderzimmer auf seinen Maltisch gestellt, das Messi-Autogramm hatte mittlerweile einen kleinen Rahmen aus Holz.

Nach dem Clásico baute der Junge im Schlafanzug vor dem Fernseher die Playstation auf, er wusste sogar schon, was ein HDMI-Kabel war. Pedro schaute nur zu und war froh, dass alles funktionierte.

Es klingelte, Miguel hatte nun ein eigenes Handy. Er stellte den Lautsprecher an, während er durch das Wohnzimmer lief und vorsichtig die alten Briefe berührte, so als ob er fürchtete, sie könnten sich unter seiner Hand bewegen. Carlota sagte, dass er bald schlafen müsse, morgen beim Fest dürfe er lange aufbleiben. »Gute Nacht«, hörte Pedro sie noch durch den Lautsprecher sagen, er stand in der Küche, um die Milch zu erwärmen. Als er mit dem Glas zurückkam, lag Miguel bereits im Kinderzimmer im Bett.

»Willst du noch deine Milch?«, fragte Pedro.

»Ich trinke keine Milch mehr vor dem Schlafen«, antwortete er.

Pedro deckte ihn zu, er stopfte den Rand der Decke in die

Ritze zwischen Matratze und Bettgestell, wie er es immer gemacht hatte.

Miguel griff unter sein Kopfkissen und zog einen Stein hervor. »Was ist das für ein Stein?«, fragte er, »der ist ganz doll warm!«

»Woher hast du den?« Pedro berührte ihn, er war wirklich warm, aber er brannte nicht. Er erinnerte sich, wie erschrocken er gewesen war, als er den Stein das erste Mal angefasst hatte.

»Er war in der Schublade, ich wollte nach den Lichterketten sehen.«

»Soll ich ihn lieber wieder aus deinem Bett nehmen?«

»Nein«, antwortete Miguel und zog als Nächstes die alte Vulkankarte unter dem Kopfkissen hervor und zeigte auf eine Stelle im Süden der Insel. »Ich glaube, mein Ball ist in diesem Vulkan!«

»Santa ...«, las Pedro, »Caldera Santa ...« Er versuchte, die Buchstaben über dem Vulkan zu erkennen, die Karte hatte an dieser Stelle einen Falz, der gerissen war. »Caldera Santa Catalina«, konnte er lesen. Er versuchte, sich zu erinnern: Das war der Vulkan, von dem der Pfarrer aus dem Archiv der Kathedrale in Las Palmas berichtet hatte.

»Da finden wir ihn!«, erklärte Miguel, er griff wieder unter sein Kopfkissen und holte einen Umschlag hervor. »Du hast mal gesagt, wir sollen die Briefe von Urgroßvater aus Afrika an Urgroßmutter lesen, weil sie ohne Smileys sind. Ich habe keinen gefunden. Aber diesen hier. Wollen wir den lesen? Der ist für Oma!«

»Jetzt wird erst mal geschlafen. Was nimmst du eigentlich noch alles mit ins Bett? Wo hast du den Brief her?«, fragte Pedro.

»Aus dem Wohnzimmer! Er lag neben der Karte mit den Vulkanen«, antwortete Miguel.

»Wir gehen morgen zu diesem Vulkan, versprochen! Gute Nacht«, sagte Pedro und steckte den Brief in sein Sakko.

»Ziehst du diese Jacke morgen zur Hochzeit an?«, fragte Miguel noch. »Ich ziehe eine blaue Krawatte an. Und du? Nimmst du auch eine Krawatte?«

Pedro zögerte. »Ich weiß gar nicht, ob ich morgen kann«, antwortete er.

»Du kommst nicht mit?« Miguel sah ihn traurig an.

»Ich glaube, deine Tante hat vergessen, mich einzuladen. Ist nicht schlimm«, sagte er mit fester Stimme.

»Quatsch.« Miguel richtete sich im Bett auf. »Mein Vater ist automatisch eingeladen! Messi muss man auch nicht die Aufstellung sagen!«

»Gute Nacht, Miguel, nun schlafen wir.« Pedro lief aus dem Zimmer.

Er ließ die Tür halb offen und ging ins Wohnzimmer, das er in den letzten Monaten selten betreten hatte. Pedro saß eine Weile so da, mit dem Glas Milch, und horchte, er wusste nicht, wie er sein Herz für den Moment wappnen konnte, wenn Miguel und Carlota nach der Hochzeit wegfahren würden.

Er nahm sein Telefon, er hatte Tenaro schon oben auf dem Famara-Kliff anrufen wollen, als er die ganze Weite des Nordatlantiks vor sich gehabt hatte, hatte es dann aber vergessen. Die Verbindung konnte nicht hergestellt werden. Er versuchte es noch einmal, aber es rauschte nur. Irgendetwas stimmte nicht.

Er stand auf und sah ins Kinderzimmer, Miguel war eingeschlafen. Pedro zog die Decke zurecht und nahm den

Stein aus dem Bett – er war jetzt etwas kühler – und legte ihn auf den Maltisch. Carlota hatte nur einen Schlafanzug eingepackt, er überlegte, ob er irgendwo noch ein zweites Oberteil finden würde, falls Miguel in der Nacht schwitzte, so wie früher.

Irgendwann setzte sich Pedro ins Wohnzimmer und trank die Milch selbst.

*

Am nächsten Morgen fuhren sie mit der Honda Richtung Teguise, Miguel saß hinten. Auf der Straße nach Mancha Blanca bogen sie irgendwann in einen Pfad ein, der auf der alten Vulkankarte eingezeichnet war. Sie stellten die Honda ab und liefen in die Lavafelder. Pedro trug die Wasserflasche und den Proviant für die Wanderung, Miguel hatte den kleinen Rucksack dabei. Er müsse noch etwas holen, hatte er gesagt und war noch einmal zurück ins Kinderzimmer gelaufen.

Einmal mussten sie einen Umweg nehmen, weil die Blocklava immer scharfkantiger wurde und riesige Brocken den Pfad versperrten, doch bald kamen wieder weite, sanfte Picón-Ebenen.

Pedro versuchte wieder, Tenaro zu erreichen, diesmal ging die Mailbox ran. »Wo bist du? Ruf mich bitte an, ich mache mir Sorgen«, sagte er.

Miguel lief immer schneller und verschwand hinter einem Hügel.

Als Pedro die Kuppe erreicht hatte, sah er ihn: auf dem Kopf stehend, mit Rucksack, die Füße an einer riesigen Blockbombe abgestützt. Miguel verharrte einen Moment in dieser Position, dann kippte er zur Seite und lief weiter.

Er war so schnell, dass er die Caldera Santa Catalina als Erster erreichte. Irgendwann standen beide auf dem Kraterrand und schnappten nach Luft. Miguel streifte den Rucksack ab.

»Ich seh keinen Ball«, sagte Pedro und öffnete die Wasserflasche. »Und renn bitte nicht einfach so drauflos! Man kann sich hier alles Mögliche brechen!«

Miguel griff in den Rucksack, zog plötzlich den Stein heraus und schmiss ihn mit aller Kraft in den Krater.

38

Der alte Brief von Fernanda Arrocha Morales

Eine Stunde bevor das Hochzeitfest begann, bekam Pedro eine Einladung per SMS. Miguel war schon am Nachmittag zu seiner Mutter ins Crystal Palace gefahren und hatte bei den Vorbereitungen geholfen.

Carlotas Schwester und ihr Olivenbauer hielten gerade unter dem Applaus der Gäste mit einer Kutsche vor dem Hotel, als Pedro seine Honda auf dem Parkplatz abstellte.

Die Tische auf der großen Terrasse waren bunt geschmückt, Krüge mit Wein und Apfelsaft für die Kinder standen zwischen Blumenbouquets und mit Namenschildern versehenen Tellern. Es war ein schöner Aprilabend, mild, fast ohne Wind. Die kleine Statue von Saramago stand immer noch da, man hatte sie nur an den Rand gerückt, damit die Tanzkapelle Platz hatte.

Pedro begrüßte Carlotas Schwester mit einer vorsichtigen Umarmung. Er spürte etwas Steifes und Flüchtiges bei ihr, als sie die Umarmung wieder auflöste. Er stand noch eine Weile hilflos da, mit seiner Krawatte und seinem sandfarbenen Sakko, dann suchte er seinen Platz.

Miguel saß neben Carlota, ihrer Schwester und dem Bräutigam. Pedros Platz war am Rande der Terrasse, er sollte später mit Miguel in einem Taxi nach Hause fahren, damit Carlota noch bleiben und tanzen konnte. Er saß neben den Cousins des Bräutigams, die sich mit ihren Frauen unterhielten, und sah zu seinem Sohn hinüber, der ein strahlend weißes Hemd trug und die blaue Krawatte. Wie groß er geworden ist, dachte Pedro.

Carlota stand auf und organisierte noch zusätzliche Tische, weil viel mehr Gäste als erwartet gekommen waren. Sie trug ein Blumenkleid und lief eilig in ihren hohen roten Schuhen über die Terrasse, stellte Miguel einen gefüllten Teller hin und nahm ihrer Schwester Geschenke aus der Hand, die sie an die Kellner weiterreichte.

Übermorgen werden sie wieder abreisen, dachte Pedro, und er saß hier mit irgendwelchen Cousins. Vielleicht sollte er seinen Stuhl nehmen, ihn an Carlotas Seite stellen und sich ihr erklären? Dass es ein Fehler gewesen war, Miguel von der Schule abzuholen, ohne es vorher mit ihr zu besprechen! Und dass er sofort ans Telefon hätte gehen müssen, als sie angerufen hatte! Aber dafür gab es ja Erklärungen! Wer liebt, wer unendliche, schreckliche Sehnsucht hat, der verliert eben den Kopf!

Er wartete auf das Essen, sein Teller war immer noch leer. Zweimal, dreimal sah er noch zu Miguel hinüber, dann griff er in sein Sakko, um sein Handy zu suchen.

Er hielt den Brief an seine Mutter in der Hand, den Miguel im Wohnzimmer gefunden hatte: Ana García Hernández. Absender: Fernanda Arrocha Morales.

Der Brief war geöffnet worden, aber nach all den Jahren klebten die verschiedenen Schichten Papier aneinander. Pedro nahm das Tafelmesser, er setzte die Klinge an und trennte die Lagen vorsichtig. Er war froh, dass er an seinem einsamen Platz nun irgendetwas zu tun hatte, und ließ die Teile des verrotteten Papiers auf den Teller fallen. Dann begann er zu lesen.

An die García-Hernández-Hure!
Glaube ja nicht, dass du mehr von meinem Mann kriegst als deinen Bastard!
Ich bin die Ehefrau von El Capitán. Wenn du uns nicht in Ruhe lässt, schick ich dich in die Hölle.
Fernanda Arrocha Morales

Er starrte auf den Brief. Die Kapelle begann zu spielen. Die Gäste sahen von ihren Tellern auf und klatschten im Takt. Einige standen auf und tanzten.

Pedro kam der Weißspitzenhai in den Sinn, den El Capitán gefangen und der bei Victor auf dem Lkw gelegen hatte. *Ich hatte auch mal El Capitán mit deiner Mutter hintendrauf* ... Pedro kam es vor, als würden die Buchstaben vor seinen Augen verschwimmen und sich der Stuhl und der Boden, auf dem er stand, schwankend irgendwohin bewegen. Er schüttelte den Kopf, sah kurz auf und suchte Miguels und Carlotas Blicke, doch die beiden starrten wie alle anderen auf die Tanzkapelle.

Das Klatschen, der Gesang, die rasend schnellen Läufe der Timples – Pedro hörte das alles nur noch dumpf, die Menschen, die Tische, die ganze Terrasse, sie rückten in immer weitere Ferne. Nur Saramago sah ihn vom Rande an und lächelte.

Glaube ja nicht, dass du mehr von meinem Mann kriegst als deinen Bastard ... diese Worte hatte er schon einmal gelesen, nur die Anrede war eine andere gewesen. Er sah wieder auf den Umschlag, der war eindeutig an seine Mutter adressiert: Ana García Hernández. Träumte er? Konnte das sein? Dass er über 40 Jahre dachte ....? Und dann plötzlich, von einer Sekunde auf die andere, ahnte er ...

Pedro sprang auf, er stieß dabei seinen Stuhl um, und

rannte hinaus. Im Laufen versuchte er, Tenaros Nummer zu wählen, doch seine Hände zitterten zu stark. Er sprang auf die Honda, fuhr vom Parkplatz in den Kreisel vor dem Hotel und nahm die erste Ausfahrt.

In Tenaros Wohnung rührte sich nichts. Pedro klopfte kräftiger, legte das Ohr an die Tür. Stille. Wieder rief er Tenaro an. Diesmal sagte eine Stimme, dass dieser Anschluss vorübergehend nicht erreichbar sei, er versuchte es ein weiteres Mal und hörte wieder dieselbe fremde Stimme.

Dann trat er einen Schritt zurück und warf sich gegen die Tür, die sofort aus den Scharnieren brach.

Die Wohnung roch immer noch nach Fisch.

Pedro lief ins Wohnzimmer, nichts. Er rief Tenaros Namen, bevor er die Schlafzimmertür öffnete, nichts.

Er lief in die Küche, nichts.

Zuletzt öffnete Pedro die Tür des Zimmers, in dem Tenaros Mutter geschlafen hatte. Die Kiste, in der er den Pass gefunden hatte, war nun ausgeräumt, die Unterlagen waren im Raum verteilt.

Pedro entdeckte ein kleines Foto. Es zeigte einen Mann, der zwei riesige Fische präsentierte, die an einer Waage hingen, und stolz in die Kamera blickte. Auf der anderen Seite stand ein viel kleinerer Mann, der etwas Mühe hatte, den Fang hoch zu halten.

Daneben lag der Brief.

An die Fuentes-Hure!
Glaube ja nicht, dass du mehr von meinem Mann kriegst als deinen Bastard …

Er musste gar nicht weiterlesen. Die gleiche, gedrungene Schrift! Nur die Namen der »Huren« wurden ausgetauscht, sonst war alles gleich, als ob die Frau diese Briefe in Serie verschickt hätte!

Pedro steckte den Brief ein und lief aus der Wohnung, die Tür lehnte er gegen den Rahmen, er würde Tenaro die Reparatur bezahlen. Er setzte sich auf die Honda und fuhr zurück zur Hochzeit. Es kam ihm vor, als würde er kaum vorankommen, sondern immer tiefer in der Straße versinken.

39

Die Nacht im Zimmer 36

Eine Zeit saß Pedro noch an seinem Platz, trank viel und hörte den Timples zu. Irgendwann stand er auf und setzte sich zu Carlota und Miguel, der schon am Tisch eingeschlafen war.

»Wo warst du vorhin?«, fragte sie.

»Carlota, ich muss mit dir sprechen, ich muss mit irgendjemandem sofort sprechen«, sagte Pedro.

»Was ist denn passiert?« fragte sie, stellte ihr Glas ab und wandte sich ihm zu.

»Ich habe keinen Vater mehr ...«, begann er, stockte, nahm einen Schluck aus Carlotas Glas, dann brach alles aus ihm heraus. Dass er einen uralten Brief an seine Mutter gelesen hatte, in dem eine Frau aus Playa Blanca sie als Hure bezeichnete. Dass Señora Fuentes, die verstorbene Mutter seines verrückten Freundes, der seit Tagen verschollen war, den gleichen Brief bekommen hatte. Dass er sich erinnern konnte, wie sein Großvater einmal im Garten seinem Vater den Tod gewünscht hatte und irgendeinem »Bastard« gleich mit. Und dass er jetzt wusste: Er selbst war dieser Bastard! Weil El Capitán am Strand der Ertrunkenen die Frauen und Töchter der verschollenen Fischer getröstet hatte! Weil auch seine Mutter einen vergoldeten Haken aufbewahrt hatte, mit dem El Capitán einen riesigen Weißspitzenhai mit einem Engländer im Bauch gefangen hatte! Weil ihm Mrs Taylor seit Jahren mit »You look more like your mother than your father« auf die Nerven ging! Außerdem, und das war das

Wichtigste, spürte er es. Er spürte, dass es stimmte. Warum sonst konnte er sich nicht an den Geruch seines Vaters erinnern? Und nicht an einen einzigen Tag, an dem sie miteinander gespielt hatten? Warum wusste er nicht, wie es sich anfühlte, die kleine Hand in die große des Vaters zu legen? Warum konnte er sich nicht an die zarten Dinge erinnern, sondern nur an Blocklavafrauen, Dragon-Rapid-Flugzeuge und Erschießungen ohne Augenbinde? Nicht einmal den Brief an den Zauberer, seinen ersten selbst geschriebenen Brief, hatte der Vater zugestellt, er hatte ihn vergessen. Und dann war er einfach gegangen, gestorben. Pedro weinte.

Es war dunkel. Nur die Fackeln und der Mond leuchteten. Die meisten Gäste hatten sich mittlerweile verabschiedet.

»Es ist, als müsste ich meinen Vater noch mal beerdigen«, sagte er leise.

»Möchtest du mit Miguel hier übernachten?«, fragte Carlota. »Du könntest mit ihm schon vorgehen und ich komme dann nach?«

Er schwieg und starrte vor sich hin.

»Abes es ändert doch nichts daran, wer du bist, lieber Pedro.« Sie berührte leicht seinen Arm.

»Und Miguel? Hast du es ihm gesagt?«, fragte er.

»Nein«, antwortete sie.

»Sollten wir es nicht irgendwann tun?«

»Ich weiß nicht ... Was macht es für einen Unterschied? Soll er nach Sevilla fahren und diesen Idioten suchen?« Carlota gab Pedro die Zimmerkarte. »Nummer 36.«

Er nahm Miguel auf den Arm und hüllte ihn mithilfe von Carlota ins sandfarbene Sakko. Dann trug er ihn zum Fahrstuhl.

Im Zimmer legte Pedro den Jungen in die Mitte des Bettes.

Er nahm ihm vorsichtig die Krawatte ab, das weiße Hemd ließ er an, der Schlafanzug war bei ihm zu Hause.

Pedro ging ins Badezimmer und sah in den Spiegel. Er erinnerte sich daran, wie er sich als Kind gefragt hatte, ob das Ich, das er sah, wirklich er war und wie das Ich in den Körper hineinkam.

Er legte sich neben Miguel und googelte: »El Capitán«. Es gab kein einziges Foto von ihm. Nicht einmal den Zeitungsartikel, den er bei Tenaro in der Küche gesehen hatte, fand er im Internet.

Pedro gab »El Capitán – Weißspitzenhai« ein, es gab keinen Treffer. Er versuchte es mit »El Capitán – Thunfischflotte« und fand nur zwei Nennungen auf der Seite des kanarischen Ministeriums für Landwirtschaft, Viehzucht und Fischerei. All die Heldentaten, von denen die Menschen auf der Insel sich bis heute raunend erzählten, waren im Internet keinen Eintrag wert.

Pedro ließ das Handy auf den Teppich fallen und sah auf das ruhige Meer. Das Hotelfenster war so groß, dass der Ozean wie eine stille, mondbeschienene Welt vor ihm lag. Er griff nach dem Handy und versuchte wieder vergeblich Tenaro anzurufen. Irgendwann hörte er nur noch den leichten Atem Miguels und schlief ein.

*

Als er in der Nacht aufwachte, lag Carlota neben ihm und hielt die Hand ihres Sohns.

Am nächsten Morgen war an der Rezeption die Hölle los. Carlota war sofort an ihren alten Platz geeilt, um zu helfen und den Ansturm der Hotelgäste zu bewältigen. Auch die Mitarbeiter der Reiseveranstalter trafen ein, setzten sich an ihre Stände und informierten die aufgebrachten Kunden. Alle Telefone klingelten gleichzeitig. Miguel und Pedro standen in der Empfangshalle und sahen auf den Bildschirm des Fernsehers, auf dem sie früher die Barça-Spiele angeschaut hatten.

In der Nacht war auf Island im Krater eines riesigen Gletschervulkans eine zwei Kilometer lange Spalte aufgebrochen. Unmengen von Lava waren ausgetreten. Seitdem stiegen, begleitet von Blitzen, hohe schwarze Aschewolken auf. Zunächst zogen sie ostwärts, doch dann drehte sich der Wind und die Aschewolken bewegten sich nach Nordwesten. Der Flugverkehr im europäischen Luftraum war eingestellt worden und niemand auf der Welt, auch nicht in der Empfangshalle des Crystal Palace, wusste, wer für den Schaden aufkommen sollte.

Miguel zeigte aufgeregt auf ein finnisches Flugzeug im Fernsehen, das durch die Aschewolke geflogen war, die Lackierung war abgeschliffen.

Carlota kam kurz zu Miguel und Pedro gelaufen und seufzte. »Mein Gott«, sagte sie, »die Welt geht unter.«

»Kann ich dir irgendwie helfen?«, fragte Pedro.

»Wir können die Leute, die mit den letzten Maschinen angekommen sind, nicht einchecken, weil die, die jetzt nicht abreisen können, ihre Zimmer nicht verlassen, sie weigern sich!«, erklärte Carlota. »*Was kann ich denn für die Scheißasche!*, hat mich gerade jemand angeschrien. Ausgerechnet jetzt ist das Hotel komplett voll, ich kann die ja nicht alle übereinanderlegen!«

»Was sagt denn Bruno?«, fragte Pedro vorsichtig.

»Weiß ich nicht! Wahrscheinlich trinkt er gerade Wermut und entspannt sich ... Was mache ich jetzt mit meiner Schwester und den ganzen Gästen aus Alicante?« Sie öffnete ihren Zopf, schüttelte den Kopf und steckte sich das Haar mit einer schnellen Bewegung wieder hoch.

»Die können doch bei uns im Haus schlafen, das kriegen wir schon hin!«, sagte Pedro.

»Dann kann ich ja nicht in die Schule zurück, stimmt doch, oder?«, fragte Miguel, ohne den Blick vom Bildschirm abzuwenden.

Carlota gab ihrem Sohn einen Kuss und rannte wieder zur Rezeption.

»Guck mal, die Kühe!«, rief Miguel und zeigte auf den Bildschirm.

Im Fernsehen waren isländische Bauern zu sehen, die ihre Kühe von den Feldern holten, dahinter die gigantischen Aschemassen, die aus dem Krater aufstiegen. Die Menschen und Tiere waren von grauem Staub bedeckt.

Wie das jetzt alles zusammenkommt, dachte sich Pedro, der Vulkanausbruch, der ganze Staub, die Welt in Aufruhr – er lächelte.

»Warum hast du gestern eigentlich den Stein mitgenommen und in den Krater geworfen?«, wandte er sich an den Jungen.

Miguel starrte mit großen Augen auf den Bildschirm und antwortete nicht.

40

Von der Hilfe fremder Vulkane, vom blauen Ball und von einem Ende

Carlota war am Nachmittag dem Chaos im Crystal Palace entflohen, um zusammen mit Pedro das Haus auf die Ankunft der Gäste vorzubereiten. Sie hatten schon das Mutter- und Vaterzimmer ausgeräumt und die Sachen hinaus in den Garten getragen. Die alten Kommoden, Truhen, die kleinen und großen Schränke, die Tonkrüge, die herumstehenden sperrigen Waschbecken, Lampen und vermoderten Schirme, das Geschirr und Porzellan der Großmutter, die Vitrine mit den Franco-Büchern, den Zitterspinnen und Weberknechten, Pedro schleppte auch die Blocklava-Sammlung nach draußen, Carlota die Stricklava-Stücke. Am Ende stellten sie das Metallbett des Vaters auf einen der verstaubten Teppiche und zogen es samt Kissen und Tagesdecke durch das Haus hinaus in die Einfahrt.

»Ich schmeiße alles weg, es ist mir ganz egal, ob da irgendwas Wertvolles dabei ist. Das ganze Haus muss leer sein!«, erklärte Pedro und trat einen der alten Tonkrüge um.

»Aber dein Vater bleibt er trotzdem, auch wenn du alles wegschmeißt. Es ist doch wirklich egal, ob es einen El Capitán oder einen Matador in Sevilla gegeben hat«, sagte Carlota.

»Meine Geburtsurkunde lag im Postfach Nummer 5«, sagte Pedro. »Vielleicht ist ja sogar Alfredo Kraus mein Vater und nicht El Capitán, dann stamme ich von einem berühmten Tenor ab und nicht von einem Fischer.«

»Du kannst überhaupt nicht singen. Und du bist wasserscheu. Ich hole Bier.« Carlota ging ins Haus.

Miguel war auf das Feld hinter der Steinmauer gelaufen, um seinen alten Flugdrachen steigen zu lassen.

»Dein Matador aus der Bodega war übrigens ein Hochstapler, ich habe keinen Matador mit dem Namen Pablo Moreno Rodríguez finden können, weder in Sevilla noch sonst wo!«, sagte Pedro, als Carlota mit zwei Flaschen zurückgekommen war. Er spürte, wie sich die Wut auf diesen Moreno Rodríguez mit der Wut auf El Capitán vermischte. »Vielleicht hattest du ein Verhältnis mit Pablo Picasso, der hat immerhin Stierkämpfer gemalt?«

»Vergiss ihn, vergiss diese Männer.« Carlota gab ihm eine der Flaschen, sie wollte anstoßen.

»Ich rufe Victor an, der holt den ganzen Schrott ab!«, sagte Pedro.

»Schau mal, es gibt auch ein paar sehr schöne Sachen von deinem Vater.« Carlota zeigte auf die Briefe, die Pedro alle wieder in die Kiste geworfen hatte, um sie wegzuschmeißen. »Diese Kiste würde ich behalten!«

»Warum hast du alles, die ganze Post für Miguel, einfach immer zurückgeschickt?«, fragte Pedro.

Carlota schwieg einen Moment. »Ich weiß es nicht«, antwortete sie schließlich und lief ein paar Schritte durch den Garten.

»Ich will es aber verstehen! Warum kam jedes Paket zurück?« Pedro lief ihr hinterher.

»Weil ich dachte, es würde ihm noch mehr wehtun, wenn er von dir hört! Weil ich ein ganz anderes Leben wollte … Vielleicht war ich auch blind!«

Sie schwiegen.

»Willst du jetzt endlich mit mir trinken?«, fragte Carlota.

Pedro hob langsam seine Flasche und sie stießen leise an. Dann sahen sie zu, wie Miguel versuchte, seinen Flugdrachen in die Luft steigen zu lassen.

»Weißt du was? Jedes Mal, wenn ich eine Mail schreibe und das @ antippe, muss ich an die Pakete deines Großvaters denken.« Carlota zog ihre Schuhe aus und ließ sich auf dem Picón nieder. »Auch das Gewicht von Öl, Honig und Wein wurde in @ angegeben, das ist irgendwie schön.«

»Und irgendwann kamen dann die modernen Menschen und haben etwas anderes erfunden und die @-Taste wurde auf alle Displays dieser Welt gelegt«, sagte Pedro.

»Ja, und dann hat diese kleine Taste alle Postboten in die Hölle geschickt.« Carlota spielte mit den Füßen in den Lavasteinchen und lächelte. »Da muss erst ein Vulkan ausbrechen, dass wir wieder miteinander reden.«

Pedro setzte sich zu ihr und beobachtete, wie der Flugdrache vom Wind auf dem Boden hin und her gerissen wurde, die Schnur hatte sich verknotet.

»Das arme Kind. Jetzt ist alles verheddert.« Carlota winkte Miguel.

»Es war falsch, was ich in Barcelona getan habe, ich möchte mich bei dir entschuldigen«, sagte Pedro. »Ich hatte nur das Gefühl, dass ich kämpfen muss ... Ihr solltet sehen, dass es mich auch noch gibt.«

»Ohne deinen Anruf hätte ich die Nacht nicht überstanden«, sagte Carlota.

Pedro versuchte etwas zu erwidern, dann schwieg er.

»Weißt du, was Miguel gesagt hat? – *Mama. Es war der schönste Tag in meinem Leben.*«

»Hat er das wirklich gesagt?«, fragte er.

»Ja, er hat es ganz oft gesagt.«

Etwas klingelte.

»Ich glaube, das ist deins«, sagte Carlota.

Pedro zog hastig sein Smartphone aus der Tasche. Ein Videoanruf einer unbekannten Nummer, er dachte sofort an Tenaro. »Wo bist du?«, rief er aufgeregt ins Telefon, er sah nur ein braunes Feld, ein wackliges Bild und ein paar Rufe und Schreie im Hintergrund.

»Rate mal! In Le pays entre les deux!«, schallte Amados Stimme aus dem Hörer. »Ich zeige dir etwas!«

Die Kamera schwenkte umher, dann sah Pedro zwei Fußballmannschaften. Die eine spielte mit freiem Oberkörper, die andere trug T-Shirts in allen Farben.

»Wir trainieren mit Miguels Ball!«, sagte Amado, er drehte das Handy um und lachte in die Kamera. »Danke!«

Pedro sprang auf und rannte mit dem Telefon auf das Feld. »Miguel! ... Schau mal, Miguel!«, rief er.

»Was ist denn passiert?«, schrie der Junge, er ließ die Drachenschnur fallen und lief ihm entgegen.

»Da!«, sagte Pedro. »Die gesamtafrikanische Nationalmannschaft trainiert mit deinem blauen Ball!«

Als die Sonne unterging, waren sie immer noch auf dem Feld. Pedro hatte die Drachenschnur entknotet und auf die Rolle gewickelt, während Carlota weitere Bierflaschen aus dem Haus geholt hatte. Nun saßen sie beide auf der alten Steinmauer. Miguel hielt die Rolle fest in beiden Händen, er wickelte immer mehr Schnur ab und der Drachen stieg höher und höher in den roten Himmel.

Eine Stunde später zogen die Schwester und ihr Olivenbauer mit seinen Verwandten aus Alicante ein. Carlota verteilte sie auf die Zimmer und übernachtete mit Miguel im Kinderzimmer, Pedro schlief im Büro.

Am nächsten Morgen stand er früh auf, ging in die Küche und machte für alle Rührei und Kaffee.

Fliegen konnte man noch nicht, der isländische Vulkan spuckte immer noch Asche.

Die Verwandten machten Ausflüge zu den Sehenswürdigkeiten der Insel: Timanfaya, César Manrique, Jardín de Cactus, die Papageien-Strände. Carlota fuhr ins Crystal Palace und Pedro zur Guardia Civil, um eine Vermisstenanzeige für Tenaro aufzugeben. Danach erledigte er zwei, drei Zustellungen und hielt auf dem Rückweg beim Blumenladen, er wollte Rosen kaufen, um die Zimmer zu schmücken, aber ohne Flugzeuge gab es auch keine Rosen mehr.

Im Haus wartete bereits Carlota, sie war genervt und hatte Kopfschmerzen.

»Vielleicht gehen wir in die Bar Stop und trinken einen ganz starken Espresso?«, schlug Pedro vor.

Sie saßen draußen an jenem schmalen Tresen, auf den Carlota damals das Paket für den Stierkämpfer in Sevilla gelegt hatte. Miguel aß Huhn mit Mais. Ernesto servierte ihnen den angeblich stärksten Espresso, den er je gemacht hatte. Er verharrte einen Moment, um sich die drei zusammen anzusehen, und lächelte.

Nach dem Essen sprang Miguel auf, stellte sich an einen der neuen Spielautomaten und sah auf die Nummern, bunten Zeichen und Königskronen.

Pedro überlegte, ob er Carlota nun endlich nach Bruno fragen sollte. »Wenn das so weitergeht mit der Vulkanasche, müsst ihr vielleicht mit dem Schiff zurück nach Barcelona fahren«, sagte er stattdessen.

Miguel kam zurück an den Tisch und wollte einen Euro für den Spielautomaten haben. Carlota sagte Nein, Miguel bettelte, Carlota suchte nach einer Münze, Pedro hatte eine.

»Wenn ich wiederkomme, bin ich reich«, sagte ihr Sohn.

»Aus deinem Haus könnte man auch ein Hotel machen. Mir kam die Idee heute früh, als alle in der Küche saßen.«

Pedro sah sie mit großen Augen an.

»Deine Post könntest du ja nebenbei weiterführen«, sagte sie.

»Und das Hotel Bruno?«, fragte er.

Miguel jubelte mit heller Stimme am Automaten, jetzt drehten sich die Königskronen.

»Das würde auch ohne mich überleben«, antwortete sie.

»Wie findest du ›Hotel zur Königlichen Post‹?«

»›Royal Mail Hotel‹?«, fragte sie.

»Ohne ›Mail‹?« Pedro lächelte.

»Dann einfach ›Das Königliche Hotel‹. Und unser altes Schlafzimmer wird die Suite.«

Sie schwiegen.

»Weißt du, woran ich oft denke? An das Buch auf dem Nachttisch, an diese Pandemie mit all den Blinden. Wie das Ganze wohl ausgegangen ist?«, fragte Carlota, sie bestellte bei Ernesto zwei Sangría.

»Ah, diese Geschichte ... Also, ich habe es gelesen, die Blinden können am Ende alle wieder sehen.« Pedro wischte mit der Hand über den Tresen.

»Dann geht es also gut aus«, sagte sie.

*

Nach fünf Tagen nahm die Konzentration der Vulkanasche in der Luft ab. Der Flugverkehr wurde wieder freigegeben, und Carlotas Schwester, ihr Mann und die Gäste flogen zurück nach Alicante.

Carlota und Miguel blieben noch.

Vormittags arbeitete Carlota im Crystal Palace, um das Chaos, das die Vulkanasche hinterlassen hatte, zu beseitigen, und Pedro kümmerte sich um Miguel.

Victor kam eines Morgens mit einem Kollegen, sie luden den Anhänger der Feldküche und die ganzen alten Dinge, die im Garten herumstanden, in den Lkw, Miguel und Pedro halfen mit. Sie fuhren mit Victor zu einem Antiquitätenhändler nach Arrecife und zu einem Schrottplatz in der Nähe von Tahiche. Sie kauften auf dem Rückweg den neuen wassergekühlten Aschesauger, und Pedro saugte das ganze Haus.

An den Nachmittagen lief Miguel mit dem Drachen auf das Feld, spielte im Garten oder in seinem Zimmer, während Carlota mit einem Kaffee und ihrem Notebook auf der alten Steinmauer saß. Sie suchte für sich und Miguel eine Wohnung und bewarb sich bei verschiedenen Gemeindeverwaltungen der Insel.

Pedro fuhr jeden Tag an die Nordostküste. Er parkte die Honda unweit der Stelle, die ihm Victor gezeigt hatte, und suchte nach blau glänzenden Holzstücken, die zu den Planken einer Piroge gehören könnten. Er fuhr die Küste rauf und runter und suchte und suchte. Zwischendurch machte er einige Zustellungen und erkundigte sich bei der Guardia Civil nach Neuigkeiten. Irgendwann löste er Tenaros Wohnung auf und setzte einen Stein neben das Grab der Mutter, die beiden vergoldeten Fischerhaken legte er dazu.

Carlota sprach mit der Schuldirektion in Yaiza, Miguel saß nun wieder neben Mira in seinem alten Klassenzimmer.

Am ersten Tag holte ihn Pedro am großen Schultor ab. Penélope winkte ihm flüchtig zu, sie schien wieder schwanger zu sein.

Carlota fand im Sommer eine schöne Wohnung, ein Dorf weiter in Uga.

Miguels Messi-Autogramm in dem kleinen Holzrahmen blieb erst einmal im Kinderzimmer. Den Quini-Brief, den der Junge irgendwann aus der Kiste hervorgekramt hatte, hatten sie auch gerahmt und neben Messi auf den Maltisch gestellt.

Miguel interessierte sich mittlerweile nicht mehr so sehr für Fußball, er wollte jetzt alles über Flugzeuge und Wale wissen. Warum konnten Flugzeuge fliegen und Wale schwimmen, obwohl sie so schwer waren? Wie lange hatten die Menschen die Vögel beobachtet, bevor sie selbst geflogen waren? Und warum konnten Weißwale oder Blauwale singen, ohne Luft zu holen wie Alfredo Kraus?

Sie saßen stundenlang am Meer und warteten auf Wale. Sie fuhren in das kleine Flugzeugmuseum in Arrecife mit den Pilotenuniformen, Funkausrüstungen und Windmessern. Sie betrachteten die Flugzeuge, die früher auf der Insel gelandet waren, und sprachen oben auf dem alten Tower über das vergangene und das heutige Leben.

Miguel und Pedro sahen sich jeden Tag.

Nach dem Sommer mit Calima und Wüstenstaub kam irgendwann wieder die Weihnachtszeit mit dem Dreikönigstag, und Pedro hängte um das ganze Haus herum die Lichterketten auf.

Inhalt

Erster Teil

Zweiter Teil

Dritter Teil

Vierter Teil

Fünfter Teil

Zitatnachweise

- S. 29, 38: Andrés Lorenzo Curbelo: Als die Vulkane Feuer spien. Tagebuch Lanzarote. Notizen über die Ereignisse in den Jahren 1730 bis 1736. Übersetzt von Wolfgang Borsich. Editorial Yaiza S. L., Lanzarote 2011.

- S. 130: 1. Korinther 13, 4–5. Die Bibel. Altes und Neues Testament. Einheitsübersetzung nach Martin Luther. Herder Verlag, Freiburg 1993.

- S. 130: Jeremia 17, 7–9. Die Bibel. Altes und Neues Testament. Einheitsübersetzung nach Martin Luther. Herder Verlag, Freiburg 1993.

- S. 151: José Saramago: Die Stadt der Blinden. Übersetzt von Ray-Güde Mertin. btb Verlag, München 2015.

- S. 249: Platon: Timaios. Kritias. Sämtliche Werke VIII. Hg. v. Karlheinz Hülser. Insel Taschenbuch-Verlag, Frankfurt am Main 1991.

- S. 277–286: Die Informationen zum »Bürgerkriegstisch« im 26. Kapitel stammen von den Websites des Centro Documental de la Memoria Histórica Salamanca (https://bit.ly/3zMx1Wy; abgerufen am 23.6.2021) und der Biblioteca Virtual de Prensa Histórica (https://bit.ly/2Sml4Gj; abgerufen am 23.6.2021).

- S. 292: José María Cano: CENTENARIO-Hymne für Real Madrid. Zu Ehren der Jahrhundertfeier im Jahr 2002.

- S. 309: Antonio Machado: Retrato. Bildnis. In: Poemas españoles. Spanische Gedichte. dtv, München 2009.

Bildnachweise

S. 88: L.L. Cook Company: U. S. Post Office, Lincoln's New Salem, Ill.
© The Lincoln Financial Foundation Collection

S. 101: Outline chef hats and toques set free vector: freepik.com/macrovector.
©Freepik Company, S.L.

S. 149: Film-Still aus: Michael Radford: Il Postino (1994)
In diesem Fall ist es uns leider nicht gelungen, den Rechteinhaber ausfindig zu machen. Sollten Inhaber resp. Berechtigte auf die Verwendung im Rahmen dieses Romans aufmerksam werden, bitten wir um Kontaktaufnahme.

S. 247: Rivera J, Canals M, Lastras G, Hermida N, Amblas D, Arrese B (2016): General bathymetric map of the Canary Islands Seamount Province (CISP).
© 2016 Rivera et al.

S. 388: Autogramm Lionel Messi
In diesem Fall ist es uns leider nicht gelungen, Kontakt zum Rechteinhaber herzustellen. Sollten Inhaber resp. Berechtigte auf die Verwendung im Rahmen dieses Romans aufmerksam werden, bitten wir um Kontaktaufnahme.

S. 423: Philippe Giraud: On the Hemingway Trail in Cuba / Archive Photo of Hemingway with Gregorio Fuentes, the Inspiration for ›The Old Man and the Sea‹.
© philippe giraud / Kontributor / Getty Images

Karten und Grafiken auf S. 45, 106, 307, 309, 351: *© Oliver Wetterauer*

Danksagung

Eylem Özdemir und Miran und Lara Rinke! Natürlich meinen Kiwi-Sternen Mona Leitner, Sandra Heinrici und Kerstin Gleba. Und Anna Valerius und Ulla Brümmer sowie Susanne Beck und Anja Sandmaier. Forever Helge Malchow und Uwe Timm. Dann: Mathias Schönsee. Barbara Wallraff und Noss auf der Insel, ebenso Kirsten Hager und Eric Moss für das kleine Steinhaus zum Schreiben in Las Breñas. Dank an die Postboten und Fischer von Lanzarote, die alten und die jüngeren, die mir so viel von ihrem Leben erzählt haben. Gewidmet ist dieses Buch auch den 15 Kindern aus der Westsahara, die im Februar 2009 mit einem Flüchtlingsboot in Tanger gestartet und kurz vor der Küste Lanzarotes, nahe des Ortes Los Cocoteros, ertrunken sind.

Paul Wendlands Reise zurück an den Ort seiner Kindheit zwischen mörderischem Teufelsmoor, norddeutschem Butterkuchen und traditionsumwitterter Künstlerkolonie.

»Das Besondere und Sympathische an seiner Geschichte sind die liebevoll ausgemalten Details und die große Zahl origineller Charaktere.« *Die Welt*

»Klug und zum Versinken witzig« *Bücher*